# 異鄉人之地
# Land of Strangers

## 清帝國在新疆的教化工程
The CivilizingProject in Qing Central Asia

Eric Schluessel
許臨君——著 苑默文——譯

獻給楚葛琳，妳總是陶醉在文獻的可愛旁註圖像（marginalia）之中。

# 目次

推薦序

# 你的新疆、我的故鄉

孔令偉（中央研究院歷史語言研究所助理研究員）

位於歐亞大陸深奧處的新疆，對於許多身在台灣甚至華文世界的讀者而言，恐怕是一個既陌生卻又熟悉的地區。這種矛盾的感覺，一方面肇因於台灣與新疆之間現實的地理阻隔，同時又加上顯著的文化差異；但在另一方面，不少台灣讀者對於新疆相關之人文議題，又有一定的認識乃至關注，尤其是近年來新疆人權問題之爭議。在人權以及地緣政治等當代議題之外，曾經分別作為清帝國海洋與內陸邊疆的台灣與新疆，在近代歷史的發展進程中，有著各種意想不到的直接與間接關聯。

在近現代中國國族主義主導下的歷史敘事中，二者在「秋海棠」、「自古以來」等話語下，皆被描述為中國領土的一部分。至於分別居住在這兩片遙不相鄰土地上的多元族群，諸如維吾爾、哈薩克以及台灣原住民等，亦被建構為「中華民族」不可分割的構成。以上這些具有爭議性的論述，不僅是中共試圖建構當代中國國族主義的宣傳基礎，同時也曾在台灣社會留下痕跡。在過去國民義務教育以中國歷史、地理為核心的時代脈絡下，不少台灣讀者可能在中學課堂中為了應付選擇題考試，而背誦過諸如「同治回亂」、「三山夾兩盆」、「坎兒井」等關於新疆史地的專有名詞，卻始終不明白為何而學。不僅如此，隨著國民政府接收台灣後為去除日本殖民遺產而對街道進行重新命名，台北市亦出現迪化街、塔城街這類源自新疆地名的街道名稱，用以加強戰後台灣人對中國的認同。以上這些微妙的連結，也正體現今日關懷台灣的讀者，為何值得從歷史學的縱深關注甚至反思所謂新疆相關之人文議題。而呈現在讀者面前這部由許臨君（Eric Schluessel）執筆的《異鄉人之地：清帝國在新疆的教化工程》，足為台灣與華文世界的讀者認識、理解乃至反思新疆近代的社會發展以及族群關係等議題，提供立論堅實且富有啟發的歷史學參照。

本書的作者許臨君為哈佛大學歷史學及東亞語文博士，現任喬治華盛頓大學歷史學系副教授，主要研究領域為十九、二十世紀的新疆社會史，通曉多種語文，尤其擅長結合漢文、察合台文材料研究新疆史。作為一位活躍的青壯輩學人，他近年在推進察合台文教學與研究方面，已作出卓越的貢獻，如他在二〇一八年出版《察合台文導論》（*An Introduction to Chaghatay*），並曾於二〇一四年譯注二十世紀初葉爾羌文人古拉姆・穆罕默德・汗（Ghulām Muḥammad Khān）所撰寫之察合台文編年史，此外他亦曾發表數篇探討新疆近代史的學術論文。而作者近作《異鄉人之地》，英文原版由哥倫比亞大學出版社在二〇二〇年發行，可以說是作者綜合多年來對近代新疆地方的政治制度、社會經濟乃至宗教文化等歷史議題的研究結晶，並在出版後榮獲二〇二一年美國歷史學會頒發之費正清獎（The John K. Fairbank Prize），足見學界對其研究成果之肯定。

《異鄉人之地》這部近期的新疆史力作，主要探討十九至二十世紀初期清帝國如何透過湘軍所主導的武裝勢力與文教機構，試圖重塑新疆地方社會以達成其統治目的。本書奠基於作者的博士論文，廣泛搜集台灣、中國、英國、俄羅斯等地收藏之漢文與察合台文史料，文獻基礎紮實。透過重點梳理吐魯番地區的漢文與察合台文檔案中的司法案例，作者在彰顯以突厥語系穆斯林為主體的新疆地方社會視野的同時，亦留意其與統管新疆的湘軍集團乃至清廷中央的互動，可謂是運用多語種史料體現多元歷史觀點的佳作。

就研究取徑而言，本書除了從比較世界史的視野，將清朝湘軍將領試圖在新疆所推動的儒化統治，與歐洲殖民主義所謂的文明使命（civilizing missions）進行相互參照；另一方面以在晚期帝制中國（late imperial China）的研究脈絡中，試圖結合新清史（New Qing History）與歷史人類學（Historical anthropology）的多元關懷。自從二十世紀下半葉以來，美國清史學界出現呼籲重視滿文史料，並強調清帝國統治中滿洲族群性的研究思潮，形成後來所謂的新清史學說。值得注意的是，所謂新清史本身係一個鬆散的概念，其內部對於清帝國的統治性質，亦充滿相當的分歧觀點。大體而言，第一代的新清史學人為跳脫傳統漢化論的窠臼，往往較為傾向側重清廷中央核心的滿洲屬性，這也和二十世紀後期國立故宮博物院以及中國第一歷史檔案館藏《宮中檔》以及《軍機處檔》等清朝中央滿文檔案的開放出版有關。隨著新清史在二十一世紀的發展，愈來愈多的新生代學者嘗試跳脫滿漢二元對立的框架，並進一步將視野投射到過去遭受忽視的帝國邊陲，反思過去以帝國權力核心為出發點的歷史敘事。在這個脈絡下，出現一波新生代的清史學者從事蒙古、西藏以及新疆等地地方社會史的研究浪潮，被稱為所謂新清史 2.0。不同於早期關注紫禁城內或者八旗制度的新清史學者，新清史 2.0 的研究者在與歷史人類學接觸、對話的過程中，重點留意自下而上的視野與被征服者的聲音，而《異鄉人之地》正是在這樣學術思潮下所形成的佳作。

就章節架構而言，本書除導論與結論外，共分六章。第一章主要梳理清代的經世思想如何影響以左宗棠為代表的湘軍將領，及其立基於禮儀、家庭等道德觀念對新疆進行教化的統治理念。第二章重點討論湘軍集團在新疆實踐經世思想的經過與挫折，乃至清廷最終試圖採取更加接近殖民主義的策略用以改造新疆社會的政策轉向。第三章主要聚焦於湘軍勢力所培養的突厥穆斯林通事，如何作為清朝國家與新疆地方社會之間的中間人崛起，成為一種善於利用國家制度以及統治話語謀取自身利益，從而具有能動性的特殊團體。第四章主要從穆斯林女性的議題切入，探討湘軍如何試圖透過重塑婚姻、家庭以及貞節觀改造新疆，乃至性（sexuality）概念又是如何界定新疆的族群邊界。第五、第六章主要探討十九世紀後半新疆社會的動

邊與破碎對族群歷史記憶的形塑，乃至穆斯林社會將通事等中間人視為內部他者的政治文化現象。

綜觀前述各章，可見作者善於透過檔案以及抄本等存世史料的吉光片羽，編織歷史的意義之網，藉由生動還原吐魯番社會的基層案例，作者向讀者成功展示十九至二十世紀初期新疆地方社會的發展及其與湘軍集團和清帝國中央間的互動關係。本書的精彩之處，除了在堅實的材料基礎上進行細緻的地方史敘事外，在相當程度上亦歸功於作者視野的廣博多元，從晚清經世思想與湘軍將領的政治實踐，關注到作為國家與社會中間人的通事階層，乃至突厥穆斯林家庭內外婦女的能動性，並有條不紊地梳理其間微妙的連動關係。在嚴謹的學術性以及純粹的知識性外，本書的寫作亦具有深刻的現實關懷，尤其圍繞新疆議題對國家與社會之間的權力運作有著引人入勝的觀察，惟作者身為一名專攻清代中國史與中亞研究的學者，仍能在處理富有議題性的歷史課題，維持著史家根據材料開展論述的專業分際。

在閱讀本書的過程中，敏銳的讀者或許不難察覺到華文世界過去對新疆的習慣表述中，存在著不少隱含「我者／他者」的二元對立，例如所謂的「新疆」一詞，本身就是站在征服者立場所形塑的政治地理概念，而非站在當地原住民的主位觀點。換句話說，隨著十八世紀中葉清帝國對準噶爾汗國以及大小和卓的征服，乃至十九世紀後期湘軍在當地推行的教化政策，原本居住在天山南北麓的突厥穆斯林以及準噶爾人，逐漸在這片土地上被邊緣化而成為政治與文化意義上的異鄉人，而他們的故鄉也成為帝國的新疆。換言之，圍繞新疆這個詞彙所展開的歷史敘事，本身即隱含微妙的「殖民／被殖民」的權力關係，尤其不適用於十八世紀中葉以前清朝尚未征服新疆的歷史時段。然另一方面，歐美學界過去所慣稱的東突厥斯坦，亦在近代國族主義興起的背景下，被賦予遠超地理範疇之外的政治意涵。要言之，在「新疆」與「東突厥斯坦」的矛盾之外，是否有其他更為多元可能的歷史敘事，或許是值得識者進一步思考的問題。

推薦序

# 晚清在新疆塑造中華帝國的同化企圖和脈絡

侍建宇（國防安全研究院國家安全所副研究員）

## 一、非中國官式的「新清史」書寫脈絡

二十世紀末，美國有一批研究者強調清史研究應該借重滿文檔，或從非中原、非官方的帝國邊陲庶民角度出發，以釐清當時的情況。這種被稱作「新清史」的研究路徑，不僅修正將大清當成中國的一個朝代的傳統史觀，更主張中國歷史的書寫不能只強調「朝貢體系」，並且反對「漢族中心」的論調。「新清史」認為大清帝國的治術結構在於愛新覺羅皇帝的多重身分，他不只是前明疆域子民的天子，也與蒙古各部結盟或通婚籠絡成為共主可汗，並且在宗教上護持藏傳佛教而成為「文殊菩薩」或「轉輪法王」。這樣的史觀

或中國史的書寫方式引起中共的側目，[1]中共甚至認為這種觀點帶有惡意的民族分裂意圖：主張「清朝不是中國的朝代」，將會破壞正統中國中原王朝一以貫之的「大一統」連續史觀。中共的國家清史編纂委員會耗費鉅資編纂的《清史》稿件，據傳也因此未通過政治審查而夭折，需要改寫，莫名其妙地否定「中國這個概念一直在變」的事實。[2]

《異鄉人之地：清帝國在新疆的教化工程》一書當然也是在「新清史」的基礎上，描述並論證晚清左宗棠湘軍集團重新征服／收復新疆後，如何扭轉大清帝國原有將漢滿蒙回藏分治並強調安全的治理結構，改以「招華民實回疆，變膏腴為內地」的策略。湘軍集團的教化工程也可以類比於當時歐洲帝國主義的「文明使命」，但是獨特之處應該是在於對大清帝國結構的改造。

左宗棠認為盛清以來由伊犁將軍間接統治，以夷治夷的新疆治理方式已經無法應付當時變局。左宗棠主張新疆建省，延續湘軍一貫以經世理想面對太平天國與陝甘回亂的做法，認為如果能改造人口品質，教化他們變為儒家信徒，在社會價值上進行統一，就可以鞏固邊疆，避免民變。湘軍在新疆試圖將治理權力轉移到遵奉禮教的鄉紳手中，由他們來作中華正統的適當監護人。這種在當時被稱為「善後」的措施，不僅是在物質上重建，更是對儒家理想社會的復興，並且將分隔或孤懸於歐亞大陸上一隅的新疆與中原進行融合。因此，可以說這些漢臣試圖扭轉晚清的帝國結構，並且以他們的認知重塑大清帝國內部的政治關係。但是本書發現這樣的教化企圖與社會改造工程卻適得其反，透過對湘軍士兵／移民與新疆當地突厥穆斯林互動的描寫，發現語言隔閡造成漢官治理的困難、翻譯「通事」在中間玩弄權力、以及不同族群間的性關係、家庭觀與婚配策略，都有著長遠影響，並促使當地現代民族意識的生成與出現。

## 二、現代中國史思考的轉型企圖

美國漢學家魏復古（Karl August Wittfogel）[3]很早就把來自北方的王朝分成「征服王朝」與「滲透王朝」，他認為遼、西夏、金、元和清都是「征服王朝」不願意完全融入中原漢文化，以維護自己的主導優勢地位與主體性。「滲透王朝」是指外族向中原移居，以滲透的方式取得政權，像是五胡十六國與北魏，因為大量接受漢文化，導致本族文化消逝。「征服王朝」實施「分而治之」的政治，使各族群得以盡量保存自己的文化內涵。魏復古認為征服王朝會與中原族群互相「涵化」；政權一則會要求臣民學習統治者的語言文化，至少象徵性地彰顯自己的優勢，像是大清要求漢人接受剃髮易服。但是統治者也會有選擇性的漢化，嘗試平衡。

權利與義務的內容基於政權的轉變，也就是握有權力者的更迭，在治理上，也帶動當權者重新定位，並嘗試重塑與轉型他們所認為社會應有的內涵與價值。換句話說，大清帝國統治者們總是企圖改變居住於

1 《人民日報》於二〇一九年發表長文「將國外歷史虛無主義在清史研究領域的理論變種引入國內」來批判新清史。習近平在二〇二三年六月《求是》雜誌上發表《在文化傳承發展座談會上的講話》，強調「中華文明具有突出的統一性」，隨即中國歷史研究院出版《清朝國家統一史》，被認為是中共官方正式否定「新清史」，定調大清帝國為中國王朝的定位。

2 其實「新清史」在中國史學界早就出現論戰，作為一種歷史研究途徑，也被學界普遍接受，只是中共官方依然固執地加以否定。「中國這個概念一直在變」一詞挪用於：定宜莊與歐立德（Mark C. Elliott），〈二十一世紀如何書寫中國歷史：「新清史」研究的影響與回應〉，《歷史學評論》，二〇一三年，第一卷，頁一一六—一四六。

3 魏復古的著作等身，一般引用「征服王朝」的說法源自Karl August Wittfogel and Feng Chia-Sheng, *History of Chinese Society, Liao, 907-1125* (American Philosophical Society/Macmillan, New York, 1949)

新疆的子民所應該進行的社會實踐。而統治者們的權力在左宗棠湘軍集團獲得新疆後，大權開始旁落在這群湖南人的手裡，他們維繫社會運作的文化脈絡是以經世學派為根基，意欲改變當地突厥穆斯林奠基於伊斯蘭宗教的社會內涵。湘軍的教化工程最終導致抵抗，並且促使當地穆斯林社會開始認識自己的身分。

由於人口數量與文化型態差異，「征服王朝」無意在文化上「華化」，而是對中原採取隔離與牽制策略，也因此在疆域內就會出現好幾個不同的政治與文化群體，互相牽制與平衡。因此，作為「征服王朝」的大清帝國，從盛清以來維繫著治理中原漢族的「六部」，以及管理蒙古、西藏、新疆的「理藩院」。但是面對歐洲帝國主義的擴張，帝國的統治權在晚清開始被漢臣逐漸騎劫，最後也只能允許新疆改制建省。政治改制也帶動社會重塑，並引起一連串非預期的效應，最後在二十世紀上半葉促成當地社會與民族的抵抗，以及東突厥斯坦的建國運動。

## 三、晚清的道德教化對當前中共再教育營的意義

從新疆建省到辛亥革命，湘軍的道德教化式的同化政策其實非常失敗。新疆軍閥割據的時期一直持續到二戰，等於國府幾乎完全失去對「新疆省」的控制。在楊增新與盛世才的統治下，雖然新疆在名義上屬於民國，實際上卻延續左宗棠之前，大清帝國與新疆的分治關係與價值觀。作者在本書第六章提到當時的「中國」名稱，在新疆轉譯為「Khaqanistān」（中國斯坦），而有別於「東突厥斯坦」。

晚清湘軍集團以經世儒學為根基，嘗試對新疆社會進行轉化，儘管與現在中共的再教育營有相似之處，但是依據本書作者所說，他並不想簡化兩者之間的「關聯」。真正反映出來的現實，反而是百年來握有中國政權的統治者，直到今天都還汲汲於將新疆融入中國版圖。

晚清湘軍集團希望保持並在家庭中置入儒家價值，雖然這個道德教化工程耗費新疆有限資源，但他們從未想過在新疆普及官話／國語，也沒有可能對突厥穆斯林進行全面的行為監控。然而，當前中共在新疆的再教育營則將家庭成員分開，再將他們重新整頓學習漢語／普通話，並轉換成具備現代工業社會生產力的人力。因此職訓中心、監獄、工廠在新疆幾乎成為同義詞，並且透過「強制勞動」讓當地人口轉變成物質利潤的來源。

當然，晚清新疆在建省後也從來沒有想過讓突厥穆斯林不要繼續相信伊斯蘭教，或改變他們信仰的內容。但是中國最近十年推動的宗教中國化，除了容忍部份宗教信仰勸人為善的道德教條，完全禁止中國教會與跨國宗教網絡的聯繫，宗教人士也由中國官方自行訓練，不允許自由傳教；並且中共透過法律，將全球政治極端伊斯蘭主義／全球聖戰與一般伊斯蘭信仰掛勾，讓新疆的突厥穆斯林遭到污名化，以方便推動新疆再教育營的全面同化改造工程。

現在新疆的全面同化改造工程已進入新的階段，新疆自由貿易試驗區形成巨大的工業城鎮，可以容納至少百萬人口。最終目的在於把新疆工業化，並且將當地突厥穆斯林的社會型態從農牧社會轉變為現代工業社會，以紡織產業供應鏈為基礎，挪用新疆的勞動力。新疆自貿試驗區分成「三片」，分別是烏魯木齊、喀什、霍爾果斯，「新疆生產建設兵團」作為從中國內地移民為主的集團，開始直接掛鉤與管理訓練突厥穆斯林工人，進行全面同化。

中國當前的企圖應該不僅將新疆「建構成聯通歐亞的綜合物流樞紐」，瞄準中亞與南亞市場，以及拓展絲路經濟帶和中巴經濟走廊，更重要的企圖應該是完成晚清湘軍集團未完成的夢想，將新疆全面併入與融入中國版圖。

## 推薦序

# 認識辛亥革命前的新疆必讀作品

熊倉潤（日本法政大學法學部國際政治學科教授）

許臨君教授的《異鄉人之地：清帝國在新疆的教化工程》是研究十九世紀後期到二十世紀初期新疆政治及社會變化的重要著作。一八六〇年代的清代中國，正值太平天國時期，原本被動員起來準備對抗太平天國的陝西回民與漢人發生衝突，最後導致所謂的「陝甘回亂」（本書又稱回民起義）。一八六四年，叛亂蔓延到整個新疆，除了回民，當地的突厥穆斯林也在蘇菲派的聖戰口號下，摧毀新疆各地的清朝駐軍部隊。由於整個新疆處於動盪之中，浩罕汗國的軍官阿古柏（Yaqub Beg）應叛軍要求來到新疆，在喀什建立了獨立政權。大約在同一時間，浩罕汗國爆發內戰，隨後內戰的失敗方逃到新疆地區，加入了阿古柏政權。直到一八七〇年為止，迅速擴大勢力的阿古柏政權，幾乎將天山以南的整個地區都納入勢力範圍，對外則承認鄂圖曼帝國的宗主權，並接受軍事援助。

當時，已征服西突厥斯坦的俄羅斯和正在統治印度的英國都試圖與阿古柏政權締結貿易條約，將其置於自己的影響之下。此時的新疆地區原本有機會從清帝國永久獨立出來。然而之後左宗棠率領的湘軍迅速平定新疆，新疆又重新回到清帝國的統治之下，最終在一八八四年正式建省。

本書深入論述十九世紀晚期到辛亥革命前，新疆的政治、社會和民族關係，並且描繪了新疆的湖南人菁英、處於社會中間者角色的「通事」，以及被統治的普通民眾群像。因此，我想談談在思考當代新疆的問題時，了解當地的歷史有多麼重要。

近年來，中共對新疆的統治舉世矚目，特別是二〇一七年以來，勞教所關押普通民眾的事件引發全球對新疆問題的關注，普遍認為這是一個比民族問題影響更為嚴重的人權問題。從勞教所逃出來的人開始在西方發聲和發表文章，許多研究者的報告和媒體報導也譴責勞教所侵犯人權的行為。當然，被拘留者的人數和拘留所的數量有待今後核實，但沒有實際從事「恐怖行為」的無辜者被關入拘留所，這已是不可否認的事實。

那麼中共是基於什麼邏輯來實施大規模監禁？正如我在《新疆：被中共支配的七十年》一書中所論述的，中共有一套獨特的邏輯，也就是向那些對「中華民族」不忠誠的當地穆斯林灌輸中華民族共同體意識。那些拒絕接受中華民族共同體意識灌輸的人，或者那些在中共眼中即使透過再教育也無法改造的就會被送進監獄，徹底被排斥在社會之外。乍看之下，這似乎與十九世紀末的晚清作法有些相似，但在我們在仔細觀察後會發現兩者並不相同。

十九世紀下半葉，湖南群體以「禮」和「儀」的觀念重塑了社會道德，尤其是家庭關係。這樣的「教化工程」大體上與今天中共的做法相似，即採用學校教育的形式，以抽象的概念如「中華民族」的名義，實際上強加的是漢人（或漢族）的家庭及道德觀念。在晚清年代新疆則有強制漢化的脅迫，例如有突厥穆斯林學生使用漢名的現象，我們透過新聞報導可以得知目前在新疆也有類似的情況。然而，其規模和程度將有所不同。作者在本書末尾指出：

勞教所（再教育營）又與一個多世紀前的儒家學校形成尖銳的對比。湘軍希望保持家庭的完整性，並在家庭生活中播種儒家價值觀，而今天的勞教所則是將家庭成員分開。在清朝，以教養教的方式改造似乎是在消耗一個已經現金短缺的省份的資源，而在今天的新疆，監獄建設和監獄勞動則是利潤的來源。數位時代的懲戒工具有助於實現這些現代夢想，其方式可能是湘軍所無法想像的。現代新疆與清末時期的狀況完全相反，國家收集數百萬少數民族公民的生物識別和地理空間數據。從某種角度來看，這種訊息收集裝置更像是歐美殖民者推行強制文件時所期待的那種結果，也許它顯示在新疆的現代政府的複雜體制是如何在很大程度上要歸功於出現在「自由的」西方的監視和紀律制度。

這些差異的背後還有一個前提，就是清朝和今天的新疆人口民族構成不同。一九四九年的新疆，漢人數量不到總人口的百分之五，但今天的漢族數量則佔總人口的百分之四十以上。因此，在今天這種人口狀態下，中共推動以漢族為中心的「民族團結」，便導致了臭名昭著的「結對認親」，即漢族官員到穆斯林家庭自稱親戚。清朝不能完全控制的突厥穆斯林，現在卻處於中共的全面監控之下。

因此，雖然十九世紀和當代情況截然不同，但今天的局面終究還是有其歷史脈絡的根源。晚清建省後的新疆，是湖南湘軍集團等來自中國本土勢力，在當地進行實際統治的開始，以今天來看可說是漢族統治新疆的起點。而書中詳細梳理的突厥穆斯林對儒家教化工程的反應，即是本書至關重要的部分。這是因為從晚清以來，突厥穆斯林對漢人統治的反感，是推動人們在二十世紀三〇年代建立東突厥斯坦伊斯蘭共和國，以及在二十世紀四〇年代建立東突厥斯坦共和國的動機之一。

新疆地區原本既有的伯克官僚制度，也隨著新疆建省後遭到廢除，湘軍集團推行不同以往的直接統治，並且伴隨著教化工程的推動，如強迫民眾學習漢族語言，導致新的共同體意識的覺醒。此書也討論十九世紀晚期以來，漢人統治者與穆斯林之間的溝通障礙，對於了解這一時期形成的穆斯林反感情緒具有重要參考價值。

當然，本書的內容遠遠不止這些。我們可以在書中看到普通百姓、普通的「公務員」、還有各行各業的各族群的生活例子。例如，在庫車工作，想回去家鄉看病母，但由於缺乏旅費，後來喝得酩酊大醉，最終殺害同鄉朋友的湖南人周景堂；試圖解決僕人向當地穆斯林勒索錢財產生的爭端，但由於缺乏語言能力調解失敗，被突厥穆斯林嘲笑，羞憤自殺的楊培元（見第二章）。還有我們可以看到所謂「少數民族幹部」的例子，就是晚清年代在學校唸書，辛亥革命後被任命為沙雅縣（Shāhyār）的第一個突厥穆斯林出身的地方官，但之後被監察人員發現腐敗行為遭到降職，使用漢名的突厥穆斯林艾學書（見第三章）。還有在族群邊界求生存中的各種「壞女人」（見第四章），例如晚上突然敲響漢人耆老楊榮家門，大聲宣稱自己已經與他孫子訂婚的突厥穆斯林女性買熱沙（Mehrish）。同化工程將婚姻及家庭視為社會穩定的力量，但其代價卻是造就了不分族群的女性悲歌。

透過這些例子的生動描述，我們可以看到，無論是漢人還是穆斯林，都有著各式各樣的發展。即使是漢人的「公務員」也有低薪和語言能力不足的問題，此外，當地穆斯林的「少數民族幹部」早在中共出現之前就已經獲得當局培養，努力適應中國的儒學文化，甚至有些人在民國初期升遷。這些精采的故事並非虛構，而是基於稀有的新疆維吾爾自治區檔案，以及《光緒朝硃批奏摺》、《清代新疆檔案選輯》等文獻資料重建而成。

最後，本書在學術價值之外，透過對歷史細節的還原及描述，呈現出一種深沉的風格，猶如遭到中國當局查禁的電影《活著》，讓閱讀本書的我深深受到觸動。本書提及的每個故事，都是在過去新疆實際生活的人們遭遇的日常現實，今天看來，過去與現在並沒有什麼本質上的差異。透過本書，我們能夠看新疆歷史真實的一面；這樣的呈現當然是有別於中共宣傳下的歷史敘事，甚至在許多海外維吾爾人著作，也都不曾描述過。許臨君教授根據大量的原始檔案資完成這個困難的工作，提供給讀者的是一本相當難得且深具當代意義的學術著作。

# 中文版序

《異鄉人之地》的背景是新疆（東突厥斯坦）近代歷史上最重要的時期之一，此時期的重要事件便是新疆在晚清時期的正式建省。

十八世紀中葉，隨著清朝和準噶爾汗國持久的戰爭，清朝征服了中亞東部，包括準噶爾盆地和塔里木盆地，把這個非漢人占多數的領土叫作「新疆」，基本上採用羈縻方式來治理。百年之後，清朝地方政府的貪官污吏和其他因素導致西北各省穆斯林人的反抗：一八六二年，陝西和甘肅的穆斯林反抗朝廷，引發所謂的「回民起義」（一八六二—一八七七）；一八六四年，新疆各地的穆斯林也響應號召脫離清朝的運動，燃起了十三年不斷自相殘殺的苦戰和動亂。

一八七七年，以湖南省的湘軍為核心的清朝軍隊奪回新疆，帶來了某種穩定。但是這個軍人群體的意圖和計畫，並不是恢復前期的羈縻政策，而是把新疆這個內亞邊疆地區改造為中國內地的一省，他們的目的不僅是為了保障清帝國的領土安全，而且要擴大儒教文明的邊界，進行新疆和新疆居民的同化，以保證新疆永遠離不開內地。換句話說，新疆的清末建省和台灣的建省有些相似之處，比如領導階層的主流思想：要建省，先必須構建一個儒教的社會。雖然這個教化工程沒有實現同化，反而產生隔閡，最終它在新疆的多族群社會留下了的深刻的斷裂。

本書的主旨，即是講述教化工程與其對政府、社會結構、法律、文化、性別、宗教以及歷史意識的影響。

讀者看到「同化」兩個字，不免會聯想起當代新疆的漢化工程。然而本書結尾強調，這兩種工程雖有可以比較的特徵，但是並無直接關係。其實，我開始研究這本書課題的時間是二〇一〇年，而在二〇一六年提交了博士論文，當時的新疆非常不同於二〇一七年以後的狀態。不過，現在回頭想想，清末和現在有一些相似之處值得我們進行比較：首先是「教」與「族」之間的關係在兩個時期都相當複雜，一直在變動而交纏。百年之前的新疆和現代的同化技術完全不一樣：雖然晚清儒教積極份子掌握了政權，但那個政權有其限制，不像今天的大規模監視。晚清學堂教育的目的是促使穆斯林人民自然轉變為儒教的信徒，然而當代新疆所謂的「培訓中心」、集中營和監獄，則是強迫非漢人說漢語，模仿漢人的一些文化行為，以及學習「習近平思想」，這都是基於一個絕對反動的民族主義和威權主義，清清楚楚地是一個現代現象。再者，兩者進行規馴的模式非常不同，思想基礎也有根本上的差異。最後，我們還要考慮權力和資本的關係，這個關係不論是在晚清，或是二〇二〇年代都相當親密。

從更深層來說，《異鄉人之地》試圖回答的問題，確實也是我們目前的世界正在面對的問題，那就是資本主義和右派極端主義結盟為進行規馴的主體，實現一個既符合理想、但又易於剝削的社會。更具體地說，湘軍集團在晚清新疆基於「經世學派」的中心思想認為，假如能夠使穆斯林居民獲得「教化」，讓他們接受儒教的核心價值和觀點，穆斯林社會將「風行草偃」，自然地轉變為理想的儒教社會，而變成中國郡縣制度和華人文化區域不可分割的一部分。因此湘軍集團的政策集中在教化，也就是一邊透過學堂讓穆斯林男孩子學習四書五經，一邊懲罰違背儒教禮儀的行為，尤其是本地婚姻風俗。不過，湘軍集團的教化工程完全依靠商界的權力，而導致各族商人利用他們的中介身分，改變新疆的社會經濟結構。本地人在這個不穩定的社會氛圍中利用了各種文化資源，特別是衙門的制度、象徵和代表權力，來保衛自己的利益和群體的界線。在這個過程中，一種新的族群意識逐漸形成了。這樣，二十一世紀的問題，包括債務；性別、族群和階層的不平等；反殖民主義；伊斯蘭恐懼症等等，在本書中也清晰可見。今天最有權力的人依然用空洞的話語來解決物質的問題，可是文化政策不能滿足大眾的飢餓，充其量只是畫餅充飢而已。

因此，《異鄉人之地》的目光自然聚焦於普通人的生活經驗。本書原本是我的博士論文，在我最初進行研究的時候，基本的研究方式還算是比較新穎的，也就是把兩種不同語境的史料進行比較及對話：第一種是用中文寫的地方檔案，第二種是用察合台文寫的手抄文書（察合台文是指古代中亞地區的通用突厥語言，也是現代維吾爾文的來源）。在兩種語言之間的翻譯過程中，我們能夠察覺出個人具體的經驗和豐富的想像。我很高興今天在英語學界，這種研究方式已經變成新疆史領域的主流，非漢語文的史料運用，基本上已經是不可或缺了。而且學界對察合台文的教學越來越常見，研究清末民初新疆的研究生也不少了。其實，新一代新疆歷史學者的寫作肯定會超越《異鄉人之地》，我很期待看到他們的成就。

我發自內心地感謝譯者苑默文老師費力將本書翻譯成中文，也非常感謝台灣的黑體出版社對我這本書感興趣，把它放到國際讀者的目光之前。最後，漢字文化圈的讀者能夠閱讀本書的中文版，讓我感到十分的榮幸。

許臨君

二〇二三年十月十六日於華盛頓特區

察合台文—漢文雙語並列的吐魯番檔案，1928年，作者拍攝。

# 凡例說明

本書在幾種語言和傳統之間運作，其中一些對讀者來說可能是模糊的。

中國的皇帝在位年號和伊斯蘭曆日期都被轉換為西曆中的對應日期。這個故事的大部分內容發生在同治（一八六一－一八七五，在本書的縮寫為TZ）、光緒（一八七五－一九〇八，或GX）和宣統（一九〇八－一九一一，或XT）時期，以及伊斯蘭曆一二八〇－一三三〇年。它在中華民國（Minguo，或MG）時期繼續存在。

在清朝的文獻中，婦女經常只能用姓氏來識別，姓的後面還有一個「氏」字。那麼，「魏氏」就大致相當於「魏女士」或「魏姓女子」。

中國資料中記錄的年齡是以「歲」為單位計算的。一個人在出生時就是一歲，因此虛歲可能比他們按西方的年齡算法大上一或兩歲。

在晚清時期，吐魯番是一個「直隸廳」，其最高官員為同知。吐魯番直隸廳下設闢展巡檢。在一九〇二年，闢展被提升為鄯善縣，原巡檢被任命為知縣。一九一一年辛亥革命和清朝滅亡後，吐魯番被定為與鄯善同級的縣，知縣為地方長官。

吐魯番屬於新疆省的鎮迪道，其他的三道分別是阿克蘇道、喀什道和伊塔道。這些官員向位於迪化（今烏魯木齊）首府的省政府報告，接受巡撫的領導。巡撫的直接下屬包括一名布政使和一名按察使。

在這一本書裡，我選擇一種希望讓讀者不會感到陌生的方式來介紹各種語言裡的名稱和詞彙。對於阿拉伯文、波斯文和察合台文，我使用《中東研究國際期刊》標音系統的修改版；對於滿文，我使用穆麟德轉寫方案；而日文則使用平文式羅馬字。變音符號已經被盡可能地減少了。

正如在中國的少數族群所熟知的那樣，用中文來表達長名字，尤其是普通話中缺乏的發音，往往會產生更長、更難處理的後果。在晚清的新疆也是如此，我們在檔案中遇到的突厥語和伊斯蘭化的名字，有時候與人們稱呼自己的發音非常大相逕庭。有所幫助的是，我在吐魯番檔案中發現一些文件，這些文件將突厥——伊斯蘭化的名字和它們的中文對應譯法並列在一起，使我們對突厥語的語音如何被翻譯成中文有相對系統的了解。在此基礎上，我將最有可能的突厥——伊斯蘭名字（如果可以破譯的話）與它的中文音譯放在一起，例如：Rawżallah（羅扎拉）。對於地名，我也採用類似的系統，在這種情況下，我更傾向於使用察合台語中的名稱，而不是漢語中的名稱。

# 導論

在十九世紀末，一群來自中國的菁英獲得穆斯林人口占多數的中亞地區控制權，並試圖按照他們的儒家社會理想來改造當地。本書將描述這個教化工程對當地普通人造成的影響，並且認為這種將穆斯林改造成儒家信徒的努力，會重新塑造不同宗教傳統、講不同語言人們之間的社會關係。然而，這些主導教化工程的工程師最終沒有帶來同化，而是造成隔閡，因為這個工程加劇了這個新時代典型的不平等和日常暴力，賦予它們新的意義，並且提供一種強大的新語言來駕馭它們。人們利用其意識型態和制度來監督新誕生的社會邊界，並且透過抵制中國的統治和被中國統治，來闡明共同體的身分認同。一種嶄新的或重新想像出來的共同血統神話，讓穆斯林共同體的邊界獲得新的定義。[1]

這段社會文化變革的歷史和日常生活的設定是在新疆發生的，這是一個歷史寫作和大眾意識主要由宏大的政治敘事來獲得理解的地方。[2]新疆，或稱東突厥斯坦，是一個在文化上、語言上和歷史上與中亞的社會及國家有著緊密聯繫的地區。直到二十世紀初，該地區的大多數人口使用突厥語，以突厥語書寫，並且當地人普遍信奉一種深受蘇菲主義影響的遜尼派伊斯蘭教。然而，這些「突厥穆斯林」（Turkic Muslim）人口在當時已經被一個以中國為基地的國家——清帝國（一六四四—一九一一）所統治。[3]雖然清朝的領土之後延續為現代中國民族國家的邊界，但這個帝國的統治者不是漢人，而是具有內亞血統的滿洲皇室。在一七五九年時，這個多民族的帝國征服新疆，並將其納入中國版圖，新疆成為與「內地／中國本土」（China proper）相分離的幾個獨立領土之一，並透過地方機構和貴族進行統治，其統治狀態就像是清帝國統治下的蒙古。在軍事上由伊犁將軍確保該地區的安全，但總體來說，當地的突厥穆斯林是作為清朝的代理者，並在伊斯蘭法（沙里亞法）的範圍內進行統治。然而，直到十九世紀中期，清朝各地爆發一系列戰爭，帝國失去對其近三分之一領土的控制。在一八六四年，新疆人發動起義，在清朝政權撤出後的政治真空中，建立一系列伊斯蘭國家。

一八七七年，清帝國的勢力以一種新的形式返回新疆。在一八五三年成立於湖南的湘軍，曾經與帝國內部的許多敵人作戰，並將這些敵人逐一擊敗。現在湘軍來到新疆，準備執行重新征服的任務。[4]然而，領導湘軍的是一群儒家知識分子，他們的哲學理念要求透過他們所理解的和諧社會基礎——宗法制的儒家家庭，而為中國帶來秩序。因此，湘軍的目標不是恢復舊有的間接（代理）統治制度，而是同化新疆的穆斯林人民，從而確保他們的家園可以永遠融入文化上和政治上的中國。他們試圖改造當地的穆斯林家庭，具體透過教育和重新安置的辦法，促使穆斯林社會接受漢人菁英階層的規範。一個特殊的法律制度將他們信奉的儒家思想——「禮」，提升至相當的高度，甚至高於帝國的成文法。儘管對湘軍來說，他們並非將新疆當作新征服的領土，而是將其視為一個中國省份，就像其根據地湖南或中國的其他省份，加以重建。雖然新疆建省的目標在一八八四年實現，正式被設立為清帝國的一省，但湘軍的教化工程幾乎延續到一九一一年清帝國滅亡，因為他們仍在持續地做出控制和同化穆斯林的努力。

這種做法造成許多諷刺性的結果，其中最主要的是，這項工程並沒有將新疆及其人民永遠與中國聯繫在一起，反而提供給他們一種表達民族意識的工具，並且可以利用這個工具既反對中國的權力，又適應中國的權力。換句話說，歷史上特定形式的統治經驗塑造了從被統治群體中出現的自我定義話語和實踐。這些新的話語和實踐是因為人們學會利用統治者的資源和語言，並以此來表達和解決他們自己的要求和不滿，另外的一個原因是當地的統治形式和意識型態很快就被在地化。正如法屬西非或英屬印度的臣民將殖民者的公民權和對人類尊嚴的尊重與他們的被剝削對立起來一樣，新疆的突厥穆斯林也學會操縱同化工程的意識型態和制度，以促進他們作為帝國臣民的利益。[5]然而，關於身分認同的殖民話語的學術研究成果提醒我們，要注意階級在被統治社群反抗殖民立場方面的作用：通常是那些成功學會操縱殖民者話語的被殖民群體的成員，然後由他們聲稱代表整個群體發言。本書展示相對有權勢的突厥穆斯林，如何利用國家資源來維護在他們看來是自己社群內部的秩序邊界，以清除教化工程所創造出來的內部「他者」。在新的不平等和暴力形式中出現新的身分認同表述。同時，穆斯林周邊地區與帝國大都市之間的關係似乎是自然聯繫的，就如同新疆的事件與中國本身發生的歷史是緊密相連的一樣。

今天的新疆，由於占該地區人口多數的突厥穆斯林維吾爾人，與試圖消除其語言和文化的中國共產黨之間持續不斷且似乎難以化解的衝突而聞名。對這場衝突的分析通常認為：衝突來自一系列相互對抗的民族主義訴求：[6]在黨國（Party-state）控制該地區之前，維吾爾民族主義者們已經提出新疆是維吾爾人家園的主張。雖然黨國在官方上承認維吾爾人的自治要求，並將這一內容寫入現代中國的憲法，但是，當下的漢民族主義者訴求國內的文化同質性，已經優先於對維吾爾少數民族的法律保護，最終引發人們的不滿。因此，維吾爾民族主義的特點和起源，已經成為新疆問題的主流學術研究。

從本書所描述的晚清新疆社會的日常衝突，再到當代的衝突，把這兩件事等同起來好像是一件很誘人的事情。然而，維吾爾人民族認同的發展和形成過程是很複雜的。一般而言，學者過去強調維吾爾民族主義的菁英、知識人或政治視角，並將其歸結為跨國突厥民族主義和蘇聯政權、後來的中國共產黨政府民族化政權的巧合。但這樣的觀點給人的印象是：民族認同是在一九三〇年代神奇地出現的。近年來，維吾爾民族主義的根源反而被定位在中亞複雜的跨國環境中，以及它與清朝領域中更微妙的宗教和語言區分形式的交叉點中。雖然這些分析都不一定排斥其他的分析。[7]然而，我認為很明顯的是，這個形成過程中的某些部分傾向於掩蓋其他部分，尤其是具有浪漫傾向的維吾爾民族主義，它表達一個吸引人的想法，即維吾爾性（Uyghur-ness）是一種在漫長時間中持續發展的古老精神，或者是因為中國人的統治，而從它的自然道路上分支出來的一條純粹路線。[8]中國黨國官方的「民族形成」歷史敘事中，公式化的史達林主義也以偽科學的外衣裝扮了類似的故事，但其中浪漫化的敘事卻經常被人看破。[9]

無論研究者們採取何種研究途徑，追溯維吾爾族民族身分認同的形成過程，都會使學者不可避免地回到本書所研究的時期——晚清，但這一時期仍然沒有得到充分的探索。[10]有幾本書從菁英政治、地區政府推行的政策和統治者的知識背景等方面詳細介紹新疆省的歷史。雖然這種訴諸上層的方法很有價值，但它很少對一八七七年至一九〇七年左右的湘軍統治時期進行粗略數語之外的分析。[11]近年來關於現代新疆歷史的研究往往是從清軍重新征服新疆後至少二十年後才開始，當時的財政危機迫使湘軍統治者嘗試新的創收計畫，遵循典型現代國家的資源最大化政策。[12]

晚清在全球時間上也許處於現代範圍之內，而這一事實引導學者去尋找現代現象的根源。然而，正如本書所示，一九〇七年之前的新疆政府更多反映的是傳統帝國省級行政機構的優先事項和技術，而不是現代國家的追求事項。事實上，維持湖南人統治的特殊社會型態也使新疆成為保守改革主義的前哨，直到清朝末年時，這種保守改革主義似乎已經變成一種化石。它不是一個民族化的政權（nationalizing regime），與自一九三四年起在新疆掌權的蘇聯和中國政府形成明顯對比。然而，在這個顯然是「前現代」的設定中，在歷經一些事件後，出現一種新的群體意識，即在民族規則上闡明的「穆斯林自我」（Muslim self），以對抗類似的「民族化的他者」（ethnicized Others）。

本書藉由闡明這個時期的過程性、協商性和日常性，對理解新疆的身分認同作出貢獻。也就是說，本書關注的是「認同」，即人們如何理解、表達、行動或履行歸屬感。[13]這本書在新疆的一個地方，即「吐魯番」的日常衝突背景下，探討這個持續的過程。在清末，吐魯番是省級系統中的一個直接管理的直隸廳。該地現存的檔案講述數以千計的故事，如果透過翻譯和再現政治（politics of translation and representation）來解讀這些故事，就會發現在一個多語言、多宗教的社會中人們是如何協商關係和解決衝突的。[14]在這個社會中，使用漢語的非穆斯林少數人統治著使用突厥語的穆斯林多數人，但在權力的等級制度中，則存在著許多層次的變數。雖然當日常生活中的衝突透過教化工程的語言表達出來時，會產生一種歸屬感的話語，這種話語被今天的學者視為種族特性，但社會階級同樣具有和語言或宗教相同的重要地位。

總體來說，湘軍所推動的教化工程及其影響，與歷史上特定形式的歐美殖民主義是相似的，因此，對殖民歷史的比較視野也影響本書的分析。然而，「殖民主義」這個詞在清帝國的問題上曾被多次引用，而且往往有不同的含義、內涵和假設，所以有必要準確地說明我的意思。[15]我所使用的「殖民主義」，可定義為一種旨在透過社會政治的重組（善後）來獲取領土的統治體系。[16]因此「殖民主義」與「帝國主義」是相互關聯的。在帝國主義中，來自世界某一個地區的人為了資源開採或領土安全的主要目的而支配另一個地區的人，但對當地社會發展的干預則不那麼直接，比方說是透過地方貴族的統治來完成。因此，在我的討論中，「殖民主義」與「帝國主義」這兩個概念是有所區別的，前者是一種旨在同化被統治地區人民的統治形式，後者是一種主要是經濟統治的形式，透過不同的統治語彙維持對多元的人民的控制。一般來說，從「多元帝國主義」轉向「同化殖民主義」的過渡，往往是對帝國控制危機的回應，而十九世紀中葉的清帝國正是處於這樣一種不穩定的位置上。

從廣義的比較來看，我們可以將湘軍視為主權概念變化的代理人，因為其領導人尋求將「正常」的機構擴展到先前獨立的邊疆地區。一般來說，擴張中的帝國往往不在多種法律和政治制度之間進行調解，而是在它們之間保持界限。隨著時間的推移，擴張速度的放緩或資源獲取速度的降低，以及周邊民族學會利用國家機構的趨勢，共同促進了同質化。地方菁英階層，在新疆的情況下是突厥穆斯林伯克（begs），被中央的職能部門，即中國的地方官所取代。這種同質化是基於對普適性的要求，但卻以殖民主義的他者為對象。湘軍在新疆的努力就包括這樣一種「教化工程」：一個占有主導力的群體努力將他們的規範和制度複製到一個從屬地位的群體上，為了達到這個目的，必要時可以對其使用武力。[17]儘管大英帝國和俄羅斯帝國有著密切的關聯，而且歐美的帝國主義也已經滲入中國沿海地區，但湘軍的教化工程是源於中國的。湘軍的思想和制度根源來自以湖南省長沙市為中心的一個特定儒家思想社群，而湘軍的領導人也是這個社群的一部分。

本書展示殖民主義是如何在非歐美背景下出現的。然而，我的主要目標不是要產生一些宏大的類型學聲明，而是要有效地利用這種比較作為討論和探索的理由。[18]如果我們接受這樣一個命題，即對新疆及其人民的統治在某種程度上是「殖民的」，那麼我們能從中學到什麼呢？在這種情況下，將新疆視為一個殖民地，會將我的方法論重點轉向統治透過社會政治重建而引起的主體之間的緊張和焦慮。無論一個殖民國家是要強加某種政治秩序、建立經濟剝削體系，還是要對性別和性的結構加以重新配置，這些行為都是差異帶來的結果。這種差異能使其這樣做，差異也會記錄下它的更深層影響。[19]

「差異」不只是單純的智性謎題，也不僅僅是權力的工具——正如本研究所揭示，這是一個涉及複雜形式類別的持續識別過程。研究中國南方和台灣的帝國文化和知識機構的學者已經揭示這點，他們的作品對本書有著至關重要的影響。[20]關於全球邊界的學術研究也同樣適用於對中國西北地區的研究。雖然新疆沒有單一的類比，但仍然存在許多相似的地方，而探索這些相似點將揭示出一個在很大程度上未經探索的「下層歷史」（history from below），無論它是如何被調解，都是由普通人而非少數當權者的話語來呈現。透過將帝國主義和殖民主義視為社會文化過程，我們可以擴展對擴張性國家和其邊緣社會之間的討論和比較領域。

在中國歷史的領域裡，本書代表一種努力，也就是將華南研究中熟悉的歷史人類學方法用於解決「新清史」提出的問題。新清史是一個無定形的、外延的領域，它的研究方法可以突顯出各種邊緣的聲音。然而，在大多數觀察者的心目中，這個次級學科主要關注的是清帝國背景下的民族差異。例如，新清史學者展示西藏宗教領袖和蒙古貴族與清朝朝廷的關係，而早期的開創性作品則探討基於清朝統治機構所產生的民族性。[21]一般來說，帝國的每一個人口構成單位都可以看到清朝權力的不同面貌，而這些面貌在他們自己的環境中是合理和正當的。然而，從這點來看，新疆仍然是一個謎題：蒙古人和西藏人可能把皇帝看成是一個勇士可汗或菩薩的化身，但清朝似乎沒有穆斯林的外衣。至於清朝的突厥穆斯林臣民如何理解這個帝國，這個問題仍然懸而未決。我認為穆斯林對清朝的認識，並非來自帝國的保守政治宣傳，而是在帝國最後幾十年裡與中國權力的日常接觸過程中產生的。

然而，所有這些關於自我、帝國以及君臣之間關係的表述，只有在我們閱讀當地檔案並將其與突厥語手稿傳統進行對話時才會變得清晰。關於新疆現代史的學術研究往往依賴於政府最高層的中文資料，而這些資料幾乎沒有告訴我們政策是如何在當地實施的。同時，另一個研究分支則集中在察合台文的手稿資料上，察合台文是中亞地區在一九五〇年代以前一直使用的突厥語文學語言。

儘管這些資料揭示了豐富的宗教、經濟和日常生活的世界，但它們相對較少說明突厥穆斯林被中國統治的經驗。然而，吐魯番的檔案是在多語言背景下透過積累普通人之間的衝突記錄而形成的，大部分的紀錄是關於普通人的。[22]儘管檔案中只有少數文件是純粹的察合台文，大多數文件是漢文，但幾乎所有文件都是翻譯的產物。本書揭示晚清新疆的突厥語－漢語的翻譯政治學，並將此觀點帶入對檔案館內外的文獻解讀中，展示在中國權力界定的空間內所產生的觀念，是如何殖民這些空間之外的話語。[23]透過對檔案進行批判性閱讀，將其視為協商和競爭的場所，我試圖強調普通人民對高級官員的能動性。所謂「普通人」指的是那些不曾擔任一官半職的人民，他們的活動在很大程度上是為了保持低調，不被行政部門所察覺。這些人包括農民、工匠、商人、妓女、雲遊的蘇菲修士和屠夫，以及一大批沒有能力規避司法系統的人。本書的核心是對「日常政治」的研究，即「個人、團體和組織之間關於控制、分配和使用資源的辯論、衝突、決定和合作，以及這些活動背後的價值觀和思想。」[24]日常政治就是那些針對規範和制度的安靜、微妙、逐步的調整和爭論。本書是關於人們如何參與這種平凡的政治，以及關於他們如何抵制與適應權力。他們的衝突可能是關於非常平凡的事情，如土地繼承，但也注意到對當代學者具有重要意義的更大問題，如種族的定義。檔案中經常提到某些問題，其中包括死者的處理、強迫婚姻和對性工作者的懲罰。雖然我們無法直接接觸到這些衝突點在日常生活中所呈現的論述和實踐，但它們在檔案的角落中仍然隱約得見。

現在讓我們來看看這個案例中的細節，關注吐魯番人如何描述他們在歷史和地理上的位置。首先，我將把吐魯番定位在穆斯林起義的歷史中，這場起義是發生在我們所用文獻的時間之前。然後，我們將分析人們如何描述吐魯番在新疆的歷史位置，以及它們在起義後的社會位置。兩者都表明，這是一個「破碎」的地方，一個由疏遠的人們組成的破碎社會。

## 前奏：在世界破碎之後

所謂的「穆斯林起義」（亦稱同治回亂、回民起義、回民事變等）始於一八六二年，它不是發生在新疆，而是在鄰近中國西北部穆斯林人口占多數的地區發生。[25]當地穆斯林長期以來的不滿，包括中國對穆斯林聖地的侵犯及過度的徵稅，與說漢語的穆斯林（即回民）社群內的一系列爭鬥交織在一起。兩年後，即一八六四年六月，有謠言稱伊犁將軍下令先發制人地屠殺回民，以防止叛亂跨越帝國邊疆。事與願違的是，這一謠言促使回民將官和宗教領袖襲擊清朝駐軍和漢民商人。就在這時，正在中國本土如火如荼地蔓延的叛亂讓新疆與北京的通信線路遭到封閉，新疆人發現自己正處於一個權力真空中。最初針對「漢人」（Khitāy）的暴力活動（也包括滿人和其他非穆斯林在內），很快就演變成穆斯林之間的鬥爭，因為不同蘇菲道團的領導人、前清朝指揮官和其他權力主張者都準備好進行掠奪、征服，並展示他們自己建立合法伊斯蘭國家的能力。[26]到一八六四年年底時，已經有十幾個派別在整個地區建立相互競爭的權力基地。用某個人的話說，就是「世界破碎了」。[27]

在這場衝突中劃定的界線是不穩定的，可以進行多方的詮釋。[28]經濟因素在叛亂中發揮作用，機會主義也是如此，但蘇菲道團的領導人動員其信徒和其他希望建立伊斯蘭國家者的能力也是如此。他們的追隨者傾向和語言差異傾向是大致吻合的，因為說漢語的人與中國本土回民的伊斯蘭信仰和崇拜有關，而說突厥語的人們是圍繞在某些文本和朝聖地點上，他們與中亞和南亞的聯繫也更多。然而，跨越語言和教派差異邊界的聯盟與敵意一樣頻繁。也就是說，雖然「聖戰」（ghazāt）成為叛亂的特徵，但聖戰的對象可能是模糊的，因為它可以同時針對內部或外部的敵人。

吐魯番叛亂的歷史就說明這一點。在一八六四年八月十七日，一位名叫馬蘇姆・汗・和卓（Maʿṣūm Khan Khwaja）的蘇菲領袖領導當地的起義，並指揮對中國定居點的一系列攻擊。[29]他很快就得到附近庫車綠洲的蘇菲派領導人們（khwājas，或稱「和卓」）的加入，他們當時與來自駐軍城鎮烏魯木齊的回民軍官結成聯盟。他們共同圍攻吐魯番的中國駐軍和社區達九個月之久。在一八六五年三月，在一個典型漫長、淒冷的冬天之後，他們向被圍困的漢人提供護送他們回中國內地的機會，以換取他們的投降。但是，當漢人打開城門且離開城市一段距離後，穆斯林殺了他們。而其餘留在城裡的人則被淪為奴隸。不久，當聯盟的叛軍試圖向東擴張他們的領土時，一個以魯克沁鎮（Lükchün）為基地的當地和卓團體試圖奪取權力。回民成為特定的受害者，為了與烏魯木齊的指揮官為敵，魯克沁部隊將數百間回民的房屋燒成灰燼，這麼做的原因也許是出於對烏魯木齊的部隊在庫木爾（哈密）奴役突厥穆斯林的行為的報復。[30]烏魯木齊指揮官的報復行動迅速而具有破壞性，但魯克沁派的殘餘勢力最終在吐魯番崛起，並驅逐庫車的和卓。蘇菲派與蘇菲派交戰，在這中間，他們時而與回民對壘，時而又並肩作戰。

在一八六五年的晚些時候，軍官阿古柏（Yaʿqūb Beg，一八二〇—一八七七年）從浩罕汗國（Khanate of Khoqand）來到喀什噶爾，讓戰線和衝突的話語迅速發生變化。暴力開始被表述為不同族群之間的衝突，儘管它是以宗教術語來表現的，但這些族群主要是透過語言和原籍地來識別的。正如這一時期的編年史家所描述的那樣，他們主要的敵對群體是講漢語的非穆斯林，也就是「中國人」。雖然這些中國人實際上包括講滿語的人，但他們顯然都是偶像崇拜者和異教徒，因此他們的「偶像廟」（butkhāna）統統被燒毀了。

然而，隨著中國人的逃亡、死亡或是改宗，以及透過講漢語的穆斯林與講突厥語的穆斯林之間逐漸產生的衝突，突厥穆斯林作家開始將回民視為敵人。畢竟，雖然浩罕汗國的人和阿古柏最初是作為外來者出現，但他們的語言與東突厥斯坦的語言非常接近，文化上也很相似，而且他們將回民和改宗的漢人納入國家，於是就可以聲稱代表「Musulmān」進行聖戰。這一主張尤其重要，因為阿古柏最初來到喀什噶爾時是奉命安插和支持一名蘇菲導師作為其領導人，從而在那裡建立浩罕汗國的影響力。然而，後來阿古柏背叛這位蘇菲，而浩罕汗國則被俄國人征服，現在他要靠自己的軍事才能和聖戰士的身分來獲得統治的正當性了。

此時期與後來的突厥穆斯林編年史家，紛紛將自己稱為Musulmān，它的字面意思是「穆斯林」，但卻將回民（察合台文為Dūngān）排除在這一類別之外。因此，我在本書中使用的Musulmān一詞來表示講突厥語的穆斯林。[31]（具體而言，這個詞表示的是那些認同綠洲農業和生活的突厥穆斯林，與哈薩克人或吉爾吉斯

〔柯爾克孜〕人不同，後兩者雖然也是使用突厥語的穆斯林，但他們被描述為是嚴格按照山區放牧生活型態過活的人〕。根據現代的民族分類法，這些穆斯林中的大多數人，在今天都會被歸為維吾爾族。然而，儘管Musulmān（譯註：這個詞在後文中將一律譯為「突厥穆斯林」，大致等同於今日所稱的「維吾爾族」）這個詞表面上具有包容性，但要留意這個標籤在歷史上特有的模糊性、宗教含義、語言內涵，以及對其他穆斯林的隱性排斥。本書的故事是在民族國家霸權之前的世界中展開的，因此會適當使用當時活躍的分類。此外，正如羅傑斯・布魯貝克（Rogers Brubaker）指出的，語言和宗教類似於民族性，但並不等同於它。[32]相反的，這些都是「體現的認同」，是行動和表演群體歸屬的方式。在晚清時期，這些更加流動的、表演性的或情境性的認同，逐漸被新興的共同血統話語所包覆，而穆斯林起義的暴力是這種包覆狀態的重要催化劑。

隨著阿古柏的政權上升到主導地位，橫掃面前無論是突厥穆斯林還是回民的各個派別。當他的軍隊在一八七〇年到達吐魯番時，他們對回民實施更多的暴力。[33]他們從西部和託克遜鎮入侵，幾乎殺死駐紮在那裡的所有回民士兵。在吐魯番城門口，他們又打敗了「幾千人」。來自烏魯木齊的部隊試圖以鉗形攻勢困住阿古柏的士兵，但沒有成功。在魯克沁陷落後，喀什噶爾軍隊處決他們俘虜的人。吐魯番再次遭到圍困，但現在這裡充滿焦急的回民，而不是漢人。九個月來，阿古柏的軍隊圍困這座城市並用大炮炮轟城鎮。回民躲在蘇菲道團的房舍裡，直到最後有些人選擇求和。

庫車著名的歷史學家毛拉・穆薩・賽拉米（Mullah Mūsa Sayrāmi, 1836-1917）後來記錄了阿古柏是如何在其戰役中對回民下手「殘暴」（ẓulm）的，他屠殺無辜的穆斯林、說漢語的人和各個派別的人。然而，發生在吐魯番的事情的目擊者和阿古柏軍隊的忠實軍官——另一位編年史家卻持有與此不同的說法。[34]這位作家名叫阿舒爾・阿訇（ʿAshūr Akhund），他將阿古柏描繪成真主施行正義的工具（ʿadālah）。他將被派去和談的回民使者描述為一個背信棄義的蘇菲，他在回民軍隊準備發動偷襲時分散軍官的注意力。戰鬥結束後，獲得勝利的阿古柏強迫回民變賣財產來換取食物，然後將他們中的數千人趕往喀什噶爾，變成奴隸。阿舒爾．阿訇斷言，這就是回民作為「叛教者」所應得罪孽的代價。

這兩位作者，毛拉．穆薩．賽拉米和阿舒爾．阿訇的歷史敘述，都是穆斯林在反思自己的身分認同和在歷史及世界中的地位時所湧現出來的滄海一粟。[35]他們也表現出關於差異的兩種立場——在起義期間和起義之後的緊張狀態。雖然在語言修辭上的衝突界線是劃在穆斯林和非穆斯林之間，但事實上，暴力更常發生在說漢語的人和不說漢語的人之間。賽拉米將阿古柏對回民的暴力行為說成是暴政，而阿舒爾則稱這是正義。同時代的詩人穆罕默德．葛里布．沙赫亞里（Muḥammad Gharib Shāhyārī）也同樣提出像他一樣的穆斯林和背叛信仰的「非突厥穆斯林」（nā-Musulmān）之間的區別，他這裡指稱的「非穆斯林」就是烏魯木齊的說漢語的穆斯林，也就是回民。[36]這些回民被指責的罪行是模糊不清的，但正如我們將看到的，它後來被歸結為他們的虛構起源，也就是介於中國和穆斯林世界之間的人。因此，對穆罕默德．葛里布．沙赫亞里來說，阿古柏對回民的毀滅是修補這片「破碎」（buzuq）土地的一種手段，從而來清除穆斯林共同體的內部威脅，使其重新變得完整。

突厥穆斯林將他們的土地定性為破碎或斷裂的土地，但他們中的任何人都無法看到這片土地能夠以他們所希望的方式得到修補。在一八七六年八月，湘軍進軍北疆，阿古柏的部隊只好逃離。[37]在一八七七年五月，阿古柏在庫車的宮殿中制定戰略時突然去世。從現在的角度來看，阿古柏的死因是中風，但穆斯林作者開始指責其原因，也試圖找出伊斯蘭國家衰落的原因：賽拉米把阿古柏的突然去世解釋為「天譴」（ghażab），這也是導致他屠殺無辜回民的原因。[38]但支持阿古柏的編年史家堅持認為他是被毒死的，犯人或許是一個回民指揮官，他曾經前往中國人的偶像廟，並「以清帝國的儀式喝下汙物」（Khaqan rasmichä ān ichti），透過違反穆斯林的飲食規範方式，來向中國人宣誓效忠。[39]另外，還有人懷疑一位曾為許多主人服務的官員尼雅茲·貝（Niyāz Beg，一八七九年去世）再次改換門庭，與湘軍合謀背叛阿古柏。[40]在隨後的混亂中，阿古柏的兒子們彼此反目，而他的軍隊也節節敗退。用賽拉米的話說，「人們的耐心已經耗盡……所以他們把臉轉向造物主的殿堂，眼中充滿了淚水，為中國皇帝祈禱，他們的哭聲和請求聲越來越大。」[41]無論好壞，他們的祈禱都得到了回應。

在一八七七年四月二十七日上午，湘軍抵達了吐魯番。軍隊由東向西快速穿過山谷，這樣迅捷的行動，讓當地人紛紛躁動起來。在這個時候，我們可以看到其中的三個人，他們都在朝不同的方向行進。其中的一個人名叫阿布杜·馬赫迪（Abū 'l-Mahdī），他是一名突厥穆斯林男子，正和他的兄弟向山上逃跑。他們希望能免遭暴力的傷害。但事與願違的是，他們在飢餓中徘徊幾年後，無法在新的社會秩序中輕鬆生存下來。另一個名叫楊本誠的普通士兵，他說漢語，不是穆斯林，隨軍出征來到這裡。他很快就在阿布杜·馬赫迪逃離的那個小鎮上定居下來，在那裡他試圖在邊境上重塑人生，但卻失敗了。回民婦女魏氏也是一名難民，她也是為了逃脫湘軍而向西逃亡，為她自己和家人尋求自由。然而，最終魏氏卻只找到了束縛和囚禁。

吐魯番幾乎沒有經過戰鬥就淪陷了，一個新的重建（善後）時代開始了，這個時代的標誌是更細微、更巧妙的暴力。在接下來的三十年裡，一種新的中國力量徹底改變吐魯番和新疆人民的生活。我們將在本書後面重新審視楊本誠、魏氏和阿布杜·馬赫迪三人的故事。然而，要了解他們的生活軌跡，我們首先要弄清改變新疆社會和文化的一系列歷史發展。

## 吐魯番：異鄉人之地

十四年後，在一八九一年七月二十四日，一位來到吐魯番的俄羅斯民族學家與一位名叫馬吉德·阿訇（Majid Akhund）的人相視而坐，請後者描述他的家園。[42]在馬吉德的回答中，他歷數了「六城」，他是先從最遠的城市開始說起的。在傳統上，這六座城市（altä shahar）被視作是構成突厥穆斯林（Musulmans）土地的範圍，雖然也有一些人說突厥穆斯林的土地範圍是七座城市構成，甚至有人說是八座城市。[43]

馬吉德使用的是這些城市在大眾口中的流行綽號來描述它們。西邊最遠處是喀什噶爾，那裡是「聖徒之地」，那些最早將伊斯蘭教帶到這片土地的人就埋葬在那裡。葉爾羌是「導師之地」，以那裡的蘇菲導師而聞名。和田則是「烈士之地」，是最後一個抵抗任何入侵的地方，包括對中國人的重新征服的抵抗。向北走，阿克蘇是「聖戰士之地」，與其相鄰的庫車是「真主的幫助者之地」。（見下頁地圖）。

最後，馬吉德來到了他的家鄉，也就是被稱為「異鄉人之地」（gharibāna Ṭurpān）的吐魯番。「吐魯番沒有河流」他解釋說，「那裡沒有多少土地，也沒有水，但有許多聖墓。因此，那裡有許多異鄉人。」他隨後解釋說：「我所說的『異鄉人』，是指『旅人』。」根據他自己的解釋，他使用的詞彙——「異鄉人」（gharib）或「旅人」（musāfir）表示旅行者、難民、朝聖者，以及在悲慘中孤獨漂泊的流浪者。這些詞很好地描繪出吐魯番的兩種面貌。朝聖者從喀什噶爾和其他地方趕來七賢洞（Cave of the Seven Sleepers）朝聖，這個聖地被認為是一群信徒躲避暴君的地方，在真主的保護下長眠了幾個世紀。[44]還有一些人漂流而過，其中大多數人是來往中國的移民勞工或商人，還有更多人在此打零工過活。吐魯番沒有大河，夏日的酷熱是致命的，因此農業和農場工人的生計取決於山區的徑流。每年春天，水從山上流淌下來，進入地下深挖的隧道（坎兒井），以保護它免遭太陽光的蒸發。這些水為吐魯番著名的葡萄園和聚集在隧道周圍的小農場提供水源。這

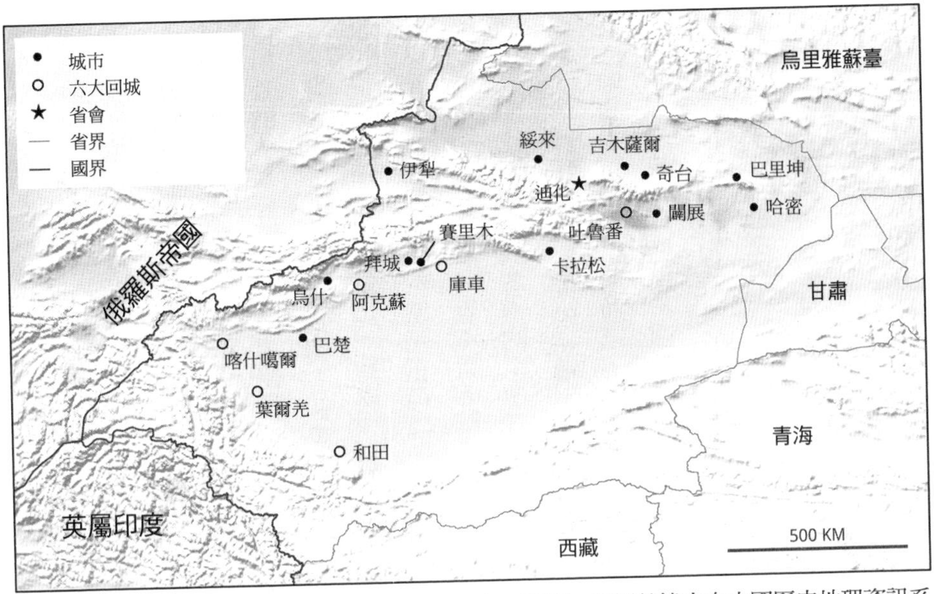


1900年前後的新疆主要定居地。Evangeline McGlynn製圖，座標數據來自中國歷史地理資訊系統（China Historical Geographic Information System, CHGIS）。

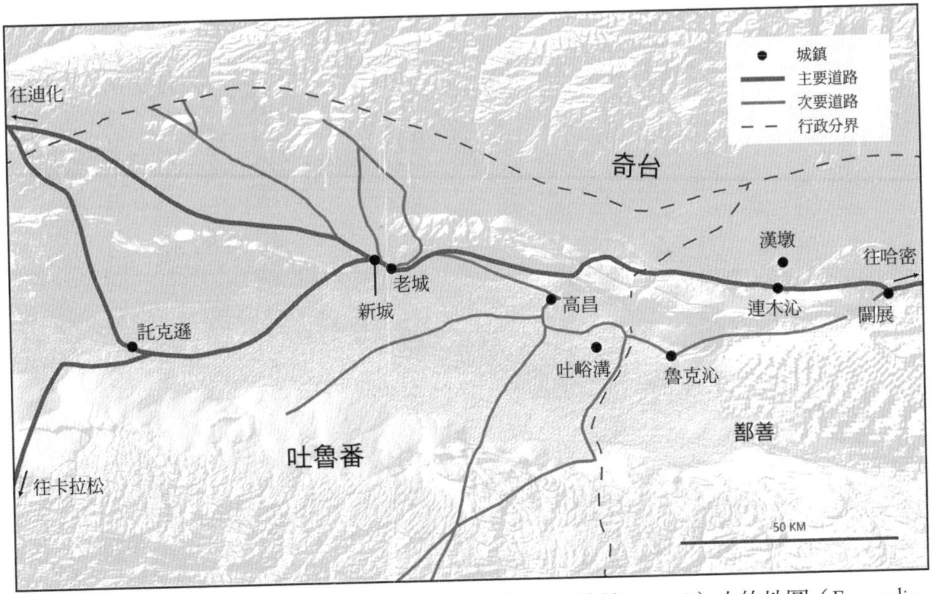


吐魯番的城鎮，製圖根據《吐魯番直隸廳鄉土誌》（收錄於 XTZG）中的地圖（Evangeline McGlynn 製圖）

裡的生活是不穩定的，但也是頑強的。

在另一種意義上，吐魯番是gharibāna，也就是「孤絕的」。人們可以在不翻山越嶺的情況下穿越六座城市的其他地方，因為它們在南疆中心的大片沙漠周圍形成了一個半圓形的綠洲。然而，吐魯番與其他城市是隔絕的：要從庫車到達吐魯番的話，需要向東長途跋涉，穿過一個非穆斯林的土爾扈特部（Torghut）蒙古王公的領土。[45] 然後，人們將穿越「沙漠山脈」（Chöl Tagh），進入世界上第二深的窪地。正如庫車的傳統智慧所言的，通往吐魯番的道路是一條絕路。[46] 將其視為一種習慣意味著永久與家人分離，而根據當時的說法，跋涉的時間可以漫長到一個男人的妻子、可以在男人缺席的情況下訴請離婚。雖然這種描述有些誇張，但它表達了吐魯番是一個既與它的鄰居隔絕、但又密切相連的地方。

事實上，吐魯番的交通很發達，因為它位於從中國本土出發的少數可通行的路線之一。從直線距離來看，吐魯番離清朝在烏魯木齊的駐軍城鎮不遠，這裡後來被定為省會，並改名為「迪化」。從迪化出發，人們可以前往遍佈北疆各地的小型貿易定居點，這些地方生活的大部分是漢人。這一事實使吐魯番成為南北之間、中國與中亞之間的一個重要交會點。然而，要前往迪化和其他地方，需要穿越達坂城的山口。因此，吐魯番盆地是一個通道，但也是一個障礙，是貨物、人員和思想流動的咽喉。吐魯番的地理環境使它在本研究中成為一個講不同語言和信奉不同宗教的人經常相遇的地方。檔案資料清楚地表明，即使在吐魯番從重新征服中恢復過來的時候，漢人、回民和突厥穆斯林會住在同一個院子裡，為財產權利而互相起訴，而且正如我們將看到的那樣，他們也共用房屋和床鋪。

然而，吐魯番並不是一個多元文化的烏托邦。截至一八七七年，該谷地的人口約為四萬，到一九〇〇年時，隨著人們返回、定居和繁衍，人口增加到了七萬左右。[47] 出關的湘軍約有六萬名士兵，其中一半可能在吐魯番停留一年或更長的時間。雖然軍隊要靠耕種來維持生計，但這在新疆大部分地區是不可能做到的，這件事在吐魯番尤其困難。因此，他們主要依靠天津商人從中國本土和俄羅斯向他們提供糧食。幾年來，糧食價格一直居高不下，但一旦官員實施中國本土熟悉的糧倉制度和價格規定，糧食價格就會逐漸下降。[48]到一八九三年的時候，糧食價格似乎已經穩定下來，當時該省不得不降低自己的價格，以調節市場上的糧食價格。[49]然而，與此同時，食物的稀缺和昂貴迫使人們尋求其他的生存方式。雖然使用漢語的商人和退伍軍人並不富裕，但往往比講突厥語的穆斯林富裕得多，也更容易獲得國家的權力。

那些無法掌握雙語的突厥穆斯林發現自己被排除在新經濟的關鍵部門之外，也被排除在由講漢語的人領導的省級政治——司法行政系統之外，而這一系統是強加在他們的家鄉身上的。回民經常作為中間人介入，幫助漢人獲得對突厥穆斯林的經濟支配地位。掠奪性的商人和放貸人——通常是漢人，使突厥穆斯林農民和勞工負債累累。復員的湘軍士兵會購買陷入絕境的突厥穆斯林女性作妻子，為他們提供勞動服務以及生孩子。

因此，能夠適應中國定居者的文化，並且能夠與省政府打交道的突厥穆斯林在這種環境中具有很大的優勢，而教化工程所建立的教育機構也為一些人提供了獲得語言技能的機會。然而，從這些學校出來的講漢語的突厥穆斯林翻譯人員（通事）也是遭到懷疑的，儘管與那些和漢人男性有親密關係的突厥穆斯林婦女相比，他們被社群排斥的程度要輕一些。突厥穆斯林的作者給這些越界的人貼上了「纏頭」的標籤。這是一個中文詞，意思是「把頭包裹起來」，中國官員和定居者都用這個稱呼來指稱講突厥語的穆斯林。在突厥穆斯林的話語中，「纏頭」在新疆社會的宗教和語言關係中占據了一個不可思議的位置，突厥穆斯林和漢人是站在這個位置上理解新疆的社會的：講漢語的非穆斯林（漢人）、講漢語的穆斯林（回民）和講突厥語的穆斯林（musulmans），現在又加入了一群似乎已經變成了非穆斯林的講突厥語的人。湘軍打算讓突厥穆斯林在語言和文化上被同化，變成講漢語的非穆斯林，而教化工程卻培養出了「纏頭」，這群人成為了突厥穆斯林內部的他者，突厥穆斯林對他們表達和警示了更堅定的共同體界線。

這裡若是再次與歐美殖民主義進行比較，便能為探索民族國家之外的群體歷史提供途徑。[50]在法屬西非，一個因種族原因而被剝奪權利的共和國公民可以利用殖民化的意識型態，即歐洲的文明化主張，從不情願的殖民者那裡獲得某些讓步。縱觀本書的內容，突厥穆斯林臣民站在他們的帝國臣民屬性的基礎上提出要求，因為在教化工程下，這種臣民屬性可以透過謹慎的代表行為來進行明確表達。省級行政機構中的歸屬語言（language of belonging）是很有力的。

一個人可以透過援引帝國臣民屬性和儒家父權的話語來獲得力量，或者在被要求用這種語言說話時成為權力的主體。因此，人們透過使用教化工程的話語來監督共同體邊界和懲罰違法行為，從而反轉教化工程。這些跨越邊界的行為本身與經濟不平等問題、透過債務剝奪突厥穆斯林的土地和財產以及對突厥穆斯林身體的物化是緊密相關的。因此，我在這本書中試圖證明，晚清新疆的群體性（groupness）首先來自一種群體身分的脫離（estrangement）——從自我中脫離出來、從社會中脫離出來，以及似乎把自己從歷史和宇宙中的位置上脫離出來[51]——其次是來自對外部脫離者的接納，透過調動關於自我、臣民屬性和歷史的話語，來達到對外部脫離者的接納。

這些關於自我的話語是在中國本土的特定知識和社會背景下發生的，尤其是在十九世紀中葉的湖南內戰期間和之後，從菁英人士對階級的焦慮與對文化主義的差異觀念的糾結中產生的。太平天國戰爭（一八五〇—一八六四）是一種新政治的溫床，菁英階層們組建出植根於當地社會機構和身分的新的現代軍隊。其中就包括湘軍，其領導層與省城長沙嶽麓書院所闡述的一種特定的新儒家哲學密切相關。湘軍不僅在打敗清帝國的內部敵人方面功不可沒，而且也是戰後重建工作（善後）的主要代理人。[52]所謂「重建工作」不僅僅是指物質上的重建，而且是對社會和道德進行整頓的一連串工程，它的展開前提是中國已經陷入混亂，因為中國人民已經偏離過去的正統行為。這些新領導人對於社會下層男子潛在的暴力和下層婦女的性行為持有一種特別的懷疑眼光，他們試圖對這兩個方面加以控制。後來，當湘軍向西北方的新疆進軍時，其領導人已經產生穆斯林是文明邊緣人的觀念，認為穆斯林是和他們試圖在中國本土拯救的那些未受教育的男人和女人是相似的。圍繞著差異和對教化的信念推動湘軍成員們的行動，而且他們也透過差異和教化信念來理解他們將會在新疆面對什麼，並且制訂一套從嶽麓書院發展出來的智性計畫，這套計畫還伴隨一種千年未有的大變局之災的普遍感受，他們認為需要推動一場保守主義的新儒學復興。

中國的重建，不論是從華南沿海地區直到帕米爾高原上的喀什噶爾，這個過程呈現新興菁英人士試圖轉變清帝國及其人民的努力。中國本土重建的社會文化遺產，與美國重建時期（一八六三—一八七七）的遺產並不一樣，中國本土的重建在之後很長一段時間裡繼續塑造著生活、記憶和身分。正如中國菁英將稱西北和新疆的所謂「回亂」（一八六二—一八七七），視為導致太平天國戰爭的相同混亂之一部分，而在新疆的重建也遵循著他們在中國本土建立的方法。但是，湘軍的道德整頓技術，原本是針對橫向的階級邊界，如今卻與語言和宗教的差異銜接起來，促使群體之間的縱向邊界明顯可見。[53]

在這層意義上，本書試圖將某些關於民族身分認同和邊疆的既定觀念，從更抽象的分析層面上區分出來；同時再把民族性和群體性與日常的談判過程聯繫起來，這些過程關係到了更廣泛的共同體重塑。這是一種很細微的區分，但對於我們如何理解晚清來說卻很重要：在本書的描述中，湘軍和構成並圍繞在湘軍四周的湖南知識人圈子，是創建最初的中國身分認同的關鍵角色。[54]要說清楚的是，將新疆的湘軍直接定義為「國族的」（national）是錯誤的，他們對身分認同的闡述和改造工程更多的是關於何為「中國性」（Chineseness）的論述，或者是一些學者稱之為「文明化」的菁英階層的儒家身分認同。這些論述模式在過去和當今的現代中國都處於緊張狀態中，[55]而晚清的新疆，則展示了這種緊張關係如何在實踐中被體現。因此可以說，政策和意識型態層面上的文明化論述，為民間實踐層面上明顯可識別的民族認同模式提供了依據。

## 關於稱呼

我必須先請讀者們牢記，本書中使用的所有稱呼標籤都是歷經變化的。由於這些術語在獲得新的社會意義的同時也失去其他意義，因此區隔標籤的界線往往是不穩定的。我認為一八六〇年時「突厥穆斯林」一詞所隱含的意義，與一九〇〇年時的意義不同，「回民」和「漢人」也是如此。然而，詞語和其所指之間的關係處於不斷的變化之中，而這給歷史書寫帶來一定的問題，特別是當人們在不同類別之間，往往是在研究者的視線之外轉換的時候。我們可以考慮穆罕默德・奈伊姆（Muḥammad Naʿim，別名林勝田，音譯）的案例。根據時下的不同狀況，穆罕默德・奈伊姆有時是一個回民商人，有時是一個當地的穆斯林領袖，或者是來自英屬印度的代表。[56]在另一種身分下，他很容易被認為是一個非穆斯林的中國漢人。一切都取決於他的自我呈現和利用帝國利益的能力。因此，本書小心翼翼地使用人們賦予自己與他人的標籤，並關注名稱之間的關係，而不是尋求穩定的身分認同。

這就更不用說在不同語言中對人群的多種稱呼。以英語和漢語中用來表示「講漢語的穆斯林」的「Hui」（回）一詞為例——儘管它曾經在漢語中被用來表示一般的「穆斯林」，而且現在是指中國正式分類和制度化的民族中的一個群體「回族」，但截至一八七七年的新疆，在漢語文件中，「回」通常是指講漢語的穆斯林（回民）。與此同時的，在察合台語中，作者們稱這些人為Dūngān（東干人）。因此，所有這些標籤都不是指向世界上的一個固定對象，而是指向同一個有爭議的概念——「回」不是一個民族，而是在一個關係領域中的一個變化的位置。在晚清文獻中，「中國人」或「漢」也是如此。察合台文本中提到 Khiṭāy，雖然這個詞在很久以前就源於對中國北方的契丹人的地理和民族標籤，但在這一時期，它顯然是轉變為「中國人」的指代。就這一點而言，講漢語的非穆斯林經常被簡單地標記為「民」，表明他們被認為是規範的帝國臣民的地位。如果將 Khiṭāy-ness（Khiṭāy 特性）和 Chineseness（中國特性）及 Han-ness（漢族特性），或 Hui-ness（回民特性）和 Dūngān-ness（東干特性）分別作為獨立的概念，就會引來一個錯誤的區分。中國特性和回民特性有無數的解釋方式，這些方式在不同的語言中都有所調整和變動。

關於「Musulman-ness」（突厥穆斯林的特性），我們也可以這麼說，在察合台語中被譯為 Musulmānchiliq，與 Chantou-ness 或 Chantoluq 形成對比。「Musulman-ness」在一定程度上是透過一系列的實踐和特徵來積極定義的，但它在與回民性和中國性的對立中被調節得最多，形成一種關係上的三重性。Chantou（纏頭）是一個明確的翻譯術語：在漢語中，它指的是「突厥穆斯林」，但在察合台文中，它指的是突厥穆斯林變成的叛教者。然而，我們後來會發現，人們會為自己和共同體採用這個似乎有貶義的標籤。這種關係是一個持續區分過程的一部分，此過程是我們必須關注的焦點。

這本書也不可避免地與命名政治連繫在一起，簡單地用名字來指代有關地區就意味著一種政治立場。到目前為止，我把這個地方稱為「新疆」，因為這是大多數人知道的名字。然而，對許多維吾爾人和其他突厥穆斯林來說，「新疆」這個名字充滿殖民壓迫的意味。畢竟，「新疆」的意思是「新的邊疆」，這樣稱呼它意味著它主要是作為中國的邊境地區。相反，「東突厥斯坦」已成為許多維吾爾人的首選地名。這個詞的好處是：它在抓住該地區的地理特徵的同時，也抓住它與中亞「西突厥斯坦」的相互聯繫。當然，黨國統治下的中國（Chinese Party-state）反對這個詞，理由是使用這個詞會促進民族分裂。

在本書中，我會同時使用新疆和東突厥斯坦這兩個詞，但它們不是完全可互換的兩個名字。這是因為，在以中國為基地的國家眼中，構成「新疆」的獨特行政結構和領土邊界，以及民眾和官方對這個地方的想像，都是具有歷史意義的。一個叫做「新疆」的東西的產生和維持，對本書所討論的地方的人們的生活產生深刻的影響。因此，當我提到「新疆」時，我指的是一個思想和實踐的集合體，也就是延伸到某一地區的政府機構，以及人們對它的思考方式，還包括一個破壞和創造的過程。新疆是這個地方自上而下的形成，把它作為一個中國空間進行再領土化。[57] 而且，使用察合台文的作者們也經常使用這個音譯為「Shing Jang」的名字來標記這個地區，尤其當他們提及中國的行政和地理的時候。相較而言，我使用「東突厥斯坦」來強調突厥穆斯林所持的觀點，這個名稱是他們對這個地方徹底的展望和形成過程。「東突厥斯坦」指的是那些通常不為省政府所見的實踐，但這些實踐卻能將人們聯繫在一起，形成一個與中國行政區域重疊但不等同的領土範圍。「新疆」和「東突厥斯坦」之間的不和諧是這個故事的核心所在。

此外，我在這本書中不得不談論「伊斯蘭」和「儒家思想」，這兩種思想在其社會和文化背景下都不是單一的、穩定的東西。我遵從本書中遇到的歷史行為者對他們自己和他們的傳統的定義。在東突厥斯坦的背景下，「伊斯蘭」通常表示的是遵循哈乃斐（Hanafi）教法學派的遜尼派伊斯蘭，並與一些傾向於與什葉派伊斯蘭相關的做法相結合，其核心是對聖徒和聖徒傳記的遵崇，到伊斯蘭聖徒的聖地遊墳，並參與他們的神聖傳記的傳述。「儒家思想」同樣指的是一套知識傳統和儀式實踐，這些內容都是基於始自孔子的典籍中的教條。今天的學者將活躍在新疆的儒家思想認定為新儒家思想，它既聲稱要重新發現經典中儒家思想家的理想，又提供一套在帝國晚期成為霸權的生活規則。當然，任何一種信徒都會簡單地將自己的做法描述為「伊斯蘭」或「儒家」，或者用更本質性的術語來描述自己的做法。這本書不是要定義伊斯蘭是什麼或曾經是什麼，也不是要定義儒家思想是什麼或曾經是什麼，而是要探索人們對這兩種思想的認同的流動性。

## 本書結構

本書主要分為三部分：第一部分由第一章和第二章組成，這部分內容是關於政府重建社會、知識和政治起源及活動的歷史。第三章和第四章的內容探討湘軍政策及其實施的社會文化影響，顯示同化機構如何在不經意間重新整合群體間的界限。第五章和第六章則闡明中國和伊斯蘭話語中的歷史想像和差異概念，以及隨著這些話語出現而發生的變化。

第一章介紹教化工程在社會—哲學上的起源。該工程試圖要消弭差異，但在實踐中卻讓差異更加明顯。我認為，湘軍在新疆的政策起源於十九世紀初湖南長沙的所謂「經世學派」的實踐思想。他們的意識型態又是由該群體在太平天國戰爭期間和之後的經歷形成的。由於湖南群體的成員領導新疆和中國西北地區的再征服與重建計畫，因此他們有機會、有手段和有動機對文化上不屬於中國的人口實施保守改革主義政策。其核心目標是基於對「慣習」或「儀禮」概念的解釋來進行社會道德改造，首先是改造家庭關係的模式。

第二章繼續論述的是，湘軍主導的政府對新出現的危機採取「經世致用」的方法，重述晚清新疆的政治歷史故事。我認為，政府將新疆視為一個例外地區，而這個例外性質隨著時間的推移、社會的變化而發生改變。每一次挑戰都引起無效的政策反應，而這些政策又創造出新的制度結構，但卻沒有確保對它們的控制，從而使臣民中的突厥穆斯林和回民對國家的低效和低滲透力加以利用。最終在北京朝廷的干預下，新疆的「經世致用」體制被一套明確的殖民主義方式所取代，但由於在現實中缺乏有效的執行機構，後者的實施仍然阻礙。

第三章對吐魯番檔案進行更深入的研究，並介紹文化和語言差異的熟練操縱者——翻譯人員（漢文為

「通事」，察合台文為 tongchi）。湘軍打算透過培訓一代年輕的突厥穆斯林男子學習漢語和儒家經典，向穆斯林社會播撒他們所理解的儒家價值觀。我認為，這種「透過教育來達成改造」的教化工程反而創造一個雙向流動的中間人階層，他們出於自己的目的操縱國家。翻譯人員成為不可或缺的角色的原因，在於中國官員幾乎完全沒有能力在一個在文化上、語言上與他們的原鄉如此不同的環境中運行，他們努力地尋找忠誠的中間人。翻譯人員不是成為道德上的大家長，而是成為技術人員，有些人甚至爬到更高的位階上。翻譯人員的成功引起突厥穆斯林的不滿，雖然他們依靠翻譯人員來與中國當局進行交流。這種不滿反映在突厥穆斯林話語中的獨特社會角色上，也就是將 tongchi（通事）描述為一個可疑的、分裂的人物或「纏頭」。

第四章轉向教化工程的另一面，即性別的影響。湘軍在改造穆斯林家庭的過程中，強行將女性安置到新的婚姻關係中，並提倡中國式的家庭規範，特別是對寡婦貞潔的崇拜。我認為教化工程的文化暴力和性暴力，與中國士兵、回民商人和普通突厥穆斯林之間的經濟地位不平等狀況交織在一起，因此，經濟上的不平等鼓勵販賣婦女，也為其提供意識型態方面的理由。交換自己和他人的家務、性和生殖勞動是動亂時期的一種生存策略，也是適應東突厥斯坦原有習俗的一種策略，但它也是共同體之間衝突的載體。漢人和突厥穆斯林的菁英人士們都利用教化工程來控制共同體邊界，以及懲罰越界的女性。女性的性行為，以及對性行為的控制對於維護父權制而言至關重要，因而成為定義突厥穆斯林共同體的血統隱喻的新核心。

第五章涉及戰爭後的集體記憶政治。我認為，穆斯林的起義和對穆斯林的重新征服在各個社群裡都被視為歷史創傷。在漢文和察合台文的文本裡，從證詞、詩歌到編年史，都把一八六四年和隨後發生的事件描述為「災難」、「磨難」或「破碎」，一個想像中的和平時代的永遠消失。戰爭的廢墟和人們的遺骸（以及同樣重要的，屍首遺骸的丟失）都成為損失和恢復話語的有力場域，人們透過這些話語表達出一種新的集體不滿和以共同血統為中心的身分認同。

第六章更全面地探討察合台文的手稿傳統和伊斯蘭歷史寫作中的政治。我認為，其中關於世界各民族的起源和伊斯蘭傳入中國的敘述變化，反映衝突後的突厥穆斯林在湘軍統治下的具體關切。也就是說，神話—歷史性的文本被重寫了，它把帝國秩序的內容放進來，因為帝國秩序被想像為在穆斯林起義之前就已經存在了。在歷史寫作中，中國的皇帝成為波斯—伊斯蘭式的公正統治者和伊斯蘭教法的保護者。透過對失去的黃金時代和試圖恢復黃金時代的努力的論述，穆斯林作者將人民和掌權者之間的關係重新塑造成一個已經被破壞的親緣關係。穆斯林的內部他者（越界的女性和翻譯人員）成為一個破碎的、不公正的世界的標誌，成為過去不存在或不需要的中間人。

# 第一章

# 中國法律：教化工程的起源

一八七九年七月二十二日，奈伊・埃利亞斯（Ney Elias, 1844-1897）正在葉爾羌（Yarkand）為英屬印度執行偵查任務。埃利亞斯在給他的上級的報告中認為，儘管中國的占領「非常專斷、愛管閒事、沒有原則」，但至少從這位英國職業特工的角度來看，「絕對不算是血腥統治，甚至不是一個殘酷的統治。」[1] 然而，埃利亞斯觀察到一些奇怪的互動，在他看來，這些互動與英國在印度的統治是遙相呼應的。他觀察到，最低級的中國士兵「如果在街上發現突厥穆斯林擋路，就會騎在他身上或用鞭子抽打他；中國士兵在談話中用低級的代詞稱呼突厥穆斯林，或大搖大擺地走進後者的房子或是衙門，占據最尊貴的位置，而不必打一聲招呼。也就是說，漢人對突厥穆斯林的統治似乎是專斷的，埃利亞斯關切地注意到，這些虐待行為與印度人指責英國人的那些行為很相似。此外，埃利亞斯解釋說，這種專斷任意性是披著法律的外衣的。一個具體的做法很突出：蒙著臉的婦女「有可能被第一個碰巧經過的中國士兵撕下面紗，並說這個習俗不符合中國的『禮』。」

擁有簡單而神祕的音節的「禮」，在晚清時期，困擾著突厥穆斯林對中國國家的理解，因為「禮」這個字表明湘軍的教化工程的核心思想和做法。

本章藉由探討「禮」在其演變過程中所具有的意義，從而建立起教化工程的思想和社會背景。在湘軍領導人所研究的新儒家哲學中，「禮」指的是「儀禮」，即規範的社會關係和儀式實踐的綜合體，它使人類和宇宙變得更好。這一概念是作為文明變革理論的一部分而闡述的。然而，它也獲得一種流行的意義，即作為一種基本的中國特性，來對應十九世紀中期被定義為清朝域外的敵人和反清的內部敵人。因此，對穆斯林觀察家來說，「禮」似乎代表一種源自經文的類似法律的體系，專門涉及家庭、儀式和教育問題——即中國人的「沙里亞法」。

這一章的內容將湘軍教化工程的形成過程追溯到明清過渡之際的哲學和政治環境中，在這個時期的環境中出現一種反法律的、道德主義的立場，以及植根於經典的中國文明和領土的願景。在接下來的兩個世紀裡，隨著湖南的一個學術團體將這些思想發展成所謂「經世致用」的主流思想，這一立場獲得制度上的支持和重要性。[2]我們將看到湘軍對新疆的計畫是如何從經世思想的特定關注和想法中發展出來，尤其是在對穆斯林、家庭和法律的方面。這些思想在新疆重建工作的設計師左宗棠（一八一二—一八八五）的意識型態中得到凸顯。左宗棠的理論在實踐過程中發生變化，湘軍對陝西和甘肅的穆斯林的管理形成領導層的文明觀念。

在歷史書寫中一直存在著一種傾向，即認為左宗棠及其團隊的活動是以中國的現代化和民族主義的興起為大背景。[3]畢竟，對清帝國軍事基礎設施的某些創新之舉是要歸功於左宗棠本人的。他的活動從整體上看是「現代」的，也就是為了最大限度地開採資源而引進新技術，比方說他在甘肅擴大採礦業務，並建立兵工廠和毛紡廠等設施。然而，如果審視他在長城以外的做法，情況就表現得非常不同了。在新疆，左宗棠的技術干預集中在使該地區在經濟上獨立，能夠支持一個理想的農業社會，促進良好的家庭道德上。[4]事實上，對突厥穆斯林來說，省級層面的重建工作看起來不像是現代化和民族主義，而更像是一個宗教性的教化工程。因此，我們將從穆斯林的見解開始，他們對「禮」描述揭示了湘軍意識型態中經常被忽視的層面。

## 無法之法：「禮」的奧義

不同背景的西方觀察者，觀察到所有的穆斯林對話者都將新疆的「禮」，描述為一種「法律」形式。[5]甚至語言學家丹尼森·羅斯（Denison Ross）也把「禮」翻譯為「法律」，但他在旁邊親手寫下一個「禮」字。正統的儒家會反對這樣的定義，丹尼森同時代的漢學家也會反對。畢竟，孔子本人曾經把成文的法律與禮法進行對比，前者是透過懲罰，會排斥人們的善，後者則透過培養人們的是非觀念來巧妙地引導人們成善。[6]事實上，「禮」的概念在儒家思想中是如此的普遍和重要，以至於在中國的語境中幾乎變成一種隨處可見而不會被強調的事物；而且隨著時間的推移，它獲得廣泛的意涵，比如在英語中，它可以被譯為從「儀式」一直到「禮貌」的任何東西。[7]對於清代晚期而言，司徒安（Angela Zito）對「禮」的定義是恰當的：（禮）被認為是宇宙運作以及其內在的社會秩序所必需的做人方式，包括從如何穿衣到如何敬奉祖先的一切。[8]「禮」透過一種被認為是對維護一個良好和有序的社會至關重要的規則，將宇宙原則與實際行為結合起來。然而，湘軍試圖向穆斯林灌輸「禮」的方式揭示規範性哲學所掩蓋的「禮」的一個側面，即它的法律性質：它闡明一套抽象的類別和對行為的限制，要求將系統性的約束強加在混亂的生活現實上。[9]

在湘軍占領新疆的早期，所有的穆斯林都被要求向一個標語牌鞠躬，標語牌上掛著白綢，沿著公路，每隔一段距離就會放置一塊。這塊牌子是公開展示康熙皇帝在一六七〇年發布的公告（「聖諭十六條」）；就像是左宗棠在甘肅的做法一樣，他曾於一八七七年下令在整個地區分發該公告。[10] 它被張貼在每條主要道路上、每個城市的牆上，並在每個學校和每個鄉村頭人那裡被大聲朗讀。

該文本將那些表面上執行成文法律權威的勸告，與那些涉及更基本的儒家價值觀的勸告結合起來。包括「和鄉黨以息爭訟」；「隆學校以端士習」；「講法律以儆愚頑」；「明禮讓以厚民俗」；「息誣告以全善良」等等。事實上，康熙詔書所投射的是儒家的基本信念，認為在一個秩序良好的道德社會中，法律是不必要且甚至是有害的。[11] 然而，「禮」在該詔書的察合台文譯本裡是作為一個未翻譯的音節「li」來呈現的，它指向的是一個本來沒有定義的抽象概念，儘管穆斯林仍然被要求關注這個概念。

執行「禮」的經驗表明，這個概念與中國的規範行為是緊密相連的。回到埃利亞斯的觀察，湘軍所執行的「禮」與《大清律例》並沒有明顯的聯繫，《大清律例》是一套廣泛的法規和章程，規定違法行為和懲罰措施。在喀什噶爾，「禮」的實際執行則意味著士兵可以撕下穆斯林女性臉上的面紗，並以其他方式對穆斯林臣民強加一個任意專斷的中國式優越感制度。埃利亞斯描述的這些行為都不是由湘軍領導層發出的命令，也不是在《大清律例》的無數條法規中找到的。然而，這些行為表明，普通士兵是如何將他們對穆斯林的統治解釋為強迫穆斯林尊重隱性和顯性的行為規範和規則的。看來，凡是中國人認為是「正當」的，都是隱性的。我們可以把這稱為「漢人規範」（Sino-normativity）：是一種社會政治立場，它提倡一種明確的或作為常識的基本中國人觀念，儘管這種觀念充滿爭議時也仍是如此。[12]

湘軍在新疆的首批出版物之一，一八六九年在安徽編寫的道德蒙學讀本的翻譯本，進一步闡明「禮」的內涵。[13] 這本啟蒙讀物旨在闡釋康熙皇帝頒布的詔書，並透過摘錄流行的《二十四孝》中的寓言故事來說明其道德原則。這些寓言故事反過來又在經過挑選的《大清律例》中一些關於家庭關係的條例中得到宣示。

在漢文中，這樣做的效果就是要證明根本的道德原則，這些原則是來自成文法律所表達出來的儀式。而《禮記》的最初漢文文本是湘軍共同體的最愛，湘軍曾在湖南的平民中推廣其使用，在湖南，它與其他儒家復興主義文本一起，提倡一種以家庭和救贖為重點的新道德觀。[14]

然而，當該文本被翻譯成察合台文時，其表述方式發生一些變化。首先，譯者修改啟蒙讀本的部分內容，以便使文本更狹隘地聚焦於家庭價值。第二，在察合台文版本中，體裁之間的交替變得完全不清楚，因為故事和法規融為一體。敘事和法典的混合被笨重的、不符合語法的翻譯所強制處理，因為譯者試圖將察合台文詞彙塞進中國文學寫作的慣例和法律典籍的特殊文法中。很自然的，一個不熟悉《大清律例》錯綜複雜內容的突厥穆斯林讀者或聽眾會認為《禮記》的譯本是一個單一文本，而且是一部難以捉摸的經書。而事實上，這本書的察合台文名字被翻譯為「Li kitābi」，意思是「禮之書」，然而「禮」這個關鍵字的含義卻翻譯得很模糊。

庫爾班・阿里・哈里迪（Qurbān ʿAlī Khālidī, 1846-1913）是一位敏銳而多產的學者，當時是塔爾巴哈台的首席伊斯蘭法官，被問及「禮」的含義時，他回答：「禮」既把人分為不同的等級，又規定對各種違法行為的體罰和用刑懲罰。[15] 換句話說，它是類似於法律的存在，新政府明確強調以儒家經典為基礎的道德，並願意透過暴力來強制其執行就證明這一點。在這種認識上，哈里迪並不是唯一的一人。與他同時代的人，並且和他展開過對話的毛拉・穆薩・賽拉米透過對「禮」和伊斯蘭法進行更徹底的比較，也擴大這種觀察。透過進行這種比較，他提供文本證據來支持一種流行的理解。他把「禮」說成是湘軍新政權的規章（qāʿida），與管理帝國在新疆、蒙古、滿洲和西藏等非省級領土的清朝辦公室的法規形成對比。[16] 理藩院屬於帝國的過去，而「禮」則是省一級的當下。[17]「禮」被描述為一個正義的合理來源，因為它既提供一個體制性的機制，讓普通人可以在官員錯誤對待他們時尋求正義，也提供一致的規則，皇帝透過這套規則來分配正義。相比之下，在賽拉米的文本中，「禮」是作為一套類似於伊斯蘭教法的生活道德規則出現的。[18] 它被表述為一種家長式的關懷體系，是約束中國官員行為的規範，也是一種相當於伊斯蘭教法的道德力量。[19]

穆薩．賽拉米試圖透過他對中國古代歷史的描述來證明這一點，他在其中講述「中國人說，他們相信的是呂望制定的沙里亞。」[20] 他所說的呂望，也就是姜子牙（約西元前十一世紀），他在建立西周王朝（西元前一〇四七年—西元前七七二年）時發揮關鍵作用，該王朝被認為是一個黃金時代，是後來所有朝代的典範。從這個角度來看，呂望的中國古代沙里亞是一種受到腐蝕的啟示，是一種類似於沙里亞（伊斯蘭教法）的規則和類別體系，其基礎是有缺陷的經文。[21] 賽拉米對他所做的比較進行擴展，他透過譜系來證明中國古代傳說故事裡的人物同樣是伊斯蘭歷史傳述中大洪水時代之後的人。人種學證據也支持其他人所認為的「禮」與沙里亞相近的觀點。[22] 在伊斯蘭教關於民族起源和神聖知識的傳述的上下文語境來看，中國的法律被定義為先知穆罕默德到來之前下降的早期啟示，也許是一種遭到歪曲的穆薩（摩西）的法律。

對「禮」與沙里亞的比較要求我們把歐洲中心主義的「法律」概念先置於一邊，而是要考慮一個深受中亞傳統影響的穆斯林知識人會如何看待清國及其晚清的變異。明確地說，沙里亞（伊斯蘭法）並不完全是歐陸或英美規範意義上的「法律」。[23] 相反的，我們可以把它理解為透過經文而辨析出來的「真主在大地上的旨意」——這可以是包羅萬象的內容，其中包括對神聖真理的更概括理解的載體，以及按照真主的意願過生活的指南。在法官（qāżi）或法學專家（muftī）的手中，沙里亞當然是一種手段，可以在混亂的日常生活中建立起抽象和概括的門類，並予以執行。然而，伊斯蘭教法也可以與其他類似於法律的（law-like）同時代體系進行對比。在那些穆斯林生活在非穆斯林統治下的地方，特別是在蒙古人征服後的亞洲，伊斯蘭教法開始與王朝法律產生區隔。[24] 王朝法或君主法（蘇丹的法典），通常被稱為 qānūn，通常由王室法令組成，可能包括正式的法典，雖然王朝法在理論上需要與伊斯蘭教法相一致，但這兩個系統之間有所摩擦也是被廣泛承認的。根據賽拉米的比喻，如果理藩院的規定構成清朝的成文法，皇帝可以透過它來實現理性的正義的話，那麼在中國的背景下，理藩院就類似於伊斯蘭教法。事實上，在賽拉米的描述中，理藩院的法規被稱為 qānūn，而「禮」則是由「規則」（qāʿida）組成的，反映這兩個系統之間的經典區別。

賽拉米認為，早期的清朝政權擁有伊斯蘭教法和王朝法（qānūn）之間的普遍緊張關係，而新的清朝政權則構成伊斯蘭教法和遭到竄改的神啟之間的競爭。

我們將在接下來的章節中看到，賽拉米的比喻是很有見地的，因為湘軍中止《大清律例》，從而能把他們對禮教的解釋作為一種替代性的法律體系來加以執行。正是這樣的「禮」的概念支撐著湘軍的教化使命，他們更新過的信念認為，儒家菁英有責任將他們的規範和制度傳遞給其他人。[25] 雖然從有儒家思想以來，儒家就擁有這種動力，但是對湘軍來說，這些做法和信仰現在產生新的緊迫性，因為它被認為是恢復中國文明首要地位的主要手段，而這些儒家的信奉者認為中國文明面臨著生存威脅，威脅不僅來自外部，而且也來自內部。因此，這一使命不僅針對未受教育的人、窮人和那些被菁英認為從屬於族長的家庭成員，而且還向外擴展，超越中國文明的地理邊界。

## 教化使命的思想淵源

湘軍強調的「禮」，以及在其他形式發展前必須進行的社會道德改造，本身並沒有什麼創新。儘管許多自稱是儒家的人協助建立帝制中國的專制意識型態，但長期以來，儒家思想的核心是，世界的秩序始於個人和家庭，它是「地方社會的基本組成部分」，而不是皇帝。[26] 然而，湘軍在新疆應用的特定意識型態，是在對明朝末期（一三六八—一六四四／一六八三）的辯論中產生的。當時士人感受到的政治混亂和崩潰、隨之而來的明—清過渡期的動盪、以及他們為解決當時社會弊病所提出的解決方案，直接影響十九世紀的發展。在下文中，我們將概述那些對湘軍統治新疆最重要的影響因素。

晚明時期的思想，與十九世紀的中國保守派改革者拯救帝國的努力是息息相關的，兩者間的關係存在許多文獻紀錄。

明朝的軍事著作對於湘軍的組織產生深遠的影響，特別是透過強調部隊成員之間強有力的人際關係，以及團練對保持地方根基的重要性。[27] 同時，民兵組織本身也反映在明清過渡時期的制度延續性。因此，地方團練武裝的復興，及其新軍的轉變（包括湘軍在內），以及他們在清朝內戰中獲得的勝利，此事常常被描述為中國特有的「致用」思想傳統對滿清朝廷僵化體制的勝利。這種明顯的實用性被視為所謂「經世學派」的標誌，湘軍的領導層也深深地參與其中。其中一些元素透過教育機構持續存在，而另一些元素則透過研究明清時期的文本而得到恢復，促使經世思想產生一套核心信念，而這些信念並不是該運動所強調「實用學問」意義上的「實學」。在這裡，我們將重點討論那些提供給經世群體一種使命感的思想——一種對「世界秩序」的使命，我們可以更直接地翻譯為「經世」，以及他們自己作為士人在這種追求中的作用。

關於法的性質、教育的必要性，以及儒家學者在世界秩序中的作用，這些哲學辯論在晚明時期重新出現了。主流的儒家思想認為，僅透過觀察自然和冥思靜想，人們便可採取正確的行動並發現形而上的真理，但許多人批評這種觀念催生暴君皇帝和腐敗官員。同時，許多思想家認為，明朝是建立在一個被日益複雜的法律條文所掩蓋、並且企圖控管一切的專制制度之上。最後，腐敗的宦官在明朝宮廷中的明顯主導地位，促使士人加入以書院為基地的改革派系中，其中就包括東林書院，其支持者試圖恢復學者的道德權威和他們所維護的傳統。然而，當滿清入侵明朝時，許多東林改革派和他們的儒生親屬發現自己正處在一個困難的境地上：他們被腐敗的明朝朝廷排斥，卻得同時與滿清侵略者作戰。似乎沒有一個君主能為天下帶來和平，而這一責任反而落在有識之士的手中。

當時有兩位學者脫穎而出，分別是黃宗羲（一六一〇—一六九五）和王夫之（一六一九—一六九二），他們將這類改革派普遍持有的反中央集權（anti-statist）及道德主義思想加以系統化，影響後來的經世集團和湘軍領導層。[28]然而，現代學術界往往誤解黃、王二人的核心主張，尤其是將他們置於「原初民族主義」思想的譜系中。這是因為二十世紀初期的知識分子對黃、王二人著作的挪用，但也由於探究民族主義起源的西方學者很不幸地傾向於接受這樣的主張。而中國大陸和台灣的學者，往往也在其著作中投射自身的原初馬克思主義或原初自由主義的闡釋。[29]因此，為了闡釋明清思想對湘軍意識形態的重要性，有必要清除關於這些思想家以及他們所匯集思想的許多假設。如果是像裴士鋒（Stephen Platt）所說，左宗棠與王夫之著作的聯繫，對於左宗棠及其戰友們的思想發展至關重要的話，那麼我們就有必要了解左宗棠如何閱讀王夫之，而不是左宗棠的現代崇拜者們希望他是如何閱讀王夫之的。[30]

針對黃宗羲所做的文本解讀所揭示出的人物圖像，可能是一個被現代觀察者認為保守、甚至反動、當然也是菁英主義的人。黃宗羲和他同時代的人明確表示，像他們這樣的受教育者，需要重新獲得對政府的控制權，而這種主張不僅是透過聲稱自己與統治者平等，而非統治者的僕人，更是透過教育來實現。此時的儒家改革者認為，在西周的黃金時代，學校教育已經普及，這就產生誰都可以成為聖賢的可能性。他們推斷這種制度如果在今天得以實施，士人便可以控制課程和挑選官僚的過程。因此，社會政治變革的動力不是來自上面的皇帝，也不是來自下面不滿的農民，而是來自國家和社會之間的中間角色——士大夫（scholar-bureaucrat）。

黃宗羲和他的同僚認為，士大夫從中間進行領導的合法性來源，在於他們了解禮法。[31]而在黃宗羲看來，自周朝以來，中國就沒有真正的「法律」（法），因為貪婪的王公貴族利用政府為自己謀取利益，甚至制定越來越複雜的法律條文來彌補由此產生的腐敗，從而歪曲法律概念的本身。這些「非法之法」帶來混亂和社會動盪。相反的，較寬鬆的法——無法之法，使人們能夠認識到法典文本背後的法律原則。[32]

黃宗羲的作品表明，受教育者的責任在於，喚醒人們對儒家社會道德意識型態和帝國法典的基本真理。這與《禮記》的意圖相近，它主張這一基本真理體現在家庭成員之間的關係中，家庭關係先於君臣之間的關係。[33]

王夫之是我們討論的第二個有代表性的思想家，他在現代中國，尤其是在湖南的歷史書寫中占有重要地位。王夫之是湖南衡陽的一位學者，他在清朝征服的前夕參與到改革主義活動中。[34]與其他許多人相同，他把批判的重點放在腐敗的官員身上，並從東林黨人的活動中得到啟發。後來，當明朝的朝廷在清朝的攻擊下向南撤退時，王夫之領導了反入侵者的短暫游擊戰。後世學者對王夫之抵抗滿清的行為大加讚賞，一個孤絕一人的書生，站在野蠻人大洪水前的浪漫造型，吸引了十九世紀末、二十世紀初民族主義者們的想像，他們把自身反滿主義的起源追溯到王夫之身上。在王夫之的作品中，他被解讀為一個「原初民族主義者」是有些依據的，因為他的《黃書》（一六五六年）中的某些段落裡具有明顯的反滿訊息，也包括對如何統治野蠻人的闡釋。事實上，雖然王夫之的一些作品後來被納入清朝官修的重要書籍匯編（《四庫全書》）裡，但《黃書》卻被排除在外，它主要是以手稿的形式流傳，據稱就是因為其中表現出來的反滿主義。

然而，王夫之在他的時代及十九世紀初對中國思想的主要貢獻，並不是因為原初民族主義，我們也不應該用這種當代術語來描述他的工作。[35]將民族主義或種族主義歸於王夫之，是基於對他廣泛著作的高度選擇性解讀，而且這種解讀強調的是個別詞彙，而不是其哲學內涵甚至是上下文的背景。當然，在《黃書》中，王夫之在文中不時以「類」來描述世界。[36]然而，他所說的「類」明確的指代學者，這些學者的任務是指導普通人維護禮儀。構成第二種「類」的是「民」，他們的作用是負責安排物質生活。在有一點上，中國人（華夏）被稱為「族」。雖然「族」這個詞是「祖」的隱喻，但我們應該根據可能影響王夫之的來源——呂朴（流傳於一三四六年），來思考這樣的解釋。在呂朴看來，作為大家庭單位的宗族是一種自然現象，其中的所有成員都有共同的「氣」。然而，宗族主要是一種儀式構造，而不是一種生物性質的構造。透過儀式，一個人不僅可以在社會角度上轉變為這個宗族的一部分，在「氣」（實質）上也可以。[37]同樣地，王夫之將所謂「華夏」解釋為「黃中」，這是一種超越歷史的實質之體現。[38]人們透過實踐儀式來維持這個「黃中」，而儀式的展演則塑造人和世界的實質。因此，《黃書》的分析在整體上相當符合正統：社會穩定是受過教育的人的責任，他們必須透過儀式執行規範。那麼，王夫之究竟有什麼顛覆性的地方，讓他對那些湖南讀者有如此大的吸引力呢？

王夫之認為「禮」和「氣」（實質）是相互構成的，或者說，它們都存在於歷史辯證法中，因此中國本質的邊界可以隨之擴展和收縮。此外，他的著作表達一種由明清過渡時期產生的使命感。他詳細描述中國北方的人民原先是遵守禮儀規範的，因此華北是文明的所在地。然而，王夫之認為，由於後來的北方人沒有實踐這些禮儀，而南方人卻學會這些禮儀，文明的中心便從北方滑向南方，特別是滑向他的家鄉湖南。因此在蒙古人的征服中，這片「前夷」的土地便成為了「文教之藪」（經過教化的綠洲）。王夫之擔心，清朝的征服將意味著文明中心最終將要退縮到更南的省份去。王夫之警告說，最終，北方外來者的完全統治可能使中國回到文明之前的「混沌」狀態。簡而言之，王夫之認為，雖然人類隨著文明或不文明的過程而改變，但文明的邊界反過來也取決於禮儀的實踐——人們可以透過在那裡執行這些禮儀來重新奪回北方。

因此，如果說王夫之的著作表達一個政治綱領，而且這個綱領對左宗棠構成影響的話，那麼它從根本上說是符合東林黨人運動的價值觀和新儒學（宋明理學）原則。[39]然而，在王夫之對過去的理想化，以及透過傳播普世真理來恢復它的概括描述中，「他的歷史感具有一種宗教色彩，一種曾經實現過的終極感」，甚至到了用儀禮來改造蠻夷的程度。[40] 有許多人引用過王夫之曾經的呼籲：要占領他們的領土，從而用我們的文教美德來代替他們的習俗，並沒收他們的財產，從而增加我們自己人的供給。人們將王夫之的這種觀點作為原初民族主義的暴力標誌，但即使是這句話，他也是以那些「夷」沒能成功實行儀禮為前提的。[41] 因此，中國人和異國人的區別可以被歸結成「君子」和「小人」，而且因為小人的統治對禮教的核心構成生存威脅，所以君子的責任，不僅要對底層人，也要對外部的他者彰明教化。

黃宗羲和王夫之在他們的時代並沒有獲得廣泛的影響力。相反，他們所代表的思想環境在廟堂之高的地方失去影響力，這種狀況持續多年，直到十八世紀中期以後才慢慢恢復。如果要概括那些自明清時期一直延續到十九世紀的認知細流，它們包括以下的信念：和平與秩序最好不是透過法律，而是透過教育來實現；這種教育必須由有道德的人管理；政府是受過教育的人的事情，君主應該承認他們與自己是同行；人們可以透過良好的禮儀而被帶入儒家的世界，也可以因為沒有實踐禮儀而失去它。最耐人尋味的是，黃宗羲、王夫之二人的著作提出一種囊括文明上、法律上和地理上的觀點。根據這種觀點，如果要將北方的滿洲外來者帶入中國人的天下，就需要中止那些地方的法律，以推行禮教——而這正是湘軍在新疆的做法。這樣的信念與「原初民族主義」並非不相容，但兩者也不能等同視之。漢人規範並不是一種基於民族優越論的外顯意識型態，而是一種由形而上的話語和統治所形塑的意識型態。正如我們即將看到的，只要湘軍的計畫符合這些基本信念，就並非是要把「維吾爾人變成漢人」，而是要實現信念的轉變：「把穆斯林變成儒生。」[42]

## 湘軍共同體與其意識型態的社會淵源

黃宗羲和王夫之是明清時期的思想家，他們對十九世紀改革主義的影響既被收錄在正式的經世文獻中，又在構成經世集團核心的書院教育中被制度化。在英語的歷史書寫中，這些經世文獻的作者被認為是一群通曉「治國術」的學者，也是儒家思想和帝國政策中更廣泛的實用主義、技術思維、改革主義、保守轉向的參與者。然而，很少有學者考慮到他們的保守主義深度，以及其中所隱含的理想世界願景。芮瑪麗（Mary Wright）將這一現象的菁英表現恰當地描述為「中國式保守主義」，其根基在於維護一套抽象的社會規範，而這些規範對於教化工程來說是處於中心位置的，它比用於維護規範的技術創新更加重要。[43]也就是說，當晚清的改革者試圖用西方的技術來保護中國的本質時，相比它和任何的種族論理想的相似性，這種本質的概念與王夫之所說的「黃中」是更為相似的。這種使大眾社會實踐符合菁英規範的使命，充滿熱情和歷史使命感，與新的大眾道德主義的興起相吻合，並與以湖南長沙嶽麓書院為中心的「救世主式的校友網絡」有著緊密聯繫。[44]正如梅爾清（Tobie Meyer-Fong）所說，「儒家思想的復興主義形式」和「王朝秩序的宗教性願景」的出現是對太平天國所構成的挑戰的回應。我們可以把對新疆的教化工程理解為這些答案的一部分。

嶽麓書院的歷史可以追溯到西元九七六年，但為了我們討論的目的，我們可以從它在十八世紀中期作為經世思想研究中心的復興開始說起。[45]復興的關鍵人物之一是陳宏謀（一六九六—一七七一），他是一位湖南籍的學者，在政府中的工作反映他對各地各階層展開教育的努力，其目的旨在恢復普世的聖賢時代。他在雲南為不使用漢語的人們建立學校，在江西則為下層民眾建立他稱之為「義塾」或「義學」的學校。此外，他將「居家」本身作為一種重要的道德行為，並編寫一本關於正確施行家庭禮儀的手冊。陳宏謀的著作呼籲將流浪者安置在家庭單位中，這樣既可以透過儀式使其成員受到教化，又可以使鄰居們在基層上進行互相監視。這種思想在嶽麓書院中得到制度化，陳宏謀給嶽麓書院提供捐贈的部分原因，就是出於他來自長沙的保守學術傳統。

在一八二九年，嶽麓書院成為王夫之思想的復興之地，由王繼平所謂的「湘軍集團」進行領導。[46] 也就是說，湘軍的領導層來自一個由嶽麓書院的老師和學生群體、以及與其相關聯的人們所組成的緊密人際網絡。這個網絡的核心包括許多晚清歷史上最著名的人物，他們也認真研讀王夫之的作品，並圍繞著對王夫之著作的閱讀形成關係網。他們中包括魏源（一七九四－一八五六）、曾國藩（一八一一－一八七二）、胡林翼（一八一二－一八六一）、郭嵩燾（一八一八－一八九一），當然還有左宗棠等等。這些學生和老師承擔《楚辭集註》的編纂工作，這是一部紀念湖南學者貢獻的地區學術文集。王夫之和其他許多人一樣，都將自己置身於自我犧牲的官員屈原（約西元前三四〇－二七八）到清朝復興者的學術典範軌跡上。幾年後，在一八六二年，曾國藩利用他的權位，在太平天國戰爭後為了重建中國文化而建立的印刷廠裡，發起王夫之作品集的出版，顯示王夫之對這個群體的持續意義。[47] 事實上，王夫之被稱為湘軍和湖南保守改革運動的典型哲學家。同一時期，一八二七年編纂的《皇朝經世文編》，其中收錄黃宗羲、陳宏謀等人的文章，其中一些作品特別影響了湘軍在西北的做法。同時，在中國南方的書院在清朝的地位也很重要：在那裡，中國定居者和不講漢語的土著之間的界限很鬆散，而湖南本身就是一種邊境地區，它適合作為經世學者進行社會實驗的場域。因此，《皇朝經世文編》中的許多文章及其出版的續集，都反映了管理那些信仰和語言不符合漢人規範者的問題。

大約在同一時間，一場危機將經世學者的注意力從開放的南方轉移到北方邊界外的非中國空間，那裡存在著制度差異，以及官方對中國定居者涉足蒙古、滿洲和突厥斯坦大部分地區的封禁，這種狀況阻礙陳宏謀企圖在南方透過教育實現的那種逐步轉變。[48] 一八二六年的張格爾（Jahāngīr）危機威脅到清朝對東突厥斯坦的主權，促使北京的朝廷在邊疆政策上徵求新的意見。[49] 現有官員提出的建議包括進一步限制漢人的定居，並傾向於採取措施使邊疆駐軍更加自給自足，因為他們相信沒文化的中國人和非中國人只會更進一步地相互腐蝕。帝國的正統觀念傾向於分離和安全。

相比之下，長沙的學者對這些「西域」開始抱持好奇心，促使他們對新疆產生新的想像，他們認為新疆既是牧民生活的樂土，又是一塊或多或少的空地，可以解決帝國的許多問題。首先，清朝的人口在長期的穩定時期中迅速增長，導致所謂的「光棍」，也就是未婚男子的增加，讓經世學者擔心這些人在農村裡會變成土匪，而不是安居樂業和撫養孩子，進而擾亂社會秩序。於是這些學者提議對新疆進行大規模的殖民，並把這件事作為解決光棍問題的辦法。他們的計畫反映陳宏謀的想法，即如果在規範的家庭單位中定居，底層中國人和未開化的非中國人可以產生相互教化的效應。米華健（James Millward）在經世學派的這一代知識人中發現一種新的「擴張主義」，魏源就是其中的典型代表。他在著作中提出「招華民實回疆，變膏腴為內地」，從而得到「勢尤順，利尤大」的效果。[50]

在一八三三年，在這場辯論中，年輕的左宗棠對新疆的改造進行想像。[51] 他認為，間接統治的制度是站不住腳的，因為伊犁將軍領導下的軍事管理部門旨在保持清朝邊界的安全，需要中國本土慷慨的財政支持。相反，左宗棠主張將新疆改造成一個省。他的建議與經世理想相呼應：如果在中國本土建立起良好的政府機構，那麼穩定和自給自足自然會隨之而來。然而，這些制度取決於對人口的系統改造，使其成為道德高尚的人，他們會憑直覺理解這些儀式，最終使當地社會完全擺脫正式法律。幾年後的一八四一年，左宗棠閱讀了王夫之關於禮教的著作，這為他提供改造工程的理論基礎。他認為中國和蠻夷的區別在於中國人有仁愛之心，這是透過禮教帶來的。[52]

在一八四〇年代末，嶽麓書院集團開始轉變為湘軍的領導階層，當時湖南發生一系列民眾起義，促使這個圈子的成員開始組織團練。[53]這種軍事化進程在傳統中國是有其根源的，但當前的危機則加速團練的形成，並將其更牢固地置於受過教育的鄉紳而非地方政府的手中。

這一發展有效地給地方菁英一支合法的武裝力量，用來組織和約束他們的共同體。在一八五三年，太平軍進入湖南後，幾支由鄉紳領導的團練武裝在曾國藩的領導下合併成一支戰鬥力量——湘軍，左宗棠成為眾多指揮官中的其中一個。然而，他們不只是單純地把太平軍作為對清帝國存續的威脅，更是作為對構成中國特性的基本原則——禮教存續的威脅來加以打擊。太平天國作為一個基督教末世論運動，並不是一場普通的叛亂，他們沒有像尋常的叛亂者一樣在儒家語境內尋求正義；相反的，他們試圖用外國信仰取代中國之道，透過自身彌賽亞式領袖的權威來取代儒家士人的權威。太平天國戰爭不僅是一場內戰，而且是一場關於生活型態和真理主張的宗教衝突，而滿清似乎無法有效地鎮壓它。因此，湘軍試圖建立一個權力轉移到遵奉禮教的鄉紳長老手中的社會，由他們來作中華正統的適當監護人。這個在太平天國戰爭結束後重建（reconstruction）中國破碎社會的過程，在中文裡則被稱為「善後」。[54]「善後」並非單純地表示傳統景觀在物理上的重建，而是新儒家（宋明理學）理想社會的復興。

因此，將平民轉變為儒家信徒的計畫並不局限於穆斯林所在的西北地區，而是後太平天國時代更加廣泛的保守主義復興的一部分，它試圖糾正大眾的道德，從而將世界從明顯滑向混亂的狀態中拯救出來。[55]這一努力的主要工具是勸誡性的道德文學，其中大部分是口頭完成的，這些道德文學再次強調儀禮的重要性，認為它是拯救自己和世界的核心手段。湘軍在整個太平天國時期以及在新疆重建的過程中，一直致力於這種文學作品的製作和傳播，包括出版道德入門書《禮記》的察合台文譯本。[56]

有鑑於此，湘軍在西北的行動（也被稱為「善後」）可以理解為他們在太平天國戰爭期間的經驗和方案的延伸。到一八六四年太平天國戰爭結束時，湘軍中的各種做法和思想的結晶包括：透過戰略性的中止法律，以支持一種基本道德概念，再經由印刷文書讀物來灌輸這種道德，並認為這兩件事都是受過教育的人的責任。更深入來說，湘軍領導人現在在經世經典中加入他們所秉持的理念，推進一種認為文明教化「可以」而且「應該」透過學校教育來傳授給未受教育者的觀念。

## 左宗棠與西北穆斯林地區的重建

經世計畫主要是在中國南方的社會和政治環境中發展起來的，在省級系統的民政管理範圍內，以共同的文化為假設，對應的是他們已經熟悉的中國南方非漢人的異文化。某些機構和符號提供一種共同的型態和權力詞彙，它們是中國官員、菁英和平民之間談判的渠道，也是把文化上不同的人整合起來的一種漸進方式。[57]然而，湘軍在占領以穆斯林人口為主的陝西和甘肅省時，出現經世計畫、穆斯林對於經世的想像，以及行政管理的實際問題之間的衝突。在這些地區，與人口占大多數的回民遭遇（回民與漢人語言相近、與漢人共同參與許多相同的制度，但仍保持著與漢人的分離），塑造湘軍群體後來對新疆採取的具體做法。

大多數關於湘軍的歷史，都以一八六四年戰勝太平軍後曾國藩離開湘軍領導層為止。[58]事實上，雖然軍隊規模變得越來越小，但湘軍的中央集團仍在，並且在左宗棠帶領湘軍走出湖南時，它保持、更新並加強其邊界性，湘軍共同儀式和意識型態的中心地位也得以強化。對這個集團的稱呼是存在一些混亂的：正式而言，左宗棠的戰鬥部隊是於一八六六年組建的，也就是「楚軍」。後來它經常被稱為「湘軍」，曾國藩的部隊也被稱作湘軍。我之所以使用「湘軍」，是因為絕大多數有關湘軍的原始資料都只使用這個名字，從定居在新疆的復員軍人證詞，到菁英人士對湘軍歷史的描述都是如此。後來被稱為「老湘軍」的左宗棠核心集團，在西北地區有自己的知識和制度發展軌跡。實際上，研究湘軍歷史的現代學者將西北和新疆戰役置於湘軍歷史的「中期」，介於太平天國失敗及中法戰爭（一八八四—一八八五）之前。[59]

湘軍歷史的「中期」，是以鎮壓華北地區正在進行的捻軍起義為起點。在一八六六年九月，左宗棠被任命為陝甘總督，並很快帶著一支由左宗棠身邊的湘軍老兵，以及新招募的兵力所組成的重建軍隊來到西安。[60]這支新的湘軍確實是一個以左宗棠本人為中心的團體。左宗棠優先考慮擊敗捻軍，這個目標在一八六八年已經完成了，然後他將他的軍隊轉向西北。到一八七三年時，清軍已經一路打到嘉峪關，這個邊關代表從中國本土進入內亞領土的過渡地區。

在陝西和甘肅，湖南人的經世計畫開始越來越獨立於清帝國的中央權威。儘管朝廷拒絕左宗棠以經世思想為基礎所提出的一些計畫，但他和湘軍還是持續實施這些計畫。[61]在一八六七年和一八六八年的兩份奏摺中，左宗棠闡述他對該地區動亂原因的理解和解決辦法：缺乏儒家士紳便意味著民兵組織不力，無法打擊起義，也無法得到當地人的尊重。今後，有必要按照湘軍的模式建立一支本土軍隊，這支軍隊由民兵組成，但要用現代武器和方式進行訓練和裝備。他們將接受當地士紳的指揮，士紳的出現則需要由教育來完成，這意味著要建立學校。甘肅戰役結束後，左宗棠立即讓湖北的一家印刷廠生產木刻板的經典和啟蒙教科書。這些書被分發給陝西和甘肅的一系列機構，左宗棠稱之為「義學」。[62]在這個計畫和它的遣詞用字中，我們再次看到陳宏謀的影子，他為他的大眾學校使用同樣的名字，將慈善的理念用於「教化」的目標。

這種與《禮記》一樣古老的教化概念，在湘軍占領西北和新疆的整個過程中，一直是湘軍對穆斯林政策表述的核心。在左宗棠看來，講漢語的穆斯林和講漢語的儒家信徒之間的區別，不是本性上的區別，而是教化上的區別（非性之異，教之異也）。[63]左宗棠認為，「阿拉伯人」並非天生不開化，而是因為他們學習伊斯蘭教，而伊斯蘭教本身就是一種類似於儒家思想的「教」。左宗棠計畫的一個先例是陸耀（一七二三—一八八五）的《論回民啟》，此書收錄在清代第一部經世匯編中。[64] 與「經世」思想對成文法律的批評一致，陸耀批評乾隆年間（一七三五—一七九六／一七九九）對普通百姓和穆斯林（回民）的法律區分，是將穆斯林納入道德秩序的障礙。相對的，陸耀提出一個解決方案，首先是將回民組織到保甲的相互保障體系中。保甲的目的是約束共同體，使組織成更大單位的家庭學會相互監視，從而消除國家的監視需要。其次是建立「義學」以教化穆斯林，讓他們學習儒經。這兩項措施都反映與他同時代的陳宏謀同化南方非漢人的計畫。

陸耀計畫的下一步是改造穆斯林家庭，家庭是保甲制度的基本單位。請注意陸耀的語言運用：他把中國人常見的婚姻習俗稱為「民」的習俗，而「民」不是一個明確以民族為標籤的群體。這種表面上的中性語言掩蓋一種菁英化的漢人規範性。陸耀對此寫道：

> 回民婚配宜與百姓一體相通也。查回民之入中國。千余年矣。而男女婚姻。未嘗與中國相通。緣中國之人，鄙夷之不屑為伍。回民亦遂有自外之心。而轉若傲睨我中國，而不欲為婚者……特拘於其教而已。（作者譯：回民的婚姻習俗應該與平民的婚姻習俗統一起來。我們發現，回民是在一千多年前進入中國的。然而，男女之間的通婚還沒有變得像在中國常見的那樣。因為，中國人鄙夷他們，不屑於與他們交往。回民也同樣擁有一種自我隔離的心態。因此，他們對我們中國人也嗤之以鼻，不願意通婚……特別在意地保持他們的教義。）

陸耀建議用物質獎勵與表彰新家庭的匾額來激勵回民與「民」結婚。正如呂朴曾經說過的那樣，融入一個家庭會改變穆斯林的「氣」，使這些家庭的孩子擁有「華風」。左宗棠後來在自己組織、教育和改造新疆穆斯林家庭的計畫中，使用完全相同的語言：「同我華風」。[65]

左宗棠對甘肅道德改造的實際楷模是湘軍老兵陶模（一八三五—一九〇二），他後來成為新疆巡撫，但當時只是一個縣官。[66]陶模大力推廣植根於《禮記》中，具備經世思想的婚姻模式。為了促使課堂之外的大眾教育轉型，左宗棠還引入中國本土熟悉的「鄉約」制度，即由精心挑選的朗讀人定期向當地民眾宣讀公告。（在新疆和甘肅，這些朗讀人便被稱為「鄉約」，或譯為「頭人」）因此，領導層可以透過分級口傳的方式將社會道德課下送到村一級。鄉約制起源於朱熹（一一三〇—一二〇〇）和其他南宋新儒學的思想，他們將鄉約作為一種自願的、自發的、替代中央集權的政府的方法來推進。與「義學」一樣，左宗棠將鄉約作為一種自上而下的社會改造手段。這一制度後來也被用於新疆的重建。

左宗棠對穆斯林和伊斯蘭的正反交織的態度在甘肅戰役中得到鞏固。如果沒有董福祥（一八三九—一九〇八）的話，左宗棠可能就無法成功奪回甘肅。董福祥是一個轉換門庭的叛軍領袖，儘管他本人並不是穆斯林，但他卻將大約四萬名主要是回民的士兵帶到湘軍領導的部隊中。[67]同時，在左宗棠的士兵建立軍隊屯墾的農場時，董福祥提議將穆斯林從河西走廊的中央道路上大規模清除掉。[68]北京的朝廷在兩次回絕他後，詔諭左宗棠：「穆斯林住在他們自己的地方，他們怎麼會缺乏良善的天性呢？」（原以回民同系食毛踐土之人，豈無天良）左宗棠得到的指示是不要區分回漢，而只區分善惡。這份詔書傳達一個帝國普世主義的訊息，許多穆斯林在隨後的幾年裡也接受到這一訊息：每個人都是清朝皇帝的臣民，或者至少是回民和漢民都應該生活在省級「郡縣」的分級管理制度下。雖然左宗棠熟知穆斯林為朝廷效勞的歷史，但他認為自己的建議適當地回應西北地區的實際情況：

> 對付穆斯林的方法不像我們對付太平天國和捻軍的方法……他們與漢人積累了深厚的恩怨。他們的婚

姻習俗不同，秉性也不同，當他們看到對方時，會立即產生殺人的意圖，這是很難控制的。此外，他們的種族相距甚遠，所以他們甚至在外表上也有差異……此外，我擔心漢臣民的反應會使敵意加倍。

儘管有來自北京的阻力，左宗棠還是實施他的計畫。湘軍給予回民和其他穆斯林一些荒蕪的土地，這些地區遠離甘肅的主要道路，並按照陸耀的建議，將他們組織到保甲制度中。[69]

將穆斯林與漢人加以隔離，理論上應該是防止他們同化，但這與左宗棠的最終目標正好相反。在某種程度上，左宗棠試圖防止最近發生過戰爭的群體之間再次發生暴力。[70]但另一個解釋是左宗棠對伊斯蘭教的理解：他對「新教」（也就是「哲和忍耶」〔Jahriya〕）感到害怕，在他看來，這是一種類似於中國本土白蓮教的邪教，而他認為「老教」（「虎菲耶」〔Khufiya〕）是伊斯蘭的「正教」。左宗棠解釋說，透過回民穆斯林學者劉智（約一六六〇——一七三九）傳來的這種舊教，實際上是和儒家相似的（似儒）。因此，湘軍開始頒布清真寺條例，建立有利於老教信徒的公務員考試制度，並想方設法按照他們希望的那樣定義和推廣伊斯蘭教。

在太平天國運動的背景下，湘軍的重建計畫開始於對中國的道德重建，同時也開始對中國的物質重建。對「光棍」和其他被認為是無序的下層階級元素的恐懼，促使保守道德主義的推行，正如我們在下一章所看到的，也促使異常暴力的部署。在西北地區，湘軍學會了分而治之的手段——找到伊斯蘭教的好形式和壞形式，然後強制執行這些定義，並利用這些定義來鼓勵逐步的同化。這也成為重建工作的一部分，並再次依賴於湘軍的能力，使其能夠獨立於北京朝廷的旨意自行其是。然而，從縱向的階級差異關係到橫向的宗教差異關係的轉變，標誌著一個可識別的「教化工程」的出現，這一行動的基礎是努力將邊緣民族同化到核心民族所認定的規範中。[71] 這種差異政治後來指導湘軍在新疆的行動，儘管突厥穆斯林與中國人的文化差異較大，但他們卻被認為比回民更溫順，或更容易被同化，而官員仍認為回民是暴力和混亂的根源。

帝國主義不僅是一整套的制度和程序，它還是文化和意識型態。[72] 湘軍的出現及其對西北地區的重新征服和統治產生自己的意識型態，並且形成一整套敘事、符號和理論，使其教化工程的合理性得到解釋。這種意識型態來自一個特定的系譜，它植根於湖南長沙的經世集團，以及在太平天國運動和後太平天國時代流行的儒學復興。從這個意義上說，新疆的重建，很大程度上是湘軍復興中國本土計畫的一部分，它採用許多相同的思想和技術。然而，在西北地區遇到的宗教差異將積極的同化置於重建中心。這合理化並促使軍隊在事實上高度獨立於國家之外，也推動了基於秩序管理世界的意識型態動機。

這項教化工程的意識型態及其實現的方式可以拿來與其他地方的帝國加以比較。「教化的使命」（civilizing mission）往往是帝國主義的一個新興屬性，而不是帝國主義事業的主要動機。一旦某個主要大國發現自己處於管理被統治臣民的地位，其代理人就會闡述一種「啟蒙」的意識型態，為經濟剝削做辯護，並將其做法當成是「文明人」保護和提升「野蠻人」的一種手段。[73] 十九世紀的歐洲人將這種教化使命建立在新興教育學的信念上，這種信念堅信，只有透過學習和應用，一個被認定的真理才能得到認可。也就是說，歐洲人開始斷言，他們自己斷定的規範不僅是普遍地，而且是不言而喻的真實，他們從來沒有考慮過這些規範是不斷變化的。相對而言，正是透過與被殖民的他者的互動，各種歐洲人，儘管他們在階級、習俗和語言上有很大的不同，但卻闡明更加本質化的民族身分認同。換句話說，我在左宗棠的思想中，我們可以看到殖民主義的「欺人話術」：對「幾乎相同，但又不能完全相同」的他者之渴望。[74]

正如我們在接下來的章節中所看到的，雖然這樣的立場是由一群湖南人群體所闡述，但它還是幫助那些講漢語的不同血統的非穆斯林宣稱一個共同的身分，一個將他們與教化工程和反穆斯林相聯繫起來的身分認同。透過左宗棠對西北地區穆斯林的做法，菁英對於內部他者——需要指導和教育的未開化群眾的做法被移植到外部或邊緣他者身上，在對相似性的要求和對差異性的堅持之間產生一種張力，這種張力在宗教和階級的界限上發生作用。

不足為奇的是，教化使命也是冒險主義的一個理由，因為它是對領土進行主權控制的表現。當軍隊留在甘肅時，清廷出現一場辯論，官員正在考慮是否要重新征服新疆。[75]許多人對新疆的價值持懷疑態度，尤其是對其廣闊、乾旱的南疆地區所具有的價值持有懷疑態度，並主張應該對列強對清帝國漫長的海岸線和深入其腹地的入侵作出更有力的回應。在一八七四年時，左宗棠提出著名的反駁論斷，他認為隨著俄羅斯帝國在西域的崛起，重新征服新疆對於帝國的安全來說至關重要，那裡是對抗俄羅斯的堡壘。此外，他認為放棄新疆是不孝的表現——不收復該領土就是不尊重皇室祖先的成就。左宗棠最終在辯論中獲勝，並在一八七五年被任命為帝國的新疆軍務欽差大臣，成為第一個擔任以前由滿洲人或蒙古人擔任的職務的漢人官員。這一變化預示著在湘軍掌控下的新疆，即將從一個具有內亞屬性的區域，轉變為中國的一個省份。

# 第二章

# 作為例外之地的新疆：教化工程的轉型

周景堂的人生本來應該是如此的不同。周景堂的出生地在湖南寧鄉縣，那裡距離他如今所在的甘肅西部嘉峪關口處有一千五百英里之遙。[1] 此處是中國本土和內亞邊境的傳統分界線，一代又一代的流亡者都寫下他們在接近關口時的惶恐和不安。[2] 周景堂不是流亡者，而是一個受過教育的人，他以「嘉健」的筆名寫詩，僅僅這點就讓他與那些跟隨湘軍來到甘肅的大批士兵截然不同。周景堂將他們視為「光棍」——他們是充斥軍力的壯丁，目不識丁、桀驁不馴，在他們的領導人眼中，他們是軍隊最大的負擔。普通兵丁的目的是用薪餉養活家人，而每個月進行的關於軍隊道德規範的講座會讓他們遵守規矩。[3] 回到周景堂，由於他在全國各地的戰役中擔任文書工作的經歷，多次獲得認可和晉升。現在，軍隊收到進軍新疆的命令，他期待在這個新的省級行政機關裡得到同知的官銜。[4] 雖然普通士兵會來到「口外」從事農業或貿易以尋求更好的生活，但周景堂期待的是仕途生涯。

但他的這一期待很快就破滅。周景堂沮喪地在甘肅停留一段時間，無法獲得任何官職。在一八八〇年，他進入新疆尋求進一步的發展，他發現在庫車有許多來自他家鄉的人定居，一些老兵也在當地駐軍中服役。周景堂結識寧鄉人楊秀清（他是一名督軍，現在負責守衛城市的北門），還結識一些在市場上擺攤的漢人。雖然現在家鄉離得更遠，但成功似乎近在眼前。畢竟，新疆被稱為「小湖南」，因為在當地講北京口音的官話遠不如會說他的家鄉湖南方言重要。周景堂將會在同鄉人的圈子裡生活。5

然而，周景堂的樂觀情緒就在兩年後他收到一封家信的那天崩塌了。信上說，他的家仍然很窮——與普通士兵的情形不同，周景堂沒能支持家計。現在他的母親生病了，即將走到她生命的盡頭。周景堂的職責是返回寧鄉奔喪，但是這樣的距離遠達半個亞洲之遙，而他無論如何也負擔不起這段旅程的花費，只好借酒消愁。那天晚上燈火闌珊，酩酊大醉的周景堂走進肉鋪，他的朋友譚屠戶在那裡烹煮一些茶，希望能讓周景堂的腦袋清醒過來，讓不可避免的宿醉快點過去。然而，當譚屠戶剛轉過身去，周景堂從屠夫那裡拿走一把切肉刀，沿路走到楊秀清的崗位。根據官方記錄，楊秀清當時正在寫報告，周景堂衝了進來，一邊嚎哭，一邊語無倫次地大叫。楊秀清試圖安撫他的朋友，但隨即陷入一團混亂。

第二天早上，在楊秀清奄奄一息，命不久矣時，周景堂才在牢房中醒來，他已經忘記發生的事情，但身上沾滿血跡。在隨後的調查中，如何處理這起謀殺案的問題逐漸浮出。周景堂的罪行令人髮指，因為它剝奪楊秀清年邁母親的唯一兒子，而關乎破壞家庭的罪行現在在新疆是被允許以更大的自由度來懲處的，因為這一罪行會撕裂湘軍正在努力編織的道德結構。如果他是一個普通人，他將被直接判處絞刑。然而，周景堂還擁有官職——即使不是擁有官職，至少也是擁有獲得官職的權利，因此，在技術上，他是可以免於死刑的。新疆省最終決定將周景堂驅逐出新疆，不是驅逐到他在青翠的湖南家鄉，而是流放到滿洲的冰冷森林和寒風凜冽的荒原。

周景堂的故事位於幾個相互關聯的現象的交會處。湘軍領導人和士兵都認為新疆是一塊充滿機會的土地。這種看法，加上使新疆的官僚機構幾乎不可避免地成為一個封閉系統的特殊規則，鼓勵了占多數的湖南人定居並留在新疆，使當地變成一個「小湖南」。這個政府繼續以經世模式治理該地區達三十年之久。隨著新一代的湖南籍官員進入省級官僚機構，政府面臨著越來越多的治理危機，政策制定和實施的社會和政治動態發生變化。透過更仔細地觀察這個主導群體的社會動態，我們可以更好地理解左宗棠的影響力是如何在新疆持續存在的，即使是他不在場的時候也仍然如此。這一章的內容將會建立起一八七七年至一九一五年的湖南人統治新疆時期的界限，其中的一九〇四年是這個集團走向倒台的分水嶺。[6]

在之前的一章裡，我概述了新疆被同化的途徑，而在這一章裡，我會追蹤幾代官員對新疆作為中國或清朝主權範圍內的一個特殊空間的概念的變化情況。在批判性法律研究，尤其是在殖民法律研究中，存在著一種傳統，認為每個法律體系都有一個「例外」，即規範體系被中止的情況。[7] 在殖民帝國及其繼承國中，這種例外是在地理上實現的，作為一個被認為正在經歷危機狀態的地區，必須採取特殊的暴力措施來保護或促進法律的基本規範，並使混亂的秩序得到改善。這種暴力的頒行是主權的一種表現。如果每一個政治和法律體系都包含一個例外，那麼，對例外的劃分將因此闡明整個體系、闡明權力的現實、以及權力擁有者所希望促進的規範。在晚清時期的新疆，對例外情況的討論和實踐的研究表明，該地區是一個明顯的「湖南工程」，它在清帝國內部進行的，但卻對抗整個清帝國。湖南人在省政府高層的統治地位的終結，標誌著向明確殖民主義的另一個激進轉變，新的例外政治解除湘軍的危機。

## 左宗棠的繼承人和新疆建省的災難

雖然大多數歷史都強調左宗棠在新疆重建時期的影響，但他實際上只進入過新疆境內一次。真正的權力是掌握在劉錦棠（一八四四—一八九四）手中的，他的兒時伙伴羅長祜（約一八四七—一八八三）也加入這個行列。[8]

劉錦棠也許是最能說明左宗棠如何影響他人仕途發展的重要例子，因為他除了在西寧當過幾年的員事，但缺乏足夠的行政經驗，也沒有嘗試參加官方考試，但他最終還是成為新疆的第一任巡撫。他的主要資歷是身為左宗棠親信劉松山（一八三三－一八七〇）的侄子，劉松山死後，劉錦棠獲得他叔叔的指揮權。關於羅長祜，人們認識不多，只知道他從小就受到左宗棠的關注。劉錦棠和羅長祜在同一個村子裡長大，一起在中國各地征戰，並且共同奪下塔里木盆地。在羅長祜取得軍銜，尤其是他自願在大雪紛飛的冬日帶領手下向口外進軍後，左宗棠便十分欣賞他的聰明和勇敢。後來，當劉錦棠受到他在甘肅時遭遇土石流所受的舊傷所擾，便派遣羅長祜代替他指揮對喀什噶爾附近的烏帕爾（Opal）的進攻。兩人在整個戰役期間和戰役結束後頻繁就政策問題進行交流。

劉錦棠實際掌權了十五年，因為他是新疆重建政府的第一位官員，然後又擔任巡撫直至一八九一年。他的副手，布政使魏光燾（一八三七－一九一五）是來自邵陽的湘軍指揮官，也是經世作者魏源的侄子。魏光燾撰寫了西北戰役的非正式歷史著作，並認為他有責任要緊密追隨左宗棠的計畫，就像他在擔任代理巡撫的三年期間（一八八八－一八九一）所做的那樣。[9] 下一任的新疆巡撫（一八九一－一八九五）是陶模，他曾是左宗棠在甘肅中部進行道德整頓方面的模範官員。他的繼任者，湖北人饒應祺（一八三七－一九〇三，一八九五－一九〇二年在任）是左宗棠在西北戰役中的副手。[10] 接下來的是潘效蘇（一九〇二－一九〇五年在任），他是常山人，自一八六一年以來一直在湘軍中服役，並參與對新疆的重新征服。因此，在重新征服後的最初二十八年裡，只有一批具有共同意識型態和經驗，而且具有同鄉背景的人掌握著迪化省會的政治權力。巡撫以下的最高官員也是如此：幾乎所有的布政使、他們的工作人員和按察使（第三高的省級官員）都來自長沙地區。這是一個由意識型態、故鄉、共同經歷和家庭組成的共同體，並且保持著對其湖南淵源的意識。

即使是沒有完全實施，早期的巡撫們在形式上也緊緊地跟隨左宗棠的構想。[11] 他們的工作仍然頑固地聚焦在湘軍集團對後太平天國時代中國所設想的社會道德整頓上面。劉錦棠領導的臨時政府是由一個由軍官領導的重建與安撫機構（撫輯善後局）所組成的網絡，其組織結構與計畫中的省級行政機構相仿。這些機構重複甘肅的實驗：他們將回民、漢人和突厥穆斯林重新安置在農場裡，讓他們在理想的核心家庭中生活，有時還與官方機構為他們選擇的配偶一起生活。被重新安置的人得到農具、種子和牲畜，希望他們能夠「開墾」土地——這種土地若不是真正的休耕地，就是無法耕種的草原和沙漠。最終，重新安置的目標是透過安排復員軍人和穆斯林女性的婚姻，來創造一個穩定的平靜社會。

同時，各機構在整個地區建立至少兩百所「義學」，目的是對穆斯林男孩進行漢語和儒家經典教育。[12] 左宗棠希望建立一個在語言和文化上可以完成族群互通的中間人階層，把這類人作為把儒家思想送入穆斯林社會的渠道。他的論點有兩個方面。首先，他說，在穆斯林臣民和那些在他們生活中扮演放牧者角色的官員之間，存在著幾乎無法逾越的距離。清朝的地方官作為「父母官」，要引導他們的羊群走向德行，以維持一個和平的社會。對左宗棠來說，這意味著要讓穆斯林被同化為中國人（同我華風）。經世思想則認為，地方官是建立當地人民信任和尊重的基礎，而此時的左宗棠已經強調地方官員需要以一致和滿意的方式解決爭端，以確保這種良善。[13]

然而，隨著一八八四年建省期限的臨近，領導層開始意識到，地方政府並沒有為過渡做好準備，因為湘軍老兵不一定能成為好的行政官員。其中一個叫楊培元（一八七九年卒）的人，他因為在軍隊服役而被擢升為同知。一八七七年，楊培元被任命為闢展縣的縣丞，闢展是一個離吐魯番以東的主要公路有些距離的小鎮，後來成為鄯善縣的縣城。[14] 他的工作進展進行得很糟糕，而且他的一個僕人試圖向當地穆斯林勒索錢財。楊培元試圖解決由此產生的爭端，但由於他完全沒有透過當地語言進行溝通的能力，所以調解失敗了。結果，楊培元報告說，每當他上街時，突厥穆斯林就會圍上來嘲笑他。很明顯，他很快就失去他們的尊重。楊培元無法履行職責，正式要求解除職務，但在吐魯番當局拒絕他的三個月後，楊培元在衙門裡上吊自殺了。直到兩個月後當一位官員前來視察時，上級行政部門才知道楊培元的死訊。在省政府眼裡，由於縣官沒有能力與他的下屬進行溝通和指導，政府本身在地方和區域層面上都是失敗的。

諸如此類的報告，從新疆各地沮喪的地方官那裡不斷地湧來。驚慌失措的劉錦棠向北京發出奏摺，請求解除他的職務；畢竟，他只是一名軍官，從未想過在三十三歲時成為一個龐大而麻煩的省份的巡撫。[15]他自貶「不學無術」。他被任命指導重建工作是暫時的，不過是在特殊情況下的一種權宜之計。在所有問題上，他只是試圖實現左宗棠的計畫，在事情平息後，他就要交出這個職位。但朝廷拒絕他的請求，認為他所說的是一派胡言，重建工作看起來已經基本完成。僅僅這種態度就顯示出左宗棠和清廷的某種天真。新疆本應在重新征服七年後成為一個省，其人民也應該準備好接受中國式的民政機關。在左宗棠看來，這將有足夠的時間來建立支持一個穩定的省份所需的社會機構和文化規範（或「風俗」），甚至已經足夠使新疆成為一個自給自足的農業社會。但左宗棠也認為，新疆目前還沒有準備好進行技術現代化，當然也不能建設像他在甘肅設立的現代兵工廠。一個有道德的農業社會首先需要發展。

在一八八二年，劉錦棠再次提出辭職，因為他認為新疆還沒有準備好成為清朝的省份。在一八六四年之前，漢人逐漸在新疆定居下來，在現在的北疆建立一些縣和州。這些縣仍在甘肅的管轄之下，而新疆的其他地區則由伊犁將軍府和地方官員管理。而甘肅則由陝西巡撫手下的一名總督管理。

左宗棠最初的計畫是將新疆變成兩個獨立的省份，在迪化派駐一名新疆巡撫，然後在阿克蘇派駐一名南疆巡撫。[16]劉錦棠與陝甘總督譚鍾麟（一八二二—一九〇五，長沙人）一起提議，將新疆作為甘肅的附屬地，就像台灣附屬於福建省一樣，並將新疆置於陝西總督之下。劉錦棠建議將總督衙門設在蘭州，這樣就可以從遠處對新疆進行統治。他最後寫道，這樣一來，雖然自己的職位會被取消，但他也終於可以回家治療他那折磨人的腳傷了。但然而，最後劉錦棠還是被迫留在迪化，成為巡撫；而新疆也和甘肅一樣獨自設省，不過如同他所建議那樣，接受陝甘總督的管轄。

然後，羅長祜於一八八三年在阿克蘇死於疾病。劉錦棠向北京發出請求，要求建立一個紀念他的祠堂，並利用這個機會再次提出新疆政策是受到誤導的。[17]他引用當年早些時候他和羅長祜的討論，認為還需要經過幾十年的時間，農業和儒家思想的逐步傳播才能使穆斯林中出現人才，並使準備好的人才加入到建省機構中。劉錦棠的奏摺顯然是透過他死去的朋友來借題發揮，從而支持一個政治上的目標。朝廷拒絕建立祠堂的要求，也沒有理會需要推遲建省的建議。

然而，劉錦棠的話被證明是有預見性的。雖然新疆省在一八八四年按計畫正式成立，但部分地區仍持續了數年間的混亂無序。[18]地方政府沒有準備好處理最終廢除地方穆斯林官員制度的問題，而這種制度在一八六四年之前就已經開始運作了，現在仍然基本保持不變。沒有戶籍，因此也就沒有可用於徵稅的紀錄，而且沒有一個新的地方官員會說突厥語，也沒人懂察合台語。起初，並不清楚究竟誰屬於省級系統的管轄範圍，誰屬於殘缺的伊犁將軍府或其他當局的管轄範圍。[19]如果沒有「伯克」作為中間人，即使是常規工作也變得十分繁難。

因此，晚清新疆的歷史實際上並不是該地區被中國政治制度同化的歷史，而是其作為例外情況在中國政治制度中的構建。劉錦棠的建議指出一個悖論：為了讓突厥穆斯林融入中國人的社會，他們既要與中國社會分離，又要在成為中國人的過程中先暫停下來。左宗棠在甘肅的政策也指出正常化的矛盾情況，其中實現同一性的關鍵是認識到差異的等級，並相應地在空間做出隔離。在新疆，隨著幾代官員為實現教化工程的目標而奮鬥，他們在經世典範下努力尋找管理差異的方法，同時仍在努力實現同化。在下文中，我們將闡述穆斯林他者性的話語，是如何透過幾種不同的方式來合理化新疆作為例外地區的建構，包括：一個不適用普通司法流程、同樣也不適用官僚機構的空間；一種熟悉的邊疆；然後是清末一塊明確的殖民地領土。

## 作為一個例外行政區的新疆

有一套只適用於該省的「變通」政策能夠證明新疆的特殊性。將一項政策定性為「變通」，意味著它是一項臨時措施，而且正如經世集團所希望的那樣，是對當地情況的一種適應。因此，新疆的部分地區是由「新疆變通章程」來管理的，這是一套針對該地區的特殊規則，不編入正式法律，而是出現在一系列宮廷奏摺中，由總督提出要求，並經朝廷批准。這些「變通」的政策包括一系列措施，使人員在西北地區，特別是在新疆境內流通，這違反長期以來形成的「迴避規則」。[20]為了防止腐敗和出現根深柢固的利益共同體，大清律例是阻止官員在其家鄉所在的縣或任何地方任職超過一定年限。然而，此一規則在西北地區的廢除，便意味著湘軍群體的成員通常能在本省的行政部門度過整個職業生涯。因此整個西北地區實現高度自治，並形成基本封閉的管理群體。從總體上看，人事記錄顯示，湖南人的關係網在進軍關外的幾年前，就開始扎根於新疆的文官體系，然後在四代人的時間裡不斷地複製。[21]這些代際差異也反映出新疆政府與朝廷在政策和實踐上的差異，以及與朝廷的關係。

熟悉長沙的地理狀況將會有助於讀者了解於湘軍有關的狀況。在十九世紀，長沙本身被劃分為兩個縣，即長沙縣和善化縣，它們共同構成長沙府的核心。長沙府和鄰近嶽州府的幾個縣，是大部分湘軍軍官的出身地，而其他少數人則來自更遠的周邊地區，包括湖北和安徽省附近。長沙城裡有幾個機構是湘軍共同體形成的核心：與長沙城隔河相望的嶽麓書院和南門外的城南書院是湘軍領導人的搖籃。

在長沙城牆腳下，我們還可以看到定湘王的廟宇。定湘王是善化縣的一個不起眼的城隍爺，人們認為它在太平天國的進攻中挽救這座城市，因此成為湘軍士兵共同崇拜的對象。他們帶著這個守護神的形象從中國的一端到另一端去征戰，直到最後定湘王和維護其廟宇的老兵一起來到新疆定居。[22] 直到一八八五年，新疆的領導層仍然對定湘王保持著敬意。在這一年，以新疆為基地的湖南人在湖南寶善堂印刷廠出版了一本小冊子，明確表示要普及儒家復興，以及紀念湖南人的身分認同。並非巧合的是，這家印刷廠的老闆是一位從新疆回來的湘軍老兵——反基督教活動家周漢（周孔徒）。[23] 這本小冊子按照湖南各縣籍一一列出寶善堂的主管人（首事），而他們都是新疆行政系統裡的一員，包括地方官、縣長、謀求進入這個圈子的人和未來的總督。

這些首事是跟隨劉錦棠來到口外的第一代官員中的一部分人。他們是太平天國時代的湘軍老兵，或者是在甘肅重建期間受到招募的湖南人。當時，湘軍已經由一小批來自同一地方的人領導，他們的年齡都差不多，要麼像左宗棠一樣出生於一八一〇年代，不然出生於一八三〇年代，他們都曾和太平天國和捻軍作戰過。[24]

這些領導人幾乎都是從長沙周圍的湖南北部核心地區招募來的，尤其是來自他們一千五百英里以外的家鄉，經過家庭、村莊和學校動員的渠道建立起個人聯繫，以保持遠離家鄉的湖南人戰鬥力的完整性。左宗棠親自要求的新兵不是來自他周圍的人，而是來自永定和寧鄉縣的人。通常是兄弟或表兄弟一起加入，父親和兒子也是如此。例如，湘陰的王廷相（一八四〇年生）和王廷瓚（一八四五年生）兄弟都在甘肅參軍，後來在新疆結束他們的職業生涯，而黃光達（約一八四五—一九〇一）在其父親黃萬友於一八七〇年戰死後，取代其父親成為指揮官，就像劉錦棠接替其叔叔劉松山的角色一樣。

在甘肅，在叛軍領袖董福祥轉而與左宗棠聯手後，穆斯林領袖馬占鰲也緊隨其後投靠左宗棠，他的勢力在董和馬之間，軍隊的規模幾乎翻了一倍。[25] 事實證明，這些部隊在占領甘肅和重新征服新疆的過程中是至關重要的。然而，董福祥、馬占鰲二人的軍官後來並沒有像湘軍軍官那樣進入該省的文官系統，而是被派駐到駐軍地點。到一八七七年時，湘軍是由兩部分人組成的：一部分是湖南人構成的核心圈子，他們有共同的意識型態、信仰，往往還有家庭親屬關係，以及在帝國各地作戰的共同經歷。這些湖南人已經開始透過從他們的家鄉招募人員來讓他們的共同體可以循環再生。另一個團體是由來自甘肅的穆斯林組成，他們在西北穆斯林起義似乎注定要失敗時才加入清軍。在一八七七年後，大多數駐軍士兵仍然是回民，或者至少是甘肅人。湖南官員的僕人、妻妾和文員也是如此。左宗棠控制甘肅穆斯林的政策，已經依賴於一批忠誠、有武裝的當地人，即持有左宗棠所認為的正統信仰的「好」穆斯林協力者。

在占領甘肅期間，湘軍軍官開始在新疆的文官機構中獲得職位，儘管該地區尚未處在清朝控制之下，而且朝廷也尚未批准重新征服新疆的行動。此外，在他們離開湖南時，他們中很少有人擁有擔任官方職位所需的正式資格。一八七七年在新疆政府任職的官員中，只有一人在科舉考試中取得最高學位——進士。[26] 另有一人擁有第二高的舉人資格。[27] 他們兩人與極少數的秀才一同任職，而那些會占據未來省政府職位的大部分人只是花錢買官的兵丁，或是因為戰場表現受到獎賞而得到官職的人。購買官職在清朝並不是罕見的行為，但這些湘軍軍官主要是透過其指揮官的贊助才獲得官職。

在一八七七年時，有幾位省級官員是滿洲旗人，他們擁有的學位使其有資格從事翻譯工作，而大多數湘軍軍官缺乏這個能力。這些旗人在左宗棠軍隊中擔任翻譯文員，而這也讓他們之後得以繼續從事文職工作。舉個例子，罕扎布（生於一八四二年）是鑲白旗的一名滿洲人，他先是一名騎兵，之後通過翻譯考試，在穆斯林起義前被任命為甘肅的一名書記官。[28] 罕扎布在一八六二年的英勇表現為他贏得了晉升的機會，並最終加入經過左宗棠重新整頓、正在向西北進軍的軍隊。因為左宗棠早先的批准，罕扎布在其職業生涯的剩餘時間裡一直留在新疆，並為自己得到縣一級別的職位。

第二代的省級官員也是在重新征服發生後的最初幾年裡從湖南招募而來，這段時間是一八七八至一八八一年間。這些人普遍是花錢購買官職的人，他們直接從與湘軍有關的縣城調來新疆任職。[29] 緊隨其後的是自一八八四年至九〇年招募的第三代官員，他們中的大多數人曾在軍隊服役，但是是從甘肅直接調來的。在一八九〇年代和一九〇〇年代初，從外部招募的人員很少——只有少數新的縣級官員來到新疆，而其中大部分也是湘軍老兵。

由於對新疆的任命有特殊規定，官員很難離開新疆。過去當北疆出現職位空缺時，將會根據「甘肅變通章程」來找到替代者，而這這份文獻是後來「新疆變通章程」的直接前身之一。[30] 有資格跟隨軍隊進入西北的官員可以根據巡撫的命令留在甘肅或新疆。劉錦棠和他的繼任者們廣泛使用這一規則，新來的人通常有一年試用期，然後他將進入到新疆地方官的候補群體。根據甘肅省的規劃，所有公開任命的人員都將從已經在該省類似職位上任職的官員中挑選。

這意味著新疆某地的同知會被調到新疆的其他地方，而且往往是在同一個區域裡做調動，就像是在南方以及所有新成立衙門機關都會採用「吉林變通章程」那樣。該計畫將尚未任職的人員招入，之後再根據甘肅規劃重新任命他們。這一制度理論上將從外部引進有才能的人，但實際上則是延續現有的庇護人脈網。

同時，左宗棠所推動的因戰功而晉升的職涯制度，一直持續到新疆建省的時代。新疆的官員因實際或據稱參與軍事行動和重建工程而不斷得到晉升。例如，陳名鈺（一八三〇年生，寧鄉人）是於一八五四年進入湘軍的。[31] 他在最開始時是一名廩生，意味著盡管他在考試中表現良好，獲得秀才的功名，但仍然沒有

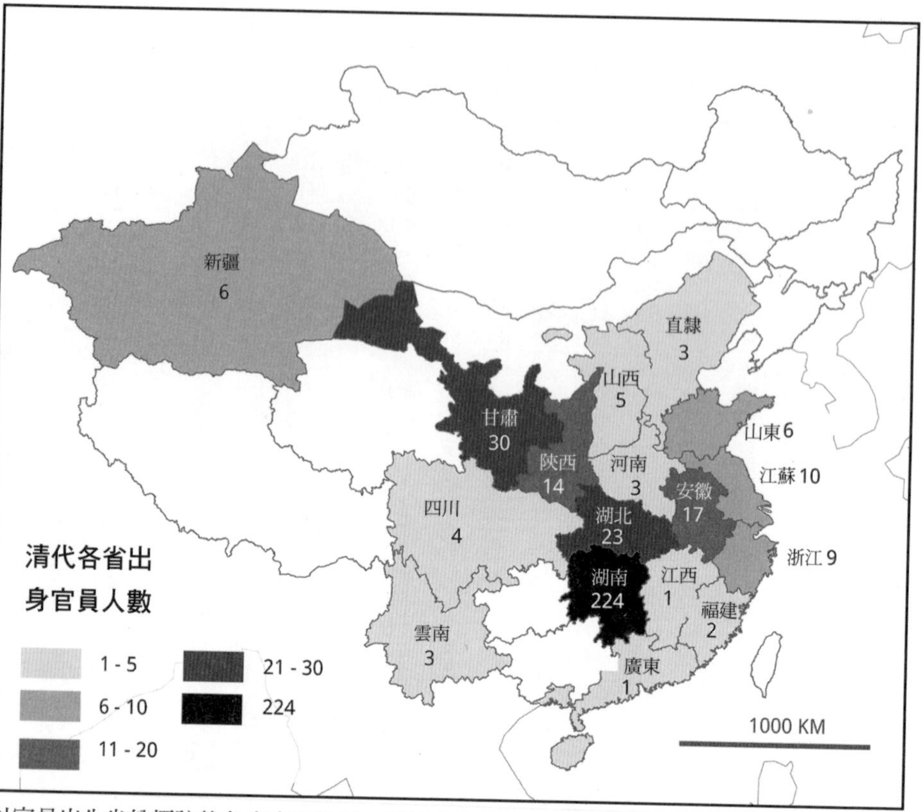


以官員出生省份標註的各省官員數量。根據北京第一歷史檔案館和台北故宮博物院收集的檔案文件統計而成。地圖由 Evangeline McGlynn 繪製。省界來自 CHGIS。

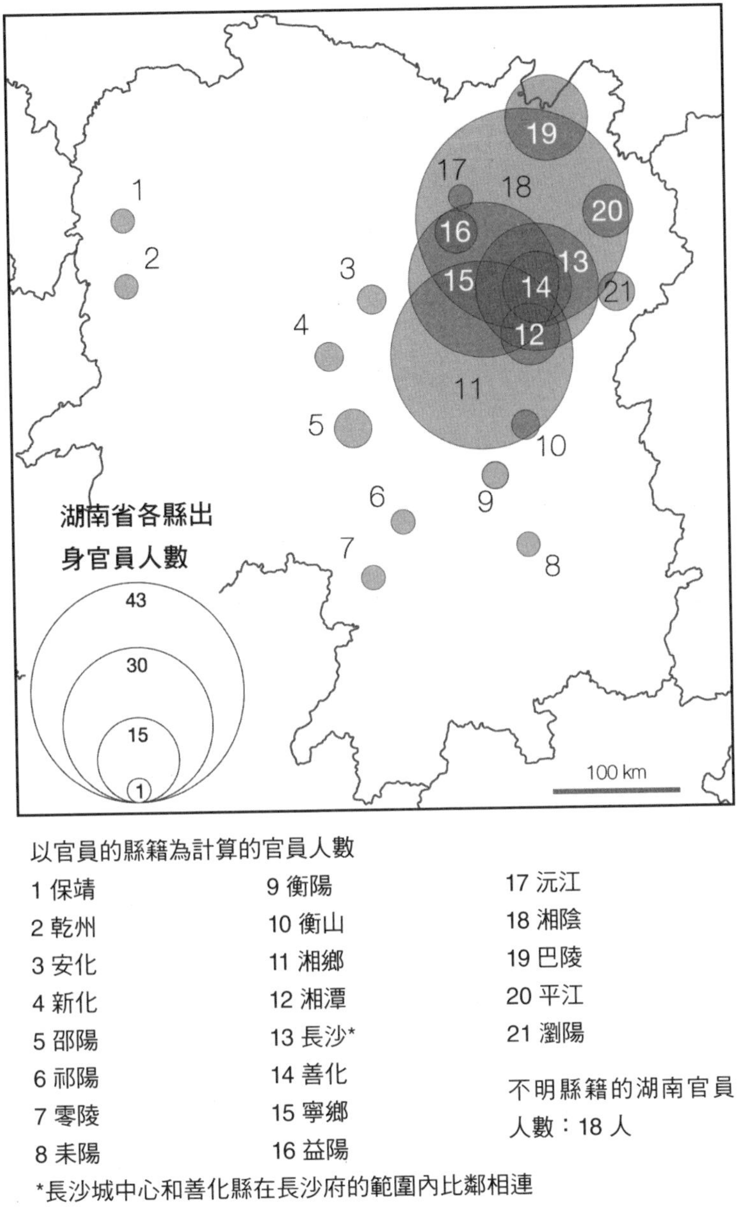


新疆湖南籍官員的原籍地。根據北京第一歷史檔案館和台北故宮博物院所收藏的檔案文件。地圖由 Evangeline McGlynn 繪製。縣域位置數據和省界來自 CHGIS。

在文職系統裡找到工作。十二次戰場上的晉升使他在文職中獲得直接升遷，但直到征服新疆時，他才有資格擔任道員一職。儘管陳名鈺缺少在任何官僚職位上的實際經驗，但他立即得到重要職位的任命，並在阿克蘇擔任了數年的道員。那些第二代和第三代的官僚成員一般都是花錢購買功名，儘管他們往往甚至沒有參加有關的行動，也在給予同鄉人的一系列晉升中成為受益者。

如果我們把湖南、湖北、安徽和江蘇視為湘軍群體的廣義地理故鄉的話，那麼，在一八七七年至一九一一年期間，出生地已知的三百八十一名官員中，有百分之七十一的人有相同的家鄉出身。湖南人占了百分之五十八。光是長沙縣就提供百分之四十五的官員，而最多的官員來自湘陰縣，左宗棠本人就是在此出生及成長。（見前頁地圖）。從巡撫的衙門到縣長的衙門，各級政府裡都有明顯的固化現象。新疆被分成四個「道」──喀什噶爾道、阿克蘇道、伊塔道和鎮迪道，每一道都有自己的長官，他們向省會報告。從新疆的重建到清朝的滅亡，這些職位的每一位任職者都是湘軍集團的成員，其中包括喀什噶爾道的道員袁鴻祜（一八四一年生），他是前喀什噶爾道員袁堯齡（一八八九年去世）的兒子。[32]

與此同時，在占領甘肅期間，湘軍領導者們在彼此間訂下親事，在一八九〇年代中期，他們開始在新疆結婚和定居。[33]在左宗棠的軍隊中，以家庭關係為特徵的繼任方式是典型的現象，在省級行政部門中也是如此，有時候官職是在父子之間傳遞，有時候是在姊妹夫、小舅之間傳遞。甚至會在同一個道的職位上占據職缺。

新疆行政體系是太平天國戰爭之前和期間在長沙附近形成的湘軍群體的移植物。王繼平將這一群體描述為具有自身內部動力和自我繁殖能力的社會型態，包括共同的崇拜習俗、家庭關係和師生之間的聯繫。這個群體的一個分支透過鎮壓捻軍和穆斯林的運動逐漸進入西北地區，但透過不斷從湘軍領導人的原籍地招募人員來保持與家鄉的密切聯繫。在新疆，儘管從家鄉招募的人員最終被透過家庭繁殖所取代，但是同一群體的社會動態仍然存在。隨著新疆成為「小湖南」，新疆的湖南人與家鄉的距離便越來越大了。

## 作為法律上例外之地的新疆

晚清時期的新疆是由一個特殊的空間組成的。新疆在這時被正式納入到適用於各省的常規法律程序和法定法律及刑罰體系中，但同時也被排除在這些法律之外。湘軍在表面上對該地區進行重建，以便透過勸說來同化新疆的人民，但其領導層認為，這些人仍然是危險的人，因此需要施加嚴厲的懲罰。因此，新疆成為一個法律上的例外之地，一個矛盾空間，在這個空間裡，旨在幫助國家機構進一步滲透當地的政策，卻依賴於權力下放，並將合法暴力委託給地方代理人。[34]這種自相矛盾的情況似乎是反常的，甚至是怪異的，當然也是陰險的暴力，但它是殖民主義法律制度的典型。

這種法律制度的主要技術——也是將周景堂送入流放地的技術，被稱作是「就地正法」，也就是省級官員在未經皇帝批准的情形下，擁有自行批准執行死刑的權力。「就地正法」涉及到清朝法律執行的中止，以及出於保護「禮」的目的，將生殺大權轉移到地方行為者的手中，而「禮」正是湘軍的教化工程的核心行為組合。然而，這種做法起源於對清朝皇帝的法律執行力的策略性終止，這種情況首先是發生在早期的征服戰爭中，然後是發生在迫切需要懲罰暴力的情況下，包括在謀殺行為有可能引發仇殺的叛亂期間和邊疆地區。[35]通常情況下，在任何可能導致死刑的案件中，都有一個法定的審查程序，根據這一程序，皇帝必須批准每一個死刑案例的執行。

然而，在整個十九世紀中期，湘軍總是可以透過「恭請王命即行正法」的程序得到執行死刑許可。這種做法在內亞邊境地區應用得更加頻繁，並最終成為法律規定：凡是被減為流放的死刑犯，在途中或從刑場逃跑的，將不經審查立即處決。由於新疆是一個常見的流放地點，一些思想家將「就地正法」與新疆聯繫起來。

林則徐（一七八五—一八五〇）是抱持這樣想法的其中一人，他是在廣州碼頭銷毀英國鴉片的欽差大臣，此舉引發第一次鴉片戰爭（一八三九—一八四二）。[36]林則徐曾請求允許立即處決他所扣押的英國囚犯，但卻因為清廷認為他的破壞性和無禮行為而受到發配新疆的懲罰。在一八四八年時，左宗棠遇到林則徐，他現在則是以新疆問題專家的身分出現。林則徐對左宗棠的農業計畫所施加的影響力是有據可查的——林則徐對吐魯番的地下灌溉水道坎兒井（karez）非常著迷，兩人都看到透過管理水源的技術來使沙漠獲得灌溉的潛力。然而，他還向左宗棠介紹何謂「就地正法」，林則徐聲稱這不是帝國法律，而是新疆地方官員為節省政府時間和資源而設計的一項權宜之計。[37]同年，林則徐成功地獲得朝廷的許可，在雲南實施這一做法，以此來當作懲罰當地叛軍的手段。這個做法本來是一項為期五年的臨時措施。

就地正法很快成為湘軍主要的政府治理手段之一，因為它在實踐中體現經世理論中的最小政府理論，同時將生殺大權轉移到自稱的「文明保護者」手中。只要是在湘軍擊退太平軍的地方，曾國藩就會實施超過、違背帝國法律的社會道德整頓行動。[38]在一八五三年，曾國藩接受林則徐口中的就地正法手段，在危機時期對那些名義上是清朝臣民的人進行在戰場上的立即處決。同時，曾國藩和其集團中的其他幾位省級官員全面批准將處決權下放給包括鄉紳在內的下級行為者。因此，普通司法程序的終止，讓實施旨在保護和促進禮儀所規定的規範的家庭關係的規則獲得推動。儘管最初的就地處決命令所涉及的是「賊」和暴力團伙，顯然是針對打擊太平天國而設計的，但它在湖南和鄰近省份得到擴大和延伸，以社會穩定的名義規定對不正當性行為、賣妻和販賣人口的懲罰。就地正法的做法在危機狀態結束後仍然長期存在。

就地正法說明經世政策的一個重要特點：它們往往是「實用」的，因為它們降低中央政府對經濟和社會的參與，也在技術上減少國家的後勤和財政負擔。然而，它們的根本目的是對社會進行管理。在中國本土，「就地正法」通常經歷三個階段：在早期，它被用來對付內戰，大量的大規模處決就可以證明這一點；後來，儘管暴力變得不那麼普遍，但它依然賦予地方官員懲罰土匪、搶劫者和人販子的特殊權力；只是在最後階段，這種緊急措施才成為政治—司法系統的正常化部分。正如郭威廷所指出的，在戰爭結束後的很長一段時間裡，各省的省級大員對「游勇」的潛在暴力表示擔憂，這是利用官員自己對充斥在軍隊中的窮人和離鄉背井者的偏見。[39]即使在戰爭結束後，同樣的特別措施仍然以維護穩定的名義在特定地區適用於某些類型的對象身上。

在甘肅的情況也是如此，根據「甘肅變通章程」，甘肅也頒布「就地正法」。[40]在一八九九年，也就是在內戰結束的很久之後，甘肅巡撫仍然聲稱當場處決是必要的，這樣官員就可以把更少的時間和精力花在裁決死刑案件上，而把更多的時間花在對穆斯林的教化上。執政者認為，雖然就地正法不符合法律條文，但畢竟它抓住、甚至保護法律的本質。因此，在帝國的空間和法律中，穆斯林的西北地區被構建成一個例外之地。甘肅是一個省，因此屬於正常的政治—司法系統的管轄範圍，但據稱其居民具有暴力傾向，因而需要一個特殊的懲罰制度。在中國本土，就地正法是用來懲罰不道德的下層人民，而現在在西北，它是針對被認為是那些不遵正統而危險的穆斯林。

我不清楚就地正法的規則在新疆是否曾被當作是戰時規則——與此相反，它從一開始就是一種常規技術。[41]新疆的執政者們一再向北京辯稱，該地區仍然處於混亂和暴力狀態中，穆斯林永遠處於叛亂的邊緣。然而，該省的數據卻讓他們的論斷遭到質疑：在太平天國戰爭期間，當場執行死刑的地方每一季都有數百人遭到處決，但從一八七七年到一九一一年，整個新疆平均每年卻只報告十二起死刑，其中一半是就地執行。此外，雖然省政府聲稱「就地正法」是管理突厥穆斯林的一種手段，但暴力犯罪的報告率在北疆卻要高得多。北疆的法律和社會機構較為分散，且主要為漢人定居地。相比之下，突厥穆斯林人口占多數的南疆則相對非常和平，這可能是因為當地擁有的伊斯蘭法律機構和既有的爭端解決機制。[42]最後，劉錦棠和他的繼任者向朝廷辯稱，由於需要向省裡報告案件細節，而省裡又要尋求北京批准，所以對於死刑罪的起訴太耗時了。事實上，位於迪化的省會和任何特定地區之間的通信並不特別慢：即使在穆斯林起義之前，從帝國另一端的伊犁送到北京，需要大約四十七天的時間。[43]一八七七年後新疆的死刑記錄顯示，從報告謀殺案到帝國批准處決的時間約為八個月。與中國中部省份相比，這並不比同一時期湖北的案件慢多少，湖北的案件可能需要一年的時間來處理。[44]在電報出現後，這一延遲被縮短了，儘管如此，直到清末，就地正法的規則仍以同樣的頻率獲得執行。

如果從就地正法的使用頻率和地理分布情況來加以分析，我們會進一步對這麼做的目的提出疑問。透過常規程序起訴的幾起案件的結案時間遠遠超過法定時限，這表明時效性並不是真正的考量。在整個新疆地區，無論與首都的距離有多遠，就地正法的規則都占了所有死刑判決的一半以上。此外，同一地區的死刑犯罪可能會被「就地」處決，或在向北京發出報告後立即處決。那麼，究竟是什麼原因導致主事者在例外或常規的罰則之間進行選擇呢？

一八九九年吐魯番的一個案例可以揭露此種規則背後的政治和意識型態。[45]一位名叫李福的回民男子在檔案中被描述為一個「光棍」：也就是沒有固定住所、沒有家庭關係、沒有就業技能的人。有一天，李福為了一些麵餅而殺害一個突厥穆斯林或是回民，受害者身分的差異取決於此案件在不同文件上的記載。在這一點上，李福的案件與其他幾起案件是相似的，在這些案件中，人們出於飢餓和貧窮而相互謀殺。然而，被他殺害的突厥穆斯林受害人是一個名叫尤努斯的人，他是一對老夫婦的獨生子，如今老夫婦失去兒子的贍養，也失去家族的傳續。相比之下，李福不是一個有家室的人，而是一個從西寧來到天山兩側尋找營生的民工，在這個案例中，他所從事的是一份非技術性的包裝菸草工作。吐魯番同知在不到一週時間就建議實行就地正法，目的是對其他移民以儆效尤。他認為，一個盲流讓一個孝順的兒子無法給雙親盡孝，這是不能容忍的行為，因為這有損於禮法。總督同意他的奏請，李福在犯罪後的不到兩個月時間內就被公開斬首，然後才向北京報告這次處決。

李福的案件很具有啟示性：從總體上看，這顯示就地正法的規則對於「光棍」和那些破壞家庭關係的罪犯施用比例極高。換句話說，根據經世原則，這是一種加強家庭凝聚力的手段。因此，它涵蓋一系列對理想社會結構構成破壞的罪行：綁架和強姦少女；婦女在姦夫的影響下謀害丈夫，或因嫉妒而謀害丈夫的新妻子；男孩在爭吵中殺死祖父；移民工聚眾衝突造成的死亡；以及偶爾才會執行的對流寇土匪的處決，然而就地正法的規則在名義上恰恰是針對土匪犯罪而制訂的。[46] 也許最駭人聽聞的案例是，在一個寒冷的冬天，和田的一個赤貧男子挖出一具屍體，並且為了取暖而偷走它的衣服。[47] 他因盜墓而被絞死，被處決的速度之快，猶如是他殺死自己的生母。在就地正法的措施下，匯報中提及有二百八十二起案件中的個人遭到處決，或者被處以流放或監禁等較輕的懲罰。

的確，就地正法並不總是導致死刑。相反的，該程序還授權總督先判處某人死刑，然後再簽發緩刑執行令。這種慈悲的權力也是清朝君主行使權威的正規範圍，幾個世紀以來，這種儀式性規定一直是將死刑犯重新納入帝國秩序的一種手段。[48] 如今這一權力被地方上的行為者篡奪到手，來為「禮」而服務，這無疑為毛拉．穆薩．賽拉米所描述的以清朝為中心的成文法轉變為一種經文的中國式沙里亞法的轉換提供依據。事實上，穆薩．賽拉米著作的接續作者古拉姆．穆罕默德．汗（Ghulām Muḥammad Khan）還特別指出，不向北京報告死刑是新疆行政當局獨立於皇帝權威的一個標誌。[49] 穆薩．賽拉米和古拉姆．穆罕默德．汗的觀察相當有洞察力：不僅統治新疆的意識型態和機構發生變化，統治的技術也發生變化，雖然當地在稅收之類的多數省級職能運作不暢，但政府在施行暴力上卻很有能力。

因此，新疆是一個例外之地，就像太平天國戰爭期間，以及之後湘軍所主導的大部分領土都是例外之地。這裡所討論的「就地正法」是太平天國時代經世思想實際化的一個產物。在湖南、其他省份以及甘肅和新疆，這種方法都曾被採用過。在大多數地方，它從懲罰「流寇」或內戰中的敵方戰鬥人員，擴展到販賣人口、賣妻以及其他被認為是違反清朝法律基礎的深層道德原則的行為加以懲處。然而，正是在新疆，這種特殊的懲罰成為一種常規的、持久的政治手段，同時也是一種長期實現特定社會和道德目標的戰略手段，而不是短期內管理特殊暴力的手段。在中國本土，這種手段透過打擊流寇而得到合法性；而在新疆，這些擔憂卻被投射到穆斯林身上。

## 一個位於西北的南方省份

對流寇的懲罰為官員對待突厥穆斯林提供一種模式，但中國西南地區的管理差異則提供另一種模式。畢竟湖南士人熟悉的是湖南和廣泛南方地區的各種非漢人，他們把這些人統稱為「苗」和「蠻」。這些民族就像一八七七年後的穆斯林一樣，生活在省級系統內，而經世著作則為執行者如何與漢人一起治理他們提供大量建議。[50]

比如傅鼐（一七五八—一八一一），他在一七九五至一八〇六年間的苗民起義期間擔任地方官時提出的重要建議是指出，如果希望獲得持久的和平，唯一的辦法就是改變他們的風俗習慣，「今則添修苗館若干處。延師訓講。使知孝親敬長之道。進退揖讓之禮。而其中苗生尤俊秀者。取入書院肄業。使知奮勉。久之。則今日書院之苗生。即可為異日各寨之苗師。以苗訓苗。教易入而感動尤神。則禮義興而匪僻消。苗與漢人無異矣。」[51]傅鼐引用《大學》，將文化同化的戰略與這一文本產生聯繫，構成新儒學學說的核心。他繼續透過徹頭徹尾的儒家視角，說明苗民問題的棘手程度：他認為，商人和小官員的貪婪和徵用行為導致大量訴訟出現，使苗民與地方政府離心離德。傅鼐建議說，應該設立站點來管理漢民和苗民之間的商業，並且將他們分開，為緩慢的同化做準備。後者將首先透過定期的道德講座來實現，然後招募最有才華的苗民青年進入書院。「以苗訓苗。教易入而感動尤神。則禮義興而匪僻消。苗與漢人無異矣。」傅鼐的文章，與陸耀對穆斯林的討論存在著明顯共鳴：兩位作者都提出一種結構性的邊界侵蝕，推動習俗的轉變。在對殖民術語的對比中，傅鼐再次闡明教化使命的本質，即努力向他人展示主導群體意識型態中不言而喻的真理，從而使他們渴望被同化。[52]在湖南人定義他們希望這些他者要變成什麼的時候，他們當然提出自身的理想願景。

這樣的南方模式在第一代湖南統治者的統治下多次出現，而在左宗棠的學校體系中尤其如此。一系列的政策危機和為解決危機而制定的政策，都顯示「苗疆」經驗在新疆的特殊影響。每個危機都與債務和收入的一般問題有關，也與該省及其臣民與商人的關係有關。新疆的貿易網是由來自中國遙遠海岸的天津楊柳青鎮的一個新商人群體所主導的。[53]大饑荒發生時，正值湘軍進軍中原，許多天津人選擇離家出走「趕大營」，他們成為提供士兵補給的商人。他們後來遷徙的故事至今仍然在楊柳青和新疆被人們傳頌。楊柳青商人是最大、但並非唯一的群體，還有來自陝西、山西、廣東與其他地方的眾多商人，這些商人群體都保持著與中國本土家鄉的聯繫。

雖然這些商業網在名義上側重於貨物貿易，但歷史記錄表明，放貸，尤其是向農民放貸，構成他們活動的一個重要部分，而且債務是他們收入的一個重要來源。正如在中國各地都能找到同樣的商人，隨之而來的是普遍發生的債務糾紛。

吐魯番在一八八九年時爆發一場危機，該省官員將這場危機視為將出現大規模債務糾紛的徵兆。在這一年，漢人村莊的一位頭人與一位商人，將一位名叫阿布杜熱伊姆（'Abdurraḥim）的農民和其他幾位穆斯林帶到地方官面前，指控他們未能償還貸款。[54] 阿布杜熱伊姆和其他被告爭辯，這些貸款的利息高得不合理，而且不可能用棉花或現金償還。然而，地方法官選擇執行貸款契約，將他們送回雅爾湖（Yarghol）並命令他們償還債務。阿布杜熱伊姆和他的伙伴們，就像全新疆各地負債累累的突厥穆斯林一樣，後來只能自行尋找辦法，試圖偷竊另一個漢民商人。[55] 許多入室盜竊案的檔案顯示，漢民商人是誘人的目標，因為他們通常住在突厥穆斯林占多數的地區的偏僻房屋裡，並持有大量現金，而中國官員則很難識別嫌疑人。不過，阿布杜熱伊姆的計畫失敗了，他們十七個農民所組成的團伙逃到荒野中、躲藏一年。在一八九一年初冬，他們在黎明時分再次出現在魯克沁，他們闖入那裡的軍火庫，搶劫槍枝和馬匹，然後騎馬前往雅爾湖。他們在那裡殺死三十六名漢人，其中包括最初將阿布杜熱伊姆告上法庭的那個商人，並燒毀他們的房屋。當局耗費一個月的時間才抓到阿布杜熱伊姆和他的追隨者，其中大部分人被按照「就地正法」的方式立即處決。

省裡的官員在調查抗爭爆發的初次經過後，他們質疑問題早在初期就發生：當縣長的手下還在追捕阿布杜熱伊姆的團伙時，一群來自該地區的漢民商人向判官遞交請願書，將暴力事件的爆發歸咎於腐敗的衙門人員。官員對這一說法不以為然，他們注意到抗爭者們曾和一年前的債務糾紛有關。隨後的調查將責任完全歸咎給漢民商人和當地縣長本人之間非法合作，後者也因此被剝奪職位。

在呈送給北京的一份奏摺中，陶模提議對漢民商人向突厥穆斯林的放貸行為，進行大規模的新限制。[56] 他認為，穆斯林是樸實而恭順的人民，而不習慣高利貸。畢竟高利貸是伊斯蘭教禁止的行為，但纏頭只為當下行事的方便，而不在意未來的問題。在傅鼐之後，陶模也將突厥穆斯林與苗民相提並論（當然，他對苗民的描述也是基於對周邊民族的普遍偏見）。[57] 陶模認為，截至苗族起義結束時，中國人是被禁止向苗民首領放貸的，因此用同樣的方式對待突厥穆斯林會是明智的做法。雖然北京朝廷最終沒有批准給予突厥穆斯林新法律地位的建議，但省政府實施一項清除突厥穆斯林債務的政策，並禁止今後的借貸。然而，財政上的困難很快就讓這一政策難以實行。

這種有意識地將新疆納入南方模式的做法，意味著新疆一直被當作是一個邊地——而且，它還成為一個不同的邊地。這在形式上是真實的，因為突厥穆斯林已經不再受理藩院管轄，而是成為省級系統內的臣民。此外，這意味著從一種排斥和包容的模式轉變到另一種模式，即從多元化的政府治理轉變為強調同化，其中的標準不是由中央制定，而是由湖南人統治集團的優先事項和經驗制定。

## 經世集團內部的改革

由帝國和地方因素共同催生的財政和政治危機，促使省政府無法削弱商人，反而依賴他們的力量。直到一八九〇年代，新疆的湖南人勢力在省內官僚機構中已經根深柢固，這一點很快就被巡撫陶模注意到。儘管有左宗棠的支持，但來自江蘇的陶模在湘軍集團中的地位始終不如他的湖南前輩們。[58] 當一八九二年陶模在新疆上任時，他已經在直隸和陝西待了十多年，與此同時，湘軍集團中的湖南籍成員也已經展開對外人干涉的反擊。

湖南籍官員很快就向朝廷上書，要求恢復劉錦棠的總督職務，不久之後，陶模本人也提出撤職請求。[59] 他給出的理由是對英國人進入坎巨提（Kanjut，今稱 Hunza）的失望，而在新疆駐軍的目的，原本就是要防堵英國勢力的入侵。陶模的困難來自軍隊不願意聽從他的指揮。軍隊裡的大部分人仍然是湘軍老兵，他們現在已經在新疆定居十五年了。董福祥手下的回民也同樣在葉爾羌、和田等地成為越來越獨立的勢力。[60] 儘管如此，陶模還是言必談經世，他正是以這種模式來應對一八九〇年代的財政危機。

在缺乏省級行政部門其他成員支持的情況下，陶模開始接觸商人團體，而在中國本土，商人團體早已成為地方政府日常運作不可或缺的一部分。[61]這些商人團體對於維持一省的財政之穩定是至關重要的力量。在一八八四年達成的協議確定，新疆每年將會從中國本土獲得三百三十六萬兩的補貼。[62]雖然在技術上有土地稅作為補充，但稅收的例外情況非常頻繁：在乾旱地區，水的獲取並不穩定，許多被選定墾荒的土地無法進行開墾，人們傾向於離開他們被重新安置的地點；而且彙報和匯款的系統，也充滿帝國等級制度中的常見問題。官員經常在水災或旱災後降低某塊土地的稅收配額，並錯誤地認為以後的稅收可以彌補這一差額。此外，清朝各地的通貨膨脹使地方官員已經很微薄的薪水不斷貶值。因此，許多官員轉而出售政府控制的土地以謀取私利。[63]與此同時，商人很容易避開國內貿易稅（釐金），因此這些關稅幾乎沒有提供任何收入。因此，由於關稅的徵收成本實際上高於其帶來的收入，陶模在一八九三年廢除關稅。[64]

陶模的決策之後被收錄到《經世文編》中，因為它將權力從政府的正式機制進一步下放，轉向官員和非政府行為者之間的臨時合作關係。商人的同鄉會和寺廟擁有自己的土地，理論上有可能說服他們來召集數以萬計的捐款，金額將比國內的一年關稅收入還要高。[65]簡而言之，商人網路握有大量的現金和良好的物流設備，而省政府根本沒有這些資源。

因此，陶模鼓勵商人以低價購買政府的糧食，並代替政府將其運過沙漠。[66]這將帶來收入，並減輕省府分配糧食的負擔，但這基本上就是讓私人利益來擔任政府職責。雖然陶模譴責商人對普通突厥穆斯林的剝削，但他仍然認為這些商人非常有用，或者至少承認他們已經變得不可或缺。此外，雖然這些措施與湘軍的建省理想不一致，但它們實際上與其他省份的既定做法相當類似。

陶模可能希望他與商人的合作只是暫時的，但到他任期結束時，這種情況已經進一步惡化。在一八九五年至一九〇四年間，由於清朝在努力支付中日甲午戰爭的賠款，新疆的補貼被減少到原來金額的三分之一。[67]北京朝廷命令這個已經陷入貧困的地區採取緊縮措施：減少人員，提高稅額。新任巡撫饒應祺拒絕朝廷的這個命令，他認為由於當地缺乏民兵，新疆無法處理湘軍的殘餘勢力。相反，他與外國商業利益集團建立伙伴關係，試圖開採新疆的自然資源來充實該省的財政，但這些舉措最終都失敗了。

雖後在支付庚子賠款以及對新疆補貼的進一步減少，迫使潘效蘇（饒應祺的繼任者）做出改變。由於新疆無法再支付其龐大的駐軍部隊的開銷，潘效蘇在一九〇二年解散一半駐軍。他打算將其餘的人合併改編，變成農業殖民地（屯墾），從而使邊疆駐軍像左宗棠最初希望的那樣，既能世襲又能自給自足。然而，即使這個計畫也無法得到資助。潘效蘇被迫重新實行釐金，增額土地稅，同時他試圖對省級財政進行集中管理。正如後來的文件所顯示，在這一時期裡，地方官員經常基於自身利益而出售政府持有的土地，並與商人和當地突厥穆斯林菁英人士合謀，剝削農民以獲取短期收入和個人利益。由於湘軍老兵及其家屬和同夥的人際網絡能避開省裡對其財務的審查，長期以來，對於新疆無力收稅的抱怨被暴露為腐敗和財政紀律的問題。

在一九〇五年，潘效蘇成立屯牧總局，努力打擊地方官員的腐敗。[68]這個新的機構建立了一個平行的稅收管理機構，由忠於巡撫的官員組成，規避巡撫的分區域權力。兩名湘軍老兵潘震（一八五〇—一九二六，安徽當塗人）和劉澄清（一八四三—一九一〇，湘陰人）分別被授權控制北疆和南疆。兩人都在每個縣和縣城都派駐文員，管理土地和牲畜的測量和購買，規劃新的灌溉工程，甚至招募民兵。然而，這一措施也未能擴大對新疆資本的控制。

實際上，經世政策首先將政府的權力和職責從中央下放到地方，名義上是使行政管理更有效率。然而，這些政策是站不住腳的：事實證明，從中層開始的經世革命——雖然信任有能力的官員來穩定和改造其轄區，但最終還是要依靠帝國的正式機制來運作。權力下放政策導致地方利益的進一步鞏固，損害政府的基本運作。事實上，重建工作至少在理論上是一個由中央控制的任人唯賢的合理制度，並沒有將新疆重建為一個正式的省份，而是產生一個類似於隱蔽的土地貴族或黑手黨的東西，這些家族在最低限度的監督下利用官方職位，從他們控制的土地和資源中獲取利潤。婚姻、招聘和「變通」的內部晉升政策使新疆行政當局在二十世紀初變得僵化。從左宗棠本人開始，由共同的出身和做法所維持的贊助網絡，轉變為一個不透明的統治精英階層。與此同時，作為一個整體的帝國也在不斷發展，當湖南人群體費力地維持新疆省時，北京方面也在盤算著將湖南人完全趕離此地。

## 湖南人的衰落和帝國多元主義者的增長

關於一九〇四年左右新疆湖南人統治群體的情況，我們大致可以得知的是清廷試圖透過對腐敗的調查和任命非湘軍官員擔任最高職位，來減輕湖南人對新疆的控制。這些努力有助於推動一種關於新疆作為「殖民地」的新話語及相應的政策轉變。然而，湘軍群體對低級官員職位的持續控制削弱改革，並形成關於如何定義和統治該地區的派系鬥爭。

湖南人早已承認，教化工程基本上是失敗的。二十多年來，將突厥穆斯林男孩送入儒家學校的做法並沒有培養出左宗棠期望的有道德者。一八九六年，隨著朝廷補貼的取消，新疆省大幅削減對學校的資助。[69] 饒應祺評論，「民可使由之，不可使知之」。相反，新疆省在一九〇〇年時決定將學生在地方政府中日益增長的影響力正式化，他們成為村長、水利或其他副部級職能部門的長官。[70] 伯克被重新雇用為衙門裡的辦事員和跑堂的，而地方官則學會適應當地的文化和習俗，就像他們在苗民中的同行。[71]

然而，這種基層重組並不足以拯救省政府。很快，在陝西新任巡撫的努力下，湘軍集團內部的功能失調被暴露出來：崧藩（一八三七—一九〇五，一九〇〇—一九〇五年在任）是一個與西北沒有關係的滿清忠臣，他以貪汙的罪名解除總督潘效蘇的職務。[72] 隨後立即任命一位新人吳引孫（一八五一—一九二一，一九〇五—一九〇六年在任）接替潘效蘇的位置。吳引孫曾擔任過高級職務，但他的大部分職業生涯都是在從事廣東武備學堂巡警的相關事務。在一九〇四年時，吳引孫突然被調到迪化，第二年又被提升為布政使，總理全省營務處。湘軍派系對省長職位的統治已經結束了。

吳引孫上任後立即著手在新疆推行新政。新政是一項在整個清帝國範圍內推行的改革計畫，包括廣泛實施公共教育。這些政策在新疆只得到朝廷忠臣的支持，例如舊土爾扈特統治者帕勒塔（Palta, 1882-1920）和歷代伊犁將軍。[73] 湖南人則聲稱，就像他們在面對每一項新政的相同反應：新疆太窮、太偏遠了，不能再承擔任何行政負擔。他們說的並沒有錯——新疆是在虧損的情況下運行的，建省已經被證明是不切實際的，而且新政的大部分內容都要求重大的機構改革，卻沒有獲得資金支持。

然而，他們的反應也反映出湖南人集團對中央控制的持續抵抗。具有諷刺意味的是，雖然財政危機促使湖南人自己追求中央集權和國家建設，但他們對帝國政府創造收入的類似嘗試卻感到十分不滿。

很難說新疆的湖南人政權是由於政治陰謀，還是僅僅是自然原因而開始衰退。一九〇五年時，所謂「老湘軍」的老兵們，平均年齡約為六十至八十歲。許多在職時間最長、級別最高的官員在幾年內相繼死去。[74] 他們中級別低一些的官員也已經五十多歲。在他們之後的那一代湖南人，很少有人得到過縣一級的官職，也缺乏像他們的上級彼此能聯繫在一起的那種軍事經驗。他們與河南人、贛州人和浙江人一起構成一九〇四年後清朝官員隊伍中的大多數，他們幾乎都是透過購買軍銜，直接買到新疆的某個低級職位。當年的湘軍老兵在七十多歲時還占據著高層職位，幾乎沒有給別人留下晉升的空間，因此這第四代的年輕官員沒有機會形成自己的統治集團。

與此同時，北京朝廷希望作出改變。新疆的下一任總督是聯魁（一八四九年生，一九〇五－一九一〇年在任），他是一位即將結束職業生涯的滿洲官員。聯魁以前曾在甘肅擔任過高級職務，但他與湖南人的聯繫不多。人們認為聯魁忙於用滿洲人代替漢人官僚擔任省級職務，這讓突厥穆斯林感到非常滿意。[75]然而，有些人認為他是一個荒謬人物，連自己都對自己沒有什麼信念。聯魁的財政專員王樹枏（一八五二－一九三八，一九〇六－一九一二年在任）是該省的第二高官，他就把聯魁描述為一個「昏庸疲懦」的人。[76]也許是因為聯魁自己的主張或信念很弱，他在給皇帝的奏摺中往往展現的是自相矛盾的聲音，對新疆的未來提出相互牴觸的計畫。但是即便如此，這兩種聲音也都和湘軍的想法不同。其中一種聲音是出自王樹枏，另一種聲音是來自提學使杜彤（一八六四－一九二九，一九〇六－一九一一年在任）。王、杜二人都是晚清多元改革主義的代表，但他們之間的差異卻相當巨大。王樹枏出身於一個文人官宦世家，他自認是傑出的學者；按照他自己的說法，他追求的興趣還包括氣候學和希臘哲學。[77]然而，王樹枏在賄賂和貪汙方面的惡名也流傳已久。在新疆，他再次從省財政中拿走大量資金，並在省內官員中建立一個影響力網絡，而他在知識方面的名望則保證他得享開明派的聲譽。

杜彤則是首個擔任提學使這一新職位的人選，新政設立這此職位的目的是為了普及學校教育。由於杜彤是翰林院的學士，而被指派為研究日本新教學法的專職教育家之一。[78]他對明治日本的成就，以及日本教育和軍事化的社會政治影響有著深刻的印象，隨後他試圖在新疆實施這些措施。湘軍主導的政府幾乎放棄舊的儒家學校，而杜彤則建立數百所新學校，重點教授文科和實用技能，而且還利用突厥語的口語和書面語進行教學。對杜彤來說，突厥穆斯林擁有全人類共有的基本道德傾向，因此將他們納入復興的清朝是一個逐步喚醒整個帝國人民共同身分認同的問題，他的最終目的是創造一個強大的國族身分認同。

與此相反，王樹枏則認為新疆不是國家機構不可分的一部分，而是國家機構的附屬品，也就是說，新疆是清朝的殖民地——事實上，王樹枏正是第一個在提到新疆時使用「殖民地」這個詞的人。他從發展主義的角度出發，這樣的觀點是他在閱讀赫伯特・史賓賽（Herbert Spencer）的著作後得出的。[79] 他也主張放棄儒家教育，認為這是一種資金浪費，但同時他也主張放棄對大多數突厥穆斯林的教育，認為他們只需有為帝國開採資源的必要技能就夠了。按照他的說法，突厥穆斯林類似於南非或印度支那的土著人，而中國人則是「白人」。王樹枏認為，新疆的情況是少數「白人」統治著大多數「土著」，需要按照英屬印度或法屬安南的模式進行專制統治。只有透過專制才能使突厥穆斯林達到參與計畫中的君主立憲制所需的「文明」水平。王樹枏還斷言，文化差異是種族性的，而且是天生的，非漢人是不可能獲得進步的。他的「文明」理念不是透過「教化」來改造的過程，而是透過紀律和經濟發展逐步獲得的一種基本素質或狀態。因此，王樹枏主張在突厥穆斯林工人的背上建立一個由國家推動的資本主義發展模式，他建議透過當時在清朝流行的官商合作來實現這一目標。[80] 他的計畫是要把新疆變成一個典型的殖民剝削場所，即集中開採特定種類的資源。[81]

雖然聯魁和杜彤都與朝廷支持的新政保持一致，但杜彤在官員中幾乎得不到支持。[82] 杜彤在一九〇八年的視察中發現，只有少數理想主義者得以實施新政，其中包括不是漢人的伊犁將軍和土爾扈特蒙古統治者帕勒塔，以及僅有的兩名地方執政官員。與此相反的是，監察御史瑞賢發現，王樹枏透過賄賂和官場交易，擁有著廣泛的影響勢力網。[83] 他的勢力網中幾乎所有的官員都來自一九〇四年後的一代，在迪化、葉爾羌、伊寧（Ghulja）、和田的一系列公職之間來回穿梭。在清朝的最後幾年裡，這些地方官從省內的一端迅速飛往另一端，購買越來越高的官職，很少實際履職。如果舉一個極端的例子的話，僅在一九一一年，迪化道就有四名同知。此外，這些被指控的合謀者，要麼正是那些未能執行新政而遭杜彤彈劾的人，不然就是與那些被彈劾者有著密切關係的人。政策和個人利益的結合，形成兩個不同的派別，而這兩個派別都沒有和舊湘軍的菁英階層有明確的重疊。

由於清朝的統治後來為辛亥革命所推翻，王樹枏和他的同夥從未被起訴過。相反，杜彤也在失望中離開，而聯魁則是被袁大化（一八五一—一九三五，一九一一—一九一二年在任）所取代。在袁大化到達迪化時，正值袍哥會、哥老會開始造反活動，將革命浪潮帶到清帝國最偏遠的角落。哥老會在新成立的伊犁模範軍中扎根，該支部隊接收大量來自湖南和湖北的士兵。[84]同時，湘軍的關係引來具有革命思想的知識分子，他們從民政部門內部為共和服務。雖然湖南人在政府高層的影響減弱，但湖南人還是在中層官僚機構中擔任新的職位，特別是在新的司法系統內。[85]因此，湖南的警察、官員和士兵密謀推翻清政府。他們受到包括袁大化在內的王樹枏集團反對，袁大化完全接納王樹枏的計畫，廢除杜彤試圖建立的一切。取而代之的是，袁大化列出治理新疆的三項指導性政策，其中最重要的就是「殖民」。[86]

在新疆，即使清朝已經滅亡，革命者還是輸了，最終造成君主主義者楊增新（一八六七—一九二八，一九一二—一九二八年在任）以共和名義統治這片邊疆的局面。楊增新當時是阿克蘇道的道台，是一九〇四年後被瑞賢指控為腐敗的官員之一，他還帶來許多王樹枏人際網絡的其他成員：朱瑞墀（一九三四年卒）後來成為楊的「模範官員」，甚至在楊增新的生命末期短暫地擔任過省政府主席。[87]劉文龍（一八七九年生，巴陵人）直到一九三三年時仍是新疆政府的重要人物。王步登（一八五九年生）升任塔爾巴哈台指揮使，在那裡他逐漸變得更加獨立於楊增新。潘震是湘軍的一個附屬，他的鴉片癮使他捲入貪汙計畫，成為省財政廳廳長。王樹枏與楊增新的保舉關係確保王樹枏思想在未來幾年內對新疆的影響。在一九一五年被驅逐之前，雖然一些湖南革命黨人曾短暫在南疆掌握過權力，但湘軍的時代已經徹底結束了。

晚清的新疆政治歷史是一部派系林立、利益盤根錯節的歷史，也是一部透過經世致用的工具應對週期性危機的抗爭。湖南人的統治軌跡始於一個理想主義計畫——對穆斯林人民進行社會道德改造，使他們和他們的領土被納入到中國的環境中。這一野心勃勃的教化工程立即被政府的現實所挫敗了。然而，只要北京繼續補貼新疆的重建計畫，湘軍共同體就可以不受管束地嘗試小政府政策，以實現社會道德的轉變。然而現實的財政危機促使該集團將其政府集中化，並試圖迅速滲透到社會中。這反過來又導致老齡化的湘軍成員，在行政部門中進一步的鞏固地位，而這樣的發展卻讓他們的共同體失去能夠長期保持控制的潛力，最終促使北京朝廷對其地區政府進行干預。即使是將新疆的控制權交還給朝廷的這一最後嘗試，也促使官員分成兩派，他們對於如何以最佳方式對新疆地區予以利用的問題產生分歧：是允許其人民充分參與未來的君主立憲？還是迫使他們成為殖民地的受奴役者？

在許多方面來說，民國時期的楊增新政府可以說是王樹枬思想的實際體現。楊增新是一個強人式的領導者，他利用軍事力量鞏固對上層行政的控制，但他的政府卻從湘軍的干預社會的使命中撤離出來。晚清的財政危機在楊增新的領導下愈演愈烈，因為新疆成為一個事實上的獨立國家，只在名義上效忠民國，但並沒有真正得到民國的支持。因此，楊增新效仿王樹枬和袁大化，將政府的非軍事職能降到最低，但卻進一步追求與外國商人合作，開發該地區的自然資源。此時對穆斯林的同化，不再是政府的公開目標。因此，民國初期的國家建設反映清朝早期的優先事項，新疆的統治者承認，他們的情況與帝國主義國家在其他地方的情形相似。[88] 楊增新聲稱自己不是以儒家復興者的身分進行統治，而是以道家聖賢的身分進行統治，在他的領導下，最小的政府允許老百姓過上幸福的簡單生活。教化工程已經結束了。

然而，教化工程的遺產仍然存在，這些遺產如果不是透過省政府的政策所留下的，也是透過教化工程所帶來的社會變化而遺留的產物。在受到經世思想啟發、為期三十年的湖南人統治過程中，湖南人的干預改變了突厥穆斯林、回民和漢民的互動方式，以及後者如何表現自己與他者的身分。對「禮」的推廣，以及在這個例外區域內執行「禮」的嘗試，並沒有成功地將穆斯林轉變為信奉儒家觀念的人。然而，在仍然糾結於穆斯林起義的暴力及其後續影響的人們中，教化工程得以延續生命。現在讓我們轉移目光，觀察教化工程對突厥穆斯林、回民和漢民的影響；還有這些機制自我定義的模式；社群之間的關係，包括在記憶中的展現與新的社會菁英階層的形成過程之中；以及對兩性關係的重新塑造。

# 第三章
# 前線調解：通事的崛起

那是在一九二〇年九月三日，許有成又被起訴了。[1] 不過在向吐魯番地方官的陳述中，他對那些指控一笑置之。許有成已經擔任三十多年的通事（翻譯人員），是受到當地政府信任的少數人之一，他負責轉譯文書和語言，在漢語與突厥語之間以及在兩種慣用語之間，後者包括大多數突厥穆斯林熟悉的慣用語，與前清帝國政府及現在民國政府使用的慣用語。在這個身分之下，他寫到自己曾無數次受到腐敗和敲詐的指控。這種指控只是他工作中的一種危險——人們常常對許有成的努力感到不滿，因為後者對語言的巧妙使用，讓人們期望能誘使中國當局做出對自身有利的決定。

然而，高昌（Qarakhoja）村的人們對許有成提出的指控非常嚴重。他不僅從村民那裡勒索一千多兩現金，還出售幾百畝政府土地，並將其利潤收入囊中。村子裡的長老們在近一年的時間裡持續追討正義。然而吐魯番地方官拒絕受理此案件，於是他們寫信給迪化的長官楊增新。楊增新斷言，地方事務不再與省當局有關，並再次回絕他們。接下來，村民們歷經路途坎坷，一路來到迪化，親自痛陳他們的不滿，但楊增新再次拒絕他們。現在，吐魯番知事同意許有成的意見：翻譯會不斷地被指控有腐敗行為，知事無法給每一個這樣的糾紛下裁決。此案發回給縣長的一名下屬周濟宇進行調解，而他迅速撤銷對許有成的指控。

我們可以懷疑村民之所以對這種明顯的不公正怨聲載道，是因為許有成和周濟宇屬於同一階層的人。兩人都出生在突厥穆斯林家庭中，但他們在左宗棠設立的儒家學校接受教育時都取了漢名。他們對漢語的專業知識和對地方行政的深入了解，使他們能夠從事翻譯工作，他們是將口頭和書面的突厥語轉化為國家機關使用的文言文所不可缺少的人。這些在文化和語言上具有雙重性的中間人，對於地方政府的運作是必要的。許有成和周濟宇都是翻譯，不僅在等級上，而且在身分上也是這樣：中國人所稱的「通事」，意思是「中介」，而突厥穆斯林則帶有貶義地稱他們為「tongchi」。[2] 正如突厥穆斯林所描述的那樣，通事是危險的、不可靠的溝通者，他們積累大量的權力，最終只服務於自己的利益。

通事的角色在新疆並不新鮮，或者說在中國也並非新鮮事。在穆斯林起義之前，伯克和清朝官員僱傭的通事，大多是來自哈密和吐魯番的貴族家庭子弟。[3] 這些通事主要是用察合台語、滿語、蒙古語，有時還有波斯語進行工作，並形成一種特殊的語言習慣，官員用這種語言習慣與清朝的統治者交流。在被征服後的新疆，有幾個老通事仍然活躍著。然而，晚清的通事有著不同的出身、職業和社會地位。他們不一定是貴族，有些人是來自貧寒之家。他們不是在突厥語和滿語或蒙古語之間翻譯，而是直接在漢語的口語、書面語和突厥語之間翻譯。他們的權力不是與世襲的王族聯繫在一起，而是與新疆的新政府所在地——地方官署聯繫在一起。從這個意義上說，晚清的通事與中國各地地方政府中被廣泛鄙視的文員和跑腿的人差不多。[4] 對大多數人來說，他們是政府的代言人，但許多人也在衙門外工作，更像是中國本土的訟師，他們可以拿錢寫訴狀以確保客戶在庭上獲勝，並指導他們在法庭上做出對自己有利的行為。一個晚清的通事，能夠將一份以伊斯蘭語境下的司法語彙（ʿadālah）所寫成的請願書，轉變成一份能夠表達出重視禮教的中國文書。有鑑於此，通事無法被簡單地翻譯成「口譯員」、「翻譯員」或「中介人」，而「調解人」（mediator）才是一個適當的解釋，他們「被賦予翻譯所傳遞內容的能力，並且能夠重新定義、重新部署、或是背叛這些內容。」[5]

通事的社會角色與翻譯及調解性質有著內在的聯繫。通事是「流動的臣民」，他們在流動和轉移的地方活動。[6] 晚清的新疆是一個訊息的斷裂缺口，它位於省級系統中地方行政部門在衙門對臣民的理解，或代表與衙門對自己所隱藏的現實（日常生活的混亂）之間，而行政部門則戰略性地維持這種缺口。這個缺口的存在，為多個中介機構參與到再現政治中開闢空間，因此有些中介機構比其他中介機構更有效，同時促進一套共同的符號詞彙和制度型態的運作，使清朝臣民能夠與皇帝進行跨距離的溝通，反之也是如此。[7] 為了有效地在這一缺口中運作，通事需要採取一種立場，將他作為一個規範臣民，在這種情況下，就是讓自己作為一個受過教育的儒生。透過翻譯所呈現出的一種共同性或同時性，以及這些方面在通事身上的體現，矛盾地引起參與翻譯和口譯過程的人對差異的高度感知。

因此，新疆的調解制度在形式上或多或少與中國本土常見的調解制度相同。畢竟，在講漢語的地區，代書或訟師需要將原告或當事人的發言轉化為正式的書面紀錄，讓地方法官和其他官員能夠讀懂。關於如何將一個人的發言呈現為文字，其規則是非常嚴格和公式化的，甚至包括表達個人和呈現文本的具體方式，因此，即使是「口語風格」白話，也會經過修訂，以適應官僚機構中的慣例。[8] 還有必要將許多不同種類的漢語方言轉換成官話。然而，在中國本土，官員和平民之間普遍存在著基本的文化相似性的觀念，以及長期存在的共同詞彙和權力型態系統，使人們習慣於與地方政府互動。但是在新疆，所有的這一切對於突厥穆斯林而言都是新的，他們現在面對的是一種強加在他們身上的、陌生而外來的機制。因此，新疆的調解工作使司法系統中的模仿作用變得非常明顯。[9] 通事的做法是按照地方官所理解的道德世界，創造一種現實的表象，以便將這種表象的力量授予被代表者。

## 尋找中間人

湘軍也發現自己正處於一種陌生的環境中，這種環境對他們既有的社會認知產生挑戰。起初，行政當局試圖按照意識型態的要求，將婚姻和財產糾紛牢牢地納入衙門的管轄範圍，從而取代伊斯蘭法律權威。[10] 然而，政府的實際現實，尤其是它需要證明省級政府的司法公正性，迫使他們透過各種中介機構開展工作。

考慮到伊斯蘭教法機構的長期存在，湘軍本可以透過被稱為「阿訇」（ākhūnd）的無數基層法律權威來進行工作。[11] 然而，漢人對阿訇心存著疑慮，原因有以下幾個。首先，回民阿訇在中國本土以及新疆的古老記載中都是不陌生的角色。[12] 因此從湘軍的視角來看，回民阿訇對穆斯林的起事負有很大責任。其次，這些受過教育的人（這或多或少是「阿訇」一詞在這個語境下的意思）似乎是用他們的文字知識換取金錢來謀生。漢人觀察者認為，他們這樣做完全是基於個人利益，而且，由於阿訇背誦的是古蘭經而不是儒家經典，他們被認為缺乏儒家官員在受教育期間所獲得的道德基礎。更糟糕的是，阿訇遭到的指控是他們促進的是一種腐壞的法律。就像左宗棠的手下蕭雄所寫道的，「回人有刑法而無律例，皆聽阿渾隨時看經定斷」。[13] 簡而言之，在經世理想所想像出的一個由道德人士指導的家長制地方社會中，阿訇被視為墮落的道德人士，遵循錯誤的經文，執行一種原始的、非理性的法律。

一八七九年的一個案例，不只表明持續存在著伊斯蘭權威作為家庭法主要調解者的現象，也體現行政當局對伊斯蘭權威所扮演角色的不寬容，以及衙門是如何參與到一種以儒家道德主義標準來塑造穆斯林社會的再現政治中。在這一年，一個小官員薩比特·多爾加（Thābit Dorgha）為他的兒子瓦西提（Wāsiṭ）和一個年齡只有他一半大的女子托赫塔・巴努（Tokhta Banu）包辦了一樁婚事，這個女子是一個貧窮商人和農民的女兒。[14]然而，不到一年，這對年輕夫婦就已經開始吵架，並且開始考慮離婚。托赫塔・巴努的母親帶他們去找拉施德・阿訇（Rāshid Akhund），後者又向穆夫提諮詢法律意見。穆夫提建議他，「根據經文」（照經），如果雙方能重歸於好，那是最好的結果——如果不能的話，他們可以離婚，但瓦西提得提供一隻羊來作為退禮。不幸的是，當瓦西提與他的岳母爆發爭吵並打傷她後，調解過程出現偏差。拉施德・阿訇根據他所理解的適當程序向村長報告此事，並同時批准離婚。他確信自己在道德上是正確的，並且後來在一份證詞中證明：「我確實是按照經文進行處理……」然而，瓦西提在不久後謀殺托赫塔・巴努，因此知縣及其部屬最終得知這場糾紛。衙門認定拉施德・阿訇是這個故事中的破壞力量，因為他篡奪知縣批准他們離婚的權力。最終拉施德・阿訇被判處緩期執行的八十杖刑，以警告他不要再插手。

與此同時，衙門裡的書吏則開始著手製作一份陳情書，以盡量減少瓦西提在謀殺中的罪責，並挽回該罪行可能造成的進一步破壞。[15]他們對案件的總結強調，托赫塔・巴努是一個已婚婦女，她的第一任丈夫已經去世，現在第二任丈夫也拋棄了她。書吏指責她母親的理智狀態，認為是瘋狂驅使她把這對夫婦帶到拉施德・阿訇那裡，而這位阿訇只是一個恰好讀過經書的農民，由於他的無能，把這對年輕夫婦引入歧途。報告稱，瓦西提和托赫塔・巴努仍然是合法的夫妻，因為伊斯蘭法律無權將他們分開。這一論斷為謀殺提供理由。他們寫道，托赫塔・巴努違背丈夫的意願，假意離婚，以便她能與另一個男人尋歡作樂，這違反妻子應該遵循的婦道原則。清朝的司法長期以來一直肯定這樣的觀點，即男性的衝動和道德憤怒，可能驅使一個有理智的人去謀殺他的妻子。[16]在這裡，他們對謀殺案的敘述顯示瓦西提是因為儒家禮教受到違背而暴怒，而且他只是將刀放在妻子脖子前面作勢威脅，但托赫塔・巴努在錯誤的時機扭頭，導致自己的脖子被割斷。雖然瓦西提大概從未信奉過儒家禮教，但他在陳情書裡卻被呈現為一個好的儒家信徒，從而得到寬恕。

這種對文書記錄加以操作的行為在整個晚清時期一直存在，這樣的案例讓我們應該要重新考慮透過向北京遞交的報告來解讀社會歷史的研究價值。[17]托赫塔．巴努的案件不僅表明衙門的司法報告和推理過程，導致在其治理下社會的虛榮形象，而且表明有知識的基層行動者，例如阿訇會因誠實地報告他們的行動而受到懲罰。吐魯番檔案中的其他案例表明，拉施德．阿訇不是因為批准離婚而受到懲罰，而是因為他主張自己擁有批准離婚的權力。事實上，在阿訇未能實現離婚等預期結果的情況下，衙門是可以作為合法的法律選項而予以介入。根據東突厥斯坦的伊斯蘭教法，如果丈夫失蹤一段時間，使她沒有經濟來源（nafaqa），婦女有權要求離婚。[18]在隨後的幾年裡，吐魯番衙門收到許多這樣的投訴，但翻譯人員在介入後，用適當的道德語言為它們披上外衣。[19]在提交給伊斯蘭權威的離婚請求中，公式化的措辭強調妻子的經濟困難：丈夫「拋棄了我，不給我給養，他消失得不見人影……而我的給養也不夠」（bi-nafaqa tashlap, ghāyib bolup ... nafaqa yätmädi）。然而，在向吐魯番知縣提出的請求中，文書人員們的行文則強調一個家庭由於撫養一個嫁不出去的女兒而造成的集體痛苦。後一種策略有時會在伊斯蘭權威不同意離婚的情況下，轉而從衙門爭取到離婚許可，因為它可以使一個所謂不安份的突厥穆斯林女性在一個穩定的家庭單位中安頓下來，防止她從事不正當的性行為。有時候，教化工程的目標可能會與突厥穆斯林所爭取的目地有一致的方向。

當然，經世思想強調道德高於法律，當官員發現離婚在突厥穆斯林中是隨處可見的現象時，他們試圖利用當地的伊斯蘭道德權威來防止離婚。劉錦棠認為，在突厥穆斯林的習俗中，婚姻已經超過適當的人際關係範圍，他們能在一瞬間私自結婚，也能同樣迅速地離婚和再婚，而這類淫穢的行為令人深惡痛絕。[20]在一八八一年時，新疆任命「海推布」（khaṭīb，又稱海推布鄉約）的職位，專門負責宣傳正統的婚姻理念。這個職位結合穆斯林教士和村長的頭銜，前者在星期五的祈禱中宣讀演說詞（khuṭba，又稱呼圖白），後者在中國本土向村民宣讀朝廷的公告。官員認為這些角色是類似的。在求婚的時候，海推布要確保新娘和新郎的生辰在占星學上是相配的，並且都願意結為夫妻。他們也不能在沒有調查的情況下允許離婚。然而，湘軍把信心放錯地方：海推布是由穆斯林在自己的共同體中選出，而其任命是在他們被選出後由知縣確認，因此他們可能對婚姻關係的教化沒什麼興趣。「教士村長」的頭銜就像它的出現一樣，之後也迅速消失了，可能是因為政府誤以為海推布是教化工程的自願參與者。

相反的，吐魯番知縣及其部屬依賴地方職能部門裡既定的權力等級制度，其權力並不主要來自伊斯蘭教的學識或虔誠。衙門通常與三個官員打交道，每個官員都可以在大多數村莊找到：監督員（dorgha）、耆老（aqsaqal）和水法官（mirāb，灌溉事務總管）。[21] 其中級別最高的是監督員，他主要負責徵稅和動員臨時民兵。[22] 當地知名人士組成的委員會選舉出一名監督員，行政長官一般會批准對他的任命。這個監督員又監督一名耆老（aqsaqal 的字面意思是「白鬍子」），這是另一個當選的領導人，儘管他並不是一名海推布，但中國官員認為他的角色相當於一個「鄉約」。吐魯番的耆老不僅協助監督員收稅，而且通常是突厥穆斯林報告糾紛或犯罪時的第一個聯絡點。耆老作為村長，也發表兩週一次的演講，以實踐海推布鄉約的職能，但他沒有明確的宗教權威。相反的，耆老的功能更像是社群的代表，很像在中俄邊境發現的那些代表，在那裡的每個社群（包括來自中國的穆斯林社群），都由一個「貿易頭人」領導。[23] 而在吐魯番，許多漢人、回民與突厥穆斯林一起生活的村莊裡，不同的社群分別選舉各自的耆老，他們通常是知名商人。雖然吐魯番幾乎每個村子都有一名監督員和一名耆老，但只有那些與主要水源相鄰的村子才選出一名水法官（mirāb）。[24] 水法官的傳統角色是協調水資源的分配。然而，這三個職能部門之間的勞動分工並不明確。

以地方官的視角來看，這三個地方掌權者的級別，與在署衙中效勞的普通文吏和跑腿人的數目也大致相當，因此，地方官可以相應地指揮他們。

名義上獨立的吐魯番王也大致如此，年邁的他是清朝的一個突厥—蒙古附庸，其宮廷位於魯克沁。此前，清廷透過理藩院與吐魯番王進行溝通。但在一八七七年以後，這個正式的臣民便主要是向吐魯番知府報告，知府現在負責處理吐魯番王與清朝之間的禮節性溝通，並處理有關其管理的申訴。吐魯番王與許多地方耆老一樣，會將其領地內的許多案件送到吐魯番衙門裡進行調查和裁決。[25] 吐魯番王的土地正式擴展到吐魯番盆地的很大一部分，包括有許多經常出現在吐魯番衙門檔案中的地點，如蘇巴什、勝金和高昌。直到一九〇七年時，吐魯番王仍然維持著一支獨立的警察部隊來徵收稅款，並在許多方面仍然擁有一個握有主權的統治者形象。這反映在吐魯番王與知州的溝通上：衙門與吐魯番王法庭的聯繫點通常是透過吐魯番王的一個男性親屬，知州將此人稱為「王子」（台吉）。[26] 但是在察合台語裡，這位官員稱自己為「執政官」（hākim beg），反映了在統治前的伯克等級制度中的較高等級官員，與知州的等級相同。雖然清朝已廢除吐魯番王對農奴的控制權，但閒散的農民似乎只是成為吐魯番王土地上的佃戶。歸根結底，這種名稱的問題，以及省級行政部門對最小化正式政府的意識型態承諾，意味著我們很難準確判斷這些等級制度在實踐中是如何運作的。

從衙門的視角來看，政治組織的模糊性因其對吐魯番社會組織的不良感覺而加劇了。在一八七八年時，吐魯番打算建立保甲互保制度，這種制度在一八六四年以前就已經在中國移民中得到了有限的應用。[27] 該命令包括進行人口調查和為當地住戶發放銘牌。然而，人口調查似乎是直到很晚才進行的，也許是在一九〇九年時，才有突厥穆斯林要在衙門進行婚姻登記的要求。[28]

而且，保甲制度從未在檔案中再次出現，這表明它甚至從來沒有正式確立起來。吐魯番檔案中確實有一些戶口名單，比如一八八〇年代中期在消滅天花運動過程中建立的兒童姓名登記冊。然而，沒有任何證據能表明在湖南人統治的時代裡，衙門曾對人口擁有任何除了臨時形式以外的掌握。

衙門對其所管轄的社會擁有極少的知識，這也反映了其成立的時代背景，因為此時中國本土的省級官員已經習慣依靠商人來獲取訊息和履行地方政府的許多職能。吐魯番知府也曾試圖這樣做，但最終發現主宰當地經濟的中國商人網絡並非可靠的行為者。在一八九〇年的一次突發案件中，一位來自陝西商州的商人顯然是死於一場火災的意外。[29] 他自己的親屬和同伴負責調查這起死亡事件，他們認為此事件是這名商人的突厥穆斯林房東謀害租客的陰謀。他們在呈交的報告中大肆編造和篡改證據，以陷害房東，比如在雙方所居住的宅院動手腳，以創造出房東家中有著數月之後仍沾有血跡的殺人兇器的假象。衙門在重新審理案件後，將商人的死亡判定為意外，並意識到商人群體是很靠不住的線人，尤其是在考慮到他們小圈子凝聚力的強度和與當地社會的脫節情況下。此後不久，債務案件導致了暴力事件的增加，陶模提議削減商人的權力。

最終，促使省級政府與中國商人和先前的伯克建立正式關係的實際考慮，也使毛拉和阿訇得以進入地方衙門。在一八八七年時，吐魯番知縣雇用一名「翻譯回文毛拉」。[30] 到了一九〇五年時，則出現「官毛拉」，而且他們一直位列在領取俸祿的名單上。[31] 在衙門裡，這些穆斯林教士的價值主要在於他們的識字能力，他們的工作是對通事的補充，後者是對衙門的語言和敘事的主要操縱者。然而，學術研究和文獻表明，伊斯蘭的教法權威不僅在吐魯番存在，而且似乎在整個東突厥斯坦經歷了某種程度的復興。在主要的城鎮及城市裡，由法官構成的小組建立新的「伊斯蘭法法庭」（maḥkama-ye sharʿī）。[32] 其表面上的隱蔽性只是檔案裡的一個政治幌子，事實上，伊斯蘭法官也是在衙門裡扮演著各種明顯的角色。

正如下面幾頁所顯示的，通事與毛拉或阿訇不同，是以說漢語的儒生身分出現的，他們也有與這個身分相符的教育。通事可以在地方上收集資訊，然後以衙門可以理解的方式把資訊提供給衙門，使吐魯番這樣的地方可以被中國管理者所了解。然而，更重要的是，通事要成為一個代表禮教的人，同時是鄉約的替代者，不僅可以傳播正統的文本，還可以在他的舉止和社會表現中體現儒家經典裡的精神，得以從基層和內部改造穆斯林。

## 翻譯的類型學

在清末，跨語言和跨文化交流的問題一直困擾著省級行政機構，當時觀察到這點的杜彤，形容當一個漢人和一個突厥穆斯林試圖交流時，雙方就像是隔著遠距離遙望對方。[33]有許多彌合這種距離的方法都嘗試過了，但大多數都是無效的，因為它們依賴的是一種翻譯方法，這種方法會如實地保存漢文原資料的形式和內容。然而更好的溝通者，通事中的主要通事不僅學會轉變文字，而且還學會如何轉變文字的形式。正如我們將看到的，最有效的翻譯涉及到文本的流動，從口頭陳述、伊斯蘭式的陳情請願，到清朝政治—司法系統的正式文件。這一中介過程，透過在分隔符號世界的缺口中編造出一個新的現實，從而在兩個符號世界之間創造出一個有許多漏洞的邊界。

晚清新疆不同類型的翻譯，對源出文本的形式和內容展現出程度不同的忠實性。大衛．布羅菲（David Brophy）在其著作中描述過一種特殊突厥語類型的出現，這種語言裡混合了蒙古語專有名詞，被布羅菲稱為「衙門維吾爾語」（Yamen Uyghur）。[34]這種書面語出現在哈密王和吐魯番王的文件中，是透過對來自理藩院的訊息的翻譯而出現的。這種調和的目的是根據遠方對話者的期望來塑造突厥語的書寫，從而達到專有名詞的清晰化。

這與以乾隆年間的《五體清文鑑》為例的滿洲中心主義的語言意識型態是一致的，它以滿語的發音，標注了滿語、蒙語、藏語、漢語、回語（察合台語）的對應發音。[35] 辛亥革命前的政府和前往邊境地區的旅行者也依賴以滿語為中心的短語小冊子，這些小冊子以並列的方式對商人和外交官會感興趣的話題予以介紹。[36] 這種並列對應的做法使滿語、蒙古語和察合台語之間產生一種平行的感覺，它們擁有非常相似的型態和句法。一個滿人旅行者或一個突厥穆斯林商人可以很容易地看到平行的單字和句子是如何顯示出相似的結構。

這種以滿清為中心的翻譯的最後作品之一，出現在一八九二年。[37] 在一八九一年，清政府決定宣傳順治皇帝的《御製勸善要言》，這一著作最初在一六五六年刊發。[38] 最初《御製勸善要言》試圖透過將清朝皇帝作為一個儒家的道德家，來使其對當時中國的統治獲得正當性。新印本的目標是透過在鄉村講堂上廣泛背誦該文，使帝國的意識型態在民間得到復興。然而，在新疆使用突厥語的人們看不懂漢文版本，因此，一向支持社會道德宣傳的新疆巡撫陶模委託他人把它翻譯成察合台語。[39] 喀什噶爾道台李宗賓（一八三四—一八九八）承擔這項任務，並招募伊犁索倫營的翻譯傅山（Fušan）來喀什噶爾領導這項工作。傅山熟諳察合台語，曾在伊犁軍政府擔任過通事，在那裡他經常與受過教育的突厥穆斯林協商，以潤色他的譯稿。在這一案例中，李宗賓的兩名文員加入這一努力，他們是一名穆斯林法官（qāzi）和水法官。另外還有一名當時正與一名新教傳教士合作將《聖經》翻譯成喀什噶爾突厥語的祕書（mirzā）。[40]

傅山的團隊先用察合台語編寫一份單語文本，再配上有滿文、察合台文、漢文的封面。[41] 然而，他們以滿文版的《御製勸善要言》為基礎，遵循對話書小冊子作者們的做法，盡可能地保持詞與詞綴之間的一對一對應關係。雖然《禮記》堅持用特定中文詞彙來表達概念，有損於譯本的清晰度和語法，而傅山提供的《御製勸善要言》，則是一部流暢的察合台文本。

此外，該譯本還將它改編成大眾之間所流行講述神啟、聖人傳道的伊斯蘭短文體（risāla）所使用的詞彙。[42]因此，在譯文中，中國的天、道、天人感應的道德宇宙論，被轉化為大眾使用的伊斯蘭宗教語言。此外，該作品還模仿這種小冊子的格式和外觀，包括紀念該文本翻譯和印刷的一對紀年表（tārīkh）。[43]

然而，正如萊恩．圖姆（Rian Thum）所指出，清朝最後一次的翻譯復興不太可能達到其預期效果，因為印刷的文本被視作不如手抄本那樣貴重。其他的印刷文本，例如《禮記》，將文言文和翻譯水平拙劣的察合台文段落並列，並保持中文書的基本格式。[44]突厥穆斯林和漢人之間持續的緊張關係會使這種印刷品得不到人們歡迎，尤其是考慮到它們與教化工程的明確聯繫就更是如此了。更重要的是，它們的翻譯水準已經到達不知所云的地步，生硬地在一個個孤立的漢字和型態複雜的突厥語詞彙之間進行一對一的對應。認為一個漢字是一個語義的最小和不可分割的承載者，這個觀念是來自新儒家對漢字的神祕化解釋，在這種情況下，思考一個字，甚至透過舞蹈來體現它，被認為是在傳遞這個字背後的基本原則。在中國本土的社會文化背景之外，這種方法在傳遞意義上是無效的。

體現這種翻譯方法的一個文本是供學校使用的入門書，叫《漢回合璧》。[45]《漢回合璧》的歷史始於一八八〇年，當時溫宿的一位名叫孫壽袓的老師，對他的穆斯林學生在掌握漢語的緩慢進展感到失望。這種緩慢並不奇怪：儒家學校的教學方式是透過死記硬背標準的學校課程，從《三字經》等初級讀物開始，然後是儒家經典。孫壽袓很好奇為什麼他的學生對儒家經典沒有興趣，因為畢竟穆斯林和其他人一樣也是人，因此應該接受普世真理。「圓頂方肢，具有人形，即有人性！」這個問題，在孫壽袓看來，是因為前人「用夏變夷」造成的。

孫壽袓認為用一本新的初級讀物來教學可以加速學生的學習，並且能昭明儒家經典的含義。「明則信從，信從則親附矣。」（一旦他們被闡明道理，他們就會相信和追隨；一旦他們相信和追隨，就會對我們產生感情）。孫壽衵的邏輯與教育學中的殖民主義信念如出一轍，也就是殖民者只需要讓被殖民者接觸到普世真理，他們就會立即得到啟蒙並獲得轉變。

孫壽衵的《漢回合璧》由一系列的詞彙組成，分三欄：第一欄是漢字，最後一欄是察合台文的翻譯，在兩欄中間的是用察合台字母標音的漢字的粗略發音。在《五體清文鑑》中，滿語是中介語言，而在《漢回合璧》裡，漢語扮演這個角色。當需要交流時，老師或是學生就需要指著一個個漢字來逐字對譯。然而，學生是不可能獲得口語對話的能力，因為《漢回合璧》的重點不是實用的語言，而是那些對儒家道德觀和宇宙觀至關重要的概念。這份清單從「天」（察合台文為āsmān）開始，直接透過一系列未作翻譯的詞彙開始講起。其中一些未翻譯的詞彙與儒家理想有明顯的聯繫，如「文」，它表示從文學、文化到宇宙天文等一切意涵。我們可能會很容易地認為孫壽衵是認為有一些漢字的意思是如此重要，以至於不能翻譯，但其實《漢回合璧》中大多數未翻譯的詞實際上都是具體的專有名詞，這些詞在《禮記》以及長期以來建立起來的漢文—波斯文詞彙中已經被翻譯出來了。因此，《漢回合璧》可能反映出孫壽衵手下的突厥穆斯林的漢文知識水平有限，而這些人也許正是他自己的學生。印刷文本中的空白處可能會在老師逐步收集詞彙的時候在課堂上被填寫進去。然而，如果是這樣的話，這表明孫壽衵和他的同事們就如同製作木雕版的工人一樣，對他們身邊的人們所使用的語言知之甚少。

《漢回合璧》的印刷顯示中國的下層行動者如何透過新工具來支持其社會道德的轉型工程，並且如何排除在清朝早期時已有的文本。它還顯示湘軍如何按照左宗棠的意圖，用跨語言的社會道德詞彙來殖民察合台語的話語，但在大多數情況下，卻未能充分利用基於滿語—突厥語翻譯來更有效實踐這個意圖。[46]

幾個世紀以來，中國學者一直是在「形態學」（morphology）和「音韻學」（phonology）的層面上研究語言，然而，漢語文言的孤立結構似乎排除更多合成型態，例如在察合台語裡的合成型態的分析。因此，晚清時在新疆的漢人觀察者們只是把突厥語詞作為字詞的等價物來加以分析，列出詞彙表而不考慮語法。直到一九〇八年，隨著湖南人統治新疆時期即將結束，一位不循舊例的地理誌作者才開始試著對突厥語口語和書面語的語音加以研究，並以中國傳統語言學的角度來介紹它。[47]

左宗棠及其追隨者在新疆各地建立的儒家學校基礎，是以字為中心的教學，大方向是將儒家經典內化到人們心中。它代表著與一八六四年前清朝政權以滿洲為中心的翻譯實踐的決裂，並將方向從北京朝廷和皇室權威轉向傳授漢人的規範性做法，而根據經世學派的說法，這些做法在湖南和漢人占多數的中國南方得到最好的保存。以下幾頁的內容將會展示出這一制度是如何沒能培養出預期中的道德之士，而是培養出一批在語言和文化上具有雙重功能的官員，這些人可以利用對漢語和官方文化的掌握來為自己牟利。

## 儒家學校

左宗棠將陸耀在文化上同化穆斯林的計畫，與陳宏謀在雲南的「義塾」例子結合起來，制定一個透過教育來儒化穆斯林家庭的計畫。[48]他的計畫與同時期歐洲帝國主義教化工程中的殖民教育和文化暴力有著明顯相似之處。在大英帝國、法蘭西帝國和西班牙帝國的寄宿學校和傳教士學校中，孩童被與他們的家人分開，被迫接受語言和文化上的同化。[49]從長遠來看，寄宿學校在許多殖民地都成為政治和社會變革的核心工具。在此基礎上，斯蒂文・郝瑞（Stevan Harrell）將明清二代的類似努力描述為「儒家的教化工程」（Confucian civilizing projects），但其統治者「關注的不是作為民族決定性特徵的種族或語言，而是他們從事生計的模式。」[50]

事實上，左宗棠的修辭言語與和他同時代的托馬斯・麥考利（Thomas B. Macaulay, 1800-1859）的修辭令人驚訝地相近，後者曾在一八三五年時主張用「科學」的概念對印度人的思想進行殖民。麥考利試圖促成「一個翻譯階層」的形成，他們是「血統和膚色上的印度人，但在品味、觀點、道德和智性上是英國人……讓他們……成為向廣大民眾傳播知識的合適工具。」[51] 麥考利和左宗棠一樣，認為從長遠來看，間接統治比同化的成本更高，他也反對伊斯蘭和印度教傳統能夠與西方的「科學」相提並論，可以為政府治理打下堅實基礎的觀點。麥考利所說的「科學」當然不是指透過實驗來增長知識理解的方法，而是指大量的關於什麼是合宜行為的假設，這些假設是處在變化中的，將能夠帶來「歐化」。這樣的「歐化」預期，不僅是基於種族和民族差異上的，而且也是階級上的。

與此相似的是，左宗棠的教化觀念認為，為了讓突厥穆斯林接受一種被稱為「禮」的所謂恆定且超驗的行為標準，就有必要教給他們一套與主導民族相關的風俗：語言、服裝和與某種文本典籍的接觸。如果孔子本人看到這一切的話，他可能會對人們用現代漢語來教授禮儀的想法而蹙眉，因為這位聖賢據說只想要用古人的語言來背誦經典。而且清代中國的服裝與西周黃金時代的服裝相比有著高度差異，但有照片證據顯示，突厥穆斯林男孩被穿上當時的中國服裝。[52] 從這個意義上說，左宗棠執行的教化工程目的是「漢化」：它表面上聲稱要灌輸超驗和普世的真理，但實際上卻執行一套不斷變化的規範，這套規範反映的是主導群體所持的文化假設。正如我們將看到的，許多中國人認為他們自己的行為和古禮是等同的。

文化暴力一直是幾乎所有先前關於這些學校的學術研究焦點，而一則經常被引用的軼事造成這種印象，因此使人誤以為它們與歐美的寄宿學校是等同的。維吾爾民族主義領袖艾沙．玉素甫．阿布甫泰肯（Isa Yusuf Alptekin, 1901-95）特別回憶他的父親優素福如何被送到這些學校，並被要求穿上中國服裝的。[53] 當年幼的玉素甫回到家時，只要他穿上那套服裝，他的母親就拒絕見他。這個故事講到這裡就結束了，它被用來顯示中國殖民者是如何將維吾爾男孩與他們的父母分離，並隱喻維吾爾人與自己傳統的分離。

但是，在吐魯番檔案和手稿記錄中，強加給學生的中國服裝並沒有作為一個爭論點出現，而且一位為學生購置中國長衫的葉爾羌官員卻在突厥穆斯林中很受歡迎。[54]有鑑於此，學校中的文化暴力之性質以及突厥穆斯林的看法及反應，值得學者進行重新評估。此外，以前關於學校的學術研究將該計畫定性為「幾乎從一開始就注定要失敗的。」[55]然而，正如我們將會在阿道拉（ad-Dawlah，清代檔案中作「阿他五拉」）家的例子中看到的，它的失敗不是因為它的理想主義，而是因為它的實用性低落。

善後局所建立的學校是其改造新疆的全面任務中的一個核心部分。[56]最初的三座學校是在吐魯番成立的，當時是一八七八年，湘軍在南疆的戰事正處在收尾階段。這三座學校位於託克遜（Toqsun）、漢城（老城）和回城（新城）。[57]隨後，又一座學校在一八七九年在闢展設立，之後一八八二年在魯克沁，一八八三年在高昌，一八八四年在漢墩（Handun）都陸續設立學校。不久之後，在連木沁（Lämchin）和吐峪溝（Tuyuq）出現更多學校。每所學校都招收大約九至十二名學生，或在學校數量減少時招收更多學生。雖然只有吐魯番有詳細的文獻資料，但引人注目的是，在重建期間的任何特定時刻，吐魯番都至少有六十名男孩在善後局的學校裡登記。之前基於清末省級學校數字的學術研究表明，整個新疆只有大約六十所學校，而吐魯番有兩所。[58]相反的，如果吐魯番是反映出新疆全境狀況的典型的話，那麼，在最高峰時，全疆可能有二百五十所學校，這表明入學的總人數可達數千人。

雖然這些學校的明確目的確實是為了同化穆斯林，但吐魯番的檔案文件表明，入學的學生背景是更為多樣化的。在任何一所學校中，大約有三分之一的學生被列為突厥穆斯林（纏），三分之一為回民，還有三分之一是漢人。鑑於漢民和回民約占當地人口的百分之十七，這表明以漢語為母語的學生的入學率要高得多。而且，有孩子在這些學校裡就讀的突厥穆斯林家庭是與政府有著特殊關係。雖然左宗棠的最初計畫和劉錦棠的命令都要求進行強制教育，[59]但學生們並沒有與他們的家庭分開。與命令相反的，是有特定家庭會被選定，該家庭要提供一個兒子在當地學校裡學習，直到他完成課程。如果這個孩子去世或失蹤，又或是由於其他原因需要退學，吐魯番縣長會給這個家庭施加壓力，讓他們再把一個兒子送到學校去。[60]從這個意義上說，突厥穆斯林家庭與國家的關係是一種義務，就像明朝的世襲軍戶有提供一個健壯的男子來擔任屯田兵丁的義務。然而，吐魯番行政當局似乎沒有辦法或意願來實際強迫家庭派遣他們的兒子。從一開始，新疆省的教化工程，就是建立在突厥穆斯林可以透過吸引、而非強迫接受儒家規範的想法之上，官員不願意做任何可能引起人們反感的事情。

學校生源的多樣性既是由於學校對使用漢語人群的吸引力，也是由於這些學校具有不穩定的資助體系。雖然上級官員要求在省一級對學校進行監督，但他們還是希望地方官員能在地方層面完成對學校的財政支持。然而這種早期學校的臨時性組織，卻使其受到地方勢力的操縱。當第一批學校在吐魯番建立時，知府劃定一塊鄰近的土地和一個位於雅爾湖（Yarghol）的坎兒井作為學校的資助捐獻基金，以及為教員和學生提供租金和食物收入。[61]然而，管理捐獻基金的當地突厥穆斯林官員對該工程卻沒有什麼個人投資。在一八七九年，託克遜學校的教員白振玉怒氣沖沖地向知縣報告說，一位監督員挪用學校捐贈的糧食。知縣則反駁說，撥款事項從來就沒有正式確定，也沒有人說明劃撥給學校的農產品數量。從這時起，衙門便開始管理捐獻基金，而突厥穆斯林官員則不斷地試圖獲得控制權。雖然學校的主要任務是語言、文化和禮儀的轉變，但這些資金上的限制也鼓勵這些學校接受繳錢來上學的學生。

此外，學校提供的傳統儒家經典課程吸引那些希望自己兒子參加科舉考試的漢語家庭。位於迪化的政府透過對儒家經典內容的考試從學校招聘文吏和官員，所以即使是那些只通過低級考試的人也能獲得一個官方職位。[62]雖然也有突厥穆斯林學生參加考試，但最成功的考生通常是來自漢民或回民家庭。[63]在一八九九年，新疆各地學校的優秀學生首先被送到迪化的博達書院，然而關於這一書院的情況，今天已無從知曉。託克遜的考生的年齡是在十九至二十一歲之間，他們都至少學習了七年，而且都來自其他地方：有一名漢人學生顯然是商人或官員的兒子，而商人或官員的同伴們則是來自山西、四川和陝西。

為了在這些學校中出類拔萃，學生們似乎必須要更廣泛地學習中國傳統。另一方面，突厥穆斯林學生們會盡可能長時間地保有他們的學生身分。教員們一直報告說，他們的突厥穆斯林學生一直在閱讀諸如《詩經》這樣的高深書籍，但卻很少完成課程或畢業。[64]

這樣的現象顯然既不是出於學生對儒家文化的熱愛，也不是因為想要無限期地沉浸在儒家文化中。相反的，學校裡的教員們對他們的突厥穆斯林學生示以嘲諷，認為教書的任務不明所以，幾乎是不可能完成的。正如沮喪的白振玉所感嘆的那樣，「纏回眄視斯文！」白振玉不同意湘軍行政當局認為沒有必要用武力來說服穆斯林接受同化的說法。持有這種觀點的人也不只他一個，因為早些年新疆各地都有關於中國教師對突厥穆斯林學生施暴的報告。在一個案例中，省當局在一八八四年下令對烏什的一所學校裡一個叫華國的突厥穆斯林男孩的自殺事件進行祕密調查。[65]這個男孩的老師因為他沒有背誦課文而毆打他。兩天後，華國走進學校後院的一個空房間裡上吊自殺了。學校的突厥穆斯林監護人證實華國遭到的對待和自殺之間的聯繫。華國的案件被送回巡迴法庭重新調查，以避免危及「儒風」的推行。不久之後，另一份報告來自新疆南部的固瑪（Guma），當地一個名叫郭虎林（Guo Hulin，音譯）的十八歲穆斯林學生也發生相同情況。巡撫劉錦棠下令將郭虎林的老師趕回中國本部，因為這個孩子的年紀已經超過老師可以打他的年齡。由於這些案件的發生，新疆省嚴格禁止對學生進行嚴厲的懲罰。

這類事件表明，省級官員認真地看待他們所從事的家長式教育，其中包括關注學生福祉，儘管底層官員也許並不贊同上級官員所持的理想主義。吐魯番的一起事件，也說明知縣在維護穩定和完整的家庭單位方面所起到的作用，家庭是一個良好社會的組成部分和核心隱喻。在一八八五年，一個名叫魚學詩的年輕突厥穆斯林男孩在高昌的學校註冊入學。[66] 根據檔案文件，他的父親阿道拉（ad-Dawlah，檔案中寫作「阿他五拉」）是一位前校長，他把兒子送到學校裡來獲得長進。然而，這個當時只有八歲的男孩卻無法專注於學習，因為他很容易哭鬧。魚學詩的情緒狀態被報告給地方的辦公室，隨後啟動調查。他們發現，阿道拉已決定與魚學詩的母親離婚，這不僅引發男孩的焦慮，也對建立和維持穩定的核心家庭的計畫構成威脅。知縣將阿道拉傳喚到衙門，並且說服他撤回離婚決定。知縣的權力被用於解決家庭衝突，從而讓一個突厥穆斯林男孩專注於他的學習，這表明行政當局是真心誠意地對學生作為國家公務員的未來加以投資的。

這些案例還表明，儘管沒有肉體上的暴力，但是以強制漢化為形式的脅迫是存在的，而且可能要進行的隱蔽得多。關於這些學校的學術研究已經注意到突厥穆斯林學生使用漢名的趨勢，例如華國和郭虎林，他們都使用的是漢人名字。[67] 事實上，大約有三分之一的穆斯林學生在檔案中只有一個中文名字記錄在案，反映出他們對中國文化的狂熱喜愛。華國的名字的字面意思是「中國人的國家」。高昌的校長希望他的一個突厥穆斯林學生能夠「珍愛中國」，因此給他取的名字叫華貴。吐魯番老城學校的學生叫高華（「高大的中國人」）和華理（「中國人的道理」）。漢文（「漢人的文化」）也是一個常見的漢字組合，可以作為名字，也可以與漢姓結合。然而，大多數名字的來源或含義並不明顯。在吐魯番的突厥穆斯林學生中，還有三分之一的人的姓氏來自他們的穆斯林名字和反映其教育願望的名字。魚學詩的名字意為「學習詩經的優素夫（或優努斯）」，暗示魚學詩將透過學習艱深《詩經》來完成儒家經典課程。他的同學艾學書（卒於一九二六年）即「學習歷史的艾哈邁德」，暗示他主要學習的是新儒家經典《史記》。阿應選的名字（「通過選拔的阿布杜拉」）表達這個學生不僅要吸收儒家文化，還要掌握它的願望。然而，還有三分之一的學生的稱呼只是反映他們穆斯林名字的發音。

沙吉提（Sājid）是一名一八九二年在連木沁的學校裡的優秀學生，和他一起就讀的還有何羅班（Qurbān）等學生。沙吉提的中文名字融入一個常見的中國姓氏，也與他自己的名字同音。另外還有亞胡布（Ya'qūb），他的名字中包含常用於音譯非中文名字的「胡」字，以此顯示他是一個異族人。

雖然校長會把這樣的一些名字授予學生，但其他的一些學生名字則反映出他們的家庭對清帝國表示忠誠。每個學生都被要求提交一份顯示其三代以上祖先的家譜，以證明他對家譜這件事的理解和敬畏之心。[68]今天能夠看到的家譜則顯示出一個共同的模式：學生的父親都是在阿古柏時期長大的，他們的名字都是突厥系穆斯林的名字，而祖父和父親的名字大多是漢名。這些學生有可能是接受過漢語教育者的後代，因為在起義前的新疆存在著幾家為培訓學生參加科舉的書院，雖然這些書院已知的畢業生都有漢語名字，但有些人肯定有可能是講突厥語的穆斯林。[69]在起義期間，當這些學生的父親長大成人後，與中國文化的外在聯繫會很危險，而突厥—穆斯林的名字會表達對伊斯蘭國家的忠誠。有些人可能是文化上的中國人後代，或者是為數不少、成功駕馭多種靈活身分的後代。然而，同樣可能的是，這些祖先名字有一些是捏造出來的，以便給人留下一種家族數代人都致力於中國學問的印象。此外，由於湘軍不斷地批評突厥穆斯林缺乏家譜知識，能夠列出地位顯赫的祖先也能顯示出一定程度的「文明」。

簡而言之，這些學校是按照一種紀律和社會控制的邏輯運作的，這種邏輯起源於儒家，內容則是中國式的規範。在美洲大陸出現的寄宿學校是為了將孩子與父母分開，而新疆的寄宿學校則是為了灌輸孝道。要做到這一點，不僅要管教學生，還要管教他的整個家庭，這些家庭都是被挑出來為省政府服務的。我們將看到，這種自律與其說是一種微妙的抵抗技術的面具，不如說是一種「被統治的技術」——利用國家及其機構來為自己服務。也就是說，在整體上而言，突厥穆斯林學生並沒有成為優秀的儒生，[70]而是成為類似許有成這樣的通事，他們利用他們不可或缺的地位為自己和家人謀取利益。

起初，官員對同化的進展感到滿意。左宗棠的祕書蕭雄在穿越新疆時，為慶祝儒家文化的漸進式勝利而作詩一首：

亦有飄然器宇清，腥羶隊裡迥超羣，聰明不亞青蓮士，讀盡番書讀漢文。[71]

蕭雄高興地指出，全省的學生在完成他們的儒經教育後，「竟有一面改學漢語能日誦詩書數百言者」。這種誇張的說法要麼是樂觀到自欺欺人的地步，不然就是左宗棠圈子裡的人們對教化工程所做的宣傳。出人意料的是，正如我們將看到的，學生身分給這些學生本人和家庭帶來一系列的好處。

學生身分的基本優勢是能夠學習漢語，特別是那些使人有可能在地方官面前辯論的語言形式。也就是說，通事講的是中國的權力語言。湘軍對吐魯番的占領證明擁有漢語技能的價值，那些能夠與湘軍溝通的穆斯林作為中間人和供應商立即擁有經濟上的優勢。[72]我們在本書前言中提到過的那個年輕人阿布杜．馬赫迪，他從吐魯番的山上下來，發現湘軍已經把他的家夷為平地，並洗劫所有的家當，只剩下他和兄弟明智地埋藏的一些簡陋用品。不久，兄弟們被迫分道揚鑣，阿布杜．馬赫迪和他的新婚妻子靠四處奔波和貿易來謀生。阿布杜．馬赫迪所受過的伊斯蘭教育在這個新政權下不太有用，因此他加入到一群人的行列，為湘軍的馬匹收集飼料或將粗紡布縫成袋子賣給士兵。阿布杜．馬赫迪寫道，即使毛拉都在挨餓，通事卻可以吃得很好。

檔案文件顯示，突厥穆斯林學生可以利用他們的語言和文化知識來維護他們的家庭。雖然檔案中只記載他們的漢名，但他們還是會用幫助穆斯林親屬向中國政權申訴的形式為他們服務。魚學詩和另一位來自高昌學校的穆斯林學生石敏（譯註：此案中涉及的人名，為音譯。具體的轉譯漢字可參考《清代新疆檔案選輯》〔廣西師範大學出版社，2012〕中收錄的「二堡戶民時敏控阿他五拉刁唆人口不安于室一案呈吐魯番廳文」）在一場家庭包辦婚姻的衝突中成為了對立雙方。[73] 石敏的叔叔阿薩德（'Asad）一直在與若和莎（Ruohesha）商談婚事，而若和莎是魚學詩的父親阿道拉（ad-Dawlah，阿他五拉）的姊姊。這樁婚事將使兩個著名的家族結合在一起。由於若和莎可能無法生育，阿薩德便與她討論收養事宜，以此來作為確保繼承人的一種手段。然而，在談判期間，阿薩德又娶了另一個更年輕的妻子。這件事讓這位年輕女子和心存嫉妒的若和莎爆發爭吵。阿薩德把阿道拉和若和莎帶到阿訇那裡進行調解，但他們在阿訇那裡又發生衝突，最後導致阿薩德受傷。石敏作為家族中漢語水平最好的成員，隨即代表阿薩德向衙門提起訴訟。魚學詩則負責為若和莎辯護。由於石敏和魚學詩所受的儒家教育，這些家庭都可以在不同的法律背景下對峙，並透過選擇論證的不同平台來為自己尋求優勢。

儒家教育帶來的利益也可以更直接。學校理論和實踐的轉折點出現在一八八二年，當時由劉錦棠領導的臨時政府對該地區的建省情況深感擔憂。繼左宗棠之後，劉錦棠向北京的禮部提出，突厥穆斯林學生可以成為挽救該地區的救星：他建議，如果一個學生能夠說好漢語，並證明他念過一本儒家經典的話，那麼這個學生就應該被授予監生的身分，並被任命為管理一個城鎮的伯克。[74] 他寫道，以前學校只是優先考慮「漢服，通華語」，以努力讓「殊方異族同我華風」，但是他們卻沒有學習儒家經典。現在是時候效仿中國本土書院的做法，從學校裡招募低階官員，只要他們有一點點能力即可。然而，禮部拒絕劉錦棠的建議，因為它不符合有關等級和任命的規定。

最終，劉錦棠和省學政與北京方面討價還價，最終達成妥協：與其強迫每個學生通過縣試和省試，不如給一些學生授予「佾生」稱號。這個稱號不僅意味著學生在學校考試中取得最高成績，而且意味著他們將在孔廟中承擔祭祀義務。因此，一個人若是獲得佾生資格，他也能得到物質上的獎勵。事實上，當知府帶領當地官員舉行迎春儀式，用紙糊的牛繞著城市巡遊時，突厥穆斯林學生也被要求參加這個儀式。[75]在察合台文的文字記載中，也有突厥穆斯林參與儀禮活動的相同內容，這些文字描述突厥穆斯林在進入中國行政系統後，參與偶像崇拜的典禮、進入寺廟向雕像鞠躬，而且還吃豬肉。[76]在突厥穆斯林和漢人之間作為一個象徵性邊界的儀禮，在經過怨恨和違反宗教戒律的過程後，轉變為背叛自己共同體的標誌。

在被選中後，這些成績出色的學生繼續在地方行政部門工作。連木沁學校的優秀學生沙吉提被任命為一位漢人醫生的學徒，這位醫生的工作是在吐魯番消滅天花。[77]讓沙吉提擔任學徒的部分原因是節約成本，因為早在一八八六年，也就是在吐魯番開始天花接種計畫的五年後，官方就已經確定要在本地培訓突厥穆斯林來做同樣的工作，而他們的薪水只有來自中國本土的專家的一半。[78]也許這份危險工作的低薪是沙吉提最終逃離「學徒身分」的原因，這個身分更像是契約奴役，是一種要為清朝對他提供的教育給予回報的義務。[79]因此，衙門試圖追蹤沙吉提的行蹤，強迫他重新開始學習，但檔案線索在這裡消失了，也許當局對沙吉提本人的控制也隨之結束。

其他學生得到更好的激勵。在一八九四年，兩名優秀學生艾學書和貴馨被授予相鄰道路的優質土地。[80]這是兩人前途的轉折點，因為他們都沒有得到來自家庭的任何支持。艾學書很快就從新城學校調到老城學校，在那裡他可以從事新的工作，在縣衙的禮儀部門擔任文吏。[81]之後艾學書在省裡的地位不斷攀升，前景一片光明。

因此，學生身分帶來的物質利益是顯而易見的，當學校面臨關閉的威脅時，學生家庭會盡力保持學校的正常運轉。在已知的第一個例子中，吐魯番知縣在一八八二年宣布，由於教員的教學效果不佳，關展的學校將被關閉。[82]八十二名突厥穆斯林學生的家人在向衙門提交的請願書中表示抗議，並希望該教師能夠繼續工作，即使不是無限期地工作，也要等到能夠找到合適的替代者才行。在重新征服的僅僅五年後，突厥穆斯林就向政府要求提供更多的中文學校教育，這表明至少會有社會的某一階層，可能是一個相對屬於菁英階層的群體，會從這一資源中受益，例如阿道拉所屬的階層，正是省政府想要安撫的對象。從省政府的角度來看，一個不能把他的學生變成好儒生的老師，就是失敗的老師；但對於那些希望獲得語文技能和掌握官方寫作的突厥穆斯林家庭來說，同一個老師可能就是理想的選擇了。

與此同時，地方政府的危機也促使官員更廣泛利用學校的學生和畢業生。由於地方官將中國本土政府的意識和做法帶到他們在新疆的衙門裡，調查和起訴工作以一種熟悉的方式進行。然而，翻譯和文化解釋中的添油加醋問題意味著常規程序可能以意想不到的方式進行。在一個關鍵案件中，一八八六年二月在拜城發生的一起突厥穆斯林之間的謀殺案，直到一八九〇年九月才上報給北京，遠遠超過法定時限。[83]這並不是一個特別複雜的案件，它原本可以在法定時限內獲得解決。然而，拜城地方官試圖在不懂突厥語的情況下審問所有關係人。直到他的上級——阿克蘇道員發現證詞不一致，並下令進行第二次審訊時才發現這一事實，而新的知縣卻沒有執行這一命令。事實證明，拜城縣的衙門沒有可以適當進行審訊的雇員，因為這一事件發生在新疆省正式成立後的過渡時期，當時所有伯克都已經被解僱，而衙門還沒有重新雇用他們。新的拜城知縣沒有找到一名通事，而是直接忽略這個案子。然後，阿克蘇道員親自進行審訊，這一次才有了一名通事。

這名道員是花錢買來官位的湘軍老兵陳名鈺，他在第二年後成為按察使。他在擔任道員時的匯報中展現的明顯挫折感，促使他後來盡力確保每個衙門裡都有通事。那些在一八六四年以前接受培訓的年長通事，或是沒有上過學校就獲得職位的通事都被年輕的畢業生所取代。[84]由於陳名鈺的努力，此後司法系統裡沒有再次出現語言問題，或由此造成的延誤，而突厥穆斯林家庭現在可以保證他們的兒子在接受漢文教育後有機會進入官場。然而，新疆省在歷經十四年的時間後，才提出要在每個衙門僱用一名通事的要求。

一八九六年，隨著北京撤銷對新疆的補貼，一個新的威脅出現了。這時，對學校的視察表明，它們未能完成向突厥穆斯林兒童灌輸「詩書之貴」，以及符合漢人規範下的家庭關係。[85]因此，該省命令每個穆斯林占多數的縣關閉所有學校，只留下一所正塾和一所輔塾。該計畫還減少教師和學校管理者的薪俸以及學生的津貼。通常教授漢語的正塾教師每月工資為十二兩，而教授突厥穆斯林的輔塾教師每月工資為八兩，這是一八七七年確定的最初標準。在吐魯番，八所學校被縮減為兩所，優秀的學生被轉移到老城和漢墩的學校中，這些學校幾乎已變成完全培養突厥穆斯林學生的學校。[86]在一八九九年時，省政府已經意識到漢民和回民已開始建立自己的私塾，這些學校的學生不會直接進入到政府裡任職，於是省政府就迅速將按語言來區隔學校的做法給正式化，講漢語的人進入主塾，輔塾則交給突厥穆斯林。

新的政策反映中國官員已經接受教化任務沒有成功的事實。在一九〇一年時，烏什縣的知縣易壽松已經感到筋疲力竭。[87]每一任的巡撫都繼續推行學校教育政策，他這樣寫道，但是所達成的唯一效果就是培養一批又一批在漢語之外沒有任何技能的突厥穆斯林，而且現在他們中的很多人都無法保證能找到工作。為了能從學生身上獲取一些利益，省政府所做的最後努力是提出一個新計畫，讓這些學生到當地社會的現有職務上任職，北京方面也最終批准該計畫：最好的學生將被派出去在村莊裡口頭宣布朝廷的命令，因為他們被認為是值得信任的人。其他學生則是會成為耆老、水法官或其他小官員。自一八七七年以來，在本地社群選出這些官員後，一直是由知縣對這些選擇予以批准，但現在他們將被直接任命和錄用。透過學生們來改造社會的藉口已經不復存在——現在，政府只想收編這些突厥穆斯林菁英來維持該省的運轉。

在這一年，清末新政的頒布要求將原有學校納入一個跨帝國全境的公共系統。新疆遠沒有能力來滿足這一要求。最後，新疆僅有的三所書院被改為一所高等學校和兩所中等學校，而儒學學校則被改為叫做「蒙館」的小學，[88]但課程沒有任何改變。[89]與此相反的是，改革為地方官員提供一個機會，可以取消他們現在認為已毫無希望的教化穆斯林任務。吐魯番知縣向巡撫請願，抱怨說老城裡的漢民和回民學生十分努力地背誦經典，而漢墩的突厥穆斯林只是在學說漢語而已。因此他們關閉漢墩的學校，轉而在漢墩、魯克沁和託克遜的三所小學裡雇用講漢語的突厥穆斯林作為語言教員。在那裡，學生們在固定的三年任期內除學習語言外，不學其他內容——畢竟，他們對其他的東西沒有興趣，而這也是可以理解的。袁大化在擔任新疆巡撫的短暫任期內的施政，以及王樹枏的政策意味著當地儒家學校教育的正式結束。然而，這些學校至少以某種形式存活到一九一九年。[90]事實上，在清朝滅亡後，學習漢語能夠帶來的物質利益仍然很明顯，正是在這一時期，吐魯番的許多學校畢業生的成功變得很明顯，他們現在已經是影響力最大的成年人了。

在辛亥革命後，成功的畢業生艾學書被任命為沙雅縣（Shāhyār）第一個突厥穆斯林出身的地方官。[91]人們很難接受他的權威，省政府收到幾十封檢舉信，聲稱要揭露他的缺陷。在最初的幾年裡，省政府認為這些投訴僅僅與艾學書的特殊出身有關，但在一九一五年時，監察人員發現艾學書的腐敗行為，並把他降職處分。艾學書在政府中又待了幾年，擔任稅收員和水務檢查員，然後又在羅布泊和沙灣擔任地方官，像其他官員一樣在省內四處調任。[92]

在艾學書畢業的學校裡，另一位優秀學生是貴馨，他的職業軌跡也類似艾學書，只是沒有他的那麼出色。貴馨最終成為一名鄉約，到一九二九年時，他自己也進入到衙門裡。到一九二六年時，貴馨和艾學書以及其他幾個校友仍然是住在附近的鄰居。這些鄰居大多是在衙門外做事，他們是衙門內不可或缺的中間人。我們在本章開始時提到過的許有成，在吐魯番檔案中出現的頻率特別高，在一九二八年之前，他一直是各種糾紛的調解人。[93]他的一些成功來自與其同學脫姆爾（Tömür）的長期合作，脫姆爾後來成為當地政府的一名檢查員。在這些文件或辛亥革命之後的其他文件中，幾乎沒有提及艾學書或貴馨的種族，也沒有提到周濟宇、許有成、米家山或其他許多通事的出身。在檔案記錄中，在完成學業後，他們失去「纏」（突厥穆斯林）的這一標籤，而以他們的職務頭銜而為人所知。因此，這些人的傳記細節十分稀少，這很令人沮喪。很少有文件會討論任何和婚姻或子女有關的事情，而這一類文件都是以察合台文記錄，這表明通事的確試圖區隔他們的中國身分和突厥穆斯林的身分。[94]

事實上，文獻記錄證明人們對通事的普遍印象——一群腐敗、貪婪的官員，透過利用衙門內部和外部社會之間的界限，在維護自己所屬社群的同時積累財富。在一九二二年，當楊增新頒布法令鼓勵私人投資時，艾學書和他的兄弟阿布杜作出反應，利用艾學書的財產和官方關係開辦自己的紡織廠。[95] 紡織廠本身的經營是成功的，而且它很顯然是建立在清朝當局曾授予艾學書的土地上的，這片土地是為他多年前的勤奮學習所做的表彰。然而，艾學書參與一場精心策劃的陰謀，以騙取員工薪水。他設法避免由此引發的訴訟，直到一九二六年去世，他的家人得以繼承一小筆財富。

讓我們再來看看艾沙．玉素甫．阿布甫泰肯曾提及的軼事，他的父親因為穿著中國服裝而被其母親拒絕見面。阿布甫泰肯把這件事作為一個民族與其遺產遭到割裂的隱喻：一個人經由使用殖民者的語言和穿著他們的服裝，失去與他們的本源的聯繫。在晚清時期，這種對群體性的本質定義（反映出與共同血統神話有關的共同傳統的信仰）正處在醞釀之中。

與此同時，突厥穆斯林對通事記錄在案的抱怨，是來自於後者對權力的濫用，以及源於跨語言和文化的調停權力。鑑於這種情況，我認為對社會經濟體系的破壞，與對語言和文化界限的侵犯一樣重要，對一個群體的認同識別具有重要意義。[96] 從大多數通事的出身背景可以看出，他們中是有人來自貴族家庭，也有人來自平民家庭。但無論通事的出身背景為何，他們都取代過去獲有社會尊重並控制著與當局溝通渠道的那些有文化的突厥穆斯林男性。因此，他們的崛起不僅取代社會既有菁英群體的一些權力，而且還創造一些條件，在這些條件下，人民之間的界限不斷被通事的翻譯行為所重申。現在讓我們來看看這種翻譯行為的實質影響。

## 調解與模仿

維吾爾人有一句諺語：「壞通事能殺人」（chala tongchi adäm öltürür）。[97] 口述歷史可以將這句話的起源追溯到湘軍重建期間的一次事件，當時翻譯的錯誤翻譯導致數十名無辜的伊瑪目在湘軍手中無端死亡。還有幾十名伊瑪目則是因為一位好通事的及時干預而獲救，因為他明白之前的翻譯有語法錯誤。然而，一個孤立的事件並不會形成一句諺語。通事透過對語言的熟練操作，擁有掌握生死以及許多小的恩惠和傷害的權力。他們並不緊緊是身處於單純的翻譯領域，而是在「模仿」的領域裡這樣做。也就是說，通事的任務是利用敘事來編造出一個現實，模仿中國官方寫作中的道德世界，以及官方寫作對人類的行動和心理所持有的基本信念。這種編造可以透過他們在文本中的呈現，給予人們不同程度的權力。

在察合台語裡，還有其他表示「筆譯員」和「口譯員」的詞彙，例如 tarjumān（來自阿拉伯語）或 tilmach（來自突厥語），但 tongchi（通事）這個詞指明這群人是在中國官方文字領域裡活動的、跨越邊界的突厥穆斯林。這個詞的詞源指出他們活動的獨特性，是一種跨語言的意義的相互作用：在漢語裡，「通」的意思是「穿越，連接」以及「理解」。然後再加上表示「做事的人」的突厥語後綴－chi，所以 tongchi 就是「通事情的人」，也就是說，一個讓意涵穿過、透過漢語的人。tong 這個詞也動詞化了，比方說，「他應該把它傳達（tonglatip）給其他通事（bashqa tongchigha tonglatip bärsun）」。[98] Tonglatip 這個動詞只用在官方漢語語境中，在這個語境中指代透過漢語的媒介傳遞訊息。

通事控制著發生在突厥穆斯林社會和行政官方之間的語言和文化藩籬中的代理表演。因此，通事的任務就是讓穆斯林臣民能夠以衙門能夠理解的方式「講話」。他們是以四種方式來做這件事。首先，在審訊過程中，通事為其他文官「翻譯」一個人的口頭講話，以便將其直接寫成文言文。我們很幸運，可以看到吐魯番檔案中有許多顯然是在審訊期間寫下的證詞。

一八九〇年，在一起丈夫謀殺妻子的案件中，有幾位證人提供詳細的敘述：被告是一位年輕的突厥穆斯林男子；死者的母親，也是一位突厥穆斯林；她的弟弟和哥哥；他們的回民房東；兩個突厥穆斯林鄰居；以及耆老鐵木爾（aqsaqal Tömür）。[99] 他們的證詞經過大量的修訂。修訂的標記顯示，那些與衙門想要推進的敘述有所衝突的部分被刪除，緊接著就是矛盾的陳述。例如，受害者的弟弟只有十歲，他留下的證詞有提示和編輯過的痕跡：

> 我當時正在睡覺，我不知道發生什麼事。他帶走我的姊姊，把她砍死了。他還用刀砍我和砍刺我，他~~發出很大的聲音~~，我母親就去救她。我被嚇醒了，我就起來了。我姊姊的丈夫~~瓦西里（Wāṣil）拿著刀正在行兇~~已經跑了。

這個男孩的話反映出一個孩子的立場，他完全不知道審訊者是想要聽到什麼內容，他也不確定是否應該幫助他死去的姊姊，亦或是做一個更有用的證人。最終，男孩的話和他本人都一起被從記錄裡刪去了。受害者的母親反而成為關鍵證人。她的第一份證詞顯示同樣的刪減和編輯的痕跡：「我的女兒，因為受到重傷，當時就死去了。我~~頭暈目眩，倒在地上，所以我不知道瓦西里是如何逃脫的~~」，她的證詞這樣寫道。

但經過數個月的調查，在審訊結束時，官方記錄已經被改成這個女人目擊到一切經過。

與此同時，我們得為一個沒有直接歷史記錄的行為給出一番解釋，這讓我們處在一個很尷尬的處境上，因為在這個案例中，突厥語證詞的唯一線索是一份漢字文本。值得注意的是，沒有任何已知的口述證詞紀錄是用察合台語寫成，儘管這樣做本該可以省去臨時翻譯的麻煩。許多編輯痕跡並不是為了改變證詞，而是要彌補漢語和突厥語在文法上的根本差異。與口供同時進行的口頭翻譯可能會導致書面文本在漢文中是「亂序」的，因此需要將這些內容放到一個邏輯順序中。然而，在無法獲得原始文本的情況下，我們沒有系統的方法來闡明口譯是怎樣進行的。可以肯定的是，口譯員的存在是一種溝通手段，但是也成為一個把涉案人的聲音與司法系統的運作分開的障礙。

衙門的工作人員需要推進一個體現出真相的連貫敘事。因此，通事需要在言語上一人飾演多角，把一種論述投射到說話的對象身上。[100] 檔案中的突厥穆斯林經常「說出」他們從未說過的話，至少不會是用文言和成語說出那些話。在這個案件中，受害者的母親不僅變成唯一的目擊者，而且還被逼著說出一些在漢人知縣看來是女人被殺的合理原因的話：她死去的女兒一直像個「潑婦」。[101] 也就是說，這位母親最後的正式證詞描述她女兒的不正當和不服從的歷史。在她對女兒死亡事件的敘述中，女兒並不是簡單地辱罵她的丈夫，而是「悍潑混罵」，這裡使用的詞彙是司法系統中眾所周知的漢語固定表達方式。這種描寫的目的，就像前面描述的案例一樣，是要證明謀殺的合理性並給予丈夫寬恕。母親的證詞主要也是用漢語白話寫的，目的是向漢人讀者暗示這份記錄的真實性，因為他們對這樣粗俗的語言有所預期——但只是在漢語裡是這樣粗俗，而且這樣的話確實會出自平民百姓之口。[102] 然而，使用這句話的目的是為了實現一個特定的法律後果，即把罪行從「謀殺」降級為較輕的「故殺」。[103] 凶手自己的證詞也經過類似的處理。[104]

然而，對於一個清朝臣民而言，僅有書面證詞是不夠的。司法程序要求案件的所有各方都必須提供最終證詞，這樣才能使所有的說法相吻合。[105] 因此，通事還需要幫忙引出當事人的話。吐魯番衙門的工作人員很認真地對待這一要求。本案中的凶手被關押在吐魯番新城的一所監獄裡，這是一個專為暴力犯罪分子準備，臭氣熏天、沒有窗戶的封閉建築物。[106] 監獄的工作人員至少三次把他送回衙門，由通事和代書陪他做新的口頭證詞。最終，凶手需要大聲說出，作為上述事件的後果，他接受相應的懲罰。

每次取證都是謀殺犯作為清朝臣民的一個機會——衙門透過他們的標籤和類別來招呼和傳喚他，而作為一個囚犯，他幾乎沒有選擇，只能服從。[107] 他們迫使他透過這些類別來描述自己，並透過它們的真實性及司法系統可以理解的因果和罪責邏輯來敘述自身經歷。中國衙門對突厥穆斯林臣民的稱呼是「纏頭」，有時乾脆叫「纏」或「纏民」。這個稱呼從更高層次的官方話語及日常口語中，逐漸擴散到衙門的實踐中，而吐魯番的早期文件對講突厥語的穆斯林的標註則更加模糊，通常只是簡單地稱為「民」，即「一般百姓」；或者是「戶民」，也就是「納稅的一般百姓」。然而，在一八九〇年代，「纏頭」這個詞進入到吐魯番突厥穆斯林自己的突厥語口語和書面語言中。[108] 與此同時，每一封被認定為突厥穆斯林的人所提出的請願書，以及每一份口頭證詞，都以陳述說話人的姓名、年齡、原籍地和現在的民族類別——「纏」為開端。目前還不清楚突厥穆斯林在使用突厥語發言時，他們應對其身分的最初問題時會使用哪個詞——也許是「Musulman」一詞。但無論如何，他們都會在講話的直接翻譯中聽到「纏頭」這個詞，或是在最後結案的時候被要求唸到這個詞。

這是殖民法律迫使臣民在他們在自己的講話中重複和肯定這些類別，從而接受國家機關所制定的類別的一種方式。「纏頭」表示的不是法律類別。相反，它是中國官員和平民都認為自然的差異話語中的一個實踐類別。不過在政治—司法系統中瀰漫各處的對中國規矩的設定，以及政治權力牢牢掌握在漢人手中的事實，還是賦予「纏頭」一種類似於法律的地位。與回民相比，纏頭是一種更為順服的穆斯林臣民，湘軍領導人將其描述為更接近教化的人，被認定成這樣的臣民不僅意味著他們的可馴服性，而且意味著他們是純樸和天真的。不過，被視為傻瓜也是有好處的，因為中國官員很容易就會對纏頭表示憐憫。

我們可以用一個更為輕鬆的案例來結束這部分的內容，這是通事所扮演的角色的第四個環節，他們透過塑造突厥穆斯林的話語，來模仿官員認為可以接受的書面形式。通事可以把突厥穆斯林的類別替換成漢人的對應物，從而將他們的客戶表現為規範的帝國臣民。一個特別明顯的例子是在一八八七年，一群阿訇給吐魯番知縣的請願書，抱怨中國妓女所帶來的道德敗壞。[109]它的察合台原文是：

致「大老爺」，來自闢展、六十戶、二工、三工的所有下屬的請願書。

每年春天，我們從山上流下來的水都是在第四個月的時候到來。然而現在，已經是四月初十了。水還是沒有從山上流下來。我們召集阿訇，到處去祈禱。但是水還是沒有來。我們問那些年事已高的老人：「為什麼會這樣呢？」他們說：「如果這塊土地上有很多賣淫的，水就不會來。」

我們發現：在這個地區有一些壞女人。這些女人賣淫。她們既不離開，也不安安靜靜地去做她們的生意，而是總是做壞事。由於她們的行為惡劣，我們的水就不來了。蟲子吃我們的莊稼，風把莊稼吹走。我們是就這些事情提交的這份請願書。

正如我們將在第四章看到的，「壞女人」（yaman khatunlar）是一種常用稱呼，用來指涉在其共同體界線外發生性行為的女性。無論是突厥穆斯林女性與漢人男子，還是漢人女性與突厥穆斯林男子，這樣的女人都被叫作「壞女人」。這份請願書本身也是一個相當直白的嘗試，目的是調動漢人知縣眼中的刻板印象和利益關切。首先，有線索可以表明這些阿訇是如何模仿省級系統的漢文請願書的結構和語言的。在請願書的開頭一行，他們使用一個在突厥話語中已經很常見的漢語詞彙「大老爺」（察合台文為 dālawyā），這是對地方官的一種尊重。「我們發現」（bakhsaq）與漢語的「察」或滿語的 baicaci 平行，是官方寫作中的術語，但是在察合台語中並不常以這種方式使用。更重要的是，阿訇暗示性行為與高山融水之間的神奇關係。當然，我們也可以想像性行為中的歡水和水之間的隱喻關係，以及田地和人的生育力之間的隱喻關係。然而，這些知識是從「年事已高的老人」（tola uzun yashighan chong chong ādamlār）那裡獲得的，這一說法喚起人們對漢人敬老的刻板印象，這種印象曾出現在湘軍透過《禮記》所傳播的極端孝道故事中。請願書的這一部分還使用奇怪且呆板的重複語言，可能是為了模仿漢語的文言。最後，阿訇強調他們對祈禱和儀式的使用，在這裡可能是指在乾旱時使用雅達石（yada tashy）來召喚雨水。雖然穆斯林評論者們對於漢人使用的儀式持懷疑的態度——「他們有這種愚蠢的想法，認為這麼做有好處，可以讓人不生病或是讓城市免遭火災」，但他們還是承認，這種魔術行為是漢人權力運作的核心。[110]

然而，這份請願書的漢文翻譯，對這些事件及其超自然層面的描述則相當不同：

> 闢展、六十戶、二工和三工的鄉約、水法官和首領們向大老爺請願。
>
> 我們請願：我們穆斯林首領管理的這些家庭所耕種的土地都是缺水的。每年都要靠山裡的徑流來灌溉。以前，山裡的徑流總是流下來，在第四個月的前十天裡灌溉菜苗。今年，到現在為止，根本沒有水。
>
> 我們穆斯林首領們發現：我們詢問周圍的老人，他們說，山裡的徑流之所以還沒到，都是因為這裡的妓女特別多。因為她們得罪當地的神靈，把山裡的水流堵住了，所以流不出來。現在，菜芽都已經乾枯了。我們穆斯林首領聯合請願，要求縣長禁止賣淫，清理土地，以得到神靈的顯靈回應，拯救無數的百姓。

再一次，請願書的關鍵戰略框架涉及到對「神靈」一詞的使用。吐魯番的突厥穆斯林生活在一個似乎對儀式和魔法，以及對尊重神靈的要求非常著迷的政權統治之下。在一八七七年，吐魯番的漢人定居者「借」了一座清真寺來表演跳大神，此後定居者和官員都認為這座清真寺已經變成中國的寺廟。[111] 隨後關於這件事的衝突一直持續到民國時期，表明精神上的事務比世俗要求更有力量。在這些阿訇提交請願書的不久之前，吐魯番政府才為吐魯番的城隍廟籌集修繕資金。雖然這次募捐在名義上是自願的，但文件顯示，儘管知縣允許突厥穆斯林匿名捐款，但他們仍認為這是強制性的。[112] 然而，中國最神祕的神靈是那些居住在山上的神靈。禮部指定每年的固定時間祭祀這些山靈，突厥穆斯林學生也得參與這些儀式。因此，阿訇的請願書試圖提到他們想像中的中國神靈，從而提出驅逐漢人妓女的要求。

最後，這樣的努力並沒有起作用。知縣和他的縣衙工作人員察覺到請願書背後的動機。他在回覆中指出：

> 地方上的妓女和流動的妓女都應該被驅逐，以支持習俗的轉變。至於山間徑流不暢，只是因為近來天氣涼爽，雪未融化而已。這與賣淫有什麼關係？所謂的請願，確實是無中生有的胡說八道。

這位知縣拒絕接受外來者造成精神性上不穩定的觀念，而在這件事的上下文背景中，這是一種用來談論一種被認為是由不同群體成員之間發生性行為而造成的社會不穩定，並呼籲國家權力對其採取行動的手段。其他的通事則要成功得多，我們將在下一章看到，突厥穆斯林是如何利用湘軍的再安置工程來驅逐或禁錮被他們認為違反共同體界限的突厥穆斯林女性的。在這一個案例中，如果知縣遵從突厥穆斯林的請願，拒絕漢人男性的性伴侶，聽從阿訇的建議，他便可能會遭到漢人定居者、商人和士兵的強烈反對。

通事的力量是強大的，但並不是萬能的。溝通系統的缺陷，例如阿訇請願書的翻譯，表明「模仿」作為利用國家權力的一種手段的不完美。當一份證詞或請願書有利於地方官的優先事項時，或者一些晦澀難懂的東西可以用吸引人的語言來表達時，通事的工作才可能對無論是突厥穆斯林還是其他人的客戶或外來者有利。對通事來說，要調動國家的象徵和形式來反對地方官的優先事項則是比較困難的。一個糟糕的通事確實可能因無能或惡意而殺人，但一個有能力的通事則是能為知縣提供在他治理之下的人民形象，一個讓知縣可以反過來向其上級展示的形象。例如，將一個突厥穆斯林謀殺犯詮釋成一個有道德的儒生，可以挽救他的性命，同時，在一個被統治的突厥穆斯林臣民身上引出纏頭的身分，也可以給他們賦予有限的權力，讓他們能夠喚起知縣的憐憫。

正如「壞通事能殺人」的諺語，我們將會在第六章看到，通事也可以被認為是對宇宙和社會秩序造成歷史性的破壞力量。這些在語言、宗教和文化之間遊走的行為者，仍然有義務將自己表現為規範的儒家信徒，並且呈現為湘軍試圖在突厥穆斯林中培養的那種道德人物。雖然通事不一定接受湘軍的意識型態，但他們所受的教育使他們能夠體現出一種儒家和漢人主體性，特別是在文字領域裡，他們不僅可以用中國官員可以接受和理解的方式來展示自己的身分和穆斯林社會。通事在兩種表述方式之間的不斷移動，引起人們對表述差異的關注，而且他們的兩種表述是在一個越來越常規和詳細的語境中做到的。突厥穆斯林尤其能注意到，自己的語言和漢人的語言相異，自己也和漢人相異，這種差異現在體現在一群似乎正在失去穆斯林身分標誌的人物身上。

因此，教化工程的核心——儒家學校，產生一個諷刺性的結果。首先，湘軍希望自下而上、自內而外的改造社會，然後利用其改造的代理人作為雙語和雙文化的中介。然而，他們得到的不是資訊，而是根據請願書和證詞等司法文件的形式和缺陷而巧妙營造出來的社會形象，來供他們所利用。正如我們在下一章中所看到的，翻譯的力量並沒有被用來向穆斯林臣民傳遞菁英階層的價值觀，並使他們被同化到漢人環境中，而是被用來監督穆斯林共同體的邊界。然而，通事的關鍵作用在於，促使突厥穆斯林臣民能夠「說出」話來，因此，他們的口頭詮釋使突厥穆斯林臣民能夠按照國家機構中的類別，進行日常的類別認定，最終給非正式的類別賦予正式的、法律上認可的邊界的權力。因此，同化機制造成疏遠，而旨在促進交流的機制反而揭示人們的分離和差異，同時給他們貼上一個獨特的標籤：纏頭。

# 第四章
# 壞女人和丟失的孩子：儒家殖民主義中的性經濟

人們把楊榮的孫子叫作「痲子」，這個外號指的是他臉上的痤瘡疤痕。他是一個動不動就去賭博的賭徒，楊榮一直容忍著這件事，直到一八九〇年五月五日晚上，一個名叫買熱沙（Mehrish）的年輕突厥穆斯林女性敲響他的院門。[1] 根據楊榮的說法，她不只喝醉，大聲宣稱她與痲子已經訂婚，並將在當天嫁給他。他們顯然是在小酒館裡認識的。買熱沙很堅持，當鄰居們醒來，走出門來驚訝於眼前發生的這一幕時，楊榮感覺自己被羞辱得體無完膚。他委託一個鄰居去撒謊，告訴買熱沙說婚期已經推遲了。

然而，楊榮的痲煩還沒有結束，羞恥心驅使他最終來到知縣的衙門上。楊榮是一個村裡的耆老，負責宣讀每兩週一次的道德講座，因此在邊境地區的文明建設中起到關鍵作用。但他卻抱怨自己的孫子與突厥穆斯林女人勾搭在一起。他懇求知縣以他無法做到的方式懲罰痲子和買熱沙，威脅他們因賭博和賣淫而入獄和挨打。然而，地方官回答說，沒有證據表明買熱沙犯下任何罪行。畢竟，婚姻被認為是一種穩定的力量，也正是解決一個不安份的漢人青年和一個淫蕩的突厥穆斯林女人所需要的結果。然而，這件事在檔案中的線索最後不知所蹤，也許他們結婚了。

廝子和買熱沙的案例說明晚清新疆常見的問題，因為不同文化的性交流方式發生衝突，導致民族界限的重新劃分。漢人和突厥穆斯林之間的關係通常是由於脅迫、需要或賣淫而造成的後果，並被認為適合下層男子，但有損官員的尊嚴。在這種關係中的任何一方都有圍繞著婚姻和賣淫的非常不同做法，以及對此有著非常不同的定義，造成對親密關係性質的混淆，再加上一種試圖用儒家正統語言掩蓋性暴力的再現政治，使得情況就變得更加複雜了。頻繁的跨越界線導致界線的硬化，這種界線的存在基礎就是人們心中具有的大丈夫心態，具體而言，就是男人對女人身體的掌握。在一個有邊界的共同體裡面，子嗣是共同體成員身分的記號，這種記號逐漸地蓋過更加靈活的宗教和語言認同。[2]

在這種情況下，出現「壞女人」（yaman khatun）這一令人不安的形象，這種人因為與非突厥穆斯林他者發生性關係，而被排除在突厥穆斯林共同體之外。這種「壞女人」的生活揭示圍繞在改造穆斯林家庭的嘗試而出現的衝突。這種干預，就像教化工程的其他方面一樣，是在兩個層面上進行的。如前一章所述，省級工程不僅試圖藉由向穆斯林男孩灌輸儒家價值觀，用經世集團所支持的父權制規範和做法為穆斯林社會播種；他們還參與一項全面的重新安置計畫（resettlement project），強迫男人和女人——主要是社會下層漢人男子和突厥穆斯林女人締結婚姻，以使雙方都能獲得「文明」。與此同時，在重建時期捉襟見肘的經濟環境下，許多突厥穆斯林女子不得不把自己賣給漢人男子為妻，或者被主要是回民的掮客綁架和販賣。

在這種新的性經濟中，突厥穆斯林、回民和漢人都占有一種新的結構性地位，他們的角色分別對應的是商品、中間人和消費者。這些地位形成一種新的社會現實，而且又被經濟上的不平等所加劇。然而，經濟地位本身並沒有產生出一種更連貫的、有邊界的突厥穆斯林身分認同的感受。相對而言，突厥穆斯林女性的販售則是對突厥穆斯林男性的大丈夫心態構成威脅，這反過來又鼓勵突厥穆斯林男子加強對婦女身體的控制。首先，突厥穆斯林領導人會排斥那些在共同體界線之外發生性行為的女性。其次，他們利用教化工程體制，透過空間隔離來約束這些女性。隨著侵犯邊界和混血成為社會緊張關係日益突出的來源，突厥穆斯林性質（Musulman-ness）的概念，從一個由共同語言和參與某些符合伊斯蘭信仰定義的特定形式的實踐社群，轉向為植根於共同血統觀念的一種想像的共同體。

本章的內容是建立在已有的歷史民族志（historical ethnography）研究成果的基礎上，探討的是在變革時期裡，規範和實踐是如何受到挑戰的。[3]我的討論採用的是一種「性經濟」的方法，以闡明權力和歸屬感是如何在性、家務和生殖勞動的交換中得到明確表達的。從這些角度來進行思考，可以幫助我們同時探討種族至上和男性至上的問題，闡明一些人是如何重視其他人的生活和勞動的。[4]同時，它強調女性在性勞動的交易性交換中的能動性或缺乏能動性，而這種交換是為了在危機時期建立社會或經濟資本。[5]這種交易性質（transactionality）在邊境地區和殖民地獲得新的意義，在這樣的地方，一個群體和另一個群體之間的宏觀統治關係會以複雜的方式在日常的親密關係和邊界維護中發揮作用。[6]

它還涉及到幾乎是隨處可見的暴力和剝削的親密關係。[7]我試圖盡可能地尊重和強調受害者的聲音。然而，系統地壓制女性的聲音，對於在衙門裡創造出可讀的敘事以及維護帝國和湘軍意識型態而言是至關重要的。從這個意義上說，本章是一部父權制競爭的歷史——是兩種不同的支配女性身體和聲音的方式之間的互動，從而使男性可以繼續控制她們。這些文件必須透過這種再現政治（politics of representation）的視角來解讀。

## 婚姻與性：習俗與觀念

湘軍認為穆斯林的婚姻習俗在道德上是令人厭惡的。儘管這種厭惡情緒是毫無道理的，但他們也認識到儒家和穆斯林規範之間的巨大差異。然而，至少從司馬遷（約西元前一四五—一八六）開始，漢文作者就指責他們的敵人以荒唐的婚姻行為違反良好的社會道德秩序原則，以至於這種描述成為中國民族學寫作中的一個重要且反覆出現的主題。[8]

我們有必要從突厥穆斯林的角度，概述突厥穆斯林婚姻是如何在吐魯番運作，以便將社會變革的歷史與差異的表述歷史分開。

湘軍主要反對的是一系列在東突厥斯坦非常普遍的做法，也就是連續婚姻（serial marriage）和臨時婚姻（temporary marriage）。雖然伊斯蘭教法（沙里亞）允許一夫多妻制，但一個男人在同一家庭中擁有多個妻子的情況似乎並不多見。[9]在一個男子確實有多個妻子的例子中，妻子們通常是互不認識或僅僅知道彼此的。隱瞞這種安排的衝動以及有時會引起衝突的事實表明，突厥穆斯林並沒有完全接受一夫多妻制的安排。與之相反的是，連續婚姻則是一種常態，因為男人和女人都經常離婚，然後與其他伴侶再婚。事實上，寡婦或離婚者可能被認為比第一次結婚的新娘更有價值，特別是如果她已經證明自己有能力生育孩子的話。[10]這種情形的結果就是，任何一個人，在一生中都可能有過幾個妻子或丈夫，因此混合家庭的情況也相當常見。

雖然缺乏統計數據，但傳聞軼事卻比比皆是，其中最豐富的是毛拉·阿布杜·馬赫迪提供的，他是我們在本書介紹中提到過的那個人。[11]從一八七〇年代至一九〇九年間，阿布杜·馬赫迪結過不少於四次婚。他的父母在他十七歲的時候安排第一次婚姻，對象是一個他和他的年輕朋友都認為沒有吸引力的女人。在回首往事的時候，阿布杜·馬赫迪批評自己年輕時被寵壞了，而且十分任性妄為，因為他娶了她，卻拒絕扮演丈夫的角色。他的父母最終讓步，把這個女人送回她的娘家。不久之後，阿布杜·馬赫迪的父母去世，他的哥哥們為了擺脫他們這位難搞的弟弟，就又為他包辦一個女子。阿布杜·馬赫迪也不喜歡他的第二任妻子，因為她也沒有吸引力，而且還來自一個貧窮的家庭。然而，一八七七年吐魯番遭到重新占領，隨之而來的經濟變動，使他失去除她和他自己的勞動力之外的謀生手段。在阿布杜・馬赫迪考慮離婚時，她懷孕了，於是他們一起撫養兒子。在他依靠從事艱苦的非技術性勞動來過日子和她「如同無底洞一般的胃口」之間——記住這是馬赫迪的敘述，不是女方的，他對這段婚姻感到厭倦。他與妻子離婚後，把兒子留給她，他此後再也沒有見過兒子，但他相信他的兒子會活下來。

阿布杜・馬赫迪對他的下一任妻子很滿意，她是一位出色的女商人。這對夫婦一共生下八個孩子，在這段婚姻的二十七年期間，他們為自己的兩個兒子安排婚事。在這個女人去世後，阿布杜・馬赫迪作為一個單身父親與他的未婚子女一起生活。後來，在困難時期，他的第四次婚姻是與一個寡婦結婚，新妻子把自己的兩個女兒帶到他擁擠的家裡。這時，阿布杜・馬赫迪的一個屋簷下住了十二個人，他們彼此間爭吵不休。他和妻子試圖將她的一個女兒嫁給他的一個兒子，但這只會使衝突惡化。將她的第二個女兒嫁給阿布杜・馬赫迪的哥哥似乎是一個合理的解決方案，但家庭的兩方都反對他們的打算。只有當地伊斯蘭權威的干預才成功地為他們的家庭帶來平靜。

在阿布杜・馬赫迪的敘述中，最引人注目的是他的婚姻在多大程度上是友伴式的婚姻（companionate marriages）。眾所周知，突厥穆斯林女性是相對獨立的。[12] 一個男人重視他的妻子，不僅因為她的陪伴，還因為她對家庭經濟的貢獻，這就像是阿布杜・馬赫迪那樣。即使是那些在一九五〇年代被派去評估維吾爾社會狀況、那些傾向於強調「封建」包辦婚姻不公正性的調查員們也承認，維吾爾女性在選擇伴侶和管理家庭方面擁有很大的獨立性。婦女還經常回她們的家鄉，探望家人。

突厥穆斯林家庭會定期地將財富分給子女，而子女們也被期望建立自己的家庭，短期的婚姻產生更小、更分散的家庭，對親屬網絡的義務更少。[13] 新的家庭傾向於不再住在大家庭的院子裡，而是找到屬於自己的房子，而離婚和喪偶的人可能會、也可能不會回到家裡。吐魯番檔案中很少介紹到多代同堂的家庭，而主要是描述父母和成年子女之間的生活距離，以至於探訪家庭成員需要專門的旅行。現有的統計證據證實穆斯林家庭相對分散的觀點：在阿布杜．馬赫迪曾住過一段時間的漢墩鎮，有一份晚清時期未註明具體日期的納稅戶登記冊列出一百八十八戶穆斯林家庭，規模從兩人到十九人不等，平均家庭規模為包括兒童在內的六點二人。[14]這只比整個新疆突厥穆斯林家庭的平均人數（五人）略高。[15]另一方面，根據登記史料上的內容顯示，阿布杜．馬赫迪一家人全都住在一棟房子裡的現象，並非完全不正常，因為也有其他少數家庭居住十名以上的家庭成員。

在阿古柏時期前後，「臨時婚姻」在突厥穆斯林中屬於常見現象。[16]一般來說，遠離家鄉的穆斯林商人被鼓勵，甚至被施壓，要透過簽訂固定期限的契約來融入其所在的社群。臨時婚姻，很像伊朗的 mutʿa 婚姻，目的是在男人居住期間為他提供性愛、陪伴和家庭服務。[17]作為交換，女方家庭會收到契約裡規定的物品。臨時婚姻是由宗教權威許可，包括由阿訇主持的結婚儀式。與此同時，喀什噶爾的伊斯蘭法庭判例手冊中沒有對臨時婚姻加以描述，這表明，在當地突厥穆斯林權威在儀式或法律方面沒有將其與普通婚約（nikāḥ）區分開來。[18]總的來說，臨時婚姻並不是禁忌。然而，正如伊利科．貝勒漢（Ildikó Bellér-Hann）所指出，女方在臨時婚姻中能夠享受到的安全感，多少是與其階級相關，而那些出於自己或父母的生存需要而達成這種安排的人往往會遭受更嚴重的糟糕對待。[19]

因此，臨時婚姻在婚姻和賣淫之間的距離是一個不確定的空間。阿古柏政權禁止臨時婚姻，因為它不符合附近的費爾干納谷地一帶的伊斯蘭規範，而阿古柏正是來於費爾干納地區。[20]晚清時期的漢人觀察者沒有指明臨時婚姻的名稱，他們用不同方式來解釋這種做法，有時候將臨時妻子稱為「妻」，有時稱為「妾」。「妻」意味著一種規範的、合法的、道德上正統的安排，但在歷史記錄中，這個詞委婉地傳達一系列的關係，包括那些被現代觀察者理解為性奴或賣淫的關係。在傳統中國，納妾是一種合法的、正統的做法，儘管許多人認為這種做法在道德上存在問題。在吐魯番檔案中，人們使用「妾」這個詞是為了給某些關係披上不光彩的外衣，這些關係中包括從成年人之間自願的友伴婚姻（companionate marriages），以及男人對被販賣婦女的所有權。

在很少見的一夫多妻的案例中，這個「妾」字可能表示一個穆斯林男子的小妾。當然，若是有一個利益關切方在衙門裡發言時，指出穆斯林男子可以合法地娶幾個名義上地位平等妻子的話，這樣的發言會是不明智的。人們被迫要將自己的生活呈現為普通中國人的生活，以避免受到道德指控。翻譯工作的政治性，在確保中國當局對穆斯林的婚姻是如何運作的這件事上，並沒有確定的結論。

然而，漢人觀察者們還是將臨時婚姻和連續婚姻解釋為突厥穆斯林道德低劣的一個標誌。左宗棠的書記員蕭雄是這樣描述突厥穆斯林的婚姻：[21]

> 一夫娶祥五婦不為怪，有不合者輒棄之……閨無常教，多放蕩，夏日輒邀女伴浴於河渠，不為恥。大約南八城沃土，奢靡淫風較甚，然顯然為娼者卒少，處女亦重閨範，凡有失玷者，於迎娶後察知，動至退婚，追聘女家無詞置，川與粵俗適同。

蕭雄所持的民族學視角把突厥穆斯林和古代中國最南邊的越國相提並論。越國曾經是漢唐帝國的外圍，從這個角度來看，是文明世界的邊緣。蕭雄的評論至少與長期以來將他者差異視為本質上差異的傳統有關。這種差異就是對儒家道德中的性規範的偏離，包括異族女性在河裡洗澡。[22] 然而，這類主題通常與南部邊境地區的民族有關，如傣人或苗人，而北方的草原民族並不包含在內。並非巧合的是，南方民族是生活在省級制度下的，或者是生活在地方行政長官與地方土司合作的臨時制度之下。因此將突厥穆斯林女性以南方民族的視角來加以描述，反映出突厥穆斯林在省制下與中國權力的新關係，即新疆從官僚的「北方」到「南方」的行政轉變。

而且，在一長串的中國官員中，蕭雄是最早將突厥穆斯林的婚姻和家庭結構視為穆斯林需要被「教化」根本原因之一的官員。突厥穆斯林在性行為上的責任和義務在中國官員的眼中完全被聚焦在女性身上，按照蕭雄的說法，她們對淫亂已經習以為常，在突厥穆斯林的核心地區，妓女和普通女子之間沒有明顯的區別。[23]

將突厥穆斯林婦女描述成「放蕩女」並不完全是新事物。早期中國對「西域」加以觀察的那些人，包括那些造訪吐魯番的觀察者，都對突厥穆斯林婦女輕易與丈夫離婚的現象進行評論。[24]他們的看法不無道理，因為伊斯蘭的哈乃斐教法學派是允許女性相對的容易離婚，對於那些被丈夫拋棄的女性來說尤其如此。[25]地理志著作也對官員認為突厥穆斯林家庭道德敗壞一事進行評論。官員埋怨突厥穆斯林沒有姓氏，而是使用父名——這不僅是一種行政上的不便，而且表明他們不能保持家譜。[26]在更極端的說法中，突厥穆斯林被說成是缺乏孝道，因為他們無法追溯自己的祖先。[27]因此，突厥穆斯林被認為是有缺陷的臣民，是沒有歷史的人，因為他們缺乏來自過去的道德指導。對穆斯林社會的這種分析看起來是荒謬的，因為在當地的宗教生活中，對亡人的尊崇非常重要，而且子女對父母的義務也很廣泛。儘管如此，直到清朝末年，一位高級官員才注意到突厥穆斯林對墳墓所持的重視。[28]

這種認為突厥穆斯林缺乏道德的觀念，持續影響著省級領導人對政策的闡述。在一八八二年時，劉錦棠認可當時陳名鈺的報告（總察善後事宜），進而肯定湘軍的基本觀點，即穩定的關鍵在於對突厥穆斯林的道德改造。[29]他認為，禮的核心是在遠方君主的嚴格指導下，約束家庭關係，逐步改變習俗。陳名鈺的評估成為一項明確禁止離婚公告的基礎。當時清朝法典的離婚條件非常狹窄，而且丈夫在滿足這些條件後可以休妻，但女性則根本不被允許解除婚姻。[30]

然而，陳名鈺和劉錦棠認為，這項法律需要在突厥穆斯林中得到更嚴格的執行：知縣在面對離婚案件時，必須避免出於同情心而給予習慣上的寬大處理，而是要尋求更嚴厲的懲罰。打個比方，這就意味著如果有妻子從她的丈夫身邊逃走的案件，或者是根據伊斯蘭教法可以離婚，但未經清政府許可的案件時，被指控者將至少會受到「重杖」一百下的法定懲罰，「重杖」是一根約三英寸（約八公分）粗的竹杖，被打後可以導致死亡或永久傷殘。劉錦棠向地方官員實施更嚴厲的懲罰給予准許。

湘軍領導層的偏見不僅是基於文化差異，還基於對未婚、離鄉背井的男人具有潛在暴力傾向的擔憂，而這些男人，也就是所謂「光棍」構成了官兵群體。[31] 到了這些軍人卸甲時，湘軍的領導人立即將他們視為明顯的威脅，這就像是經世集團在湖南和湖北的其他成員的看法。[32] 他們命令在返回湖南的沿路上仔細監視那些為他們贏得西北地區的人，以免他們轉而從事土匪活動。與此同時，數以千計的卸甲軍人在新疆定居下來，他們在那裡耕種、交易和勞作。具有諷刺意味的是，這些「危險的」人物一直都是教化工程的一部分。從龔自珍和魏源開始，經世思想家們就夢想著透過邊疆殖民，同時實現新疆的教化和馴服中國本部的遊民。[33] 在他們的設想中，一個光棍可以娶一個突厥穆斯林女性，透過他們對夫妻關係的培養，各自使對方符合儒家的規範。龔、魏二人的設想幾乎是一種傑斐遜式的想法，因為他們相信邊疆有著以勞動創造出美德之人的能力。[34] 然而，龔自珍、魏源以及後來的左宗棠計畫，都表現出對光棍的焦慮——光棍也是同性戀者的委婉說法，這種人是對規範性的家庭傳宗接代的威脅。

因此，婚姻是湘軍在新疆計畫的核心。認為婚姻將會產生出某個類型的臣民的觀點反映出階級偏見和民族宗教差異之間的一致性，這在湖南經世思想的核心文本中得到闡述。然而，這也是更廣泛的、在許多方面更古老的關於差異的話語的一部分，這些話語以更微妙的方式對突厥穆斯林加以呈現。在中國的官員在涉足到新疆之前，他們心裡已經預設那裡存在著一個陌生的社會，在這個社會中，就像他們唸過的書中所描述的那樣，不符合儒家思想的婚姻產生普遍的不道德行為。連續婚姻和臨時婚姻的模糊性證實他們的成見，也證實教化使命的必要性。

## 透過暴力和重新安置進行的遷移

強迫婚姻和重新安置，是臨時政府和省級政府用來強加中國式家庭關係的主要機制。重新安置似乎是必要的，因為穆斯林的起義和再征服造成大量的流離失所人口。湘軍所做的早期估計表明人口的大量減少，在北疆尤其如此，許多漢人占多數的定居點被夷為平地，其居民遭到殺害、被奴役或是被驅散。[35]支持阿古柏的編年史也描述阿古柏的軍隊將回民和漢民強行趕出家園，並將他們趕到南疆為奴的事件。

因此，湘軍早期的當務之急是在漢人、突厥穆斯林和回民等群體共同生活的地方將他們分開。在一八七七年，左宗棠下達命令，要求善後局檢查突厥穆斯林家庭中是否有他們收留的漢人兒童。[36]他認為，戰爭是突厥穆斯林綁架或奴役漢人的機會，特別是孤兒，將這些孩子送回他們的家庭也許能挽救他們的家族宗譜。這些機構確實將許多人從囚禁中釋放出來。有一個名叫卡迪爾（Qādir）的突厥穆斯林被發現關押了一個漢人女子和一個男子。[37]卡迪爾聲稱，在他為阿古柏效力期間，他被「命令」與該女子結婚。他的說法與明顯的性暴力模式相一致。阿古柏的部隊有時會謀殺與漢人士兵臨時結婚的突厥穆斯林女性。[38]同時，察合台語的記載和外人的觀察都證明漢人男性被強迫改宗為「新穆斯林」的現象非常普遍。然而，關於那些沒有「守節」的中國女子的命運，歷史記錄中卻很少提及，她們的皈依也許涉及到強迫婚姻。卡迪爾的第二個中國同居者是一個年輕男子，卡迪爾聲稱他是一個「租客」。在調查過程中，卡迪爾脅迫這兩個漢人把自己說成是租房的夫妻，但兩人都逃脫了，並乞求善後局釋放他們。

在調查過程中，一位來自甘肅的中國婦女李氏向地方法官講述了她的故事，揭示更深層次的性暴力歷史。在甘肅穆斯林起義的早期，一個回民起義者殺死李氏的家人，並把她作為「妾」，並帶著她跟隨回民領袖白彥虎的軍隊出關，在迪化定居。後來湘軍將這個男子作為叛軍處決，但死者的哥哥馬福源強迫李氏留下來做自己的小妾。[39]李氏在逃脫後來到吐魯番乞討，最後一個名叫楊三的中國官員收留她，顯然是一種非正式的家庭關係。馬福源指控楊三綁架他的「妻子」（不是「妾」）長達二十年或更長時間。馬福源作證說，她不叫李氏，而叫馬氏，這表明她是土生土長的回民，有一個典型的回族姓氏，但只是偽裝成漢人。然而，在馬福源的謊話被戳破後，李氏終於贏得自由。雖然清朝在吐魯番建立的軍事和政治權力使所有人都有機會透過主張民族或宗教上的差異來尋求更好的條件。然而，強迫婚姻或奴役本身並不是釋放的理由——只有那些被穆斯林傷害的漢民受害者才能獲得自由。

雖然有些人當下獲得自由，但重新安置也造成新形式的流離失所。重新安置的規模只能從零散的文件中看出，但有些安置點是相當大的。例如，在達板城，難民局安置一千二百名難民，每個人都得到了糧食和毛毯。[40]然而，安置工作要求有規範的家庭，因此，機構將流離失所的人帶走，讓他們彼此結婚，並給他們幾塊休耕地以進行開墾。這種行為被描述為一個男人「收養難民……以作妻室」。[41]記錄他們分配的文件是簡短而常規的，「趙貴與現奉命到衙門；奉命與一名漢女配對」，這是其中一份記錄的內容。[42]這項工作的目的是為那些沒有家庭的人建立家庭，開墾沙漠，並使邊境地區變文明。這不僅僅是偶然地執行父權制的家庭結構，在這種結構中，女性往往是穆斯林，而且常常有孩子，她們被送到單身漢民男子的家庭中。

然而，這些機構實際上往往是拆散家庭。在引言中我們曾提到過的魏氏，她是一位回民女性，在一八七七年時正好趕在湘軍前面抵達。魏氏與她的丈夫馬正海帶著孩子從陝西一路逃亡，馬正海擔心自己會因叛亂而遭到處決。[43]他們正準備前往伊犁河谷和俄羅斯占領下的穩定地區，但在哈密附近，一家人失散了。魏氏找到她的姊夫，然後一起前往喀什噶爾。在那裡，難民局將她收押，並把她分配給一個叫曾昌明的漢人做「妻室」。難民局在阿克蘇授予他們一塊地，讓他們在那裡耕種，撫養新夫的兩個孩子以及她自己的孩子。十年後，馬正海終於在距離家鄉千里之外的地方找到他的妻子。馬正海和魏氏打算一起搬走，但曾昌明拒絕釋放她，於是馬正海起訴他「綁架他的妻子」。在隨後的調查過程中，魏氏作證說：「回子婦人與漢人本不同教。」她可能認為地方官會明白，回民女子與回民男子在一起是很自然的，或者說，她認為分離的做法不僅適用於被囚禁在別人家裡的人，也適用於自由人。然而，最終，新疆政府執行了父權原則：曾昌明保留他的孩子，而馬正海也保留他的孩子，但沒有人「綁架」魏氏，因為結論是難民局已經決定他們的配對，而且這一安排是最終處置。地方法官補充說，無論她以前的婚姻如何，時間和家庭生活的紐帶已經確認了這一匹配——因此曾昌明保住對魏氏的婚姻。

魏氏認為她和一個漢民不能在一起，因為他們信奉的是不同的宗教，這應該與分離漢民、回民和突厥穆斯林的努力產生了共鳴。事實上，我們將看到一位突厥穆斯林官員也提出相同論點，而且獲得成功的結果。然而，魏氏並沒有獲得成功。那麼，我們該如何理解湘軍時期強迫婚姻的邏輯呢？首先，它的目標不是簡單地控制婦女的性行為和家務勞動，而是將這種勞動工具化，為進一步的目標服務：建立儒家的家譜意識和孝道的做法，湘軍領導層認為這是維持一個有序的、以家庭為基礎的社會所必需的。這個案例的結論指出，父系血統的地位高於其他所有的關注。第二，重新安置對湘軍而言是樹立其對人命擁有的特殊權力的一種手段。對難民局所做決定的挑戰就是對教化工程的正當性發起的挑戰。

然而，重新安置也使湘軍重新征服西北時的性暴力得到正當和合法化。許多軍官強行娶了回民妻子，從吐魯番檔案中記錄的案例來看，關於劉錦棠在甘肅殺了一個回民女子的家人，然後強娶她為妾的傳聞似乎言之不虛。[44]其他流傳的故事是，湘軍士兵們用從穆斯林家庭掠奪來的女性做交易。那些記得湘軍新疆的再征服的突厥穆斯林可以說得更清楚。一位寫於一八九九年的編年史家如此描述喀什噶爾的征服：「安集延（Andijan）的所有男人都被中國人殺死了。他們的妻子被中國人當作自己的妻子。許多拒絕屈服的女子成為殉難者。」[45]從省級領導人的角度來看，透過滿足士兵們在邊境上成為有家庭的男人而獲得成功的核心願望，因此重新安置措施將會解決那些士兵具有攻擊傾向的問題。因此，穆斯林女子，被中國軍隊視作放蕩不羈、唾手可得，而且由於缺乏家庭意識從而只是邊緣文明人，因此可以作為夫妻關係中的次要伙伴而被迫服從。

## 漢人男性購買突厥穆斯林新娘

然而，在那些沒能為漢人定居者提供妻子的重新安置地區中，出現買妻、自我出售和販賣人口的行徑。流離失所的突厥穆斯林女子所採用的許多生存策略都是中國本土所熟悉的，將突厥穆斯林女性販賣到漢人手中的中介做法也是如此。然而，在新疆，這些做法獲得族裔特徵，作為少數的漢人男性雇用回民商人，從作為多數民族的突厥穆斯林那裡獲得妻子。

湘軍到來後，食物的匱乏和昂貴迫使人們，尤其是女性，開始尋求其他的生存方式。一個解決辦法是嫁給有錢人，通常是嫁給軍人。吐魯番的回民女性韓氏，在她的家庭處於飢餓的邊緣時做出這樣的選擇。[46]先是阿古柏的軍隊在圍攻吐魯番期間，將她的丈夫送上遠征的道路並淪為奴隸。韓氏放棄自己的丈夫，努力地維持家庭生計。當湘軍到來後，糧食價格的上漲使她無法獨自生存。韓氏對不斷惡化的條件的反應是先把一個女兒嫁出去，然後再找一個能養活她的新丈夫。

她的第二任丈夫李朝榮是漢人，這一點並不重要——畢竟，善後局也是會把穆斯林嫁給漢人，而韓氏至少是在被分配到一個丈夫之前，先找到一個丈夫。像許多復員軍人一樣，李朝榮在穆斯林起義後變成廢墟的北方漢人占多數的城鎮中尋找一些土地來耕種。這對夫婦向西北方向旅行，前往他們的新家，但在路上，韓氏的最後一個孩子去世了，這對夫婦的關係也隨之惡化。韓氏回到吐魯番與她的女婿住在一起，這時她的第一任丈夫又出現了，導致一場我們已經在魏氏的案例中見到過的那種糾紛。

在這種情況下，復員的士兵很容易找到妻子。結婚的士兵一般都是透過簡單的契約購買來得到妻子，這就模糊了婚姻、臨時婚姻和賣淫之間的認知界限。在許多糾紛中，一方指責另一方是綁架（「拐」或「擄」）婦女，而被告則辯稱他實際上是「買」了她。[47] 在早期的一個案例中，一對來自陝西的回民士兵，馬金福和楊五十子，在一八七五年離開軍隊。[48] 他們沿著回民主導的貿易路線進入新疆，並在吉木薩爾定居下來並從事貿易。在那裡，他們與兩名漢民女性黃氏和牛氏結婚。在一八七七年，兩對夫妻搬到吐魯番，馬金福在那裡與一位川軍指揮官住在一起賣牛肉，而楊五十子則是在吐峪溝租下一塊地皮。兩人都去收割幾天楊五十子的莊稼，當他們回來時，發現他們的妻子和貨物都不見了。經過調查發現，住在附近的一個叫余達必的人綁架兩人，並把其中一個妻子賣給另一個人，而把另一個妻子留給自己。在和他們當面對質的時候，余達必笑著告訴他們，「俱悉兵勇遺棄婦女」（這些是被士兵們拋棄的婦女）。

余達必表達了一種普遍的看法，即士兵們的婚姻只是基於勞動力和洩欲而締結的臨時關係，因此沒有理由產生感情或道德上的憤慨。在現實中，士兵並不是在家庭包辦的意義上結婚，甚至不一定是在舉行必要結婚儀式的最低法律意義上結婚。即使前往新疆，他也有可能四處流動，而不是定居在一個穩定的家庭中。根據吐魯番的人口登記冊，這些登記冊是吐魯番在被重新征服的多年之後製作的，漢人稅戶通常由一群沒有關係的男人組成，他們共同生活在一個屋簷下。例如，在漢墩登記的二十一個漢人家庭中，只有八個家庭裡有女性成員，而一百八十八個突厥穆斯林家庭中的百分之九十九點五和二十七個回民家庭中的幾乎所有家庭都有女性家庭成員。[49] 未婚獨居男子顯然只在漢人中常見。有意思的是，與突厥穆斯林占多數的南疆相比，涉及賣淫並升級到暴力事件的衝突在漢人占多數的北疆更常見，那裡有大量的男人爭奪為數極少的女人。在某些情況下，衝突的情況表明，在類似於非正式的一夫多妻制的情況下，一個男人會把他的妻子賣給其他人。[50]

在重新征服後的許多年裡，適婚中國女性的匱乏狀況一直存在，在整個晚清時期，這一狀況促使年老的士兵尋求與突厥穆斯林婦女結婚。直到一八八二年時，檔案中對漢人定居男性和突厥穆斯林女性之間的婚姻都嚴格按照「購買」的方式進行描述。然而，後來的定居者開始使用「禮銀」一詞，來指涉為突厥穆斯林女性的家庭所提供的費用。這種話語的轉變反映漢人、回民和突厥穆斯林之間關係的逐漸正常化，與此同時，關於綁架和強迫婚姻的報告也在減少，而這類報告在重新征服後立即就變得非常醒目了。雖然在吐魯番，性暴力不一定減少，但人們至少學會以符合衙門期望的方式來表現家庭關係。

事實上，突厥穆斯林通常不會從「聘禮」的角度來理解婚姻。根據貝勒漢（Bellér-Hann）的說法，在突厥穆斯林的背景下，婚姻中的禮物和現金的交換不能被直接解讀為購買或贈送彩禮，也不能從主體視角的角度來理解。[51] 而是作為 toyluq，這個詞經常被翻譯為「聘禮」，它指代的是家庭、新娘和新郎之間的一系列交易，這些交易雖可以用購買的語言來規範，但更多的是建立社群的一系列象徵性交流中的一個階段。喀什噶爾的文獻和庫木爾（哈密）菁英階層家庭的婚姻記錄都表明，商品交換，特別是牲畜、衣服和食物，是突厥穆斯林之間婚約的核心內容。[52] 然而，在十九世紀末的吐魯番多民族社會中，toyluq 的性質發生了變化。當突厥穆斯林的女兒嫁到她的社群之外時，toyluq 更多是由銀子構成，然而在突厥穆斯林中間，衣物和其他物品仍舊是標準的聘禮物品。[53]

雖然突厥穆斯林家庭試圖透過長期的商品交換儀式來維持彼此之間的社群關係，但他們可能把外嫁給回民和漢民的婚姻更多地視為穩定經濟的短期策略或收益策略。但是漢人可以很容易地將toyluq解釋為彩禮，因此這讓人聯想到中國本土常見的生存策略。[54]此外，用女人換錢的做法是與債務問題密切相關的，放貸人通常是中國或南亞的商人，他們很樂意接受女兒來代替付款。[55]

在中國本土，賣妻和出售自己是很常見的事情，這種作法在動盪的時代相當普遍，但也會受到掌握政治權力的儒家道德家的指責。事實上，在中國本土的核心省份裡，「就地正法」這一特殊刑罰被明確用來懲處販賣婦女或強迫婚姻的人，[56]但這實際上使就地正法成為對極端貧困者或對利用他們的人的懲罰。然而，在新疆的任何形式婚姻都是為實現教化工程的核心目的——建立家庭單位，因此在新疆沒有對人販子實行就地正法的紀錄。相反，當局沿用《大清律例》的一個變體，根據這個變體，綁架或得到本人同意的販賣婦女可判處三年監禁和一百下鞭刑。[57]因此，一個從死屍身上偷衣服的「光棍」可以被迅速處決，但是有人將另一個人賣為奴隸卻不會被處決，因為後者的做法被認為是在創造家庭。

雖然三年監禁和一百下鞭刑這種懲罰會使人受盡折磨，但不一定會致死，而且從販賣突厥穆斯林女性中獲利的可能性很大。此外，衙門雇員也經常參與其中。例如，在一八八〇年，兩名為闢展知縣效力的突厥穆斯林跑堂人被指控綁架一名年輕突厥穆斯林女子，並將她賣給一位姓李的人。[58]據被綁架女子的哥哥說，跑腿的人認為他們家沒有父親，因為他們的父親在外面砍柴，於是他們逮到機會，綁架一個明顯的「女流」，並讓她與一個新丈夫「落戶」。在吐魯番，當突厥穆斯林婦女的男性親屬不在時，漢人男子會透過金錢或暴力獲得該女子，這遠非是個別現象。在一八八六年的一個深夜，一位名叫皮牙札（Piyaza）的婦女被一陣敲門聲驚醒。[59]一個叫曾玉成的中國人突然闖進來，要求娶她的女兒。撇開他的要求不談，皮亞札的女兒已經有一個丈夫，他正在阿克蘇。皮牙扎的女兒與曾玉成搏鬥一番，咬傷他的手，讓他血流不止，但曾玉成還是把她打昏並將她帶走。曾玉成將這名年輕女子囚禁在家中數日。在隨後的調查中，他聲稱在幾個月前就已經透過回民掮客支付購買她女兒的費用。在他的印象中，皮牙札的女兒是個妓女，而這個回民商人顯然是占了曾玉成的便宜，騙取大量的「聘禮」。曾玉成最後敗訴，而那個回民掮客則帶著錢遠走高飛了。曾玉成相信自己有能力在沒有男性監護人在場的情況下購買一名穆斯林婦女，這是因為人們普遍認為「無主」的突厥穆斯林婦女會尋找漢人丈夫，也因為進行中的貿易活動促進這種安排。

旅居在奇台的山西漢人青年劉雲，也聲稱自己在不知不覺中被捲入人口販運。[60] 一八八九年，他支付三十兩錢，娶了一個來自吐魯番的十二歲穆斯林女孩羅扎拉（Rawżallah），後者和他一起生活。這是一個典型的旅居者臨時婚姻安排：他有效地獲得一個女孩，然後奴役她，先是作為家庭僕人，後來是作為性伴侶。在一八九二年末，羅扎拉的父親阿布里米提（Ablimit）將劉雲告上奇台縣的知縣大堂。阿布里米提聲稱，羅扎拉有一個前夫，而劉雲綁架了她。劉雲表示反對，並指出羅扎拉此時已經懷孕四個月。進一步的調查導致知縣提出和解：劉雲將支付二十兩的罰款，孩子出生後由他保留，而羅扎拉將回到她神祕的「前夫」身邊。劉雲對這種情況感到困惑，但又無力改變，後來他在一個回民張石的家裡碰到羅扎拉。他後來得知，阿布里米提和張石是一伙的，他們綁架女孩，把她們說成是阿布里米提的「女兒們」，然後把她們當作妻子賣掉。

吐魯番的一個漢人男子明顯的癡迷行為，詳細地展現對婚姻的不同看法之間的複雜互動。[61] 這個人叫張喜，是一個四十五歲的湘軍老兵，他笨拙地試圖利用衙門的權威來保證他與一個只有六歲的突厥穆斯林女孩結婚。張喜的策略是將自己表現為一個有道德的人，尋求一個規範的婚姻，並與女孩的父親艾哈邁德履行契約，他在訴狀中把艾哈邁德描述為一個騙取聘禮卻沒有交出女兒的騙子。在艾哈邁德和張喜之間有一個回民掮客金紹元，他與艾哈邁德住在一起，為這個看似富裕的商人充當翻譯。在一八九一年，張喜找到金紹元，要求與艾哈邁德的女兒努爾蘭（Nurlan）結婚，他提出高額的聘禮，包括牛、糧食和一筆錢。艾哈邁德很想把這個女孩嫁出去，因為她的母親已經去世，而年輕女子的作用就在於她能為家庭帶來財富。金紹元寫下兩份契約，一份是漢語，另一份是察合台語，由一名監督員和一名阿訇作見證。據稱，張喜拿出聘禮，並期望立即與該女孩結婚，將她帶入家中從事家務勞動，一旦她到達性成熟的年紀，就會生一個繼承人。然而，艾哈邁德推遲這樁婚事，可能是因為他在張喜的意圖中發現一些令人不安的東西。張喜與其他一些中國男人住在一起，雖然他可能擁有支付toyluq所需的財富，但艾哈邁德可能有理由擔心努爾蘭會在她的婚姻家庭中受到虐待。同時，艾哈邁德可能也懷疑張喜的支付能力，事實上，我們也不清楚張喜是否真的拿出了toyluq。張喜與艾哈邁德和努爾蘭接觸時，似乎他可以憑藉其外來者的財富和地位輕鬆地得到這個女孩，但事實上，雖然張喜是漢人，但其經濟資本根本不及艾哈邁德。如前所述，臨時婚姻可能因社會經濟地位的不同而產生差異，雖然中國士兵和商人可以向窮人施壓，迫使他們放棄女兒，但經濟條件較好的突厥穆斯林則以吸引他人進入其家庭和社群的方式，安排女兒的家務和生育行為。艾哈邁德肯定感到被張喜提出的要求侮辱了。

接下來發生的事情表明，張喜對他的漢人優越感遭到否定一事感到沮喪，因為他後來連續向衙門提出一系列申訴，每一項申訴針對的都是漢人─突厥穆斯林關係的不同比喻。他聲稱契約被違反了，並提出要求恢復原狀，但他很明顯願意接受隨後的調解。

然而，接下來，張喜把這一問題又向前推了一步。他利用漢人眼中的突厥穆斯林奸詐狡猾的刻板印象，聲稱艾哈邁德與金紹元合謀，後者就像其他的回民掮客一樣，透過許諾妻子和攜帶聘禮潛逃來欺騙漢人男子。張喜提出兩個要求，而知縣指出這兩個要求是互不相容的：他希望艾哈邁德和金紹元因為犯法而受懲罰，但他又希望原來的協議能得到執行，因為他認為協議是合法的。張喜要求退還比他原先要求的更高的聘禮金額以安撫他被重創的自尊心，同時也要求努爾蘭嫁給他。最終，知縣拒絕對這個案件的審理，並將其送交調解，於是各方人在一家回民經營的小飯館這一中立地點見面。在一場豐盛的宴席上，在一位毛拉和當地證人的見證下，雙方進行道歉。艾哈邁德透過他的翻譯解釋說，努爾蘭不願意在如此年輕的時候結婚，但承諾會履行契約。從這一點來看，張喜要脅要讓中國政府參與進來，並將艾哈邁德描繪成一個不道德的罪犯，這讓張喜在這場衝突中獲得勝利。

然而，張喜再次逼問努爾蘭的事情。他聲稱在一個突厥穆斯林人的家裡看到努爾蘭，這表明艾哈邁德在女兒與張喜訂婚的時候又為了錢而把她賣給那個人，如果不是這樣，那就是他們一夥人在陰謀販賣婦女。畢竟，同樣的做法在其他案件中也被曝光過。這一次，張喜索要的錢增加為最初的四倍多，外加一大片土地、幾頭牛，甚至一整條坎兒井（karez）的所有權，這種坎兒井是吐魯番的生命之水賴以流通的地下灌溉通道。知縣如今非常想把這場衝突趕快結束，因為它有可能使漢人、回民和突厥穆斯林發生衝突，所以他說服張喜，只要索取銀子賠償便可——這是漢人男子購買突厥穆斯林女子作妻室的通常手段。對於這個建議，張喜抱怨說，艾哈邁德是在歧視他這個漢人。他說，如果不同教的人之間允許結婚的話，那麼艾哈邁德應該很樂意以合理的價格把女兒嫁給他。

張喜從來沒有收到那筆錢，也從來沒有得到過那個女孩，整個過程的結果只有敵意。知縣也拒絕再聽張喜招人厭惡的任何意見，因此檔案裡的線索就在此畫下句點。然而，這個案例揭示漢民定居者是如何看待漢人在征服新疆後的性經濟中的地位：漢人是消費者。突厥穆斯林女性是被回民經紀人收購和轉賣的商品。通常情況下，吐魯番的衙門和清朝的其他衙門一樣，都會維護契約，而張喜也希望他們在婚姻問題上也能這樣做。事實上，張喜認為，婚姻是一個購買契約的問題，他向衙門的刑科提交他的訴狀。然而，衙門卻將其歸入一個單獨的法律類別和一個類似於禮部的其他部門，這個部分是負責管理家庭、禮儀和教育事務的。這一區別表明衙門對待婚姻的方式和婚姻在政府所控制的社會中所扮演的功能之間的巨大差別，婚姻在前者的功能是作為一項社會道德資產，在後者則是作為一項經濟交換事務。

事實上，「突厥穆斯林」、「回」和「漢」的地位差異，並不是單純的種族、宗教或語言差別，而是在一種交換體系中的地位差別。就一個突厥穆斯林女子而進行的銀子交換——或者在本案中的退款，象徵的是她在自己所屬社群之外的移動。將其他物品「歸還」給張喜，則表明這種交換最初是為了將他帶入該社群，而只歸還現金則標誌著張喜與那些本應是他姻親的人存在著距離。這種邏輯讓人聯想到突厥穆斯林象徵性地用一筆錢來把家中生下的小孩「買來」，用這種假裝收養的形式來趕走嫉妒之眼（evil eye，直譯為惡魔之眼）的做法，這種儀式被稱作「Setiwaldi」，字面意義是「買到」。[62] 在對比之下，穆斯林旅居者與當地婦女的臨時婚姻通常涉及長期婚姻中所看到的相同商品交換。作為拉開丈夫與妻子家庭距離的一種方式，現金交換在表面上類似於賣淫中的現金交換，而這強化了中國人眼中的穆斯林婦女只是為金錢而進行性交易的想法。

至於回民掮客，令人吃驚的是，吐魯番衙門似乎從來沒有處理過在回民群體中的類似努爾蘭案例的案子。一位名叫霍加·奈依·汗（Khwaja Nāy Khan）的人在一八九二年時觀察到，吐魯番的回民避免與外人有性方面的接觸，而檔案記錄似乎也證實他的說法。[63] 在這些事件中，回民幾乎都是作為安排婦女買賣的掮客而出現的，而不是作為顧客或受害者本身。因此，新疆的民族三角關係是一個經濟上三角關係。漢人是消費者，回民是掮客，以及提供吸引人與高價值商品的突厥穆斯林供應商，而所謂的商品便是女性的家庭勞動和性勞動。

## 儒家父權制的突厥穆斯林殉難者

衙門將婚姻視為一種儀禮上的考量，因此最好是在家庭和村莊內決定，而婚姻在社會上又被視為一種財產交換事務，這兩者之間的分歧促使對突厥穆斯林女性的持續販運，並為這一行徑提供理由。這種行為是在一種掩護下進行的，用珍妮特・泰斯（Janet Theiss）的說法，這種掩護是在「國家的懲戒和打壓」下進行的，也就是清朝透過政治－司法機構宣傳其性別和性行為規範。[64]在大多數情況下，吐魯番衙門將婚姻和賣妻的問題交給地方當局處理，而地方當局則被期待獨立地維護社會道德秩序。然而，檔案中出現一些極端的案例，其中一個案例說明清朝法律和湘軍意識型態是如何為民族化的性經濟（ethnicized sexual economy）進行辯護。

在一八八一年，魯維達・汗（Ruwayda Khan，漢字拼音轉寫作 Yueweiti Han 或 Reweidi Han），一個無家可歸的寡婦，嫁給湘軍士兵朱春亭。[65]婚後不到一年，她就懷孕了，但朱春亭卻返回他在甘肅寧州的老家。根據後來從朱春亭得到的證詞，他是為了照顧年邁的父母而不得不離開，因此將妻子和未出生的孩子託付給他的朋友姚正榮和陳德勝。在朱春亭不在的時候，魯維達・汗生了一個女兒，名字叫「桃花兒」。桃花兒沒有姓，說明她不被視為朱家的正式成員。桃花兒出生後不久，姚正榮和陳德勝寫信給朱春亭，聲稱魯維達・汗有通姦行為。朱春庭隨後在回信裡指示將魯維達・汗和桃花兒賣掉。根據旅行者的描述，在葉爾羌和喀什噶爾的中國士兵也有同樣的做法：一個離開的士兵會把他的妻子賣給以前的同伴，帶走兒子，但會賣掉女兒。[66]兩位朋友因此找到一對回民掮客趙大和王四，他們又找到一個名叫楊本誠的買家。我們在本書的導言部分中曾簡單提到過他，他是一位上年紀的漢人，也是湘軍老兵，正在尋找一位妻子來繼承他的家族血統。在一八八五年，他談了一筆高昂的聘禮，並同意給桃花兒支付一筆禮金。

魯維達・汗顯然不願意進行這次買賣。她最初把自己賣給朱春亭是為了讓自己能活下去，沒想到會被拋棄，更沒想到會遭到別人的販賣。根據後來的證詞，當姚正榮和陳德勝告訴她要被賣給楊本誠時，她連續幾天絕食並發誓寧死也不嫁給他。與此同時，一個名叫薩比勒（Ṣābir）的人，自稱是魯維達・汗的哥哥，透過威脅要打官司來尋求讓她獲救，而來帶她的人則把她拐走了。最終，魯維達・汗來到了楊本誠的住處，儘管在證詞中有住處的描述，但這裡遠非一個家庭住所。根據檔案記錄，楊本誠與其他湘軍老兵住在一起，而這群單身漢有可能打算將魯維達・汗作為奴僕來共享，或者以一種在中國並非陌生事物的共妻制形式。[67] 魯維達・汗假裝生病並成功地避開了和楊本誠同床。根據官方的說法，她找到了一坨鴉片，吞下了它，然後像我們所預期的那樣，在平和和安靜的睡眠中死去。

楊本誠和他的室友們將魯維達・汗自殺一事保密了十天，隨後楊本誠才報告她的死訊，並將桃花兒送給村長照看。同時，薩比勒曾試圖在衙門裡進行干預，但沒有成功，衙門裡的官員認為婚姻和家庭事務是私人問題。然而，如果懷疑受害者是被逼自殺的話，此事就會引發調查，現在薩比勒證明，姚正榮、陳德勝和回民掮客是逼迫魯維達・汗自殺的人。隨後的調查對魯維達・汗的身分和遭遇進行詳盡的描述。薩比勒希望根據清朝法律來審判那些把魯維達・汗拐走的人。

然而，總督劉錦棠在答覆關於魯維達・汗自殺的報告時，他對她的行為大加讚賞。他說「魯維達・汗是一個貞潔的女人，她為了貞潔而犧牲自己，這樣的動機是非常值得讚揚的！我們必須緊急讚揚她。我們必須迫切地讚美她，以促進風俗的轉變！」[68] 劉錦棠的命令抹去她最初賣身給朱春亭時所處的艱難處境，而把她的自殺作為教化工程的烈女來維護。這意味著，除了魯維達・汗本人，沒有其他人會對她的死亡承擔責任。因此，魯維達・汗是作為一個英雄死去的——但是她這麼做的動機卻被抹去了。

就如同薇薇安・黃（Vivien Ng）和珍妮特・泰斯已經指出的，自殺是經歷過性暴力的清朝女性獲得正義的少數手段之一，至少在死後，她可以用法律來對付那些傷害她的人。[69] 然而，湘軍的教化工程甚至把這一點也否定了，它將幾乎所有的婚姻（不管是強迫定居還是自我出賣）都歸入到家庭儀式的範疇裡。在中國本土蓬勃發展的賣妻行為，在名義上是被禁止的，但在官員將婚姻作為其核心任務的地方，也有可能蓬勃發展。

## 父權制和邊界管制

總的來說，困擾突厥穆斯林男子的不是對婦女生活的傷害，而是他們自己失去對婦女身體的控制。非穆斯林購買突厥穆斯林女性成為緊張局勢的主要來源，因為透過出售（通常是在脅迫下）和阿訇不允許進行的賣淫行為，以永久買賣的方式把突厥穆斯林女性轉移到外人手中，並且替代臨時婚姻。圍繞著賣淫和社群間的親密關係的討論以及突厥穆斯林權威對這些活動加以監管的嘗試，揭示社群邊界的重新談判。突厥穆斯林的精英們利用教化工程，對違反其社群的宗教和語言界限的婦女實施空間和社會隔離。

霍加·奈依·汗觀察，回民避免與漢民和突厥穆斯林發生性關係，證明突厥穆斯林之間的賣淫行為（至少是包括男性與女性的異性接觸）是常常發生的，而與其他男人和年輕男孩（bachcha）的性行為是被容忍，但卻是被鄙視的行為。[70] 漢人妓女的價格較高，霍加·奈依·汗說，但付得起的突厥穆斯林可以得到她們。當突厥穆斯林女性和漢人男性發生性關係後，這件事就會成為一個汙點：「如果一個漢人得到一個當地女子，這個女子就會被視為一個妓女」。奈依·汗解釋說，「如果一個妓女進了一個漢人的房子，沒有人可以阻止她」，因為漢人和突厥穆斯林之間在經濟實力和暴力威脅能力方面的明顯不平等，意味著實際上沒有有效的法律手段來加以勸阻。從奈依·汗的角度來看，問題在於和漢人男性發生性關係就意味著離開突厥穆斯林社群，「甚至有當地的妓女被漢人占有了，就變成漢人」。畢竟，政府是更希望突厥穆斯林婦女採用漢人習俗的。

然而，這樣的女人也並非真的「變成漢人」，這些所謂的「壞女人」仍然會被兩個社群都排除在外。涉及突厥穆斯林婦女的賣淫案件表明一種命名模式，它反映這種中間性和一種類似於採用「纏頭」來指代具有漢人特徵的突厥穆斯林的邏輯。一八七七年以前出生的老一代女子往往以突厥—伊斯蘭名字為人所知，而她們的女兒幾乎總是被貼上帶有色情或物化含義的漢名。正如魯維達・汗和朱春亭的女兒被稱為「桃花兒」一樣，一個名叫尼雅茲・汗的女性、妓女與她的兩個女兒生活在一起，她們的中文名字分別為「銀花」和「桂香」。到一八九八年時，這三人都參與性工作，銀花和桂香很可能是漢人男子的親生子女。另一個女人在檔案中被命名為「白黑糖」，暗示她的混血血統。[71] 其他女子的名字則表明她們的被販售的身分，例如「八錢五」。[72] 在這個意義上，突厥穆斯林性工作者和儒家學校的學生有些相似，儒家學校的學生們會表明自己是擁有漢名的男人的後裔，而且自己也經常取漢人名字，以表明自己是精英階層的成員，而這些女子得到的中國名字則表明她們被排斥和從屬的地位。

這種排斥是空間上的，也是社會上的。奈依・汗對突厥穆斯林妓女和漢人妓女的描述是以「當地人」（yärlik）和「中國人／漢人」（Khitāy）區分的，將這兩個群體之間的區別視為本地人和新來者之間的區別。同樣的邏輯也反映在前一章的阿訇的論點中，即來自「外面」的妓女擾亂社會、道德和宇宙秩序，也惹怒神，使春天的融水枯竭。因此，與漢人發生性關係的突厥穆斯林女性被認為是占據了一個第三空間。她們死後不是被埋在穆斯林墓地裡，而是被埋在城牆外，在中國人的墓地裡或附近，即使死後也沒有地位。[73] 沒人在他們的墳上誦讀《古蘭經》，除非有人花錢請一個宗教學校的學生偷偷誦讀。

這就是銀花遭受的待遇，她在漢人墓地被埋葬兩次。[74] 在一八九七年十二月，尼雅茲・汗將她嫁給一個剛剛來到吐魯番駐軍的教官，名叫楊奇庭。銀花認為這是一門好親事，因為她的混血成長背景讓她能夠像漢人一樣行事。在一八九八年四月，銀花和她的母親爆發爭吵並服毒而亡。楊奇庭僱用一個道士在她靈前唸咒三日，然後把她埋在東門外的漢人墓地裡。在很長一段時間裡，楊奇庭仍然繼續養著他認為「不守婦道」的尼雅茲・汗：按照他和官方報告中的描述，每一天，都有陌生人在她的院子裡進進出出，這是對性工作的一種明白的委婉說法。後來，楊奇庭娶了一個突厥穆斯林妓女的女兒，這件事很快的讓楊奇庭的上級感到不舒服了。銀花是「纏女衣漢裝」，因為楊奇亭為她購買精美的服裝。顯然，銀花給人的印象是一個剛從中國本土來的富家女。然而，她的實際出身卻使楊奇庭的同僚感到不舒服。漢人兵卒可能會維持這種關係，但對於軍官、官員和他們的親屬而言，例如楊榮的孫子麻子，這種關係至少會被認為是一種尷尬的事情。最終，迫於壓力，楊奇庭停止了對尼雅茲・汗的照顧。

作為回應，尼雅茲・汗僱傭了一個叫帕爾哈特的人，在十二月三十日晚上幫助她從中國墓地挖出銀花的屍體。他們溜過守衛，設法將她的屍體放在楊奇庭的朋友毛林甫在市場上的商店裡，他和其他數百人將在早上見到屍體。尼雅茲・汗後來聲稱，她在策劃挖掘銀花屍體時是遭迷惑的。也許是為了迎合中國官員的迷信和對伊斯蘭教士的不信任，她作證說，一位來自伊犁的旅行毛拉背誦的「黑經」讓她受到迷惑。不管怎麼說，當楊奇庭醒來得知他去世的妻子的屍體出現在毛林甫店鋪的門口時，他迅速查明背後的原因，並跑去叫來知縣。像他這樣的漢人一下子就能明白擺放屍體的策略，因為在中國本土，把死者的屍骨放在指責者的家裡是很常見的事情。[75]在理想情形下，這樣的行為會引發對自殺真偽的調查，就像魯維達・汗的案件一樣，這可能會導致對死者家屬的賠償。

楊奇庭推測這具屍體是為了威脅他，而尼雅茲・汗後來也承認，她正是打算以這種方式敲詐楊奇庭。不過，屍體被放在毛林甫的店裡，應該會牽連到毛林甫。也許尼雅茲・汗最初是將銀花的自殺歸咎於毛林甫，或者是打算編造一個更複雜的故事。迪化的一個類似案例表明，雖然楊奇庭為銀花購買衣物並為她提供住處，但她作為一個妓女，可能收到多個漢人顧客的禮物，這些顧客爭相對她示好，毛林甫就是其中之一。[76]事實上，考慮到湖南官員和定居者們收集過的具有異國情調的圖畫，也許他們會認為突厥穆斯林女性特別令人嚮往。不管怎麼說，知縣並沒有考慮案件的複雜原因，而是命令尼雅茲．汗、她的僱工和她倖存的女兒回到他們來的地方——喀什噶爾，並且接受挖出屍體的懲罰。楊奇庭被命令支付他們的旅行費用。

尼雅茲．汗和她的家人不僅說明性工作者和混血婦女常見的命名模式，而且還說明他們的空間分離和社會分離的特點。雖然「變成漢人」的婦女死後會被埋葬在漢人墓地，但在現實生活中，這樣的婦女不在城裡生活，而是住在沙漠道路沿線的房子裡，並生活在真實或虛構的家庭中。一八八三年，吐魯番的突厥穆斯林權威試圖出於自己的目的來利用知縣所下達的命令，將一些房屋清空，重新安置住在那裡的女性。[77]雖然原命令的漢文文本已經遺失，但察合台文的翻譯卻記載得相當栩栩如生：「在這片土地上的壞女人被消滅之前，麻煩會降臨到這裡，瘟疫會進入這裡，腐爛會出現，昆蟲會降臨到莊稼上，強風會吹來，而這一切都來自壞女人的麻煩。憑著皇上的恩典，你們要消滅這些壞女人。」作為回應，阿訇準備一份具體的婦女個人名單，以懲治不道德行為。他們選擇了「不孝之纏婦」（andüḥlïq qïladurghan maẓlūm）作為他們的目標，這些女子在進出中國本土的道路上建立自己的妓院。霍加．奈依．汗說，這些女人的收費，比在街上拉客的站街女要來得高，但這也意味著她們的交易更加公開，因此更容易受到攻擊。[78]

很明顯，阿訇對這些問題女子是很熟悉的。根據請願書，住在吐魯番的一些「壞女人」都是一個家庭的成員。有一個叫瑪斯圖拉（Maṣtura）的女子，她是一個叫賈汗．巴基（Jahān Bāqī）的人的妻子，是寡婦阿娜爾（Anāl）的女兒。官員認為這兩個女人都是自願從事性工作的，另外還有第三個女人古魯士（Gülüsh）

也是。這些神職人員和衙門合作，把這些人都重新安置了。

瑪斯圖拉和賈汗．巴基本身就是一對夫妻，他們被安置在魯克沁六號坎兒井的一塊土地上，與阿娜爾和古魯士一起，她們都被分配到突厥穆斯林丈夫。[79] 阿訇負責為這些家庭找到合適的土地進行耕種，一起務農的還有「照看這些女人的男人們」（shubu maẓlūmlarni saqlaghan ādamlär）。國家為每個人提供津貼。這些人和其他被重新安置的「壞女人們」如今被限制在了主要是在魯克沁和羅布泊的沙漠農莊裡，這裡顯然是在吐魯番王所控制的土地上。[80]

最終，在一八九六年時，由於突厥穆斯林和漢民之間在性別和債務方面的衝突達到了頂峰，羅布泊成為了「壞女人」的唯一流放地點。[81] 羅布泊是吐魯番南部沙漠中的一個荒涼鹽湖的名字，它表示的是一片沼澤地，在那裡生活的突厥穆斯林極為貧窮。穆斯林菁英人士和外國旅行者都把他們描述為落後或野蠻的人。在那裡，「壞女人」的被疏遠可以使吐魯番遠離所謂不道德的性行為，也把社群間愈發緊張的關係歸咎給她們，與此同時，透過婚姻和開墾荒地，可以讓她們變得文明。用布政使饒應祺的話說，這種持續遷移的目的是：穆斯林群眾應立即被納入秩序，也就是成為臣民。也就是說，突厥穆斯林將被重新安排，使婦女的生育勞動能夠為重建和建立一個基於家庭的道德的農業社會提供幫助。

同時，衙門明確禁止了（儘管無效）士兵強行帶走突厥穆斯林女子的做法，違反者將透過軍法進行懲罰。任何被這些士兵強姦的女子與她們的孩子一起，也同樣被送到羅布泊。這最後一項決定讓人質疑對社會穩定構成威脅的考慮。也許當局認為被強姦的女性在性方面會很放縱。否則，從他們的角度來看，也許問題不在於性暴力，而在於混血兒的出現，他們在吐魯番變得越來越普遍，這並非突厥穆斯林被同化的標誌，而是對他們在漢人面前的從屬地位的提醒。

流放制度造成另一個可怕的諷刺，一些被送往羅布泊的女子從未到達指定的目的地，而是一直被囚禁在吐魯番王的宮廷中。

在賈汗．巴基和瑪斯圖拉被流放的一年後，雖然教士們報告說兩人都幸福安寧地過著簡單的農耕生活，但賈汗．巴基卻在信中說，他的妻子仍未被釋放回到他身邊。[82] 一位名叫胡什南．汗（Khushnān Khan）的年輕女子也是如此，她的母親在絕望中把她賣給一個漢人放債人以償還債務。[83] 吐魯番王透過自己的國庫支付債務，從她的漢人丈夫手中贖回胡什南．汗，聲稱漢人和穆斯林的教義是不相容的（漢回兩教不合），因此這對夫婦將「各歸各教」。雖然吐魯番王的行為與新疆的同化目標背道而馳，但湘軍領導人仍將其視為教化工程中的可靠盟友，認為他能夠透過讓婦女為其主人服務來糾正腐敗的婦道。[84] 然而，如果這些報導是真實的，那麼湘軍透過婚姻來矯正道德的嘗試，反而導致從儒家視角而言更大的潛在不道德，正如前面奈依．汗描述的，吐魯番王控制下的「壞女人」們。

因此，社群之間的界限在空間的分割中被重新整合。生活在邊緣空間的性工作者能夠以不利於湘軍計畫的方式調動她們的身體。同時，突厥穆斯林婦女與中國男人的親密關係也象徵著穆斯林社群和突厥穆斯林社群的損失，其成員是具體的交換對象。一方面，儒家父權制要求婦女建立一夫一妻制的婚姻，以建立一個更理想的社會，在這個社會中，文化和語言的界限將隨著人們的漢化而變得模糊。另一方面，突厥穆斯林的父權制也要求對婦女的性和家務勞動予以控制，因此在不考慮其他結果的情形下，被剝削的社群得以維持完整。

## 家庭中的民族性

到目前為止，我們已經見到新疆重建時期的性經濟如何鼓勵某些形式的社會流動，而在相對流動類別之間的變動，反過來又使這些類別之間的差異得到強化和加深。[85]這些差異在空間上可以透過生活或死亡的排斥來標示，在社會上可以透過交換體系中的不同地位來標示，在儀式上可以透過納入某些生命週期的儀式，如婚禮和喪葬儀式來標示。

然而，這些更大規模的排斥和包容的動力也在家庭中發揮作用。這種情況本身並不令人感到驚訝。有一些政府將家庭作為道德和社會紀律的場域，並且會壓倒一切地予以關注。[86]這就如同安・斯拓勒（Ann Stoler）針對全球殖民案例所提出的，家庭成為其他政策和焦慮的中介機構，於是，政府所做的分類也出現在人們家庭的內部。[87]關於收養和剝奪繼承權的兩個案例研究將會向我們展示民族宗教類別是如何在家庭衝突中為人們的利益所服務。在這種情況下，儘管漢人、回民或突厥穆斯林的類別，幾乎沒有正式的法律地位，但在適當的情形下，它們可以被調動起來，以證明共同的或疏遠的血緣。也就是說，從一八九〇年代中期開始，一個漢人屬於一個漢人家庭，一個回民屬於一個回民家庭，一個突厥穆斯林屬於一個突厥穆斯林家庭——這些標籤不再僅僅指向語言或宗教，也指向血緣。

在一八六四年穆斯林起義爆發時，一個只有六歲的漢人男孩與他的父母住在高昌（Qarakhoja）。[88]一位名叫艾綏姆（ʿĀṣim）的穆斯林男子試圖庇護這個家庭，但所有的人都在暴力中被屠殺了，只有這個孩子倖免於難，艾綏姆便給他起了一個名字，叫「伊斯拉姆」（Islām），並將他作為自己的養子來撫養。在一八七七年湘軍把漢人兒童從突厥穆斯林家庭中分離出來時，伊斯拉姆已經十九歲了，他知道自己的身世，但拒絕離開撫養他的人。從各方面來看，伊斯拉姆都是艾綏姆家庭中的一個普通成員，儘管他有自己模糊的社會身分。伊斯拉姆在世俗的檔案文件中時而出現，例如在一八八〇年，衙門命令他在一場小糾紛中向對手提供一頭牛。[89]在這個時候，艾綏姆剛剛去世。此後不久，他的妻子，也就是伊斯拉姆的養母為艾綏姆生下了一個遺腹子，也許正是他們多年來夢寐以求的兒子。雖然伊斯拉姆被稱為艾綏姆的兒子，但文獻中卻稱他為「纏民」（納稅的突厥穆斯林）、「戶民」（納稅平民）或「民」（平民）。後面兩個沒有標記的類別通常意味著漢人身分。

這位「突厥穆斯林伊斯拉姆」（Islām the Musulman）在一八九七年之前一直過著平凡的日子。但在這一年，他的養母和兄弟合謀剝奪伊斯拉姆從他養父那裡獲得的剩餘遺產份額。像艾綏姆這樣的穆斯林男子經常會將他們的大部分財產留給在世的親屬，在他們死後，財產平均分配給剩餘的兒子（女兒的比例較小），在這個案例中也不例外。然而，伊斯拉姆的養兄托赫塔．阿訇（Tokhta Akhund）現在已經二十歲，我們可以懷疑，他的母親更加偏愛他，而不是伊斯拉姆。事實上，托赫塔這個名字可能是了解伊斯拉姆家庭生活的一個線索。這個名字的字面意思是「停止」，它通常是在父母希望不再有孩子時，所取的兒童名字。也許艾綏姆和他的妻子已經生了幾個並未提及的女兒，母親現在終於把托赫塔視為他父親的繼承人，或者是沒有其他孩子存活下來。不管情形是怎樣，他們把伊斯拉姆，這個家中唯一的「漢人」趕出了家門，並剝奪他被承諾的繼承權。衙門站在伊斯拉姆一邊：他的種族在爭論中沒有任何的區別作用，重要的是他作為兒子的身分，一個為父母盡孝的父系成員。知縣最終裁定，伊斯拉姆的母親不得在血緣問題上表現出偏見。這種官方邏輯讓人聯想到經世思想對於家族世系的分析，認為它是一種禮儀的構造，在這種構造中，實踐家庭關係會改變一個人的實質，使他們成為家庭的一部分，而不管父母是誰。根據清朝法律，地方官的裁決是有效的，並強制維護父系關係，但它與實際地面上對於差異的處理並不協調。

在涉及收養的案件中，養父的意願是受照顧的，而涉及婚姻的案件則引入父親和丈夫的利益衝突。在一個例子中，梁本寬作為湘軍的一員來到新疆，在一八七七年春天，他在吐魯番的新城裡定居下來。[90] 我們並不清楚他是如何獲得房子，但這個房子擁有足夠的房間，梁本寬還可以把它們出租給其他中國士兵和定居者。一位名叫哈麗薩（Khāliṣa）的突厥穆斯林女商販定期來訪。有一天，哈麗薩找到了梁本寬並告訴他，自己和丈夫已經陷入困境。再征服及其混亂後果迫使他們得考慮把他們的一個女兒，一個剛剛成年的女孩嫁出去。事實上，在穆斯林起義期間，這個女孩尚是一個嬰兒，當時她的漢人親生父母已經死了，哈麗薩提議，將這個女孩作為妾室，為這個年邁未婚的湘軍士兵生下一個繼承人。這個女孩的漢人血統將使她成為一個合適的人選，哈麗薩這樣表示。梁本寬也很熱情，他們商定二十兩銀子的低價聘禮。這個女孩後來搬了進來，在文獻記錄中，她沒有名字，只被稱為「妾室」。然而，在一八八〇年時，梁本寬被解除職務，他計劃帶著他的小妾返回中國本部。

這讓哈麗薩和她的丈夫感到非常憤怒。他們認定這項安排是為這位旅居的中國士兵提供臨時婚姻，而不是永久的交換。他們說，這個女孩將會與其他男人結婚。梁本寬本人有意向衙門提出此事，顯然他已經意識到自己在不知不覺中締結一樁「士兵婚姻」，而哈麗薩和她的丈夫則試圖向伊斯蘭法庭提出此事。雖然梁本寬不願意提起訴訟，但他的一個租戶卻代表他提起訴訟。這個名叫張仲元的漢人與這個女孩成為了朋友，他去衙門，認為她「原系漢人」，因此應該像一八七七年的移民安置中的許多人一樣，從收養她的突厥穆斯林家庭中被帶走。然而，衙門負責禮儀事務的文員告訴張仲元，只有拿出綁架的證據才能讓她的家庭關係得到解除。[91]

因此，張仲元進行了第二次嘗試，這次他指控哈麗薩和她的丈夫綁架這個女孩。如果事實證明真的是這樣的話，他們就違反清朝的法律規定，這足以將此案上交給當局。他現在可以利用衙門在這個問題上的權力，事實上，這個案子現在已經從禮科轉到刑科。如果哈麗薩和她的丈夫抓到這個女孩是為了從她作為女兒的買賣中獲利的話，他們可能會受到體罰和監禁。話說回來，如果她確實是他們收養的孩子，並且已經舉行結婚儀式的話，那麼照看她就是梁本寬的責任。同時，梁本寬已經認識哈麗薩和她的丈夫好幾年了，他們之間已經有了交情，而且他們也經常來探望女兒。梁本寬並不願意強迫這個女孩在她的家庭和自己之間做出選擇。

因此，女孩自己的證詞便成為了本案的核心證據，因為它可以表明她究竟是真正的養女和忠誠的配偶，還是僅僅是要被迫扮演一個角色的俘虜。她的陳述毫不含糊，不但解釋收養和婚姻事宜，還援引種族上的分類：

> 我本漢人！因為兵荒馬亂被虜，得你養大。但現在我已經和梁先生結婚好幾年了。你們都是靠著我生存的。我已經報答你們對我的養育之恩。我已經嫁給一個漢人丈夫，我絕不會再回去嫁給一個突厥穆斯林了！如果你強迫我回去，那我就去死！

當然了，這段話是經過編輯的，是供中國當局使用的。我們可能會懷疑這個女孩的身分聲明是張仲元的建議，或者這個女孩是為了保證自己的釋放而做出的聲明，或者是出於知縣希望能強制執行婚姻的完整性。然而，證詞所顯示的是更模糊的東西：家庭可以是多種多樣的。這個女孩被「虜」——被誰俘虜，這並沒有說明，然後是她的養父母對她的撫養，養父母利用她來保證收入。而且，她表達對他們的照顧的感謝。現在，她是一個「妾」，她願意做一個臨時妻子，但在感情上卻依附於她的丈夫。最終，這個女孩的民族自我認同對衙門來說一點都不重要，重要的是她的婚姻狀況和與她父母的關係。知縣認為，她父母的行為是不恰當的，但沒有構成犯罪，多年的家庭生活確實使她成為他們的女兒。梁氏夫婦隨後也返回中國本土，從歷史舞台上消失。

這兩個案例表明，在面對當局時，漢人和穆斯林是如何代表家庭中的差異和成員的。在伊斯拉姆的案例中，他的養母和兄弟使用民族和宗教差異的語言來解除家庭紐帶，但沒有成功；在女孩的案例中，人們成功地使用國家承認的家庭語言，將人們按群體分開了。當然，人們是否真的認為民族性是與共同血緣有關的這件事是難以確定的，但張仲元似乎是這樣認為的。漢人表述出他們是這樣看的，然而突厥穆斯林則學會如何調動相同的語言。換句話說，一個失去漢人父母（非穆斯林、講漢語的父母）的人自然應該與他的同族人聚在一起，這是合理的事情。在下一章中，我們會遇到更多的人，他們把失去的家人和失去的遺產進行了類比，他們認為孤兒不僅僅是他們父母失去的孩子，而且是在一個想像共同體中失去的孩子。

對於一項教化工程而言，並不一定要有意地強調對象的民族，而是說，教化推動者所關注的事項會在被教化對象的反應中留下痕跡。這兩種走向在湘軍轉化穆斯林的方式上表現得很明顯：意識型態和法律都指出，家庭單位是和諧社會的基本組成部分。然而，在再征服的過程中，他們也會根據民族宗教群體將人們從家庭中分離出來，預先認定民族和宗教上的差異是綁架行為的充分證據，並由判官來決定群體成員的歸屬。許多流離失所的人被強行安置在他們不希望的家庭和婚姻中，這種行為往往會越過民族宗教的邊界，因為人們認為，讓突厥穆斯林女子嫁給下層的漢人男子能使這兩個「危險」的雙方都變得文明。縱向的階級等級制度與橫向的宗教和語言差異是相輔相成的。同時，在經濟和人口不平等的事實下，許多貧困的突厥穆斯林女子面臨要透過與漢人結婚以求生存機會的處境，這就鼓勵回民掮客促成的家庭交易和性交易。然而，這些交易的事實讓突厥穆斯林感到不安，他們抱怨「自己」的女人被更富有的非穆斯林漢人搶走，而且往往是透過脅迫或綁架的手段。當他們試圖取消突厥穆斯林與漢人的結合時，知縣會對他們提出的抱怨置若罔聞，因為建立家庭仍然符合政府的利益。因此，一些人學會對重新安置的政策加以利用，這種政策委婉地說，就是以建立穩定的家庭為名，把它作為控制婦女和維護社群邊界的工具。家庭的語言是一種手段，以一種可以援引國家權力的方式來闡述關於差異的主張。

將漢人—回民—突厥穆斯林的關係位置不斷地重新歸納為消費者—掮客—商品，使以前更多地由語言和宗教實踐來界定的群體界限得到重塑。家庭的意識型態話語有時候會為性經濟中的不平等現象辯護、做掩飾或提供便利。然而，在交換本身的某個地方，以及在交換的話語間，出現一種認為這些差異是天經地義、自然而然的感覺，它植根於賣妻賣女所引起的歸屬問題中。國家為推行父系血緣和實現同化而推行的家庭規範和語言，也是闡明差異、控制邊界的一種手段。到了一八九〇年代中期，突厥穆斯林菁英會試圖隔離那些越過邊界的女子及其子女，這不僅成為流行的做法（例如將這些女子埋葬在漢人墓地裡或附近），而且隔離的做法在吐魯番地區對於性道德相關的執法中也被正式化了。政府透過婚姻來推動同化的驅動力反而產生差異、怨恨，和一種對於群體間存在固有差異的更強烈感覺。

# 第五章
# 收斂屍骨：作為歷史創傷的穆斯林起義

一八七八年十二月三日，一個名叫買買提（Mämät）的八歲男孩在吐魯番東邊的吐峪溝（Tuyuq）葡萄園裡撿拾火種時，偶然發現了一個人頭。[1]無論是過去還是現在，吐峪溝都以兩件事而聞名：一是葡萄，在吐魯番短暫而酷熱的夏季裡，葡萄生長得很茂盛，而且品種繁多；二是七賢墓（Shrine of Seven Sleepers）。[2]朝聖者會從遙遠的印度來到這裡造訪這些「山洞裡的夥伴」（aṣḥāb al-kahf）的墳墓，根據《古蘭經》的內容和故事中的傳述，這些躲在山洞裡的夥伴是為了保護自己的信仰而逃離迫害的人。真主保護他們，讓他們在山洞裡長眠三個世紀之久，經過這段長眠，他們在一個信仰可以得到公開實踐的世界裡甦醒過來。在歐亞大陸的許多不同地點，都有這個傳說洞穴的所在地。但突厥穆斯林認為，位於吐峪溝的聖墓是七個長眠青年的真正安息之地。因此，吐峪溝是整個東突厥斯坦最為聖潔的地方之一。

然而，買買提所發現的東西卻並不聖潔。一具屍體連著頭，埋在地下，驗屍官估計它已經腐爛大約十三年，可以追溯到穆斯林起義爆發的時候。顯然，沒有人是故意死在葡萄園裡的，而散落在吐魯番各地的遺骸不斷提醒著人們最近發生過的暴力。穆薩・賽拉米曾描述說，整個定居地範圍內的「不信教者」都被清除了，而且有這麼多的戰鬥，以至於在一個地方，「隨著時間的推移，直到中國人又回來時，那些屍首的骨頭已經在路邊乾枯了。」[3]

在當下，各種流言正在迅速地傳播，因為人們試圖對處置屍首的做法加以指責。這位知縣——倒楣的楊佩玉決定藉由查明「屍體是漢人、回民還是突厥穆斯林」來控制潛在發生的暴力。然而，楊佩玉的調查遭到當地人的一貫抵制，後來導致他的自殺。當發現屍體的頭部有長長的辮子和剃光的頭，這是漢人和回民服從清朝權威的標誌，而普通的突厥穆斯林通常不受此影響時，這種抵制就更加強烈了。殘餘的衣物則表明死者是一個漢人。此外，果園裡的死者在被處決前曾被折磨過。屍體的雙手有被捆綁過的痕跡。他的身體上有幾十處刺傷，但結束他生命的是他喉嚨上的一道長而深的傷口。當屍體展現不言自明的故事，在買買提發現屍體的那個葡萄園的突厥穆斯林農民只是靜默以對，他們的回民鄰居也是如此，讓楊佩玉最終放棄調查。

對屍體加以辨識會導致一些潛在的複雜問題出現。如果查清受害者的身分，那麼善後局可能需要起訴一些人——或者，根據驗屍官的估計，要對一群人的謀殺加以起訴。此外，屍體必然是屬於一個人的，而這個人又屬於一個家庭，這個家庭的剩餘成員可以要求得到他們死去的親人生前擁有的財產。實際情況讓眾人決定要保持沉默。

然而，在穆斯林起義和重建的過程中，屍骨也獲得權力和危險的新光環。甚至在一八七七年之前，當阿古柏的部隊在湘軍的快速推進下節節敗退時，這場起義的失敗就已經很明顯了。毛拉・穆薩・賽拉米（我們將在第六章中詳細討論他對過去的看法）描述過的「伊斯蘭時代」（Islāmwaqti）的強烈樂觀主義迅速地被一種混亂和挫折感取代了，而阿古柏的稅收和不斷的戰鬥也給普通人帶來越來越沉重的負擔。[4] 他認為，一八六四年以前的清朝政權是一個和平的時代，現在已經不可逆轉地失去了。然而，失去的東西需要恢復，穆薩・薩拉米講述穆斯林如何在阿古柏政權日益增長的苛捐雜稅下遭受痛苦，並呼喚中國皇帝的回歸。然後，穆薩・薩拉米用了一則古老的寓言故事把清朝統治的恢復描述成一個恐怖的故事：有三個在沙漠中迷路的雲遊蘇菲（dervish）遇到兩隻早已死去的動物白骨。這些好奇的雲遊蘇菲們祈禱三次，使這些動物恢復生命，結果發現他們找到的是一隻老虎和一隻熊的屍體。死於飢餓的老虎和熊復活後，貪婪地吞噬了拯救牠們的蘇菲雲遊者。

另一些人講述的故事則更加私密和個人化，但卻與更廣泛的損失經歷產生了共鳴。[5] 事實上，中國人和突厥穆斯林都認為屍骨不僅象徵著個人或家庭的損失，而且更在想像的共同體中象徵集體遺產的損失。屍體可以代表很多東西：個人的威脅或即將發生的災難的跡象，又或者是失去的父母或失去的民族英雄。在這一章中，我將論證這場穆斯林起義所帶來的揮之不去影響，形成一個重要的話語空間，在這個空間裡，人們透過屍骨的主題來闡述自己的主張和共同體認同。正如多米尼克・拉卡普拉（Dominick LaCapra）在他對歷史創傷的研究中所說，「在將缺失（absence）轉化為損失（loss）時，人們會假定曾經有（或至少是可以有）一些原初的統一性、整體性、安全性或身分認同，而其他人（他者）……造成了『我們』的喪失。因此，要重新獲得它，就必須以某種方式擺脫或消除這些他者，或者是消除也許是自己身上的那個罪惡的他者。」[6]

穆斯林起義的歷史不僅依附在當下的屍體上，而且依附在缺失的東西上：人們期望找到的骨頭和紀念物，但是它們在暴力中消失了。起義前的時代被視為「被消除的過去」，這意味著曾經存在過一個黃金時代，對過去黃金時代的想像取代最近的記憶。因此，中國政府做出回應的創傷損失的話語提供了一個手段，由此來表達共同體之間和共同體內部的不滿。在這個意義上，雖然十三年間的複雜暴力涉及到群體之間的相互動員，但正是重建鼓勵了人們重新確定他們的邊界，並將共同體邊界牢牢建立在共同血統的話語中。

## 家庭創傷和集體創傷

為了說明在創傷性損失和恢復的過程中，世俗變成神聖，個人變成集體，讓我們來看看兩個人的書寫，他們一同完成穿越清帝國的旅行，但他們以完全不同的方式體驗和書寫。這是馮焌光和汪振聲的故事，馮焌光從廣東到新疆的邊緣去尋找他父親的遺骨，而汪振聲則是馮焌光的隨員和同伴，他把這樣的經歷視為對失去英雄的追尋。他們的敘述說明對家庭的責任和對國家的責任之間的動力耗損，以及找回遺骨和收復領土之間的動力耗損。

馮焌光（一八三〇—一八七八）來自於中國東南沿海的廣東南海的一個受人尊敬的家庭。[7] 他的父親馮光祿（一八〇七——一八六一）是一名官員，後來被判同謀貪汙罪，並被流放到帝國另一端的新疆北部的伊犁河谷。在一八五八年，馮焌光和他的弟弟陪同父親和其小妾前往流放地，他們放心地把父親留在那裡，因為在伊犁已經形成一個廣東人社群。馮光祿在那裡投奔他的哥哥和嫂子，以及他擔任駐軍指揮官的二表哥。同鄉會為廣東人提供一個聚集和崇拜的空間，甚至還有一個墓地可以埋葬死去的流放者，待他們的家人日後設法取回遺骨並送回老家重新安葬。當馮焌光和其弟弟長途跋涉回到廣東，卻發現家鄉被太平天國戰爭蹂躪得支離破碎。馮焌光隨後加入湘軍，成為一名文員。在一八六一年時，從伊犁傳來他父親馮光祿死去的消息。馮焌光希望能取回父親遺骨，但他現在正在安徽領導著一個重建機構。直到一八六四年戰爭結束後，馮焌光才再次西行，正好聽聞回變（穆斯林起義）爆發的消息。在旅途中，他逃回中國本土，歷經一系列的行政工作，最終在上海落腳。十三年來，他沒有再聽聞伊犁親人的消息。

在一八七七年，當湘軍重新征服新疆北部時，馮焌光的堂叔馮祖澍正在蘭州。當時，隨軍的商人可以再次從俄羅斯占領下的伊犁送信了，左宗棠軍隊中的廣東人也送來他們同胞的消息。一些人向馮祖澍講述馮光祿的遺骨及其家人的命運，馮祖澍將這些消息轉達給馮焌光：在穆斯林起義爆發後，伊犁的廣東人將馮光祿遺骨遷入同鄉會的墓地，但叛軍破壞墓地並褻瀆死者的棺材。墓地的看守逃到吉木薩爾，在那裡死於從烏魯木齊來的軍隊手中。與此同時，駐軍指揮官在一八六五年圍攻伊犁時死亡，沒有人能夠說清楚他被埋在哪裡。馮光祿的妾室也在同一天服毒自殺；而她的女兒，也就是馮焌光同父異母的妹妹，沒有人知道她的下落。至於馮焌光的姑媽和姑夫，有人說他們已經逃走，但沒人知道他們的下落，一對侄女則落入穆斯林軍隊的手中。還有人聲稱，當城牆倒塌時，他們與馮光祿的妾室一起自殺了。還有人講述一個更有英雄色彩的故事：他的堂叔與駐軍指揮官（也就是馮焌光同父異母的弟弟）一起，在伊犁的一次英勇的防禦戰中，面臨巨大的困境而犧牲了。他們為了保護同鄉會而戰到最後一個人。當然，死者不能為自己說話，而這些故事的好處是為他們的英雄提供道德上令人滿意的結局。

馮家為了取回馮光祿的屍骨，又再一次前往帝國的盡頭。馮焌光要求提前辭職以進行這次旅行，北京的朝廷批准了，因為「天子以孝治天下」，一個孝順的兒子不能拒絕順從上天和帝國意願的行為。[8] 馮焌光和他的堂叔保持著頻繁的通信聯繫，馮焌光從上海到蘭州，馮祖澍從蘭州到伊犁（馮祖澍實際上走了更遠的路——我們必須記得，新疆是個巨大的地方）。在途中的閒暇時間裡，馮焌光都在讀書。他覺得這很輕鬆，尤其是《三國演義》可以讓他在一整個下午的時光裡安靜沉思。馮焌光很少對他的目的地有所注意，也許是因為他不再覺得「西域」是一個陌生或奇妙的地方了。馮焌光與同時代的許多人不同的是，只有在極度無聊時才注意到歷史：在蘭州等待父親靈柩消息的幾週時間裡，他才產生核實當地河流名稱的想法。

與此同時，他的堂叔不斷地寫信。當馮祖澍到達伊犁時，他驚愕地發現廣東人的墓地一片狼藉，但是，他透過祈禱和占卜，得以收斂馮光祿的二十八塊遺骨，並將它們放在一個用天山紅松製成的精美骨灰盒中。[9] 聽到這個消息，馮焌光為自己沒有盡孝送終而自責不已。在其日記中，他懷念到父親的笑容，感到悲痛不已。最終，馮祖澍和他的侄子在新疆和甘肅的邊界相遇了，他們交換馮光祿的遺骨。馮焌光給家人寫信，做了必要的安排，並準備把父親帶回家。在馮焌光回到上海後的不到一天，他也死去了。

馮焌光的隨從汪振聲則是對這個故事有著不同的說法。當馮焌光提到他的同伴時，只是把他當作一個僕人，而汪振聲則表示自己與導師有著很深的聯繫，並把他們的旅程描繪成共同的追求。[10] 他的敘述是以直截了當的自述開始的，表明自己的父母對他的經歷的重要性。「我很小的時候就成了孤兒。」[11] 在太平天國的戰爭中，汪振聲很早就失去了父母，此後，這個受過教育的年輕人在各種半技術性的工作之間徘徊，直到最後馮焌光把他帶到自己的羽翼之下。汪振聲的敘述證實馮焌光在得知父親去世的消息後的心急如焚。在一八七七年，他耗費幾個月的時間從家人和官僚機構那裡獲得必要的許可以進入戰區，而且他還遇到朋友的勸阻，他們懇求他不要冒生命危險。在這種說法中，馮焌光是一個英勇的人物，他勇敢地走入死亡邊緣。馮焌光自己的說法則完全不同，這條穿越中國的路線基本上是和平的，商人往來頻繁，並受到湘軍的保護。

如果馮焌光是這次旅行的英雄，那麼汪振聲則把自己描繪成了一位忠實的伙伴，他眼含著淚水分擔這次旅途的艱辛。兩本日記出版時的標題之間的微妙對比，強調了他們的觀點不同。馮焌光稱他的日記為《西行日記》，而汪振聲則更喜歡《西征日記》的題目。馮焌光筆下的「行」直接表現了移動意義上的「旅行」。在這個意義上，「行」字輕描淡寫地描述馮焌光為找回父親的屍骨所做的個人努力，這件事涉及到他第三次穿越了整個中國。汪振聲選擇的「征」字的基本含義是前往遙遠的地方，但也強調透過軍事行動收復領土的行為。「征」字誇大汪振聲的作用，他將這次旅行描述為一項歷史事業。

汪振聲之所以選擇一個有軍事色彩的主題並不令人意外，因為他在路途上花時間閱讀了關於新疆的編年史和詩集。[12] 他所閱讀的這些詩歌是按照考證學的傳統來創作的，把十八世紀清帝國對新疆的征服，與漢、唐王朝的古代地理著作聯繫了起來，這兩個過去的王朝都曾在西域駐軍過。在旅途中，汪振聲創作了八首《新疆詠史》。他以詠史的書寫風格來創作，並且加入許多註釋來紀念湘軍獲得的歷史性成就。其詩歌的大意是：

他們不怕死在沙場上，也不怕變成屍體；他們跟著大軍行走萬里，久等歸期。
春風吹拂著西關路上的柳樹，秋月圓時，在碉樓之上響起琵琶彈唱……
一場出其不意的夜襲，蠻夷騎馬遁逃，軍鼓奏響楚國的悲歌。（汪振聲註：許多西征的士兵是楚人〔湖南和湖北人〕）
我憐憫他們：在那遙遠的土地上，家鄉的歌聲多遙遠。為了國家和榮譽而賭上一切，忍受分離之苦。

然而，汪振聲從來沒去過新疆，就像那些更早以前為遙遠的牧民寫「牧歌」的詩人一樣，他是在對邊疆加以更廣泛的想像。[13] 對汪振聲和許多像他一樣的人來說，西北的歷史在他筆下與湘軍的英勇鬥爭緊密相連，湘軍如今成為中國古老領土的救星。在這首詩中，汪振聲引用一些圖景，把新疆與中國本土聯繫在一起，又強調新疆的疏離和距離：楚國人遠赴西域，正如左宗棠所做的那樣，在沿途種植紅柳。湘軍的行動體現在一串串樹木中，它們不僅象徵著領土的標記，也象徵著土地和人民在根本上的轉變。對左宗棠來說，它們的意義可能更多的是為軍隊提供隨手可得的柴火。

汪振聲還表現出他對新疆作為一個省的重建以及透過湘軍「英雄們」的機構來進行社會道德改造的情

感投入：

一個人永遠不會因為棄筆從戎而得到升遷；這些英雄大多是普通人。

這支名揚四海的軍隊分開南北，在蕃人和回人[14]陌生的教育和精神之間。（汪振聲註：天山南邊是纏頭部落的土地；在北邊，主要是西域黑暗野蠻人的地方。）

他們沒有地方住，住氈房。（汪振聲註：在嘉峪關之外，他們不住在房屋裡，而是在這裡或是那裡建起主要用牛皮和馬匹製作的氈房。）

女性穿著不同的衣服，頭髮上有珍珠。（汪振聲註：外族人的女人的辮子長長地垂在地上。富裕的商人用珠寶來裝飾她們。窮人則是用貝殼來裝飾。）

新疆，現在是一個新的省份，再次被創立出來——這裡是道德力量轉變異族的最遠地方！

汪振聲的再征服經歷是以透過他人經歷的間接方式展開的，而且他並不是唯一一個有這種經驗的人：在整個中國本部，人們都會歌頌「殉道者的正義和英雄主義」，帝國的英雄們在戰鬥中倒下，為戰爭畫上了句號，但是卻犧牲那些在暴力過程的早期中被殺的人們記憶。[15]對汪振聲來說，專注於湘軍的領土收復和馮焌光的家庭恢復，意味著他從未回過頭來反思自己的孤兒身分。按照田曉菲對太平天國後創傷文學的分析，我們可以將汪振聲的作品解讀為一種遠離自我的敘述，這是一種透過集體主體的成功來掩蓋個人主體的缺席，從而應對個人損失的嘗試，這是一種間接代入的英雄主義。[16]在創傷需要被重複和表演的地方，汪振聲對其他的、類似的旅程加以表現，為他自己的旅程提供另一種結構和意義。在這種情況下，對這些旅程的描述依賴於中國對東突厥斯坦人的描述，為湘軍的行動賦予異國情調和歷史意義。

這兩本日記的出版情況表明它們在記憶的構建中所扮演的角色。馮焌光的《西行日記》是在他去世後不久的一八八一年出版，他的一個堂弟希望這本書可以作為孝道的紀念物。汪振聲則是在一九〇〇年時為出版自己的《西征日記》做出了努力。當時，關於左宗棠發動戰爭的流行讀物出版正在如火如荼地進行著。一八九九年在上海印刷了一本名為《湘軍平逆傳》的圖文並茂的小說，激動人心地描寫湘軍與太平天國軍隊的戰鬥。[17]它的木刻雕版畫以戲劇性的風格展現湘軍的英雄氣概和太平軍的邪惡。在同一年，作為續篇的《左公平西傳》也出版了。這部小說以左宗棠和他的同伴們與經過浪漫化描寫的捻軍和穆斯林領袖作戰，這本書講述的情節停在新疆戰事之前，之後的內容將在預計出版的第三本小說中講述，遺憾的是，第三部小說的出版似乎從未完成。在《左公平西傳》的最後一幕中，左宗棠收到一封來自虛構的和田國王的信，乞求左宗棠能幫助他打擊穆斯林叛軍。[18]

在汪振聲的《西征日記》進入市場之時，正值湘軍戰役結束後的二、三十年間，人們對湘軍戰役的興趣日漸高漲，同時也對人們如何回顧那段歷史產生了幻想。這就是所謂「遺產」的出現，它允許歷史作品作為對過去的正式回憶來主導記憶，將其作為生活中對過去的不斷重複。[19]根據皮埃爾・諾拉（Pierre Nora）的估算，一個事件通常需要三代人的時間才能從生活記憶中滑落到關於過去的社會話語中，而在大約十五年或二十年後，關於事件的小說才開始出現。以此為基準，在馮光祿死去和太平天國戰爭結束約三十五年至四十年後，汪振聲的《西征日記》和湘軍故事的出版似乎符合這一模式。事實上，穆薩・賽拉米也將他的歷史著作放在一個恢復工程（a project of recovery）的框架內，它始於一九〇〇年，當時已經有「四十年過去了。」[20]正是時間上更早的時刻，也就是整個中國本土的全面內戰和穆斯林起義的爆發，將新疆的近代史歸入中國人所說的「兵燹」，這個詞主要是與太平天國衝突聯繫在一起的十九世紀中葉的混亂。「兵燹」一詞在多個規模和層面上發揮作用，那些記載湘軍在中國本土和新疆的戰役的編年史家們會用這個詞來表示該時期的所有戰爭。[21]

在穆斯林起義中喪生的漢人故事裡，我們可以看到家庭損失和更廣泛的想像共同體損失之間的情感轉變。在甘肅和陝西的鄉土志中，有很多關於丈夫到「口外」尋找生計的忠貞寡婦記載。陝西富平縣的女性似乎遭受過極大痛苦。[22] 這些女子在十幾歲的時候就結婚了，有些人從未與年輕的丈夫生過孩子，這些丈夫在起義爆發前就在新疆消失了，再也沒有回來。出於禮教，寡婦必須保持貞潔，但鑑於真正做到這一點的人可能是少數，富平縣大量受到宣揚和歌頌的「貞婦」事蹟意味著有更多的女子在新疆失去丈夫。[23] 諸如此類的官方說法證實女子能動性的範圍是很有限的：為了在死後能夠得到褒獎紀念，寡婦應該養育丈夫的孩子或服侍公婆，最好是一直伺候到自己餓死或凍死為止。

相比之下，失去父親和尋找父親的兒子在描述中擁有一種英雄般的力量，這種力量能使家庭和疆土重聚。根據一個敘述，富平縣的惠思聰在他父親惠大有前往新疆寄居時還很小。[24] 惠思聰是在起義期間長大的。他問母親他的父親在哪裡，母親告訴他「父在萬里外，且不知棲跡之所。」由於這個孩子如此渴望他的父親，他陷入到了「涕泣不飲食」的抑鬱中。

一八八四年的一天，惠思聰遇到一個從口外回來的富平縣老鄉，這個人告訴他，他的父親還住在一個叫大河沿的地方。當惠思聰聽到這個消息時，他陷入糾結。面對母親的勸阻，惠思聰答道：「大河沿誠哉天上耶，兒肉身不能飛至，信矣；如亦在地上，何為不可至哉？」於是惠思聰在算命先生的幫助下，找到了啟程西行的吉日，隨後他冒雪至蘭州，衣褲盡霉爛。惠思聰的故事讓人想起《二十四孝》裡的寓言故事，這也是突厥穆斯林在《禮記》中遇到的故事。在二十四孝故事中，一個年輕男孩為了孝敬父母，忍受著寒冷臥在冰上抓魚，或者是為了讓殘忍的繼母能夠保暖而甘願自己受凍。[25]

最後，當父親和兒子團聚時，他們認出彼此，展現對父子關係自然而然的認可。在方志上記載，那裡現在長著一棵超過百圍的大榆樹，以孝子思聰的名字命名，每個社群的人，無論是漢人、回民還是突厥穆斯林，都很敬重它，不會砍掉它的樹枝。在《孝經》中，殘忍的繼母見證她們受虐待兒子的孝道，這使她們轉變為慈愛的母親。同樣，在這個所謂的真實孝道模範的傳記中，這棵大榆樹作為誠摯道德的燈塔，是當地每個人都能理解的符號，也就是說：中國或儒家的價值觀是不言而喻的，即使在荒涼的邊陲也是這樣。惠思聰和惠大有的故事是一個透過道德改造的功績來恢復疆土和家庭完整性的故事。它反映關於有道德之人的遺體故事，這些遺體不腐，而是被保存下來以和家人團聚。[26]他們的故事是在人與人之間的關係上，以及想像共同體的層面上所進行的重建敘事。

這種將個人悲劇轉化為英雄主義的敘事方式在戰爭創傷中是十分常見的。[27]此外，將痛苦的零散記憶轉化為英雄的集體歷史，對一個從大規模暴力中恢復的國家來說，在政治上是有用的，對普通人來說也有潛在的力量。因此，兵燹成為新疆人的歷史書寫上的一個極限事件，既是加速該地區的恢復政策的參考點，也是認為恢復速度遲緩的平民抱怨的關注點，兩者都把兵燹視為眾矢之的。[28]在編寫新疆的地方志時，對兵燹的歷史記載占有突出的地位。[29]官員最關心的是家族血統的維護，他們將這一最核心的制度遭到抹去歸咎為「屢遭兵燹」。事實上，在湘軍官員眼中，問題不在於兵燹造成人命損失，而在於暴力破壞家庭譜系，因為在正統觀念看來，沒有家譜的人是野蠻的、不文明的，是沒有歷史的人。重建古老的家庭紐帶在隱喻上和實際上都是重建帝國的核心。

## 幽怨的神祕景觀

當湘軍進入新疆時，這場兵燹看起來已經畫上了句號，這既是一個勝利的時刻，也是見證現實在他們面前完全被破壞的時刻。儒家信徒們和過去的關係不僅僅是透過文字，而且也是透過物品，特別是帶有文字的金石碑銘來調節的。這些東西被視為中國文化傳統的實際體現，也是歷史的證明。然而，湘軍所遇到的問題，卻是他們在新疆無法找到那些期望中的遺產。那些碑文和遺址早已消逝了，而破壞仍然留在人們的記憶中。湘軍對此所做出的反應是重建漢唐的過往，把自己描述為透過重新征服來重演漢唐的歷史。

來自重新征服早期的描述不僅指出大範圍的人命損失，還指出曾經支撐漢人、滿人和其他非穆斯林社群的既有環境。初步的估計指出，北疆有多達四分之三的可耕地遭到遺棄，幾乎所有漢人都經受流離失所或是被殺害。[30] 軍官們回到他們以前的崗位時，發現這些崗位已成為廢墟。在一八七六年八月，烏魯木齊都統英翰回到他過去的駐軍城鎮。[31] 他報告說，漢人城只剩下城牆，而旗兵駐地則已被「夷為平地」。他花費兩個月的時間來重建起義的事件：在一八六四年夏天，他在滿人城的同僚被圍困的情況下堅守八十天，然後遭到屠戮。

現在，幾乎所有的耕地都荒蕪了，無人打理，只有兩、三個從中國本部來尋找更好生活的回民農人看守著。在重建時期的中國官方文化中，這種關於穆斯林起義期間遭受損失的故事很常見。一位作者在一九〇七年寫到吉木薩爾舊定居點的廢墟。[32] 在一八六五年，吉木薩爾抵抗一波回民的進攻。雖然守軍在逃出來後，再次投入戰鬥，但城市本身被毀了，城牆支離破碎在一片孤獨的平原上。現在，觀察家寫道，「承平二十餘年，元氣凋傷，瘡痍未複，良可慨矣。」其他作家的描述則沒有那麼戲劇性，但是他們也強調中國人存在的痕跡被徹底摧毀了：當穆斯林焚燒奇台時，它只留下一片廢墟。[33]

然而，大部分重新征服新疆的官員事先與該地區並無任何聯繫，他們只是像左宗棠一樣對新疆懷有想像。不但如此，他們只是根據漢唐時期的地理著作來了解新疆，而左宗棠圈子裡的人們在很多方面都希望能在新的中國和儒家統治的時代，恢復漢唐時期對新疆的控制。這些人期望在新疆能找到的唐代文物能引起他們的共鳴，因為他們認為自身的共同體是在延續古代王朝的成功。就像在印度受過古典教育的英國菁英人士會把自己描繪成復興帝國的羅馬人一樣，[34]中國的著作也不斷援引漢唐時期的征服、將軍和駐軍。一位地方官用漢朝進軍樓蘭的方式來描述自己來到吐魯番的情景。[35]左宗棠根據龔自珍的新疆計畫，提出反映唐朝駐軍的縣名，此現象並非巧合。[36]他的追隨者蕭雄在他的詩詞註釋中經常提到唐朝，並借用唐代民族志作品中模稜兩可的訊息來解釋他所看到的現在：在他的筆下，吉爾吉斯人成為向唐朝納貢的堅昆後裔；哈密人將長辮子視為美的標誌，是因為唐朝時代的龜茲精英們都留著長頭髮。[37]龜茲離哈密相當遙遠，前者的城鎮中心位於後來的庫車，另外，有許多重新刻在新疆版圖上的古代王國位置也同樣被錯位了，但這些問題並不重要。鄯善縣在一九〇七年建立時，離真正的鄯善相距甚遠。其他地方也在時間上發生錯位，如喀什噶爾再次被命名成前伊斯蘭教時的疏勒王國。

湘軍發現，古代的中國地理著作中的每一個地標都已不復存在了。在穆斯林起義前的日子裡，一個破損的鐵鐘半埋在吉木薩爾附近的土中，「同治初元，尚有破鐵鐘在焉，半埋土中，半露地面，大唐年號，點畫猶明」。[38]「點畫猶明」的說法主張一個可以追溯到黃金時代的中國存在。「殆後被土人擊碎入爐，鑄為農器，銷毀無存，此外別無古跡」，一位官員在一九〇七年如是寫道。作家們指責突厥穆斯林掠奪中國古物，雖然人們確實會從古代遺址中拿走建築材料和古物，但關於遺跡丟失的說法助長的是突厥穆斯林貪婪和不尊重歷史的觀點。[39]留存下來的漢唐遺址十分荒涼，但並不危險：在綏來的西北部，人們可以造訪一座唐代的寺廟遺址。[40]它的外牆已經倒塌，但仍有五個木製偶像，被乾燥的草原風吹得乾枯，因而保存下來。也可能遊客只是把較新的蒙古佛教寺廟當成古老的中國建築。但無論如何，按照老人們的說法，在安靜的夜晚，仍然可以聽聞鼓聲和鐘聲。建築物的消逝，見證了與一段無法恢復歷史的最終決裂，它是對土人認為特別重要的紙上領土化（territorialization on paper）過程的否定——勞拉・紐比（Laura Newby）稱之為「對新疆的文字征服」，米華健（James Millward）稱之為將新疆「納入到地圖裡」的過程。[41] 這些征服維持一種地理上的想像，使這個陌生的地區變得熟悉起來，透過把這些地點定性為歷史遺跡，也就剝奪這些地方的居民談論自己歷史的權力，而是把他們和他們的家園完全置於帝國的領土繼承中。[42] 事實上，官員甚至對於突厥穆斯林所信仰的伊斯蘭，與中國本土使用漢語的穆斯林所信仰的伊斯蘭之間的聯繫都存在著理解困難，因此，在許多人看來，當地的伊斯蘭是一種奇怪的邪教。一些人還猜測，這是古代摩尼教或拜火教的遺跡，與麥加沒有明顯的聯繫，也與西寧或蘭州沒有關係。還有人把伊斯蘭視為一種引人好奇的事情，人們一遍又一遍重複關於穆罕默德和伊斯蘭早期故事，就好像是第一次聽到這些故事一樣。

同時，湘軍對新疆歷史的恢復也掩蓋清朝在一七五〇年代的征服。例如，湘軍並沒有努力恢復乾隆（一七三五——一七九六／一七九九）和嘉慶（一七九六／一七九九——一八二〇）年間在烏魯木齊駐軍周圍建造的寺廟系統，[43] 他們反而更喜歡代表漢唐遺風的文物。例如，一八七六年，金順將軍在哈密（Qumul）和巴里坤（Barköl）之間的大灣山頂上發現一塊唐朝時期的石碑，時間可追溯至西元六四〇年。[44] 該碑文記錄唐朝將軍蔣興本（卒於六四五年）在與高昌王的衝突中來到這裡。銘文的內容可能引起金順的共鳴，他大聲地朗讀銘文，以證明自己實際上是識字的，而與傳言相反。事實上，這並不是一個新發現：這塊石碑吸引旅行者的注意已經有一段時間了，早期的清朝官員曾將石碑送入到一座關帝廟中。這座清代寺廟在起義中對巴里坤的長期包圍期間被毀。一八八二年，巴里坤的帝國代理人明春（卒於一八八七年）重建該廟，並將石碑移入其中。一九〇一年時，新的碑文從中國官方的角度解釋這個地方的歷史。該碑文提供一系列對該菁英階層具有重要意義的時間標誌：唐高祖在位時期（六一八—六二六）；一八六六年寺廟被毀之時；明春到達「伊吾」時（這個地名是巴里坤的一個可追溯到漢唐時期的王國的名字）；以及一九〇一年的修復。清朝在穆斯林起義前對這塊石碑的關注被忽略，現今強調的是與古代的聯繫。事實上，雖然關羽是直到明朝才受到中國人廣泛崇拜的，甚至直到一六一五年才擁有關「帝」的頭銜，[45]但四十五位晚清時期的作家認為，這座清代寺廟早在唐朝時就已經存在了。

同樣的，重建工作也沒有恢復一八六四年被摧毀的地理環境。巴里坤人成功抵禦穆斯林起義中的攻勢，並以某種方式倖存下來，他們把這一成就歸功於當地的神靈。[46]儘管如此，湘軍還是將他們的神靈從景觀中抹去，而天津商人則是把貿易活動帶離此地，曾經繁榮的市場變得冷冷清清。在將迪化、烏魯木齊和鞏寧等駐軍城鎮改造成省會的過程中，湘軍抹去自己的八旗身分，選擇漢人駐軍的名字（迪化的意思是給蠻夷「啟迪教化」），並把在邊疆更常見的由回城、漢城構成的雙城形式改為接近中國本土的單城綜合體。[47]那些在起義中倖存下來，但不符合湘軍的歷史敘事和作為新疆英雄主張的遺跡，都無法在重建過程中保存下來。

然而對許多人來說，起義前的精神並不會保持沉默。庫爾班・阿里・哈里迪（Qurbān ʿAlī Khālidī）在一八八九年發表一篇關於他從塔爾巴哈台的暫居地到吐魯番的朝聖之旅的敘述。[48]它是以一個驚悚的故事作為開篇的：有一個地方，他告訴我們，叫作卡拉松（Qarasun）。那裡曾經有一座美麗的回民的清真寺，但在「考驗的時期」(balwa waqtinda)——也就是穆斯林起義和隨後發生的派別暴力中被毀掉了。清真寺的東南方有一座麻扎（mazār），也就是聖賢的陵墓。如果它沒有被夷為平地，只能在人們的記憶中追溯的話，那麼那座麻扎就會是庫爾班・阿里・哈里迪朝聖之旅的第一個目的地之一。在哈里迪的時代，這個地方只是有朝聖者插上的旗幟作為標記，這是獻給聖人的標誌，旗幟是人們崇敬的標誌，人們能夠感知聖徒的存在，但他的名字已經消失在歷史中。

儘管如此，有人宣稱看到這位聖徒的顯靈。哈里迪說，在重建工作開始後，一個中國人和其家人在墓附近定居下來。善後局給予他一塊土地，他在上面開闢一個果園，種下一些農作物。正如我們所看到的，吐魯番人經常互相指責對方在墳墓上耕作從而破壞家族墳墓，像這樣的被重新安置的家庭對他們土地上的穆斯林遺骸一無所知，而且也不屑一顧。這也的確是這個中國家庭霉運的開始。有一天，這個定居者的兩個小兒子去河邊玩，在那裡他們看到一個頭上戴著白色頭巾、身上穿著綠色衣服的魂魄。聽到這個故事的穆斯林會知道，綠色的衣服象徵著先知的後裔，並可以立即聯想到這個人是一個聖徒，但漢人可能缺乏這種知識。孩子們只知道這個幽靈般的人物「從一條不同的溪流中汲水」，但這條溪流是不被漢人所用的，它位於被毀壞的回族清真寺旁。在這裡，水的象徵意義是顯而易見的，因為這個穆斯林靈魂與中國人是分屬不同的宗教。我們也可以解釋為是指蘇菲派的思想，即法律（shariah）和終極真理（haqiqah）類似於兩種水，後者只有那些做出特殊努力的人才能達到，就像埋在墳墓裡的聖人生前那樣。[49]在這種情況下，關於「從不同的溪流中汲水」的評論證實幽靈的聖人地位，而不是強調其種族上的差異。這個戴頭巾的人把水抬回墳墓後就消失了。

男孩們跑回家告訴父親關於那個消失的人。父親不相信兒子的說法：「那只是一個路過的纏頭。」然而，孩子們並不相信。他們定期回到河邊，繼續目睹靈魂從一塊只有朝聖者旗幟標記的平地上升起。最後，他們的父親也親眼目睹幽靈的消失，於是他明白地說：「這是一個纏頭的墳墓！」哈里迪對這個可憐農民的描述表明，他不僅不了解伊斯蘭和這種伊斯蘭在東突厥斯坦的聖徒崇拜的核心做法，他也不了解一個民族的正確命名。對這個中國農民來說，一個穆斯林就只是一個「纏頭」。

在父親的勸說下，男孩們回到墓頂的旗幟間玩耍。突然間，小孩子們生了病，不久後就死了。他們的母親悲痛欲絕，她怪罪這個墳墓作祟，並在墳墓上排泄以示報復。沒過多久，她也死掉了。孩子們和母親出於無知和憤怒，侵犯了陵墓的神聖空間和儀式的純潔性，造成雙重褻瀆。悲傷之餘，這個漢人農民找到了知縣，請求將他重新安置到其他地方去。知縣回答他說：「別人也需要一個居住的地方！如果你不去那個陵墓，就不會發生這樣的事情。」他重新安置的請求被拒絕了。[50]

哈里迪記載說，這個故事開始在突厥穆斯林中流傳，當他聽到這個故事時，就找了一些漢人來確認，他們證實確有此說。出於自願，哈里迪為一個專門用於陵墓的新的義產（宗教慈善基金）找到一個保管人（mutawallī），並在這個陵墓的頂部建造了一個圓頂，並在其中為聖徒祈禱以示尊敬。卡拉松的一位回民官員對這一提議表示熱情的歡迎，但遇到一些突厥穆斯林的抵制，他們聲稱整個故事是異教徒的發明。他們建議打開墓穴，看看裡面到底是誰——是穆斯林還是非穆斯林？哈里迪比楊培元更聰明，他知道應該讓屍體安息的道理，否則就有可能破壞穆斯林、回民和漢民之間脆弱的和平。於是他與請願者進行論證：由於已知的墳墓擁有圓頂和牆壁，並且是面向麥加方向的，因此肯定是穆斯林的墳墓。懷疑者被邀請在聖地守夜四十個晚上，等待異象，但沒有人敢自願守墓。哈里迪透過他的理性和修辭能力，向卡拉松的人們傳達後起義時代的道德訊息：人們應該承認差異，尊重歷史和宗教權威規定的共同體界限。此外，一個學者可以透過觀察世界上的具體跡象來辨別這些差異。

借助哈里迪的故事，我們看到的是記憶場域和人的屍骨之間的分水嶺，借助對此的討論，我們很快就會回到屍體的問題上。同時，聖徒麻扎和關帝廟有什麼共同之處呢？這兩個地方都標誌著記憶通常是流動的，並透過儀式進行協商和確認，但人們經受的創傷迫使人們會根據新的歷史敘述，將這些記憶固定在當前的位置上。萊恩·圖姆（Rian Thum）就提出很有說服力的看法，在東突厥語境中，麻扎是一個創造歷史並將其作為一種神聖行為的場所，「當地的歷史實踐是……一種透過歷史人物讓共同體和真主產生聯繫的儀式行為。」[51] 一個麻扎（聖徒陵墓）不一定是肉體的墳墓——而是作為人們腦海中的那些傳播伊斯蘭的聖徒去世或被埋葬的地方。來自東突厥斯坦各地的朝聖者都會沿著聖徒陵墓的道路網旅行，透過這些旅行來遇到其他朝聖者，並參與誦讀保存在每個聖地的傳記。因此，聖徒傳記為理解自我提供一個框架，它既是一個更廣泛共同體的一部分，又與歷史和地理上的一個固定位置有關。然而，這種理解是「模組構成」（modular）的，因為朝聖者們會把許多故事加以混合和拼湊，以不同的方式來對宗教共同體加以想像。然而，在歷經被摧毀的過程，卡拉松的麻扎獲得了新的意義：它不再有一個固定的地點，它可以明顯地從景觀中被抹去，因此它需要得到恢復。哈里迪周圍的許多人試圖將陵墓裡面的軀體與一個有界限的群體聯繫起來，並由此確定上面土地的自然所有權，終結讓這個地點之所以有意義的記憶流動性和解釋的開放性。哈里迪透過肯定該遺址的伊斯蘭意義，並讓它在伊斯蘭教的範圍內做出開放的解釋，展現出他的智慧——這似乎是他寫作的主要目標之一。

與此相似的是，在漢人寺廟裡的祭祀、崇拜也是一個透過儀式來重申或協商共同體邊界的機會，而且這種重申或協商往往是透過歷史敘事的表演來進行。[52]然而，當湘軍進入新疆時，他們「失去」一些他們從未擁有，只是期望能存在的東西。他們對該地區的歸屬感，意味著要得到漢唐遺跡的確認。當這種聯繫已經被切斷時，它的明顯缺失就要求以犧牲最近死去的人的遺產來恢復它。關帝廟有可能做出歷史聲明，將今天的湘軍與唐朝時期的征服聯繫起來，這使得管理關帝廟的人會有選擇地展示其歷史。

當汪振聲透過古代來投射當今的方式，來感受重新征服新疆的過程時，湘軍成員也可以把自己投射到古代英雄的角色中，如此得到恢復的不僅僅是十三年的時間，而是一千年。

## 以亡者為證

然而，人類的屍骨無處不在，這種狀況讓試圖清洗近期歷史和生活在遺產中的企圖變得不那麼有效。恰恰事與願違的是，人們變得十分善於利用和屍骨有關的話語來促使官員採取行動。事實上，在中國的語境下，屍體的力量在很多方面來自國家對如何處置屍體的重視程度。同時，中國定居者也從參與有關屍骨的共同話語中受益，這種話語不僅根植於傳統的中國思想中，也根植於十九世紀的特定環境。梅爾清認為，對中國本土的人們而言，太平天國戰爭本身就是一個末日般的事件，它使人們普遍感到有必要透過個人的道德矯正來拯救搖搖欲墜的社會道德秩序。[53] 崩潰的主要標誌之一是人肉的銷售和食用，這在中國文化中是一個古老的比喻，但在戰爭期間卻成為一個可怕的現實。同時，無名的屍骨，「被剝去了身分，……實際上成為了一個空白的表面，人們可以在上面鐫刻上一段王朝的記載，和一個重建的共同體會寫在上面的內容。」在這種情況下，死者的屍體獲得了深刻的政治和情感意義，為「停屍政治」開闢了潛力，在這種情況下，人們調動了圍繞著死亡的做法、觀念和材料，來為其他的目的服務。

在另一個層面上，重建工作的案例也表明，關於屍體的爭論也提供了潛在的經濟利益。最早向吐魯番衙門提起訴訟的案件之一是羅楊氏，一個自稱在吐魯番有淵源的漢人婦女。[54] 羅楊氏作證說，她父親的前房東，一個名叫拉希姆（Rahim）的突厥穆斯林，是屠殺她家人的凶手之一。面對這一令人不安的指控，羅楊氏的要求很簡單：她的父親在租約到期前就被殺害了，所以她希望繼續租用這塊土地，直到契約期滿。羅楊氏失去最親近的家人，而她卻想從被指控的殺父仇人那裡租地，這兩者之間的不協調是非常明顯的；相似的是，她提出的指控的嚴重性和她所要求的賠償之間也是非常不協調的。

儘管如此，漢人定居者透過向突厥穆斯林索賠來尋求維生手段的行為並不罕見。就在羅楊氏去衙門的同一天，排在她後面的上訴人是一個叫張貴書的陝西人。[55] 張貴書的訴求要稍微合理一些，因為他索要的葡萄園是在突厥穆斯林殺害他叔叔一家九口時被盜的。如果張貴書的叔叔是該葡萄園的契約持有者，那麼他當然應該對該葡萄園提出有效的要求，將這個葡萄園作為他的遺產。然而，張貴書只獲得了不到那個葡萄園一半面積的葡萄大棚的五年租金。羅楊氏則是徹底輸掉她的案子。事實上，在更廣泛的吐魯番檔案中，幾乎沒有漢人定居者能成功地對突厥穆斯林提出財產權的案例。地方法官可能拒絕這些案件，因為他們對於沒有地契或其他實物證據的貧窮農民所提出的土地要求持懷疑態度。漢人定居者或返回者一般都非常貧窮，正是因為這樣，他們才逃離陝西和甘肅的家庭農場，以求在沙漠中能有謀生的機會。在起義之前，吐魯番的任何檔案都已被銷毀，任何可能證實某人的土地所有權或家庭成員姓名的契約也同樣被銷毀了。此外，在起義結束後不久，為了一個中國農民的利益而徵用一個突厥穆斯林的土地，這對於當地的官員來說是愚蠢的行為。（事實上，在財產糾紛中袒護本地人的策略，通常與邊境地區少有暴力事件發生是有關聯的）。[56] 這些關於家庭死亡和土地的糾紛也表明，漢人要想就起義中的暴力事件起訴突厥穆斯林的成功率很低。左宗棠宣布對戰鬥人員實行大赦，這使相當多的突厥穆斯林免受起訴，但也排除了人們根據起義本身來尋求正義的可能性。[57] 作為替代，省一級的司法系統允許他們以未履行的契約或盜竊索賠為由提起訴訟。

無論是張貴書還是羅楊氏，假如他們索求的相關土地上有一具漢人屍骨的話，他們的要求就會得到支持了。清朝法律規定，對那些無故打擾或破壞他人墳墓的人，將被給予嚴厲的體罰和流放。[58] 此外，如果一個人在出售土地時知道土地上埋有屍體，而出售行為導致墳墓被破壞的話，那麼法律要求將該土地歸還給屍骨的親屬。因此，吐魯番無處不在的屍骨為起義中的損失提供訴訟的可能性，但這些訴訟不是透過謀殺的指控，而是透過圍繞著死者屍骨而展開的類似話語。

因此，在吐魯番，屍骨政治成為一種常見的索賠手段，有時候，我們甚至不清楚屍骨是否真的存在。在一九〇九年時的一個特別複雜的案件中，四個不同的當事人都聲稱擁有一個墓地的所有權。[59] 一位名叫海爾朗的突厥穆斯林老人起訴一位名叫王萬福的回民，聲稱王萬福在夜深人靜時將一個回民屍體埋在他家的墓地裡，以便謊稱這是他的祖傳土地。王萬福則聲稱，屍體是真實的，墓地確實屬於他，並反訴海爾朗破壞墓地。他聲稱，王萬福的祖父母在穆斯林起義前就埋葬在這片土地上，而這位年老的突厥穆斯林試圖要翻土毀屍。海爾朗挖出一條灌溉溝渠，淹沒這片土地——令人悲痛地（卻又方便地），毀掉他們所有人的祖先屍骨痕跡。

當海爾朗被叫到衙門的時候，他突然轉變立場。他說，王萬福實際上並沒有在他的土地上埋葬過屍體，而且那塊土地從一開始就不是墓地！他作證說，王萬福散布的是謠言，說海爾朗賣給王萬福土地來埋葬他的祖先，但祖先的屍體仍然沒有下葬。而海爾朗把自己說成是一個陰謀的受害者，想騙取他這個老人家的剩餘農田。海爾朗為自己的大驚小怪道歉，但至少王萬福的陰謀被揭露了。同時，有七十名當地的突厥穆斯林請願支持海爾朗，他們現在聲稱海爾朗是他們公共墓地的監護人，該墓地向突厥穆斯林開放，但不向回民開放。另一位請願者，一位名叫蘇里坦·尼雅茲（Sulṭān Niyāz）的突厥穆斯林，隨後拿出一套完全不同的主張出現：海爾朗是他家墓地的看守人，卻濫用權力，在他的祖先的墳墓上耕田。

知縣現在感到十分摸不著頭腦。海爾朗稱這塊土地是農田，但早先卻聲稱這是一塊墓地；王萬福聲稱這是他的祖墳；這些突厥穆斯林說這是一塊公共墓地；而蘇里坦·尼雅茲則聲稱這塊土地屬於他。每一方都指責對方在屍骨的問題上存在一些褻瀆行為，但沒有人能夠拿出任何證據來證明他們所說為真。在幾個月後，地方法官將此案發回給一對村莊耆老，一個是回民，一個是突厥穆斯林，此案到這時候就從檔案記錄中消失了。有意思的是，該地塊周圍的所有土地在不久前都開放為「開墾」和耕種的土地，這表明爭端中的每一方實際上都是鄰近地塊的所有人，他們都希望能確保自己對這塊剩餘土地的權利要求。然而，唯一能確定此事的方法就是將祖先埋在這片土地裡。把屍骨工具化的做法意味著屍骨是一個公認的、強有力的主題，可以表達社群的不滿。海爾朗最初的申訴是基於王萬福所謂的屍骨的民族宗教身分，以及這種身分與家族血統同時存在的假設。而王萬福則提出一個歷史性的主張，即他的祖先在穆斯林起義前就已經埋葬在該墓地。海爾朗的支持者以集體為基礎，提出對土地的要求，認為他們自己祖先的屍體證明了他們的所有權。蘇里坦・尼雅茲的主張則是基於家庭。最後，所有這些說法都有可能是假的，但這些虛構說法本身是很值得玩味的。

與此相似的是，在魯克沁的北門外有一個大型墓地，漢人商人聲稱在起義前多年就在那裡埋葬他們的死者。[60] 據稱，在一八七八年時，一些突厥穆斯林官員為了修建一條新的灌溉渠，將墓地的大部分夷為平地——這也方便地破壞任何人類遺骸的痕跡。商人非常憤怒，但未能說服省當局為他們出面干預。四年後，來自幾個省的中國商人向闢展縣的縣令提出同樣的投訴。當時該縣長剛剛卸任，於是命令突厥穆斯林官員重建墓地，同時重建其圍牆和墓室。然而，一年後，事情沒有取得任何進展。新近擢升的吐魯番王馬赫穆德（Maḥmūd）認為沒有理由執行這一裁決，而是批准將土地賣給一名通事。

在一八八四年初，一批來自山西、陝西、四川、湖南和湖北的商人代表「漢人」發出聯合請願書，以跟進此案。雖然此時吐魯番的中國人的確切數量仍不清楚，但透過這個重要的貿易中心，說漢語的非穆斯林人口迅速湧入。[61] 這表明，向一個資源稀缺的地區推動移民，會給為講漢語的非穆斯林人服務的宗教和社會機構，如墓地和同鄉會，帶來巨大的壓力，使它們的服務範圍擴大到由地方身分界定的狹窄群體。畢竟，同鄉會經常向來自鄰近家鄉的旅居者敞開大門，他們的社區土地太小，無法建造自己的會館。來自陝西和湖南的人可以葬在同一片土地上，儘管地域不同，但其他人會照顧他們的墳墓並為他們的屍骨辯護。因此，商人可以代表這個內部不同的群體，逐漸了解他們的共同點，以及他們與生活在其中的穆斯林的不同之處。

商人將他們的怒火轉化為對整個突厥穆斯林群體的明確態度，他們發表聲明：

漢人的屍骨，對纏頭是多麼憤怒啊！中國的神靈，對纏頭是多麼的沮喪啊！那些挖掘漢人墳墓的人，他們引起了漢人的憤怒！……如果我們的皇帝希望引導這些人轉變為「華宗」，他必須讓這些人在法的範圍內行事。

清朝律例規定，挖掘墳墓和破壞寺廟的行為要受到比這更高一級的懲罰，因為「不尊重自己的身體繼承權和國家的恩典。」如果你因為這些纏頭「不知法」而為他們開脫，那就試著問他們，纏頭的墳墓怎麼辦？漢人可以把它們挖出來嗎？纏頭寺廟呢？漢人可以破壞它們嗎？如果他們在被挖或被毀時真的沒有任何憤怒，那麼這就意味著纏頭是真的不知法！這就意味著纏頭是不能被置於法律之下的！

以上的聲明揭示吐魯番的漢人在重建七年後的擔憂和態度。它顯示對親緣關係和死者處置的關注，這在儒家思想和文化中是密切相關的。家譜是文明的精髓，就像學校教師沮喪地表示他們的突厥穆斯林學生缺乏理解正統的基本能力一樣，這些講漢語的人也覺得他們的鄰居太無知，無法成為完整的人。此外，它顯示這些商人如何將道德主義和儀式視為帝國法律的本質，因此認同教化工程的先決條件，也就是穆斯林「在法的範圍內行事」之前需要先了解禮儀。雖然這些請願者以政府的天然盟友自居，但他們也批評教化工程對突厥穆斯林貌似的優待，反而鼓勵它對突厥穆斯林進行必要的文化暴力，迫使他們承認漢人的優越性。最後，它顯示吐魯番的漢人如何逐漸把自己視為共同體的一部分，是漢人屍骨和遺產的共同捍衛者，而非不同鄉土群體的成員。

對血統的關注與對漢人以及回民、突厥穆斯林的定義交織在了一起，這些定義不僅超越家庭，也超越籍貫。在吐魯番，不同的商戶之間是相互競爭的。然而，維護公墓的要求將某種制度性的現實強加給全體漢人，而在其他形式的暴力和衝突的背景下，漢人墳墓遭到破壞，推動更大範圍的身分認同。在生活中，埋葬在該墓地的漢人是有家庭的人，家人會維護自己的墳墓。在死亡時，他們成為「漢人屍骨」，成為被剝奪肉體身分的新意義的銘刻地。這種說法在吐魯番一次又一次地被證明是有力量的，因為不同背景的人都或真實或虛假地提出祖先屍骨的問題，主張他們的身分可以透過民族特徵來證明，以便能獲得土地。在吐魯番，一種集體的漢人特質（Chinese-ness）抹去講漢語的非穆斯林之間的地緣差異，並將這種身分與保衛祖先、對抗穆斯林他者（Muslim Other）聯繫在一起。

## 流亡士兵送漢人魂魄歸鄉

透過對一個神祇偶像的崇拜，這種共同的漢人特質得到闡明和制度化，這個神祇偶像也同時使湖南人在邊疆的存在變得自然而然，並允許死去的漢人魂魄能回到家鄉，即便他們的屍骨無法返回。[62] 定湘王是善化縣的城隍爺，而善化縣構成長沙城的一半。定湘王先是成為湘軍的守護神，然後在新疆獲得新的生命，成為被湖南定居者重新想像的神靈。隨著時間的推移，他的知名度越來越高，直到他被所有講漢語的非穆斯林都把它視為一個像是「郵政總管」一樣，傳遞許願和魂魄的神靈。

定湘王的起源很模糊，但他的身分始終與深邃險惡的水域、長沙和中國的軍事防禦聯繫在一起。他可能是以河神的身分開始存在的，也就是一個「平定湘江的國王」。長沙城就建在湘江的岸邊，它的江水不斷上漲，不時威脅著這座城市，但是人們可以透過祭祀行為來平息水患。後來，一位抵禦清軍入侵的湖南英雄成為這個傳說的一部分，有些人認為定湘王就是這位英雄人物的亡靈。還有人聲稱他是清初的一位正直的地方官，是唐朝官員的後代，他為長沙的人民抵禦惡靈。根據歷史記錄，定湘王在一八四七年顯靈，當時他從河裡出來，附身在一個賣水人的身體上。這個被附身的人直接前往善化縣衙門，在那裡，定湘王成為該縣的新城隍爺。根據當時的理論，城隍爺是他們所代表的城鎮、縣城、縣政府，甚至是省的「化身」，經世學者也採用這種理論。然而，實際上把「城隍」翻譯成「city god」（城市之神）是一個有點彆扭的翻譯，英語中常用的「God of the wall」（城牆之神）是其更廣泛含義的翻譯，這種翻譯也成功掌握經世作家用來解釋他們如何工作的比喻：城隍與行政單位的關係就像城市與城牆和護城河之間的關係。對城隍爺進行適當的儀式性崇拜可以確保該單位的安全、和諧和完整。這種崇拜經常包括在神像前表演節目，以及每年在其領土上運送神像進行巡遊。

因此，在一八五二年太平天國圍攻長沙期間，善化縣的官員和一群當地鄉紳將定湘王的雕像抬到城牆頂上，面向進攻部隊，邀請定湘王督察戰事。根據當地地方志的說法，定湘王立即介入這場戰鬥，因為翻牆的太平軍士兵就像是被一種看不見的力量所擊退，翻倒下去。圍城就這樣被破解，太平軍轉向而走，長沙得救了。

第二年，禮部對定湘王的功績進行表彰，此事正好和湘軍的組建發生在同時。這支新軍隊裡有很多士兵是來自湖南善化的，他們帶著定湘王進行一次長期的巡遊，他們帶著城隍爺在湖南各地行軍，然後則是在中國各地行軍。定湘王督察從長沙到喀什噶爾、和田的戰鬥，後來還視察中法戰爭，並在每個休息地都住在一個「行宮」裡。定湘王作為一個已經遠遠超出其邊界的城隍爺，成為一個令人著迷和驕傲的對象。湖南知識人易白沙（一八八六—一九二一）寫道：「我們長沙的城隍爺不僅向內，而且還能向外。」「他不僅待在湖南，還到其他省份去活動！」[63]新疆的湖南官員也繼續頌揚他們的家鄉神靈，在一八八五年時，他們贊助發行的道德文學作品裡還有定湘王的圖像。[64]他對帝國最偏遠地區的巡視表明，湖南善化的領土已經擴大到包括湘軍重新征服的所有空間，因為現在從福建到帕米爾都能看到定湘王的形象。

到一八九〇年代中期時，新疆的湘軍老兵已經改寫定湘王的傳說，並給他起了一個叫「方神」的新名字。[65]這一轉變與該社群的定居和在省級官僚機構中的緊密結合是相吻合的，但也與定湘王在中國本土撰寫的湘軍編年史中被奇怪地抹去有關。定湘王的「行宮」在新疆各地建造起來，並由湖南同鄉會和老兵及其家人的捐贈來維持。現在在神靈故事中，他不僅僅是作為長沙和中國的英雄衛士，也不僅僅是作為一個被淹死的神靈。相反的，他被描述為「方神」，是一個來自湖南的普通農家子弟，曾因在衝突中保護自己的兄弟而接受流放新疆的結果。他流亡到喀什噶爾時，恰逢張格爾（Jahāngīr）在一八二〇年代從浩罕（Khoqand）發起入侵，同一事件促使嶽麓書院的學者重新開始對邊疆政策的思考。在與張格爾的戰鬥中，這個農家子弟犧牲自己，跳入被水淹沒的城鎮，救出他的兄弟，也使清朝免遭入侵。明確地說，沒有證據表明在一八六四年之前，新疆就有對方神的崇拜——與此相反的是，從這些文本、旅行者的描述以及定湘王的跨區域崇拜群體的成員著作中可以看出，方神是對定湘王進行的重新想像。

他的新故事透過展示湖南人在起義前的存在，使湖南定居者在邊疆的存在變得自然而然，同時也透過展示他們如何重演過去的英雄故事來評價他們的努力。（事實上，關於定湘王的一個傳說中，他生前的名字是一位死在新疆的湘軍指揮官名字）這反映汪振聲對湘軍士兵的看法，認為他們是奪回可追溯到清朝早期丟失遺產的英雄。

定湘王與他在善化的另一座主廟保持著相互聯繫，使他對非湖南人也很有吸引力，他的「行宮」逐漸得到不同背景的中國人供養。[66]定湘王的地位早已超過湖南人統治新疆的時期，到一九三〇年代時，他在迪化的寺廟裡的主祭是一個甘肅人。在那裡，遠離中國本土的崇拜者只要花錢買一張標有「定湘王府」的特殊郵票，就可以給他們家鄉的遠方神靈寄信。然後，這些信會被燒掉，以便定湘王能把它們交給收信人。寺廟在農曆新年前後的生意特別興盛，因為那時候的移民離家太遠，回家省親是一件無法實現的事。然而，如此有趣的場景也反映出這種做法的黑暗面：湘軍士兵通常都太窮了，他們的屍骨無法被運回家安葬。據說，定湘王可以把他們的靈魂帶到遠方。吐魯番檔案的文件顯示，大多數中國定居者在這方面都遇到巨大的困難，因此家庭和商團與衙門聯繫，籌錢購買棺材，以及將遺骨運到湖南、陝西或廣東的漫漫路途上的開銷。因此，定湘王與中國本部的內在和直接聯繫是很有吸引力的，因為它可以確保埋葬在新疆的人仍能與他們的祖先在故土安息。

正如王鵬輝所言，定湘王具有一種讓身在邊疆的各地漢人差異變得模糊的作用。[67]到一九三〇年代時，它已經成了「漢族之城隍」，這就將城隍爺的空間功能重塑成維護一個由共同血統定義的群體的完整性。儘管作為省城，迪化應該為縣、縣級和省級城隍廟分別設立廟宇，但定湘王廟是迪化省城裡唯一的城隍廟。這表明定湘王既被視作是新疆的城隍，也被視作是漢人的城隍，也是湖南人的城隍，特別是善化縣的城隍。他保衛邊疆和自我犧牲的故事使漢人在新疆的存在得到重視和正當化。

記憶作為一種生活經驗的重複，是一個持續的、情景化的事物，因此它很容易被歷史敘述（也就是對過去發生過的事情的正式描述）所殖民。當創傷性損失——直接體驗或在敘事中的轉述，導致這些不同的記憶和遺忘模式發生相互作用時，對歷史敘述的殖民就尤其真實了。在試圖使缺失變得有意義的過程中，敘事將個人主體的損失故事納入集體經驗。強加的宏大歷史敘事不一定是對個人經驗的否定。相反，像汪振聲或滯留邊疆的湖南人這樣的個體，都可能會發現透過英雄的經歷來呈現自身經歷是非常有力的。湘軍成員可以透過對黃金時代的浪漫想像來激勵自己收復失地，這種想像部分是透過古代的文化，部分是透過自己的鬥爭經歷。前文中講述過的富平縣孝子故事很可能會激勵其他的兒子們去尋找遠走異地的父親，這些故事能給他們以安慰，因為儒家意識型態認為他們的痛苦中存在著力量和善意——那些富平縣的寡婦也可能也會這樣認為，即使她們處在履行正統義務的掙扎中時也是如此。在吐魯番生活和落腳的人們可以學著推進一種有功效的損失敘事（narrative of loss），這種敘事是具有法律功效的，能藉此使一種可能是功利性的、真誠的或兩者兼有的殯葬政治獲得正當性。

清末新疆的想像共同體（imagined community），至少有一部分是由於大規模衝突而產生的，它伴隨著集體鬥爭的想像，並將平凡的面向和行動轉化為具有民族和歷史意義的特質和行為。還有人認為，戰爭的各種機制（institutions of warfare）的功利性需求，例如徵兵，以及闡明一種讓衝突擁有正當理由的意識型態，產生了經驗和象徵性的語彙，這些東西是帶來強烈的群體感情所必需的。[68] 然而，武裝衝突和對自己群體的重新認識之間的關係並不那麼簡單明瞭。殺人可能需要闡明理由，以防止「戰鬥」變成「謀殺」——然而，由於吐魯番幾乎沒有人願意在歷史記錄中公開承認他們參與穆斯林起義，這種證明性的敘述並不是話語的一部分，因此損失和恢復在表述領域更有力量。人們可以拒絕辨認死者的屍體，或者他們可以辨認，甚至捏造死者屍體，以促進他們和共同體的目的，並在這樣做的時候主張他們屬於一個基於共同歷史、擁有共同怨恨的群體。

這種共同的歷史，正如吐魯番人所闡述的那樣，將個人與家譜聯繫在一起。用羅傑．布魯貝克（Rogers Brubaker）的話說，漢人、回民和突厥穆斯林都參與了一套「深深地認為理所當然又身在其中的認同」，這些認同在性質和背景上主要是宗教性的，但也意味著存在一個基於語言和信仰活動，範圍更廣泛的想像共同體。[69] 對突厥穆斯林來說，這就是透過麻扎朝聖形成的身分認同體系，而對漢人來說，這意味著參與同鄉會和寺廟活動，將個人與一個跨越甚至超越中國領土的共同體聯繫在一起。譜系（Genealogy）已經是穆斯林認同和漢人認同的一個隱含部分了。埋在麻扎裡的聖徒，可以被解釋為穆斯林群體的假想祖先，儘管他們是讓祖先皈依伊斯蘭教的人，而不是他們的親生父母。[70] 儘管如此，一個隱遁的聖人還是可以被理解為一個強大的生命，他在保衛自己的聖地，抵抗異教徒的入侵。定湘王也是一位來自過去的英雄，他從歷史的缺失或遺忘中走出來，保衛自己的領土。在吐魯番，死者——缺席或不可見的祖先，給予這些共同體一致的目標和力量，並且為他們共有的憤恨賦予定義。他們在衙門內的爭吵中，用想像中的祖先填滿虛構的和被夷平的墳墓。

# 第六章
# 歷史斷絕與帝國終結

當穆斯林起義在庫車爆發時，毛拉・穆薩・伊本・毛拉・伊薩・賽拉米（Mullah Mūsa B. Mullah 'Īsa Sayrāmī）時年二十八歲。[1] 這時，他已經完成學業，並且已經擁有自己的學生。由於他的老同學馬赫穆丁・和卓（Maḥmūdin Khwaja）是這個新生伊斯蘭政權的領導人之一，他之前的老師毛拉・奧斯曼（Mullah 'Uthmān）也是如此，因此賽拉米也自然而然地支持他們的事業。不久後，他就對起義的進展和隨後發生的派系暴力、恢復伊斯蘭統治的樂觀情緒及其令人震驚的失敗，產生更深入的了解。

賽拉米參加庫車的和卓們向西進軍到阿克蘇的災難性的第一次戰役。在哈拉玉袞戰役（Battle of Qara Yulghun）的混亂中，他向東逃亡，不久後便在沙漠中遊蕩，一瘸一拐地朝庫車的方向走去。他曾在額什丁陵墓（'Arshuddin shrine）避難，並祈禱好消息的到來。當道路安全時，賽拉米向北和向西進入山區，希望能回到賽拉姆鎮（town of Sayrām）的家中。一個多世紀以前，準噶爾蒙古人（Zunghar Mongols）強行將他的祖先從位於今天哈薩克境內的老賽拉姆（Sayrām）的祖居地趕走，在歷經許多磨難，他的祖先在一個沒有人打擾他們的地方定居下來。然而，現在，當毛拉・穆薩・賽拉米站在山口上俯瞰他童年家園時，他意識到那裡的環境已經永遠改變了。他後來寫道，那裡已經沒有任何的庇護所在等待他，不可能回家了。於是他轉身前往庫車。

幾十年後，當毛拉．穆薩．賽拉米已經成為一位翁鬚斑白之人，一些熟人勸他把自身經歷寫進起義的歷史中，因為他的頭腦和性情都特別適合著書立說。賽拉米寫到他對於重現已從記憶中消失的事件的任務所感到的惶恐。「自從伊斯蘭的時代開始到現在」，他寫道，「已經有四十多年過去了。大多數見證這些事件的人都已經告別人世，過去的事件已經從人們的記憶中消失。也許他們的故事被遺忘了。」[2] 然而，賽拉米幾乎目睹一切：在回到庫車後，他成為庫車領導層的顧問，後來又作為收稅員為阿古柏服務。他在湘軍重新征服後的生活就不太清楚了，有人認為他多年來一直在朝聖路線上遊蕩，四處收集故事。[3] 在此過程中，毛拉．穆薩．賽拉米學會一些漢語，並熟悉新的國家運作。因此，他既擁有對過去世紀的廣泛了解，又深諳《古蘭經》、《聖訓》和過去統治者的編年史。此外，賽拉米的朋友相信，閱讀和撰寫歷史是他唯一的幸福來源。於是毛拉．穆薩．賽拉米坐下來，提筆著書立說。

他歷時十年完成並隨後修訂的作品《伊米德史》（*Tārīkh-i Ḥamīdī*）[4] 不僅是一部關於十九世紀事件的明晰的編年史，而且是一部規模宏大的作品，它常常會深入到歷史的深處，挖掘出導致當下現狀的原因。賽拉米將他的作品描述為一座紀念碑，紀念那些被遺忘的起義烈士。然而，僅僅敘述最近的歷史是不夠的，因為起義及其失敗帶來一個難題：一個伊斯蘭的國家是如何打退異教徒，但隨後又再度落入到非穆斯林國家的手中？而且非穆斯林現在又是以一種新的、更具侵略性的形式回歸。《伊米德史》試圖透過將口頭和書面資料匯集成一個論據來回答這個問題。因此，賽拉米的敏銳性獲得現代歷史學家的讚許。[5] 然而，《伊米德史》最引人注目的地方是它利用波斯－伊斯蘭傳統的歷史書寫範式來打破既定的政治正當性話語，並且選擇性的使用該傳統中的其他敘事和解釋手段，以使中國政權的特定表現形式獲得正當性，也促使其他的表現形式失去正當性。賽拉米不僅用波斯—伊斯蘭的歷史來解釋清朝，而且還借鑑中國資料以及帝國統治的制度和形式。透過將中國的統治與古代歷史聯繫起來，將周邊地區與帝國的核心聯繫起來，賽拉米不僅對起義提出解釋，還進而闡釋不同民族之間的關係以及各民族是如何疏遠彼此。

在這一章中，我們將看到，由突厥穆斯林作者以察合台語針對突厥穆斯林讀者所書寫的伊斯蘭歷史著作，是如何反映出對中國勢力及其帶來的社會變革的關注。歷史損失的經驗，我認為，是需要透過重寫歷史來給予解釋的，這就像是漢人的做法。解釋穆斯林起義及其後果，就是要重新想像一個在起義之前的黃金時代，在這個時期裡，穆斯林臣民與清朝君主之間維持有特殊的關係，這種關係得到真主的許可，並以血統的形式表現出來，隨後，這種盟約因違反同樣的原則而被撕毀了。這個故事將中國置於人類原始歷史的中心附近，而新疆又位於中國歷史的中心。這個故事是透過對先前存在的伊斯蘭敘事加以改編，再加上帝國統治的具體經驗而講述的。而這樣的帝國脈絡反過來又產生各種差異的話語和範疇，突厥穆斯林作家在衙門之外參與其中。

## 中國皇帝如何成為一個穆斯林

從現代歷史學家的角度來看，賽拉米的作品中存在著一種特殊的緊張關係或矛盾，也就是他對既有的傳說的批評往往很嚴厲，但又對其他一些傳說的真實性不加懷疑，這一點在許多人看來可能是缺乏說服力的。然而，透過關注賽拉米對敘事的選擇性編排，我們可以看到他是如何將伊斯蘭歷史和經文中的論點以具體的東突厥語表現形式進行改編，從而能推進關於過去和現在的論點。他對中國權力和帝國的論證大多與這樣或那樣的家譜有關：生物血統、傳遞鏈或繼承得來的權位。

毛拉．穆薩．賽拉米在《伊米德史》的序言中，不只批判出於政治目的編造家譜的行為，更公開抨擊關於成吉思汗黃金家族起源的長期傳統。自蒙古征服以來，大多數關於突厥－蒙古系統治者的伊斯蘭歷史著作都接納了阿蘭豁阿（Alanqoa）感光受孕的傳說，成吉思汗家族的血統便是從此而來。這個故事旨在證明這位世界征服者有一部分的神性血統，在成吉思汗家族的後裔（無論是真實的還是攀附的）所委託編寫的官方編年史中，感光受孕的故事被一再重複，以強調統治者的特殊性質。[6] 然而，賽拉米在序言的第一章中就駁斥這個神話。[7] 他以經典為依據駁斥這個說法：唯一的感光受孕是麥爾彥（Maryam，瑪麗），她生下爾撒（'Īsa，耶穌）。在這一點上，賽拉米與《阿克巴之書》（*Akbarnāma*）中的觀點產生矛盾，這部偉大的蒙兀兒歷史著作宣稱：「如果你聽過麥爾彥的故事，那麼你也該同樣相信阿蘭豁阿。」[8] 然後，賽拉米又拆解一種流行觀點的存在基礎，這種觀點認為，感光受孕故事裡的光實際上就是阿里．伊本．阿比．塔利布（'Alī b. Abī Ṭālib, 601-661），也就是先知穆罕默德的堂弟和第四任哈里發，什葉派認為的第一位伊瑪目。賽拉米指出，阿里的時期遠遠早於阿蘭豁阿的時期，所以他們的結合是不可能的。此外，他還對感光受孕的概念表示懷疑：即使他們是同時代的人，阿里為什麼要把自己變成一束光，到世界的另一端去和一個異教徒在大帳中結合呢？賽拉米認為，恰恰相反的，感光受孕的神話為的是掩蓋蒙古人的亂倫起源，並為成吉思汗的後代的不軌行為辯護而發明出來的。毛拉．穆薩．賽拉米顯然是一位持有懷疑態度的歷史學家，他願意在這件事和其他的地方上顛覆一般人的觀念，這令人感到很驚訝。這一事實也使得他接受其他一系列的起源傳說的做法，令人覺得耐人尋味，他所接受的那些傳說甚至是其他學者都覺得難以置信。

在中亞的伊斯蘭歷史寫作中，群體性的歷史建構往往會採用這個群體是如何伊斯蘭化的傳說，也就是把一個民族皈依伊斯蘭作為穆斯林民族的起源神話。許多這樣的傳說都是關於一位伊斯蘭的聖徒——通常是一個蘇菲，與一位接受信仰的統治者之間的相遇，而這位統治者反過來又能帶來大規模的皈依。[9] 因此，民族起源與伊斯蘭教的歷史實現有著內在的聯繫。很適當地，《伊米德史》的序言由一系列大家熟悉的突厥—蒙古系統治者的「雙重皈依」故事組成，他們對伊斯蘭的接受分為兩個階段。要麼統治者必須隱瞞自己的伊斯蘭信仰，直到時機成熟時才透露出來，不然就是父親開始這個過程，而他的兒子必須完成這個過程。[10] 賽拉米的敘述始於烏古斯汗（Oghuz Khan），也就是傳奇中的突厥人領袖，一出生就會說話並且為自己取了名字。[11] 嬰兒時的烏古斯拒絕吸吮母乳，直到母親接受伊斯蘭教才開始吸吮，但烏古斯向父親隱瞞他的伊斯蘭信仰，直到他長大後才對父親進行一場聖戰。後來，歷史上喀什噶爾的喀喇汗王朝（Qarakhanid）統治者薩圖克・布格拉・汗（Satuq Bughra Khan，卒於九五五年）的皈信，據說就是來自一則聖訓的預言。

薩圖克・布格拉・汗也同樣保持著祕密的穆斯林身分，直到他不信教的父親得知他與被派來向突厥人傳教的聖徒阿布・納斯爾・薩曼尼（Abū Naṣr Ṣāmānī）相遇的消息為止。隨後，他們之間發生一場戰爭，薩圖克取得勝利，隨後又展開更進一步的征戰，使得伊斯蘭取代當時在整個東突厥斯坦普遍流傳的佛教。喀什噶爾附近的阿圖什（Atush）山區的蘇圖克・布格拉・汗和阿布・納斯爾・薩曼尼陵墓是著名的朝聖地點，也是得到阿古柏的贊助的地方。[12] 最後，賽拉米講述察合台統治者圖格魯克・鐵木爾・汗（Tughluq Temür Khan，一三四七—六二年在位）的雙重皈依，首先是透過與賈拉爾丁・卡塔基（Jalāl al-Dīn Katakī）的相遇，然後是與他兒子阿沙德丁（Arshād al-Dīn）的相遇。那些庫車的和卓們正是阿沙德丁的後代，他們在穆斯林起義期間建立國家。因此，這段伊斯蘭化的歷史在世紀之交時的新疆非常重要，因為歷史上那些推動伊斯蘭化的統治者的陵墓，在賽拉米試圖解釋的政治中發揮作用。

序言的最後一章將時間向前推到最近的過去，然後再回到歷史的深處。它從一八六四年六月六日的事件開始，當時庫車的穆斯林放火燒毀中國人的定居點。[13] 對這些事件，賽拉米以他典型的理性、以來源為基礎的方法加以闡述。「每個人講述的故事都不一樣，一個人的說法與另一個人的說法不同。」他決定辨別哪些故事是正確的，而不是簡單地在紙上重複它們。鑑於賽拉米採用的研究方法，以及他對傳說所持的懷疑態度，他所認定的下一個說法似乎就很奇怪了。為了找到起義的起源，賽拉米立即將他的蘆葦管伸向歷史墨池的深處，回溯到唐朝和先知穆罕默德本人的時代，並講述「很久以前的中國皇帝是如何成為穆斯林」的故事（Ḥikāya-ye zamāna-ye awwalda Khaqan-i Chīn musulmān bolghani）。[14] 在這裡和其他地方一樣，賽拉米使用Khaqan-i Chīn這個詞來表示中國的皇帝，讓人想起波斯人《列王記》（*Shāhnāma*）中一個神祕的、擁有魔力的君主角色。如今，Khaqan-i Chīn（中國皇帝）已經走出書本，進入到突厥穆斯林的生活裡，他的存在需要得到關注。

賽拉米的開篇是這樣的，在很久以前，中國有一位公正仁慈的統治者。他的名字叫「唐王．汗」。這個名字的意思是「唐的國王」，也就是指唐高宗（六四九—六八三年在位），哈里發奧斯曼（六四四—六五六年在位）曾向他派遣一個外交使團。有一天晚上，唐王做了一個夢，夢見一條龍從窗戶進來，纏繞在一根柱子上。當龍轉身攻擊國王時，一個身穿綠袍、「頭上纏著白色東西」的威武男子現身，用他的法杖將龍劈成兩半，殺死惡龍。第二天早上，唐王把他的術士叫到他的房間，為他來解夢。他們告訴他，夢中的人與遠在西方的一個名叫「穆罕默德」的人的描述相吻合，這個人已經接過先知的衣缽。唐王的宮廷於是準備一大堆中國珍寶——絲綢、茶葉和瓷器，準備送給穆罕默德，並邀請他到朝廷裡任職。經過一番周折，唐王的使者終於找到先知。

然而，穆罕默德拒絕從陸路前往中國，而是寄來一封神奇的信，穆罕默德在信上說：當唐王打開信封時，他就會親自到達。在從阿拉伯到中國的漫長道路上，唐王的信使很想要打開這個裝有先知信札的信封。當他真的這樣做的時候，「好像有人從裡面出來，然後又離開。」這樣的情節是說，在皇帝不在場的情況下，有人擅自打開信封，因此先知無法在中國現身。因此，當皇帝自己打開信封時，驚喜被破壞了，穆罕默德沒有出現。信封裡除了一封漢文書信，就別無他物。這一傳播被中斷的隱喻表示的是最終的神啟——「訊息」，是由真主的使者（rasūl）穆罕默德以純阿拉伯語的形式攜帶，未能到達中國。

皇帝的信使承認自己違背先知和皇帝的命令，作為公正的懲罰，他被派回去再試一次。這一次，失望的穆罕默德從他的同伴中挑選三個人：宛葛思（Waqqāṣ）、艾斯（ʿĀs）和奧卡沙（ʿUkkāsha）。穆罕默德派他們和其他七個人與信使一同前往中國。其中一人在嘉峪關的關口處過世，這讓中國本土和伊斯蘭世界的傳統分界線上留下一處著名的聖徒陵墓。傳說中，奧卡沙的安息地在塔里木盆地北部的輪台（維吾爾人稱Bügür），而另一名成員的屍體被埋在中國本土。最終，使團的大部分人得以大張旗鼓地進入唐王．汗的首都。然而，唐王再一次失望，因為出現在他夢中的人並沒有親自到來。但他還是詢問他的大臣關於接受伊斯蘭的事情。按照賽拉米的記述，「有一些人同意，另一些人反對……他們說唐王祕密地尊崇此信仰，但是不讓他的大臣知道（khan wazīrlaridin maḥfī sharīfgha musharraf boldi, dedürlär）」。

唐王進一步制定保護伊斯蘭教和穆斯林的法律，包括將穆斯林的納稅義務限制在伊斯蘭教法規定的範圍內。賽拉米說，中國皇帝的古老規則是，他的臣民應該不受干擾地遵循自己的宗教。[15] 為了庇護這些遠離家鄉的旅行者，唐王．汗用四十個中國人交換大約四百個撒馬爾罕人，在中國建立一個穆斯林的殖民地。[16] 一向保持有懷疑態度的賽拉米認為，撒馬爾罕在七世紀時尚不是一個穆斯林國家，因此它的國王一定是一個公正的非穆斯林，就像前伊斯蘭教時代的阿努希爾萬（Anushirvan）一樣。無論具體的情形是怎樣的，由那些移民產生的回民人口都主張自己擁有一個可以追溯到先知的時代的世襲血脈。賽拉米說，這些人口不僅是來自撒馬爾罕人的殖民地，而且也來自皇帝舉行的一個節日，在這個節日裡，新來的男人可以選擇他們希望的任何妻子。從那時起，回民便從未偏離過他們的宗教，並且會將新人帶入他們的宗教，成為「（祕密的）穆斯林」（maḥfī musulmān）。[17] 根據賽拉米的說法，這一事實既說明回民的人數眾多，也說明他們有濫用法律特權的傾向。透過這個故事，賽拉米將回民確立為一個相對較新的群體，而且是一個位於中國和伊斯蘭共同體之間的一個不穩定位置的群體，就像回民在晚清新疆的情況一樣。

隨著時間的推移，唐王的後人忘記他們的伊斯蘭。儘管如此，他們還是遵守祖先的承諾，確保穆斯林永遠遵循伊斯蘭法的統治。賽拉米因此解釋說，中國皇帝與他們的穆斯林臣民訂立一個誓約，這是統治者、人民和真主之間的特殊關係。他們透過從唐王到清朝皇帝的不間斷的血統，持續保留著誓約。[18] 安東尼．史密斯（Anthony Smith）將這種「誓約」定義為一個通常是一神教的神和一個親屬共同體之間的誓約，根據誓約的內容，該共同體必須執行神的意志，以換取神的保護。[19] 在賽拉米的敘述中，這種誓約與共同體內的等級制度的融合與安東尼．史密斯在衣索比亞案例中看到的情況相似：神指定一個王系來維護被選中共同體所揭示的戒律。

然而，對賽拉米而言，提出誓約一事，是為了給誓約的破壞提出解釋。據他說，由於低級官員的腐敗，帝國秩序在包括新疆在內的穆斯林西北地區衰落了。賽拉米提到，清朝政權中曾經世襲的職位現在可以讓人買官鬻爵。[20] 正如濱田正美（Hamada Masami）在其他地方所提出的，這種與清朝的世襲關係是一種合法的權力來源，但它遭到違反，這標誌著自然正義秩序的破壞。[21] 腐敗的官員開始偏袒中國人，允許他們的豬進入穆斯林的神聖空間。還有人徵收超出伊斯蘭法律範圍的稅款。根據賽拉米的說法，東突厥斯坦的穆斯林給皇帝寫下請願書，乞求他恢復正義，維護他們的禮拜場所周圍的界限和共同體的法律。然而，同樣的腐敗官員阻止這些請求到達北京，因此，帝國的穆斯林臣民有責任自己建立公正。穆斯林皇帝的傳說將這種需要解釋為一種歷史結果。

很顯然，賽拉米所講的這個故事的來源是一本名叫《回回原來》的書，這個傳說是在中國本土使用漢語的回民穆斯林中出現的，並在明朝時出現在印刷品上。[22] 這本書一般被認為是漢文文本，所表達出來的敘述與回民的身分認同糾結密切相關，他們既和儒家學問互動，又和伊斯蘭學問互動。在明朝的版本中，使者來到唐朝宮廷，引發一場對話，展示兩種傳統的終極的相容性，以及皇帝對伊斯蘭的保護。在一八七七年，同一故事的口述版本也在從新疆遷徙到中亞的回民中流傳，其中有幾個元素在本文描述的察合台文手抄本中很明顯。[23]與賽拉米的敘述一樣，回民的故事解釋來自中亞的男子如何與先知的使者一起在中國定居並與中國婦女結婚，從而產生一個在兩個世界都有根源的民族。

這兩個版本都將某些地點認定為使者的休息地，這標誌著伊斯蘭歷史性的到來。[24]按照萊恩・圖姆和艾利夫・達吉耶里（Elif Da yeli）所描述，東突厥斯坦人的麻扎朝聖的邏輯，聖徒的足跡和他們的墳墓是具有時間性（chronotopic quality）的，在這種時間性中，足跡和墳墓將根源的記憶匯聚在一起，在這個案例中，根源的記憶就是突厥穆斯林接受伊斯蘭化時的根源，以及伊斯蘭化時的空間維度，是透過傳播伊斯蘭的聖徒之旅程和伊斯蘭化的新土地來完成的。這些聖徒的遺體就是伊斯蘭傳播的象徵。對於回民讀者來說，這一連串的墳墓標誌著從中亞進入中國的艱難旅程，標誌著穆斯林先賢們的犧牲，以及將中國回民與西域穆斯林分隔開的遙遠距離。

對突厥穆斯林來說，穿越東突厥斯坦的旅程完全是另一個信號：綠洲本身就是皇帝和中國人的旅程的一部分，是他們走向伊斯蘭的旅程。《回回原來》的故事以多種形式在新疆流傳，其中之一是由庫爾班・阿里・哈里迪（Qurbān ʿAli Khālidī）記錄下來的。[25]與他通信的賽拉米也知道這個版本的存在，但他選擇不同的敘述方式。庫爾班・阿里・哈里迪的版本與賽拉米的版本在有些地方是相同的，但在哈里迪的版本中，唐王在夢中是被兩個人拜訪的：第一個是一個戴著白頭巾、穿著綠色長褲、拿著一根手杖的白髮男子。在夢中，這個人物向唐王解釋伊斯蘭的所有細節。這個人物解釋說，唐王的祖先深陷於無知之中，但這位統治者是公正的，因此他被認為是值得接受伊斯蘭的人。隨後這個白衣人消失了，留下他的法杖和頭巾以及一本《古蘭經》抄本。第一個人消失後，第二個人從後門進來，警告唐王不要放棄他祖先的宗教，因為如果他這樣做，老百姓就會起來殺害他，結束王朝的血統。當唐王醒來時，法杖、頭巾和《古蘭經》還在，他的大臣認為這證明第一位造訪者的所言為真。

唐王立即派使者去尋找能讀《古蘭經》的人，他們在撒馬爾罕找到這樣的人（根據哈里迪的分析，撒馬爾罕在這時候成為穆斯林國家已經有幾十年了）。撒馬爾罕國王派出三名學者帶著三千人前往中國，教授唐王閱讀《古蘭經》。唐王立即就背下「清真言」（shahada），也就是穆斯林的信仰宣言，其聲音響徹整個大地。接下來，他砸碎偶像廟宇中的雕像，引發一場短暫的內戰，伊斯蘭取得勝利，致使中國人大規模地皈依。事後，撒馬爾罕人在中國定居下來，在那裡受到特殊地位的保護。在這些學者死後，他們的墳墓成為聖地。最後，哈里迪講述隨著這位穆斯林皇帝的衰落，國家如何再次陷入戰爭，朝廷遷往華北（Khitāy），反映蒙古征服後皇權中心是如何或者是或多或少地永久轉移到北京的。儘管如此，後來的統治者也是公正的，並維持唐王與穆斯林之間的誓約。然而，隨著時間的推移，暴政越來越多，直到甘肅和新疆的穆斯林起義開始的那一天。

因此，在使用漢語和突厥語的穆斯林中，似乎流傳著一個有數種不同版本的故事，大意是中國的皇帝是一個暗中信仰的穆斯林，並公開作為伊斯蘭法的保護者。鑑於湘軍在十九世紀末對突厥穆斯林的打壓，正如我們在前面幾章的內容裡看到的，值得一問的是，為什麼這樣的說法會流行起來呢？對哈里迪來說，這個故事只不過是一段奇聞，按照他對於大眾信念的習慣做法，他基本上是否定這個故事。但他拿出這種不可思議的歷史——而且他和我們都知道，從來就沒有一個唐朝皇帝領導過穆斯林的聖戰。而且，我們知道哈里迪也會否定其他相似的敘述：其中有一個故事說，叛逆的雲遊蘇菲詩人沙・巴巴・馬什拉布（Shāh Bābā Mashrab, 1657-1711）讓準噶爾人的大汗歸信伊斯蘭，另有一個故事則說達賴喇嘛本人已經接受伊斯蘭。[26]

這類故事有價值的部分在於，它們展示伊斯蘭——作為一種被征服者的信仰，對於非穆斯林統治者是具有轉化力量的。東突厥斯坦人對於亞歷山大的浪漫故事（《亞歷山大之書》〔*Iskandarnāma*〕）的變體也有類似的情節改編，說亞歷山大大帝對中國的傳奇征服敗在中國女人的魅力之下。[27] 他的諷刺故事則改編關於遠方皇帝的財富和權力的描述套路。

然而，作為一名對待口頭史料來源十分謹慎和嚴肅的學者，賽拉米在《伊米德史》中，把穆斯林皇帝的故事解釋為東突厥斯坦和中國歷史的一個關鍵點。在他的敘述中，中國的皇帝並沒有完全皈依伊斯蘭教，而是一段尚未完成的雙重皈依。從中亞到中國本土的路線上，星羅棋布地點綴著聖徒傳教者的麻扎（陵墓），這標誌著伊斯蘭直接進入中國權力的中心，因此東突厥斯坦成為中國隱祕歷史的中心。這種姿態讓人聯想到殖民時期的其他作品，在這些作品中，文化混雜的作者將核心和邊緣的敘述寫在一起。[28] 賽拉米表明，穆斯林起義並不是中國勢力的終結，甚至不是推翻一種不自然的關係，而是執行君主與人民之間古老的正義誓約的一個停頓。

## 雅弗血脈的政治學

然而，中國皇帝的譜系比唐朝統治者皈依伊斯蘭還要久遠。順著它的線索來追溯，我們可以回溯到大洪水之後的世界，以及努海（Nūḥ，諾亞）的子孫在全世界的繁衍。透過賽拉米對此故事的講述，他參與到一個透過人類起源的敘述來解釋當代帝國和民族政治的敘述傳統中。具體來說，賽拉米將世界上語言的繁雜，以及各民族之間無法溝通的情況歸咎努海的孫子們受到通事的干預，這導致他們的原始衝突。努海之子雅弗（Yāfith）的孩子們分布範圍和他們之間的關係，反映出關於歐亞大陸各民族之間親近或疏遠的觀念。

談論東突厥斯坦各民族起源的主要手段是透過伊斯蘭神聖歷史的範式，即在《古蘭經》基礎上擴展出的更廣泛的解釋材料和歷史敘述的集合。[29] 來自敘利亞的、猶太的、拜占庭的和其他傳統的故事與《古蘭經》和《聖訓》一起傳播。那些故事被單獨編纂成冊，並獲得自己的生命，既可用於娛樂，也可用於啟蒙教育。因此，伊斯蘭提供一個新的敘事系統，在有關伊斯蘭之前的先知和伊斯蘭早期的故事集中，對不同來源的故事進行重新規劃和神聖化。這些「先知故事」（qiṣaṣ al-anbiyā）透過關於努海以及他的兒子們如何在大洪水之後的世界範圍內繁衍生息的章節，介紹世界各民族的起源。

在大多數的傳述中，努海的長子閃（Sām）定居在阿拉伯、波斯的土地以及特定作者所推崇的其他地方上；而他被詛咒的兒子含（Ḥām）定居在非洲、印度斯坦和該作者不喜歡的土地上；他的第三個兒子雅弗定居在「其他」土地上，通常是已知世界東部的土地。因此，先知故事的主要講述傳統給生活在清朝統治下的突厥穆斯林帶來一個問題，因為這些故事未能給東突厥斯坦的現狀提供令人滿意的歷史解釋。主要的傳述傳統裡也沒有描述中國人的起源——事實上，在那些故事裡甚至沒有承認突厥人是人，而是將他們的祖先歸類於可怕的怪物歌革和瑪各（Jūj and Maʾjūj）。[30] 然而，納斯爾．丁．伊本．包爾汗．丁．拉布古吉（Nāṣir al-Dīn b. Burhān al-Dīn al-Rabghūzī，卒於一三一〇年之前）的突厥語故事將人類的祖先歸於作為雅弗後代的突厥人。[31] 這種把突厥人歸為雅弗血脈（Japhetic Descent）的做法很好地顯示出突厥人作為一支崛起中力量在伊斯蘭世界所占據的地位，在蒙古征服後，突厥人是一支不容小覷的力量，但又與主導既有文化和政治中心的阿拉伯人和波斯人有區別。然而，中國的問題，關於這個在突厥穆斯林眼中毫無疑問的重大勢力的問題，依然沒有得到解答。

幾百年來，後蒙古時代的歷史書寫也沒有令人滿意地解決這個問題。雖然後世學者所熟悉的歷史作品，如拉希德丁．哈瑪丹尼（Rashīd al-Dīn Ḥamadānī, 1247-1318）的《集史》（*Jamiʿ al-tawārikh*）在東突厥斯坦也很有名，但這些作品對中國的描述可謂枯燥又粗略。[32]賽拉米提到拉希德丁的著作，但沒有引用它對中國的論述，畢竟它沒有用原始和連續的血統來介紹帝王。一些穆斯林旅行者描述中國的敘述在東突厥斯坦也有所傳抄，但似乎並沒有被納入其他作品或大眾話語中。[33]那些與中國政權有廣泛接觸的官員似乎也沒有把他們的知識傳得很遠。[34]就這一點而言，在一八六四年之前，即使是到北京覲見的突厥穆斯林官員似乎也不清楚到底誰是皇帝，或者喀什噶爾是在哪位統治者的統治下被征服的。

為賽拉米關於世界民族起源的描述提供具體依據的傳說，可以追溯到《歷史和故事匯編》（*Mujmal al-tawārīkh wa 'l-qiṣaṣ*）一書，這是一部可以追溯到一一二〇年的一部沒有署名的波斯語著作。[35]《歷史和故事匯編》告訴我們，努海將中亞的阿姆河（烏滸水）以東的所有土地交給雅弗。雅弗的兒子不僅包括聰慧而知書達禮的突厥（Turk），他是突厥人的祖先；還包括中國人的祖先秦（Chīn），《歷史和故事匯編》稱秦是一個聰明的人，是個能工巧匠；書中還包括俄羅斯人的祖先羅斯（Rūs），據說他無恥而有心計。不久之後，蒙古統治者開啟新的一支皇室傳統，即透過神聖歷史來讓自己獲得統治正當性，這在很大程度上是參考這種血統故事。[36]拉希德丁的《集史》在介紹東方民族的起源方面很有影響力，它對他的蒙古伊兒汗國的贊助人有利，也暗示他們與穆斯林突厥人之間擁有天然的聯盟關係。[37]他把蒙古人說成是突厥家族的兩個橫向分支，是烏古斯・汗的兩個叔叔的後代。雅弗在這裡成為「突厥人之父」，而不是怪物的後人。

從帖木兒的家譜政治中，我們開始看到清代東突厥斯坦人關於傳說中各民族起源的記載，在這些傳說中，王朝成員會對自己統治的正當性加以大肆宣傳。

赫瓦達米爾（Khwāndamīr, 1475-1535）在他的《傳記集》（*Ḥabīb al-siyar*, 1525）中聲稱拉希德丁的著作是他的資料來源，但在大多數方面，他的敘述都遵循《歷史和故事匯編》的敘述。[38]它在很大程度上反映《歷史和故事匯編》的內容：突厥「非常聰慧，有男子氣概，有禮貌，有智慧，」是雅弗的子嗣中最優秀的，他們放棄木頭和泥磚房，改用獸皮做的帳篷，在人民中主持正義。羅斯（Rūs）在書中是以溫和兄弟的形象被提到的，而秦（Chīn）則是一個聰明的、有文藝傾向的父親，他的後代是發明家和工匠種族。[39] 然而，這些兄弟之間爆發戰爭。古茲（Ghuzz）是「最壞的蒙古部落」烏古斯人的父親，他與突厥爭奪造雨石（yada）的控制。這塊石頭是中亞的祈雨儀式的一部分，在神聖的歷史中被賦予特殊的淵源，因為努海向真主索要原石，於是真主讓大天使加百列（Jibrā'īl）在石頭上刻下真主的名字。赫瓦達米爾評論說：「直到今天，他們的後代之間仍有爭鬥和敵意。」也就是說，在赫瓦達米爾的時代，東突厥帖木兒王朝和奧斯曼帝國的西突厥烏古斯後裔之間的衝突，實際上可以追溯到地球上最早的人種。在後來流傳於東突厥斯坦的民族起源傳說中，我們也會看到用神聖歷史來解釋當下衝突的做法。

蒙兀兒皇帝阿克巴（一五五六—一六〇五年在位）不僅利用他的帖木兒血統遺產來獲得合法性，而且還聲稱他是「努海最公正的子嗣」雅弗的後代，也是突厥的後代。[40] 這個主張所隱含的訊息是，族譜本身可以賦予統治權，或者說，正義是可以遺傳的，這與後來賽拉米對穆斯林皇帝的主張是相似的。這段關於神聖歷史的描述再次來自經過赫瓦達米爾的《傳記集》所傳述的《歷史和故事匯編》。希瓦（Khiva）統治者阿布・加茲・巴哈杜爾・汗（Abū 'l-Ghāzī Bahadur Khan, 1603-63）的《突厥系譜》（*Shajarah-i Turk*）也是賽拉米參考的資料來源，阿布・加茲在《突厥系譜》中重複上述的傳說，還將他所處地區的地理狀況寫進神聖歷史，但只強調與他相近的重要地區。[41] 這些敘事作為關於古代的傳說，解釋人們的起源，以複雜的、往往是模糊的方式流傳，有時是靠手抄本，有時是靠口頭流傳，它們與波斯人的《列王記》的流行和複述相互發生作用。萊恩・圖姆特別論證這些對古蘭經故事的近似傳述與《列王記》傳統的相互滲透，並反過來與東突厥斯坦的當地歷史傳統相互滲透的現象。[42]

這個過程創造出傳奇和神聖歷史的特殊融合——源自波斯英雄故事和伊斯蘭經文，而且飽讀詩書的賽拉米非常熟悉這種敘事。這個傳播過程的終點——或者說它在歷史記錄中的再次現身，就是那本被我稱為「冒牌的拉布古吉」（pseudo-Rabghūzī）的著作，它是先知故事和帖木兒王朝時期改寫的神聖歷史融合後，而在東突厥斯坦出現的一個產物。[43]這一假託拉布古吉之作的手抄本號稱是突厥語先知故事的作者納斯爾·丁·拉布古吉之作。雖然在這本書裡，拉布古吉原作的主體輪廓是存在的，但是還充滿各種其他來源的材料，顯然也包括當地的各種民間傳說在內。在已知抄寫於一七五二年至一九三〇年代的手稿中，關於努海的章節內容主要是在列舉雅弗的兒子一事上與原作有所不同，並且反映故事抄寫時所處的地緣政治環境變化。最早的假託拉布古吉之名的著作，是於一七五二年準噶爾汗國統治時期在喀什噶爾附近抄寫，它利用《歷史匯編》的框架勾勒出該地區講突厥語、波斯語和藏語的民族之間的劃分，但又將準噶爾蒙古人與葉爾羌、吐魯番和中國的民族劃為共同祖先。[44]敘述中既描述家譜，也描述地理，將當時參與清—準噶爾戰爭的內亞地區的突厥—蒙古人聯繫在一起，這場戰爭在這裡被渲染為表兄弟之間的衝突，很像《歷史和故事匯編》中介紹的東突厥、西突厥人之間的衝突。後來手稿中的族群列表反映出喀爾喀蒙古人融入清朝，以及背信棄義的歐洲人（Farang）的到來，但突厥人和中國人之間透過雅弗的緊密關係仍然存在。[45]

賽拉米的歷史著作的第一章內容同樣是敘述努海和他的子嗣們，該敘述已經成為一種寫作的定制，但其內容有關鍵的改變。[46]在賽拉米的敘述中，雅弗的長子秦首先在中國定居。秦不僅是所有中國人的祖先，而且是中國現任皇帝的直接祖先。從那時起，秦的弟弟們都散佈在東方各地。賽拉米敘述爭奪造雨石的戰爭以及兄弟之間的其他衝突，他們互相剝奪土地或擊殺對方的家人，正如賽拉米所說，這解釋為什麼某些民族自古以來一直處於衝突之中。賽拉米還寫道，這種和平的秩序被語言的分歧所擾亂，他還列舉八十二種語言。[47]因此，為了使父親、兒子和兄弟之間能夠相互交談，他們現在需要通事的介入。這些通事——說漢語的突厥穆斯林，在賽拉米的時代就以利用他們跨越邊界的能力來為自己圖利而聞名，他們是翻譯、誤傳和分離的中間人，因此在賽拉米的敘述中，他們從歷史的最開端就出現了。通事是劃分民族間家庭關係的中間人，類似於賽拉米目前的家庭劃分。在這種說法中，一個民族既是由語言，也是由血統來定義的，一個民族的語言被認為是對自然的、統一的親屬關係力量的一種分裂性的人為干預。

突厥的兒子們繁衍為內亞的各個民族。雖然在不同手稿中，各民族的名單略有出入，但是在一九一一年抄寫的《伊米德史》中仍保留著常見的雅弗之子的名單，其中包括秦、突厥和羅斯在內。突厥的兒子們依次是：蒙古人、韃靼人、吉爾吉斯人、欽察人、回鶻人、滿洲人、乃蠻人、切爾克斯人、達吉斯坦人、土爾扈特人、諾蓋人、巴魯剌思人、楚拉斯人（Churas）、賈拉伊爾人和大清。[48]其最後一個成員名叫Dāching，這個字來自漢文「大清」，賽拉米解釋它的意思是「偉大的清」。它的加入反映賽拉米從庫爾班·阿里·哈里迪那裡學到的觀點，認為滿洲和大清的部落是蒙古和韃靼聯盟的產物，然後他們征服北京的土地。[49]在歷史上，清朝是由愛新覺羅家族的成員建立的，他們是女真人（Jürchen），在一六三六年宣布自己有了新的名字「滿洲」（Manchu），同時也建立新的王朝。清朝透過愛新覺羅和蒙古之間的戰略聯盟而崛起，因此賽拉米和哈里迪指出，認為清帝國是一個建立在聯盟基礎上的多民族國家的說法是正確的。[50]然而，這個故事表明，清朝將大多數歷史上被定性為因古代敵意而分裂的兩個家族——蒙古人和韃靼人重新聚集起來，從而彌補表親之間的最初分裂。

從這個角度來看，大清是一個透過分離感來維護民族間和平的代理人。與此相反的是，通事是透過站在那些自然要團結起來的人之間製造敵意的人。因此，賽拉米對努海之子的描述反映清帝國的結構，即清帝國是一個由不同群體組成的國家，由同一個皇室透過不同的習慣法進行統治，[51]對於困擾世界的分裂，賽拉米給出的解釋則反映晚清教化工程的狀況。在這種敘述中，差異是由語言和共同血統的神話來定義的。中國的皇帝位於這種想像的核心——作為秦的直系後裔和數千年來不間斷的王權的繼承者，仍然是穩定的中介力量和正義的來源。先知故事中的內容提供一種憑藉，讓讀者可以想像以真主和帝國為中心的共同體，從而批判新的中國政權（湘軍政權）是對真主許可關係的一種腐蝕。

## 韌性強大的帝國

中國皇帝的原始祖先，他是「秦・伊本・雅弗・伊本・努海」（Chīn b. Yāfith b. Nūḥ）的後裔，這為賽拉米提供一個解釋，即中國權力的持久韌性。在他看來，清朝在東突厥斯坦統治的衰落代表世界秩序的混亂，這只能用宇宙力量來解釋。在整個文本中，賽拉米表明，雖然皇帝的血統使他成為潛在的公正統治者，但中國統治的穩定性取決於君主的星象運勢，以及他和其他統治者捍衛伊斯蘭法的不同能力。在這個意義上，賽拉米的描述是將中國的權力置於傳統的波斯－伊斯蘭歷史寫作的框架之內。一方面，賽拉米的故事反映出

與清朝互動的現實，在另一方面，他們將清朝君主描繪成後蒙古時代波斯－伊斯蘭教王權模式中的公正統治者。[52]這種「神聖模式」（sacral model）是在一二五八年最後一位哈里發在巴格達被蒙古人殺死以後出現的，這起事件深刻地破壞伊斯蘭世界的權威秩序。根據神聖模式，統治者本身是由真主任命的，真主賦予他來自真主的支持和魅力光環。國王透過征服和仁慈的統治來展示和維持這種王者權威（dawlah），在促進正義（ʿadalah）的同時打擊暴政（ẓulm）。在這種統治觀念中，正義的國王是一個遙遠而無私的仲裁者，與遠在北京的理想化的皇帝並無二致。他並非無所事事，但也不干預社會，只是會促進伊斯蘭法——真主在大地上的意志。這些新的王權思想是從蒙古人的征服經歷中產生的，就像十九世紀中葉在新疆發生的種種事件一樣，需要提供歷史的解釋。一般來說，儘管清朝統治者對穆斯林進行屠殺，但這種解釋需要將清

朝的統治者重新塑造為正義的統治者。例如，合法化的論調主張成吉思汗是「真主的工具」，是在大地上廣泛建立伊斯蘭政權的手段。[53]

與此相似的是，伊兒汗王朝統治者旭烈兀（一二五六—一二六五年在位）主要是作為伊斯蘭教的破壞者和下令處決哈里發的人而聞名的，但在他死後不久，他自己也被描述為一個皈依者。[54]（當然了，賽拉米後來不同意這些論斷）不久後，占星術（根據一個人出生時的星象來計算命運）也被用來支持一種蒙古人所展開的征服是神所安排的觀點。這就是說，蒙古人的統治權威適應伊斯蘭範式的過程非常迅速，而且主要是由新統治者的臣民，而不是由統治者本身發起的。

後蒙古時期的伊斯蘭中亞政治理論裡的這些要素在帖木兒（Amir Timur, 1336-1405）及其在中亞和南亞的後代身上得到擴充和完善。[55]「世界的征服者」成吉思汗的血統在這段時期仍然是獲得政治正當性的必要條件，但神祕主義和占星術在突厥—蒙古穆斯林統治者的歷史上也發揮越來越重要的作用。因此，帖木兒被描繪成以前的世界征服者亞歷山大大帝和成吉思汗的神祕重演。例如，國家的興衰可以被描繪成一個宿命的問題，無論是血統的正當性或不正當性，統治者的正義或暴政，還是其星宿的運勢，都會影響國家的興亡。賽拉米將這種波斯—伊斯蘭式的王權框架套用在中國的統治上，從而使陌生的王權可以被突厥穆斯林所理解。清朝的確是可以產生正義的，但它只能透過中國官僚機構的工具來產生正義。

正如我們在本書第一章中討論的，賽拉米試圖整合伊斯蘭的啟示歷史與中國的古代史，以證明中國的「禮」是不完整的啟示。他將這種源自經典的、類似於伊斯蘭法的規則體系與理藩院的正式成文法進行對比，後者是一八六四年之前清朝統治的典型代表，是正義的可靠來源。有一則很長的故事表明，當穆斯林臣民的請願書能夠到達清朝皇帝手中時，他們就會認真調查貪官汙吏的錯誤行為，並根據「律」來決定對他們的懲罰。[56]雖然《大清律例》的法規可以與伊斯蘭教法相稱，但晚清時期的那種有缺陷的中國啟示卻不能。

與此相似的，賽拉米從正義和暴政的角度解釋十九世紀每個統治者的興衰，這兩個概念充斥著中亞及其他地區的伊斯蘭政治話語。「正義」意味著保護伊斯蘭法，當然這也是皇帝在祕密皈依伊斯蘭時同意做的事情。根據賽拉米的說法，他祕密地歸信伊斯蘭。而「暴政」或違反伊斯蘭法的行為，是因為祖先的誓約遭到中斷。因此，賽拉米解釋說，穆斯林起義的混亂並非只是在西北地區出現：相反，截至一八六四年，清朝面臨著內、外敵人的困擾，深陷於內戰泥潭，並且要抵禦英國的入侵。賽拉米對這種國家分裂的原因給出簡短的解釋，那就是同治皇帝（一八六一－一八七五年在位）的星象位置不佳，也就是說，他是在不正常的星宿排列下出生的。[57]根據賽拉米的說法，同治的占星師告訴他，「天體的排列」決定中國的厄運在同治本人死去之前是無法解除的。

與此同時，在帝國的另一端，阿古柏的吉星正在上升。應喀什噶爾一些戰士的要求，浩罕汗國（Khanate of Kokand）的可汗派出阿古柏與一位來自著名世家的和卓一起前往。喀什噶爾派希望和卓能擁有建立合法政府所需的宗教權威，而浩罕汗國則試圖在清朝撤軍後留下的真空地帶擴大勢力，但阿古柏為自己奪取權力。[58]對於自己也是庫車和卓黨爭的參與者的賽拉米而言，阿古柏不光彩的篡權行為是悲劇的第一幕。這位精力充沛的統治者在整個東突厥斯坦建立伊斯蘭統治，但他的統治是以犧牲其他穆斯林的利益為代價的暴政。此外，賽拉米告訴我們，他很容易就會暴怒（ghażab），這一點也破壞他產生正義的能力。

對賽拉米來說，中國國王的血統極其古老，而且中國受到真主的特別保護，這種觀點有助於解釋阿古柏的墮落：每個偉大的世界征服者，賽拉米在不同的地方提出，都曾試圖征服中國，但都失敗了。[59]第一個這樣的征服者是亞歷山大，他在中國建立一種暫時的控制權，但最終被中國女人的魅力所誘惑。[60]成吉思汗也是如此，他與中國的統治者打成平手，卻透過娶中國公主的辦法來向東擴張自己的王國。這種說法與當時在東突厥斯坦流傳的所有世界史、地方史和怪談故事集，包括賽拉米的原始文本都是相悖的。[61] 最後，當帖木兒在指揮他的軍隊向中國進發時，卻在真主的旨意下突然死去。這似乎是賽拉米在親自參加攻打中國的戰役前夕，對帖木兒之死所給出的解釋，雖然這與他的資料來源相矛盾，但說明傲慢自大的危險。它反過來反映阿古柏自己失敗的原因——事實上，賽拉米稱阿古柏是「第二個帖木兒」。[62]

哈里迪和賽拉米都提到，當阿古柏得到哈里發的認可時，他看起來甚至有能力征服中國。這不一定是一個諂媚的比較，因為賽拉米曾不厭其煩地講述帖木兒的殘忍，並將他呈現為伊斯蘭的敵人。[63]

隨著阿古柏初期的樂觀情緒逐漸褪色，他的殘酷逐漸廣為人所知時，同治皇帝也做出一個重大決定，他偽造自己的死訊，並公開安葬在清朝的皇陵裡，實際上卻在其他地方祕密地度過他的一生。同治的兒子（實際上是堂弟）光緒登上皇位，但他太年輕，無法統治。因此，透過賽拉米所說的「奇怪的儀式」，天、地和男孩的母親都給予他額外的歲數。占星家們發現，年輕的光緒的星星正處於頂點，於是他下令重新征服新疆和中國其他地區，結束混亂的時代。從這個角度來看，這樣的正義只可能是因為皇帝們對伊斯蘭的原始保護。短暫的暴政不能歸咎於同治所採取的任何行為，而是因為他維護確保正義的機構的能力在宇宙中被削弱了。光緒恢復帝國秩序的能力也不是因為他的種族，而是他的古老血統、唐朝皇帝和他的穆斯林臣民之間的誓約以及星宿排列下，綜合作用的結果。

一八七七年五月，當戰爭的浪潮向阿古柏逼近時，他正位於庫車的宮殿裡。賽拉米則將這位聖戰士的死因歸咎於導致他屠殺無辜穆斯林的那股憤怒。根據賽拉米的說法，這種憤怒不斷加劇，直到無法抑制，阿古柏將他殘忍的手揮向一個忠誠的僕人，使後者遭到致命毆打。[64] 在事後的疲憊中，他喝了一碗涼茶來提神。當阿古柏把杯子舉到嘴邊，他「沒有喝下涼茶，而是喝下死亡之酒。接著他摔倒在地板上，再也沒有起來過。」賽拉米因此將阿古柏的生命賦予悲劇性的敘述，將他塑造成正義的力量和聖戰士，他的憤怒驅使他採取不公正的行動，因此使他失去王位。

庫爾班．阿里．哈里迪（Qurbān ʿAlī Khālidī, 1846-1913）對阿古柏的倒台和清朝統治的恢復則提供一個不那麼神祕，但也不乏破壞性的解釋。[65] 根據他的描述，阿古柏在對庫車的和卓們取得勝利的巔峰時刻，由於自己的殘酷行為而失去人民的忠誠。與之前的帖木兒一樣，阿古柏被認為有能力征服中國，但與死在東征途中的帖木兒一樣，這種狂妄預示著他的衰敗。相反，前進中的湘軍透過向蒙兀兒斯坦（Moghulistan）疲憊不堪的當地人提供耕種和養活自己的物資，很快獲得他們的忠誠。在這份記錄中，阿古柏意識到如果不與自己的人民作戰，他就無法對抗中國人，最終「他讓自己走向了毀滅。」[66]

賽拉米對中國的古老性質及其皇帝血統的假設，使他能夠對清朝統治的暫時中斷加以解釋。而正義和暴政的邏輯反過來又顯示一個公正的非穆斯林皇帝如何能打敗一個暴虐的穆斯林統治者。他認可帝國內部存在兩種法律形式，並且解決帝國會發生轉變的神祕原因，即一個公正的蘇丹式皇帝的權力被低級別的代理人篡奪，傳播腐敗的啟示。然而，占星術注定每一個統治者的成功和失敗都超出他們在大地上的控制力。賽拉米引用經文，也經常提醒他的讀者，真主把王冠授予祂所意欲的人，也能把王冠從祂所意欲的人頭上拿走。中國也遵守這些規則。

## 永恆的皇帝和世界的盡頭

綜合來看，這種來自波斯—伊斯蘭傳統的思想綜合體，透過中國的統治經驗進行重新塑造，形成一種解釋歷史滄桑變化的有力手段。從葉爾羌的古拉姆．穆罕默德．汗為《伊米德史》寫下的續篇中可以看出這一點。[67] 古拉姆．穆罕默德．汗在賽拉米一九一七年去世前後開始續寫，並一直寫到了一九二七年四月。

他不僅繼承賽拉米的遺志，而且採用並擴展賽拉米的政治分析，以解釋清朝在一九一一至一二年間的辛亥革命中垮台的事件。他認為，清朝之所以滅亡，是因為新疆的穆斯林家庭遭到破壞，以及真正的皇室血統已經結束。

編年史的故事不是從古拉姆．穆罕默德的故鄉葉爾羌開始的，而是始於一九一一年在北京發生的繼承危機。他說，宣統皇帝沒有孩子，因此皇室的未來成了問題。一位腐敗的大臣從宣統的困境中見到機會：他毒死皇帝，讓皇帝的慈母悲痛欲絕，抱著兒子在地上哀嚎。兩人都被安葬在清朝的皇陵裡，這一幕讓人想起賽拉米對同治下葬的描述。與此同時，大臣密謀將自己的孩子送上王位，從而結束秦的古老血脈。再一次，一個「怪異的儀式」接踵而至，確保這個小孩子獲得幾年的壽數，達到成為皇帝所需的成熟年紀。實際上，古拉姆．穆罕默德在這裡介紹的危機事件反映的並不是一九一一年的事件，而是光緒皇帝的堂弟（譯註：實為侄子）溥儀在一九〇八年登上皇位的事件，包括光緒和他著名的姨母慈禧太后（一八三五—一九〇八）幾乎同時去世。光緒死的時候確實沒有孩子，因此兩歲的溥儀被立為宣統皇帝。此時謠言四起，人們說是慈禧毒死她的侄子光緒，而不願看到他在自己死後獲得實質性的權力——事實上，慈禧中止戊戌變法，而戊戌變法本可以使光緒在事實上成為真正的皇帝。這樣的陰謀使北京宮廷裡的事情成為整個帝國關注的對象。溥儀開始執政時還是個孩子，但這與古拉姆．穆罕默德故事的實質無關：中國真正的皇室血統的結束引來一個新的混亂時代。

由於古拉姆．穆罕默德從未說清楚的原因，這位腐敗的大臣執意要毀滅穆斯林，違反古老的穆斯林皇帝和他的臣民之間的誓約。[68]腐敗的大臣透過他的假皇帝兒子，下令在整個新疆建立學校。這些學校強迫男童學習漢語，這樣一來，父子之間只能透過翻譯——通事，來溝通對話。毫無疑問的，古拉拇在這裡所指的正是左宗棠和湘軍在晚清時進行的教育計畫，同時也指通事在製造和維持努海的子嗣們之間的敵意方面的作用。通事的重新出現表明，清朝所體現的帝國秩序被打破了，這預示著混亂的回歸，使世界陷入衝突的分裂的重演。

在古拉姆．穆罕默德的講述中，真主不願意容忍這種不公正，因此他要打碎清朝，讓清朝隨後陷入內戰。接踵而至的，是亞洲各地世襲帝國的崩潰[69]：俄羅斯沙皇被布爾什維克廢黜了，而薩拉菲們（Salafis）在希賈茲地區（漢志）獲得權力，並破壞其他穆斯林認為神聖的麥加、麥地那的走墳地點（譯註：此處指的是激進瓦哈比主義者在十九世紀時對陵墓的破壞）。古拉姆．穆罕默德將這兩種行為歸因於基督教的興起和歐洲的影響。不久，維新運動（Jadidism）——也就是伊斯蘭現代主義改革，破壞了奧斯曼帝國哈里發的權威，隨後又在阿富汗和克什米爾蔓延開來。古拉姆．穆罕默德將這種崩潰，特別是對伊斯蘭最神聖的場所的攻擊比作「象日」，也就是在先知出生的那一年，衣索比亞的統治者率領他的大象軍隊圍攻麥加。在這段敘述中，時間似乎是折返到過去，因為當帝國和伊斯蘭的秩序都崩潰時，啟示時期發生過的事情再次出現了。在這個角度而言，古拉姆．穆罕默德是一個傳統主義者，因為伊斯蘭教早期事件的重複，預示著末日徵兆的到來。

然而，在整個敘述過程中，古拉姆．穆罕默德都把中國皇帝的角色保留在他的歷史敘述中。在他所看到的 mingguy（民國）和軍閥時期的混亂中，他把皇帝描繪成一個被困在宮殿裡的公正統治者，他無法與他的臣民溝通。最後，他在一九二六年時寫道：

> 那裡已經沒有可汗，他們在可汗的宮殿裡安插一個叫顏（惠慶）的人……他們是各省的最高官員，也是各省的將軍，他們不忠於可汗，而是各自為王。他們從自己的土地上徵收稅款，並把它們收進他們的金

庫，按照自己的意願任命官員。如果可汗命令他們派兵，他們就不派兵。如果他命令他們送錢，他們也不送錢。他們自己處理事情，如果有死刑案件，他們不像以前那樣通知可汗，而是按自己的意願下命令。顏（惠慶）也不是可汗的後人。他不能做任何事情。

根據這樣的描述，清朝滅亡的危機及其後果從根本上說是一個統治正當性的問題。古拉姆．穆罕默德指出，民國總統顏惠慶（一九二六年七月至一九二七年六月在任）不是皇室成員。可汗沒有指揮或動員的權力——事實上，溥儀在王宮裡過著無權無勢的日子。古拉姆．穆罕默德在一九二六年時意識到，隨著一八七七年湘軍的到來，中國在新疆的統治也發生變化：死刑的案件不再上報北京，而是按照「就地正法」的規則在當地進行判決。稅收沒有到達國庫，而是落入官員自己手中。事實上，穆薩．賽拉米與其著作的接續者古拉姆．穆罕默德彷彿在五十年後才接受舊政權的終結——或者說，根據我們在第五章裡對創傷的討論，這個時間大約是一個事件從生活記憶中滑入到集體記憶的通常時間。

帝國的終結源於正義的中段，以及君主與人民之間誓約的失效，而這又是受先知使者感召而皈依的穆斯林皇帝之皇室血統終結的結果。中國人並沒有因為他們不信伊斯蘭而失去權力，也沒有因為阿古柏死後的內訌而獲得權力——相反的，帝國的失敗是神力的決定，因為公正國王的皇室血統被腐蝕了，或者因為這些因素導致它違反與穆斯林臣民的神聖誓約。反之，它的成功則來自帝國正義的不間斷運作。上述由賽拉米統整及解釋而成形的君主制度理論，也在古拉姆．穆罕默德關於清朝滅亡後的歷史寫作中獲得肯定。

## 中國斯坦的纏頭

由於賽拉米和其追隨者可以明確和系統地說明分布各地雅弗的子嗣們，如何發展成由語言和血統所界定的共同體，也許或多或少會更強化流行的相關論述。然而，正如過去幾章內容所顯示的那樣，關於差異的性質這一基本問題也正在社會中得到解決。這些問題圍繞著對「纏頭」（相對於「突厥穆斯林」）的認同，以及他們與中國權力的關係而展開。

阿布杜拉・法斯卡米（Abdullah Poskāmī）是一位對東突厥斯坦人生活抱有尖銳態度的觀察者，他針對那些試圖與中國權力及中國移民文化建立聯繫的人們，寫下一首尖刻的諷刺詩：[70]

有一些纏頭結了婚，卻從來不顯示他們有信仰，
像一個穆斯林一樣來去進出，心中卻非穆民。
母親和父親分離，哥哥和老師分離，師傅和門徒分離，
被貪婪所控，狂妄自大，已忘了怎麼說「喔，師傅啊！」（Yā pīrim!）[71]
遭受征服，他們變為沒有教法道傳（ṭarīqat）的後代。[72]
我深感震驚——他們一旦結了婚，連如何洗淨都不再知道；[73]
「突厥穆斯林」和他們不般配——他們是畜生！
在這個世界上，一個蕩婦離婚和再婚之間已經不再有等候期……
有這樣的女人，有這樣的丈夫，就已無所謂合法和非法了；
他們對於男女的信念之不過是裝裝樣子。
他們用當纏頭的方法來假裝突厥穆斯林。[74]

很明顯，阿布杜拉・法斯卡米很反對那些在他看來違背婚姻傳統的突厥穆斯林，這些人也就是他的同

時代的人們眼中令人鄙視的「壞女人」。他也同樣批評那些爭奪職位並服從「使人民成為北京式毛拉」（khalāyiqni Beyjinchä mullā qildim）的人。[75]學習漢語可能對一些人而言是有利的，但是一名像阿布杜拉．法斯卡米這樣的傳統主義穆斯林學者會將這件事排斥為一種追求利益的手段，並且是將信仰作為利益籌碼。普通人變為中國「毛拉」，即那些學習有缺陷啟示的學者。

在阿布杜拉．法斯卡米的描述中，婚姻和家庭隨後分崩離析，並表現出學校教育和兩性關係的變化是伊斯蘭社會遭受破壞的一個部分——事實上，正如我們在本書中所看到的，這兩件事是教化工程的兩個主要因素。在賽拉米看來，「纏頭」不尊重伊斯蘭法，而是轉向漢人，漢人的法律以不同的方式為他們的目的提供服務。[76]也就是說，在突厥穆斯林與行政部門產生聯繫的地方，他們經常遇到的「纏頭」標籤會影響到他們對家庭事務的處理，這表明湘軍對社會組織的基本單位和道德教育的核心地點的干預。畢竟，正如我們在吐魯番看到的，一個穆斯林可以在衙門裡挑戰伊斯蘭的秩序。對於阿布杜拉．法斯卡米來說，非法的性關係是對穆斯林，特別是對突厥穆斯林社群的約束性和完整性的一種侮辱。最後，在這個時期和地點，規範的伊斯蘭習俗還包括參訪聖地和參加蘇菲儀式，而纏頭已經不再參與到這些活動中。簡而言之，對阿布杜拉．法斯卡米說，纏頭是忘記如何當一名穆斯林的 Musulmans（突厥穆斯林）。相反，當他們假裝踐行穆斯林性質（musulmānchiliq）時，他們實際上是透過與中國人的交往來追求個人利益來行事，即他們的纏頭性質（Chantoluq）。

阿布杜拉．法斯卡米的批判，也在一篇非常不同觀點的文章中得到呼應，因為當時的民族主義革命者也在利用神聖歷史來拒絕「纏頭」這個詞。在一九三三年十月三十日，當突厥人、柯爾克孜（吉爾吉斯）人和回民在喀什噶爾的戰鬥仍在繼續，突厥革命者的官方報紙《東突厥斯坦生活報》（*Sharqī Turkistān Ḥayāti*）上出現一篇社論。一位很快就會成為東突厥斯坦共和國（East Turkestan Republic）建立者的作家在「我們是突

〈厥人？還是纏頭？〉一文中寫道：[77]

全世界都知道，東突厥斯坦的人民來自受人尊敬的知名大突厥民族。這一點沒有必要討論。雖然這個事實已經越來越清楚，但無知、偏執傲慢的中國人卻給我們取了一個名字：纏頭……

我們的國家，我們的土地，是突厥的！我們的國家，我們不是纏頭！……東突厥斯坦的民族怎麼會不稱呼自己的名字，而是叫纏頭呢？據說纏頭一詞來自中文的「纏著頭」，因為中文說「chan」是「纏」的意思，而「tou」是「頭」的意思，所以這意味著「纏繞著頭的人」。

不管怎麼說，我們是突厥的子孫！突厥是雅弗的兒子！與那些用外民族叫我們的名字來稱呼自己的人不同，我們不能無視我們的祖先留給我們的已經流傳千百年的真正名字！

這篇文章的作者，可能是編輯庫特魯格·沙吾奇（Qutlugh Shawqi, 1876-1937），他還提到突厥人可能是亞歷山大大帝的後裔。他對「纏頭」一詞的使用的憤怒，不僅表現這個詞在東突厥斯坦的普遍性，而且也體現它與突厥人歷史觀的不相容。「纏頭」一詞沒有主張自己的家族或歷史淵源——因此從突厥主義的意識型態角度來看，這個詞是反民族的，是對一個群體的誤認，它否認自身的遺產。與之相反的是，庫特魯格·沙吾奇借用神聖歷史和雅弗血脈的故事來樹立起一個共同血統的神話。

阿布杜拉·法斯卡米和庫特魯格·沙吾奇兩人都反對多數人普遍接受「纏頭」作為自我認同的名稱。[78]這在卡塔諾夫（Katanov）於一八九〇年代初在吐魯番和哈密（庫木爾）所做的訪談中也表現得同樣明確，他的線人們曾頻繁地使用這個稱呼。然而，他們對這個詞的態度也確認法斯卡米所說的——「纏頭」的稱呼在某種意義上就是對「Musulman」（突厥穆斯林）的蔑稱，而且稱呼一個人是纏頭就等於接受這個人的墮落狀態，因為這個詞是在賣淫和性病的語境中使用的。然而，有些人使用這個詞的方式也賦予其力量和歷史特性。正如大衛・布羅菲所指出，在東突厥斯坦共和國成立之初，庫木爾（哈密）叛軍將他們自己與其所代表的民族稱為「纏頭族」（Chantou peoples），顯然是指代所有被漢人貼上這個標籤的不同群體。[79]

事實上，正如我們所看到，「纏頭」一詞的廣泛使用是在中國權力背景下，所發生的關於歷史、財產和歸屬的衝突中出現的。雖然「纏頭」不是一個正式的標籤，因為它沒有法律意義，但它在文件中的半正式使用，以及作為中國話語中的一個通用術語，使它擁有力量。正如在殖民背景下經常出現的情況一樣，這種類別獲得社會現實，有時更大規模的身分認同會圍繞著它們凝聚在一起。[80] 在這種情況下，突厥穆斯林和突厥民族主義菁英都試圖打破使用「纏頭」作為自我認同的名稱的做法，因為它是他們試圖終結的壓迫及同化標誌。穆薩・賽拉米和阿里・哈里迪似乎也會同意，因為他們也曾把「纏頭」這個詞放在無知或腐敗的漢人嘴裡說出。在前文中提到過的，死於憤怒的魂魄之手的兒子們的父親曾說道：「這只是一個死去的纏頭。」[81]

將帝國的稱呼作為群體的定義也表示自身與帝國中心的空間關係。突厥穆斯林作者經常將他們自己作為「本地人」（yärlik）的地位與移民來的中國人進行對比。在晚清時期，作者們開始將中國人的來源描述為「中國裡面的」（khaqan ichidä），表明 khaqan 這個詞不是與皇帝（Khaqan-i Chīn），而是與帝國同義的。[82] 這種翻譯的首次出現實際上是在一八八〇年代出版的察合台文譯本中，該譯本是由省政府分發的關於天花疫苗的漢文版（原文是英文版）。[83] 這個稱呼把逃到中國內地的人叫作「去 Khaqan 之內」（into the interior of Khaqan）。同樣，一些資料將中國人稱為「khaqani」（來自 khaqan），類似於「Turkistāni」（來自 Turkestan）。[84] 因此中國概念再次轉譯為「Khaqanistān」（中國斯坦）——即「中國皇帝的土地」（Khaqan-land），就像「阿富汗斯坦」、「印

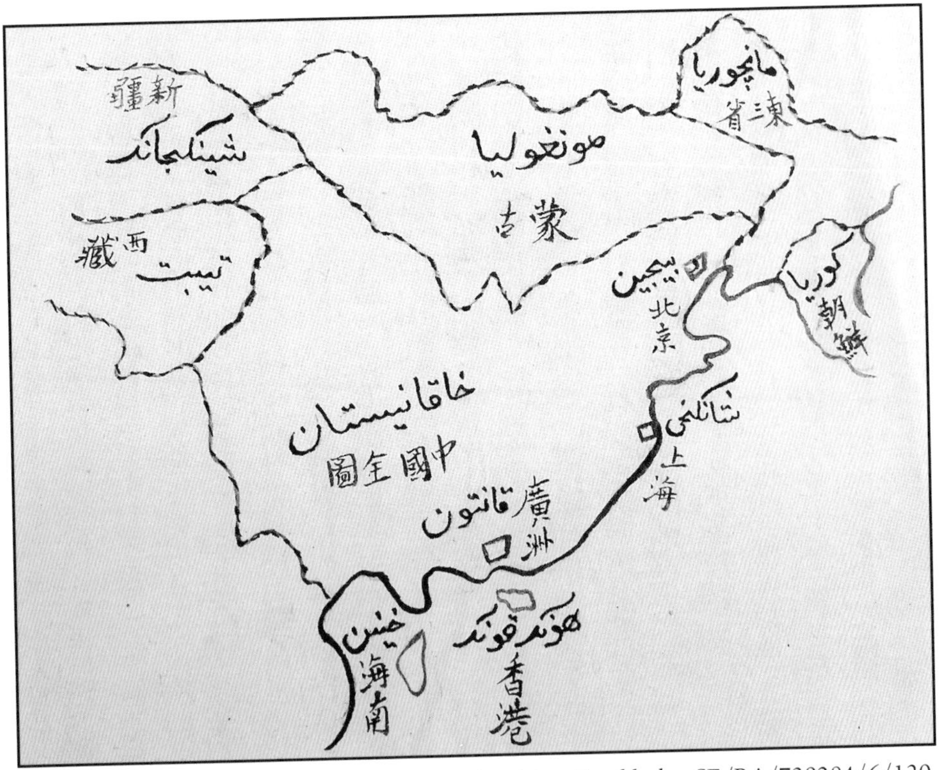


一個小學生繪製的中國地圖，1924-1928。Riksarkivet, Stockholm, SE/RA/730284/6/130, Rachel O. Wingate 的檔案。由作者拍攝。

度斯坦」，甚至「俄羅斯斯坦」（Orusistān）一樣。[85]

在一九二四年至一九二八年間駐紮在喀什噶爾的瑞典使團的學童課本上，我們又看到了「Khaqanistān」一詞，而且沒有任何的加註評論（見前頁地圖）。[86] 這些地圖是由突厥穆斯林和說漢語的兒童用察合台語和漢語繪製的，他們也在學校學習英語。在漢文中，民國的地圖上標有「中國全圖」字樣，但上面卻用清晰的阿拉伯—波斯字母寫著「Khaqanistān」。這張地圖是一張沒有用的廢紙，被夾在一份醫院報告和一份巴旦木（almond）點心的食譜之間——這就是民國初期新疆歷史檔案的整理狀況。然而，我們可以環顧地圖的其餘部分，看看一九一〇年代在喀什噶爾寫作的孩子是如何標註他或她在中華民國中的位置。西藏是「Tibät」（英語）和「西藏」（官話）；香港是「Hūng Qūng」和「香港」；朝鮮是「Kūryā」和「朝鮮」；蒙古是「Mongholiyā」和「蒙古」；滿洲是「Mānchūryā」和「東三省」等等。

如圖所示，它幾乎在每一種情況下都將用察合台字母書寫的英語發音與漢語詞彙並列。唯一的例外是Khaqanistan，當然還有新疆，它的名字只使用漢文的「新疆」和察合台文的新疆音譯「Shīngjāng」來書寫。

在楊增新統治下，當地名義上的民國政權自覺地保留帝國的制度和價值觀，這意味著從基層上看，新疆的辛亥革命與其說是清朝的終結，不如說是對晚清同化政策的逆轉。[87] 然而，晚清統治的內部結構仍然以衙門、漢人官員和行政單位之間的邊界的形式存在。然而現在的中國不再有帝國，相反的，中國人宣布進入了一個新的時代，大多數突厥穆斯林稱這個時代為「Minggūy」，也就是民國，這個時期主要是由中國本土的混亂無序構成。作為過去帝國的領土，新疆在功能上是獨立的，但卻被聲稱是中國的一部分。這種帝制和後帝制的共存，促成一種奇怪的文化效應，特別是當該地區越來越多地受到俄國，以及後來的蘇聯影響，而英國及其印度臣民的影響力和主導力也仍在繼續。北京皇帝的形象依然存在，帝國在不知情的情形下所促成的差異類別也仍然存在。

最後，我們從反面得出結論：一名突厥穆斯林可以用中國人的術語來稱呼自己，作為生活在一個帝國所轄的新疆的「纏頭」，然而以波斯—伊斯蘭和突厥語來定義的話，這個帝國是「Khaqanistan」（中國斯坦），它由一個在北京的大汗所統治。可以理解的是，這樣的表述對於伊斯蘭正統的捍衛者和突厥民族主義者來說都是一種令人厭惡的描述。然而，它所表達的是一套在東突厥斯坦的語境中，一度變得十分強大的符號。這些皇帝的形象既因為教化工程而變得相關，也並非只是因為教化工程而相關：公正、祕密的穆斯林皇帝代表的不是現在的東西，而是被認為已經失去的東西，一個理想化的帝國過去的正義，以及對穆斯林社群的保護，是對一八六四年之前在某種程度上就已經存在的事物狀態的懷念，但是這種狀態在回顧的過程中也累積其他的意義。賽拉米的古代民族歷史不僅僅是對他所看到的聯盟和敵意的解釋，也不只是對中國權力在定義新疆社會中核心地位的解釋，而且還是對懷舊情緒的表達。

賽拉米和古拉姆．穆罕默德的作品在方法和內容上與蒙古的佛教僧人扎瓦．達姆丁．魯布桑達姆丁（Zava Damdin Lubsangdamdin, 1867-1937）在清朝滅亡後對往事的重新想像驚人地相似，這位僧人同樣是在帝國崩潰之後用神學來構建一種當下和缺失的話語。[88] 與東突厥斯坦的作者們一樣，扎瓦．達姆丁試圖透過神聖文本傳統來重新認識內亞的不同民族，並且從宇宙時間的角度來闡述清朝的衰落，最後將蒙古的歷史與失落帝國的歷史緊密相連。他的「混合的、與現代對應的佛教」（hybrid, counter-modern Buddhism）也納入流行故事和關於外部世界的傳播知識，就像賽拉米和古拉姆．穆罕默德將帝國統治的地方經驗和本地文本的具體要素帶入他們的歷史中一樣。例如，他們對通事作為破壞者的具體描寫，若是放在其他的伊斯蘭背景下就沒有意義了。雖然扎瓦．達姆丁肯定不認識賽拉米或古拉姆．穆罕默德，但他們的著作卻表達對損失和恢復、對清朝的持續和缺席的同樣關注。在這個意義上，他們都能夠與劉大鵬（一八五七—一九四二）這樣的人相互理解，劉大鵬是山西的儒生，他活到清朝滅亡的很久之後，並從他所珍視的傳統中建構自己的反現代主義信念。[89]正如古拉姆・穆罕默德或阿布杜拉・法斯卡米對民國的批評一樣，劉大鵬也透過解釋預兆和《易經》來理解他周圍出現的混亂局面。

正如亨瑞塔・哈里森（Henrietta Harrison）所指出的那樣，這些作者中沒有一個是「典型的」——沒有一個人是。恰恰相反的是，他們綜合和解釋周圍世界的努力是非常獨特的，因為他們反映的是清代的常識與後清朝時代秩序的相遇。一方面，我們注意到，在清朝沒有做出明確的努力來為他們創造身分的情況下，突厥穆斯林是如何解釋他們的世界的。同時，我們在「纏頭」這個標籤中看到國家將臣民納入到特定的地位和身分上的能力。在再現政治存在的地方，當日常衝突的戲劇在司法舞台上上演時，群體性會以複雜和不可預測的方式不經意地出現。因此，雖然我們認為殖民中出現的類別會包含製造出它們的制度痕跡，但我們不應該認為「纏頭性質」（Chantou-ness）就是清朝帝國的完美印象。恰恰相反的是，「纏頭性質」是透過地方上的法律和政治的制度浮現出來的，並結合突厥穆斯林的中國想像。雖然古拉姆・穆罕默德想像中的那位被關在北京的「公正的皇帝」是一個虛構的故事，但它絕對是一個強大的故事，它使突厥穆斯林曾經身處其中的制度得到合法化，並為現在的混亂局面提供解釋。隔著文官體系的距離，皇帝成為一個抽象的人物。這個人物在政府和社會之間的戰略訊息差距中占據一席之地，為代表的劇目留下上演空間。

# 結論

在一九〇九年三月十日，在倫敦梅費爾區的一棟今天已不復存在的房子裡，喬治・馬戛爾尼（George Macartney，中文名為馬繼業，一八六七—一九四五年）登上中亞協會（Central Asian Society）的講台。[1] 馬戛爾尼可以說是英國當時仍在世的最偉大的東突厥斯坦專家了，他曾擔任英國駐喀什噶爾代表和後來的領事長達約二十年之久。從歷史記錄上來看，至少是從印度辦公室的紀錄來看，這一判斷似乎是公允的，因為在馬戛爾尼在任履職時，儘管他所做出的考慮是為大英帝國的利益服務，但他確實對所處的社會裡的細微差別有著獨到的考慮。馬戛爾尼在一九〇九年三月十日的演講題目是「統治異族的中國統治者」，他在演講中闡述中國官員的活動，他認為這些官員是跟隨著帝國並且推行在新疆的殖民計畫。在他看來，過去的清朝政權是一個更為貪婪和剝削的政府，而在新的政權下，漢人試圖透過勸說溫和地統治他們的「溫順」臣民。

人們很容易把馬戛爾尼的論點視為歷史的作案證據：一個帝國主義者在看到一個帝國時，立刻就能洞徹它。馬戛爾尼本人被選為前往喀什噶爾執行任務的人選，有一部分原因是他自己的特殊家世遺產：他是馬戛爾尼勳爵（Lord Macartney）的親戚，後者正是那個在一七九二年率領著名的英國使團前往乾隆皇帝宮廷的使節。馬戛爾尼的母親是中國人，雖然他很少談起她，但其他西方人從他的臉上就會發現他與中國的特殊聯繫和擁有關於中國的知識的暗示。馬戛爾尼本人的歷史是與帝國緊緊相連的。也許他的自我意識為他所處的複雜社會提供某種洞察力，或者是因為他對波斯語的研究——無論如何，中亞協會的聽眾們都期望馬戛爾尼能對他們認為具有異國情調和魅力的土地發表權威意見。

然而，對於研究帝國的現代學者來說，馬戛爾尼的言論顯得太簡單，甚至簡化到背叛他既有重要知識和經驗的程度。我們必須記住，馬戛爾尼是在對相對陌生的聽眾發言的，而這些聽眾的心思都集中在所謂的「大博弈」上，也就是英國和俄國在中亞的利益競爭上。馬戛爾尼引用這場博弈，因為他的目的顯然是想告訴大家，有必要把清朝本身也視為一個在中亞有利益牽扯的帝國，而且也是一個從事類似殖民手段的帝國，因此大英帝國的大人物們就會以對待一個值得尊敬的敵人的應有尊重和敏銳度來看待清帝國。馬戛爾尼十分熟悉駐紮在喀什噶爾及其周邊地區的湘軍官員群體，並經常與他們密切合作。馬戛爾尼強調，在穆斯林起義之前，清朝是如何滿足於從遠處統治穆斯林，而在起義之後，湘軍利用「被統治種族的天生順從」來參與一種新的治理。他說，這不是為了歐洲帝國主義所展示的「自我膨脹」，而是為了保衛中國，在「優越秩序的道德裝備」下為其臣民謀福。用今天的歷史分析術語來說，馬戛爾尼描述的正是一個去中心化的帝國主義（decentralized imperialism）透過教化工程進行轉變的過程，而這個過程同時包容和排斥一個具有文化差異的人民群體。

在同一年著書立說的新疆布政使王樹枏也會同意馬戛爾尼的觀點。在第一章中，我們看到王樹枏將新疆與法屬印度支那和英屬印度進行比較，發現新疆不如另外兩個殖民地。王樹枏認為，新疆應該放棄教化工程，轉而追求由資源開採驅動的殘酷殖民專制制度。如果辛亥革命沒有在一九一一年爆發的話，王樹枏的計畫中的這一部分是可能會實現的。革命者雖然失敗了，但對省內制度的破壞已經完成：湘軍雖然貪汙腐敗，意識型態冥頑愚鈍，但至少還保持治理的決心。袁大化的繼任者楊增新將王樹枏的設想銘記於心，但在很大程度上缺乏實施的手段。

新疆政府中的王—袁—楊革命使重建時期的那些與眾不同的東西變得更加清晰了。湖南人的統治在同化和對內部他者實施暴力的意義上是殖民主義的；而在省政府對資源的處理上，它沒有那麼明顯的殖民主義。新疆是殖民地嗎？我認為，新疆湘軍統治下的情況與殖民主義足夠相似，值得進行有意義的比較。然而，比起統治者所制定的經常失敗的計畫，殖民進程的變遷才是顯而易見的——它在日常、社會和文化中表現出來。

總而言之，重建工作的目的是消弭人與人之間的差異，並將他們同化成菁英人士們秉持的規範。但是，重建體制則提供一種用於代表差異、強有力的新語言。同時，重建的實際效果也促發新的緊張關係，這種緊張關係主要是圍繞在與家庭有關的問題上：性、婚姻、父母身分、死亡。重建體制會有效地給群體之間的縱向邊界提供政策，無論是關於家庭成員身分的問題還是土地所有權的問題，往往都是意味著調用衙門的力量，透過父系血統的語言和父權制的機構來解決，例如對「壞女人」的重新安置，教化工程正是以此方式來運作的。衙門反過來又透過翻譯人員（通事）將其突厥穆斯林臣民納入到「纏頭」的位置上，他們的認同和活動看起來是如此的狡猾，以至於需要使用特殊的類中文標籤「tongchi」。在這樣的社會和文化背景下，當人們試圖解釋歷史並索取在戰爭中失去的遺產時，他們想像著中國中心和穆斯林外圍之間的特殊聯繫，這種聯繫不是位於最近的動亂中，而是位於歷史深處的某個地方。這些都是我們可以從殖民主義中預期看到的現象。

## 殖民主義

本研究始於對新疆重建時期一個看似簡單的問題。突厥穆斯林是如何書寫清朝或中國的統治呢？當我們仔細閱讀察合台文的資料，並在方法上優先考慮流離失所者和被剝奪者的生活時，就會發現當突厥穆斯林遇到並書寫中國和漢人時，出現一系列的核心問題：家庭、翻譯、公正和死亡。透過閱讀歷史記錄，並將手稿與雙語檔案進行對話，就可以反過來闡明直接和有意塑造這些問題的機構和意識型態，以及圍繞這些緊張關係的衝突。在與新的法律制度的交鋒中，新的主體性伴隨著對親密關係界限的跨越而形成。這項研究會不可避免地被捲入與其他殖民案例進行的比較中，因為關於殖民主義的文獻涉及到異質條件下過生活的相同問題。

然而，對比較性的研究項目（comparative project）持以謹慎的態度是一種明智的做法，尤其是在學術界有一種傾向，它把清帝國與一種歐洲的極度現實（European hyperreal）拿來作對比，這種極度現實是一種剝除各種細節的想像，認為歐美的殖民主義形成對比的基準，彷彿歐洲是所有殖民歷史的主題。[2] 特別是想像中的英屬印度，常常在圍繞清朝殖民主義的討論中被引用，儘管印度殖民地本身是一個廣闊的區域，在不同的重疊空間和不同的方式中，存在著多種統治模式。正如傑羅姆・科恩（Jerome Cohen）曾經說過的，西方法律史學家習慣將中國的現實與作為普世理論的歐美理想進行比較，結果發現中國從未能和他們對自己的想像相提並論。[3] 對中國帝國法律的詆毀是侮辱性的、也是無益的，而且我們應該要追求更加精細、完善的對比模式。與此同時，清朝的某些方面並不完全像我們想像中的法國曾經所做的，或者它的擴張並不是英國殖民印度歷史的完美對照，但這並不能免除這個國家和它的無數行為者從事某種殖民主義的可能性。與之相反的是，帝國主義和殖民主義是一種跨歷史的現象（transhistorical phenomena），它會在不同的背景下表現得更加強烈或是更為分散，我們在調查任何一個擴張的國家時，若發現形式、內容和結果上與殖民主義相近的模式時都不須感到特別驚訝。[4] 這種「殖民主義基本的邏輯」是一個有用的分析客體，而類型學（typology）只是提出有關問題的一種手段。因此，我十分贊成鄧津華（Emma Teng）的呼籲，將殖民主義作為論證和探索的基礎。[5]

正如喬治．馬戛爾尼在中亞協會上的演講所說，晚清新疆的統治模式似乎出奇地溫和，若按照王樹枏的話來說，它過於溫和了。事實上，對晚清新疆的死刑案件的研究顯示，當局認定屬於不同類別的人（漢人、突厥穆斯林、回民等等）之間的暴力衝突的發生率低得驚人。新疆南部的突厥穆斯林占多數的地區尤其平靜和穩定，當地強大的解決爭端的傳統和成熟的伊斯蘭法律機構的存在使之平穩。相比之下，以漢人為主的北疆則表現出典型的邊疆社會特徵，圍繞債務和性的暴力程度很高，後者是由於適婚的漢人婦女數量少。突厥穆斯林和漢人發生衝突的原因通常是債務問題，省政府認為這個問題是中國商人占了貧困的突厥穆斯林的便宜。然而，同一個政府卻也推進一套認為該地區不穩定，需要採取特殊措施來控制其突厥穆斯林人口的論述。這種話語為不斷延續「就地正法」的特殊暴力提供理由，而這是一種政治工具，也是主權的表現，它將湖南的保守道德主義置於帝國法律之上。因此，我們可以發現，晚清新疆的兩個方面通常與殖民帝國有關：外部商人網絡與他們的軍事盟友一起擴張到一個新的地區，並剝削該地區的人民；以及一種混亂和文明的敘事，為法律之外的懲罰提供理由。事實上，這個故事裡有英屬印度的影子，當然也存在邊疆的法外區域。

建立學校是對該統治模式的補充，這在學術文獻中早已被注意到了。透過追溯建立學校計畫的思想脈絡可以發現，它不僅僅是統治者強迫同化他人的結果，也是因為其思想根源存在於儒家思想的特定脈絡中。湘軍集團專注於改造家庭的影響只有在打開吐魯番衙門的禮科檔案時才會真正顯現出來，這些檔案記錄了圍繞在安置、婚姻和性侵（透過委婉的「貞潔」語言來表現）的大量案例。跟隨檔案的發展，我們可以看到以家庭為中心的歸屬政治的變化，這種變化不僅出現在法律文件中，也出現在更廣泛的關於損失和恢復的討論中。

隨著湖南人統治時期的繼續，一種混合的政治開始凸顯出來。這些統治和疏遠的層面使我們可以與加拿大和荷屬東印度群島等不同地方的教化工程進行比較，加拿大的寄宿學校強行改變原住民的文化，而荷屬東印度群島的種族和親密關係的政治則非常複雜。

所有這些都表明新疆與其他地方的殖民主義有明顯的相似之處，特別是定居者和傳教士的殖民主義，但更重要的是說明在異質社會中出現的各種緊張關係，在這個異質社會中存在一個群體與占統治地位的階級關係更為接近，但也被他們所支配。也就是說，吐魯番是一個中國寄居者、定居者和具有不同身分和隸屬關係的士兵的地方，他們在這裡表達一個共同的事業和身分，並且反對穆斯林他者，儘管這些他者從屬於擁有自己共同身分的中國菁英官員。艾爾伯特·梅米（Albert Memmi）提醒我們不僅要關注殖民者，就像我們在討論湘軍菁英人士時所做的那樣，還要關注殖民地和推動殖民的參與者，這些地位較低的外來者與殖民計畫有著複雜的關係。[6] 然而，吐魯番的生活很明顯的不只由民族衝突決定，社會經濟差異至少也是形成日常生活緊張關係的一個重要因素，而且民族宗教身分和經濟地位是相互關聯的。性經濟尤其使這些交叉點變得非常突兀。

然而，對東突厥斯坦的情況和其他地方的殖民主義進行細緻的比較是很重要的。省級系統整合非中國人的具體方式，促使政府的行動和由此產生的關於差異的話語集中在儀式和禮節問題上，也就是集中在家庭問題上。特殊的文本資料鼓勵某些自我介紹和自我敘述的模式，這些模式顯示的是一個有感情反應和感情話語的臣民，而這正是地方官期望從規範的中國臣民那裡得到的。因此，突厥穆斯林策略性地讓自己出現在中國政權的眼中，而使這一過程得以進行的通事允許他們透過表述來獲得權力。突厥穆斯林便透過這種遭遇，進而認識到作為一個「纏頭」的後果。作為一個說漢語的臣民，這樣的自我塑造，可以說是人們常說的中國文化吸引和改造他者的本質：在帝國的制度和意識型態有用的地方，人們學會如何與之打交道，並逐漸習慣它們。

省政府體制對道德指導的內在偏愛更勝過使用法律進行干預的做法，這種對道德指導的偏愛和戰略性地維護一種訊息差距的做法，決定文化間接觸的渠道。在俄羅斯帝國的一些地區，穆斯林權威會更正式地融入到政府中，包括建立一個穆夫提（伊斯蘭法的解釋和判決）制度，透過它來管理穆斯林臣民的事務。[7]晚清的新疆政府在形式上拒絕這些權威的存在，但在檯面下與之接觸，將法律制度和權力形式之間的爭奪轉移到地方層面。與新疆情況比較接近的是俄羅斯統治的中亞地區在去伊斯蘭化努力失敗之後的做法。[8]在那裡，俄國人的統治也相對較輕，因為他們建立學校的嘗試只涉及到精英階層，而參加朝覲和伊斯蘭機構，如義產（宗教捐贈），雖然被認為是潛在的危險來源，但「幾乎沒有被記憶在官方意識中」。伊斯蘭法律和法律從業人員反而被納入俄羅斯的行政管理中，其方式與英屬印度並無不同，因為官員試圖編纂伊斯蘭法律和地方習俗，並規範伊斯蘭法庭的運作。令人好奇的是，在新疆的中國行政官員會如何試圖編纂伊斯蘭法，或調和地方法官和穆斯林法官的關係。相反，解決爭端的工作，以及隨之而來的逐步文化融合，主要發生在檯面之下，只是偶爾出現在官方的意識中。

晚清的新疆在這些方面與晚清的任何省份都很相似，儘管其跨文化的溝通和調解問題使地方官與臣民之間的距離更加明顯。因此，湘軍照搬湖南以及他們在南方遇到的文化差異模式，他們在這件事上是精明的。但這也表明，一個更好的進行比較的點是清朝在台灣的省級工程，它在起源上與新疆相似，但在發展道路上有分歧。

由於台灣的人口主要是非漢人，因此台灣的建省並不是必然的結果。清朝一直滿足於將該島的一部分作為福建的一個縣，而將其餘部分留給臨時安排，這些安排經常將原住民的習俗納入權力結構和對爭端的解決中。[9]從這個意義上說，台灣就像包括苗疆在內的中國南方邊疆大部分地區一樣，例如在苗疆就出現專門的「苗人法規」來處理民族間的爭端。[10]然而，在一八七一年，日本水手在台灣東海岸失事，導致清朝的主權危機，這與左宗棠在重新征服新疆的論點中援引的危機並無二致。一八七四年，這場危機讓沈葆楨（一八二〇—一八七九）被任命為台灣的第一任巡撫。沈葆楨和左宗棠一樣，與林則徐建立密切的關係，並在太平天國戰爭期間吸引曾國藩的注意。當左宗棠接受到西北的分配，他便把福州船政局交給沈葆楨。他們在帝國兩端的努力應該是相互對應的。

儘管如此，左宗棠和沈葆楨在經世致用和洋務運動中屬於不同的派別。左宗棠是一個傳統主義者，而沈葆楨則鼓勵西式教育和更大規模地採用西方技術。[11] 在台灣，沈葆楨的學校不教授原住民的傳統知識，而是教授福建的閩南語。[12] 他們的目的不是在於灌輸儒家傳統，而是為了將邊陲居民同化到中國生活規範之中。左宗棠希望在突厥穆斯林和知縣之間建立直接的關係，而沈葆楨則建立新的正式中間人來為原住民傳話。雖然兩人和他們的追隨者都鼓勵農業，但沈葆楨更關注台灣土地和資源的開發。沈葆楨的繼任者劉銘傳（一八三六—一八九六年）也與左宗棠的門生劉錦棠有著驚人的相似之處，他曾在安徽農村生活，在湘軍中與捻軍作戰，並在新省成立的最初幾年就開始治理。[13] 台灣在一八八五年建省，比新疆建省晚一年，但劉錦棠和劉銘傳都不認為他們的建省工作已經準備好了，而提出推遲建省的要求。儘管有這些顧慮，台灣的發展還是反映一個現代化國家建設基礎設施，以最大限度地提高自然資源的生產力為優先事項。這一發展軌跡在一八九五年日本吞併該島後仍然持續進行。

台灣和新疆不同的一些原因是顯而易見的：台灣並不是在歷經多年的暴力之後進行重建，也不是一個對帝國來說經濟價值不明顯的遼闊乾旱地區。相反，它是一個便於貿易的島嶼，幾十年來一直向大陸出口資源，並且自十七世紀以來一直處於某種形式的殖民化狀態。[14] 沈葆楨的改革，包括引入鐵路和電報線的舉措在內，更是早在西北引入這些設施之前就已開始，他的改革為台灣較早發展製造業做出貢獻。在許多方面，他遵循清政府的一個長期趨勢，即在台灣的政策施行主要是基於財政需求來驅動，而文化問題仍然是次要的。[15] 但是在新疆，這種平衡被顛覆了，因為補貼支持教育和安置計畫，而經濟仍未得到發展。左宗棠的追隨者在早期就試圖改變教化工程和建省工作，因為他們發現學校並沒有培養出預期的有道德者。然而，新疆早期對重建工作的關注，正如他們在太平天國後的中國本土和西北穆斯林地區所實行的那樣，決定他們從那時起的管理模式，而沈葆楨的台灣則更直接地實行漸進式的同化政策。這兩個地區都經歷省級行政制度的輸入，但其效果卻有所不同。

對於核心—外圍的互動趨勢予以關注，也能看出更廣泛的系統性變化。帝國主義是一種發展週期以及診斷方法，我們可以將之應用在一個簡單的帝國法律制度類型：在新疆的清朝曾經是一個自信的、多元化的政府，但發展到最後幾十年，它浮現一個衰弱帝國的特徵，主權被其中的一個臣屬民族的菁英階層所篡奪。[16] 勞倫・本頓（Lauren Benton）將此描述為從分權的早期現代帝國向「高度殖民主義」的轉變。湖南人菁英的同質化事業是一種絕望的嘗試，目的是為了拯救帝國體系，以維護儒家的社會道德原則，這是一種無法之法。然而，他們認為，這樣做需要廢除多元的帝國制度本身，並同化境內的人民。這種策略的轉變在學術文獻中早已得到指出，包括湖南領導人在其中發揮的特殊作用，以及隱含的將清朝重新定義為一個由漢人領導，而不是滿洲人領導的國家。[17]

然而，從批判性殖民法律研究提供的理論角度來看，新疆被指定為一個持久的例外之地，不僅表明在思想和戰略上的變化，而且表明主權概念本身也出現變化。[18] 強加一個法外之地、強加一個類似於法律的道德主義政權，並讓其擁有不受約束的施行懲罰權力，將生死大權從皇帝手中轉移到自稱是禮教守護者的湘軍領袖手中。這表明在清朝的領土上出現一個獨立的主權區，但這個主權區是由漢人菁英——尤其是湖南的經世信徒，依據漢人規範下的皇民思想（ideas of imperial subjecthood）來進行管理。新疆的法律制度預示民國初期法律制度的狀況，當時，名義上是作為控制混亂社會的一種手段的法外死刑也在早期廣泛實行。[19] 從這個角度來看，新疆在晚清時期的作為例外之地的地位，指向一個不成熟的漢人帝國模式。在此模式中，這個邊疆地區是一個透過暴力行使主權的場域。然而，這一計畫最終卻流產了。在過去的一個世紀中，我們反而看到多種形式的帝國和殖民計畫。王樹枏的新疆計畫是以穆斯林臣民對中國人的從屬地位為前提，以服務於資源開採和透過懲罰對被統治者加以同化，而且它是在法國和其他國家殘酷的暴力殖民主義及其種族不平等理論之後，明確地以歐洲模式來制定。然而，這段時期並未持久，因為國家很少有能力對社會或經濟進行強有力的干預，至少在一九三四年蘇聯霸權到來之前是如此。相反，隨著國家的進一步退縮，教化工程的後遺症在整個楊增新時代持續存在著。隨之而來的，是蘇聯的民族解放帝國主義、中華民國拉攏維吾爾民族主義者的努力，然後是中華人民共和國虛假承諾的民族自治。然而，直到一九五〇年代末期，晚清的做法和痕跡才在地方層級逐漸消失褪色。而作為東突厥斯坦的地方歷史，值得更進一步的研究。

## 身分認同和歷史

除了帝國之外，新疆歷史書寫的另一個持續關注點是身分認同。學者有時會談論到「民族起源」，即民族的創造，彷彿集體身分是在實驗室中熔化的玻璃，或是在一定溫度下鍛造的金屬一樣。當然，清帝國和重建時期塑造了我們在本書中所遇到的突厥穆斯林或纏頭的身分。然而，後殖民主義歷史學家長期以來試圖將歷史從民族中解救出來，將我們的分析框架從無休止地尋找民族類別中分離出來，轉而尋找被民族主義所掩蓋的群體性（groupness）的隱藏發展過程。[20] 畢竟，正如羅傑斯．布魯貝克（Rogers Brubaker）所認為，宗教及語言和種族一樣，都是表現和執行群體歸屬的方式，似乎都是自然而然的和固定的。[21] 這種身分認同是彼此相似的，並且自然地傾向於聚合和分離。然而，本書顯示某些類型的摩擦是如何導致邊界的硬化，以及歷史、領土和歸屬的固定化。

歷史創傷是其中一個關鍵因素。理論家們指出集體抗爭在民族意識形成中的重要性，這似乎是不言自明的。本書中提出的證據提醒我們，我們應該更多地思考，在這場抗爭中產生的損失是如何透過記憶和對過去的重複而獲得意義的。有許多隱喻可以用來解釋痛苦，但在新疆占主導地位的是疏遠，是對家庭的疏遠和對熟悉事物的疏遠。起義的暴力，在察合台文中被表述為「磨難」或「破碎」，標誌著自我陳述下的時代和集體經驗斷裂，這與「兵燹」以及它對漢人在十九世紀中期的刺痛並無不同。也許，新的集體主體性的闡述，必須要有一些事件來產生這種損失感，由此才能要求關於個人痛苦的理由和動力，而這種損失感又反過來透過創傷的語言超越個人。在新疆，我們看到創傷不僅在紀念活動或儀式中發揮作用，而且在自我和他者的日常表述中發揮作用，因為在提出合法要求，並在歷史和群體的基礎上追求這些要求時，損失往往創造出強有力的理由。然而，在衝突和損失中，也存在有解決之道和恢復的希望。現代民族主義者在廣闊的未來視野中看到樂觀主義，[22]像賽拉米這樣的人也在他的帝國現況、神聖的過去和皇帝的身上看到了正義的潛力；請願者在地方官和省級系統中看到正義；汪振聲則在湘軍的身上看到正義。就像在其他殖民和後殖民背景下一樣，民族主義的話語掩蓋這一時期出現的那些歷史想像力。[23]

經濟上的不平等，在造成差異方面也發揮關鍵作用。湘軍的到來顯然使地區經濟陷入比過去十三年更大的動盪之中，特別是因為它導致經濟和政治資源的再分配。新的菁英階層包括那些能夠有效地使用漢語，從衙門中獲得預期結果的人。與此同時，普通的突厥穆斯林往往被排除在新經濟模式之外，並且流離失所，或者缺乏必要的財富來支付基本的生活用品。經濟上的不平等產生一種新的性經濟，在這種經濟中，突厥穆斯林女性成為交換對象，漢人男子對她們展開交換，而雙語的回民則充當掮客。這些地位的重新歸屬使他們獲得一個由新的交換模式以及強烈的怨恨感所強迫執行的社會現實。穆斯林菁英學會與省級當局合作，對越過邊界的女子及其混血兒在空間上進行排斥。他們創造一種話語，將「混血」定性為侵犯邊界的問題。雖然人口販賣、妻子買賣和類似的現象在中國本土很常見，但東突厥斯坦的語言、宗教和文化差異卻促成固有差異感的出現。

通事的情況也大致如此。翻譯的概念本身，或者說「通」的概念，表示將某種東西從一個空間帶到另一個空間。通事不僅會為了適應中國和伊斯蘭的形式和語言而重新塑造文本，而且他們體現作為中間人的矛盾之處，他們把自己呈現為規範的臣民，但是要靠流動性來謀生。因此，賽拉米和古拉姆·穆罕默德將他們置於歷史中斷的時刻是恰當的；而且通事也是讓思想從衙門進入到大眾話語中的渠道，「纏頭」就是這樣的一個詞。阿奇爾·姆貝（Achille Mbembe）在《黑人理性的批判》（*Critique of Black Reason*）中提出，如果要追溯黑人這個詞的形成過程，人們可以進而勾勒出全球統治模式的歷史。[24] 同樣地，儘管規模較小，「纏頭」這個詞指向中國對突厥穆斯林人口的統治體系中的某一種主體。在一八九〇年代，纏頭性質作為一種內部他者的話語而出現，突厥穆斯林可以透過這種話語來識別和驅逐那些似乎顛覆了日益本質化的說突厥語的穆斯林認同的人們。從概念上講，纏頭是一個講突厥語的穆斯林，但他與中國移民文化和中國政府打交道，因此偏離伊斯蘭的宗教實踐。更具體地說，纏頭可以是新的性經濟的對象，或者是為了在衙門裡尋找工作而貶低自己的人。後來，隨著「纏頭」身分變得自然而然，這個標籤逐漸進入民族身分的領域，它被捲入對漢人主導地位的反擊中，而這個詞本身就象徵著這種反擊。這就難怪「纏頭」一詞在今天已經成為了一個很刺耳的蔑稱。

因此，本書並不是在論證說維吾爾族是在清朝形成的。其他學者已經對一九三〇年代維吾爾民族主義的出現做出更精細的描述，還有一些學者指出預示著民族主義的關聯結構。[25] 不同的是，本書關注的是這種關聯結構及其表現形式。維吾爾民族主義的興起與蘇聯中亞的民族政治是息息相關的，而且也和一九三四年起的蘇聯附庸在新疆實施的民族制度化政策息息相關。相反，纏頭則是晚清國家與穆斯林社會和文化相遇的產物，其內容豐富而複雜。這兩種遭遇都導致群體性的本質化和民族間界限的硬化，但條件卻非常不同。此外，史達林主義國家可以透過其建設教育基礎設施的特殊能力強加一個民族體系，而清朝政府與其戰略訊息的空白，則為共同體的想像力留下空間。如果要用最簡化的方式來說，「纏頭人」主要是在地方上表達的，而「維吾爾人」則是跨國的。當對新疆歷史的研究從大博弈轉向日常的小競逐時，「纏頭」一詞的價值是一個值得探索的課題。

# 後記

在二〇一七年春天，新疆開始有消息傳出，表示新疆不僅在人身控制方面，而且在再教育方面都出現新的動作。在國外生活過的人、研究伊斯蘭的學者、在家裡做禮拜的人，以及無數的其他人都受到恐嚇、監視，並被警察「請去喝茶」。有傳言說其他人就沒那麼幸運，在穆斯林國家生活過的維吾爾族男子在回到中國後就失蹤了。很快，這些傳言被證實是令人毛骨悚然的事實。[1]估計有一百萬維吾爾人、哈薩克人和其他人失蹤、遭到無限期拘留，有些人因為模稜兩可的指控就被關進監獄。即使是著名的學者、藝術家和共產黨員也是如此，他們現在被指控為「兩面人」，似乎一生的服務都不足以證明自己的忠誠。[2]更不用說其他無數地位較低的人了，他們的故事沒有得到國際關注。新疆還有一百五十萬個家庭要被迫接待「客人」，這些政府工作人員監視他們的行為和言論。這些「客人」尤其針對兒童，向他們介紹漢人的規範習俗和對黨的忠誠。

國家要求的不僅是行為上的忠誠，還要求心靈上的忠誠，從這個意義上說，目前的拘留和改造計畫可能與晚清時期的計畫相似。中國曾經否認這種網狀的勞教所存在，但在國際壓力下，中國後來不僅承認勞教所的存在，而且還堅持認為無限期拘留和強制教育對維吾爾人來說是好事。與王樹枏一樣，新疆聲稱正在對維吾爾人、哈薩克人和其他人進行「工作技能」培訓。然而，教育計畫的外在目標是使非漢族的中國人用漢語說話和唱歌，並從事被想像為典型中國人的儀式和身體表演。在勞教所興起之前，南疆維吾爾族地區曾出現過有比賽要求工作單位成員編排和表演「小蘋果」歌舞的事件。「小蘋果」是一首中國的網紅歌曲，比賽主辦者聲稱這種廉價無趣的流行歌是「愛國歌」。[3] 因此，作為愛國者，作為現代國家的合格公民，意味著要參與到中國的流行文化中——這就是新疆的規範。今天，酒在新疆同樣是一種愛國飲料，豬肉是「政治動物」（siyasiy haywan）的肉，而拒絕喝酒、拒絕吃豬肉會被認為是一種極端主義的表現。[4] 這就像是過去突厥穆斯林前往寺廟，跨進漢人生活的再現。另外還有一長串的「伊斯蘭」名字是遭到禁用的。同時，維吾爾人的裙子必須是短的，臉頰上的鬍子要刮乾淨，維吾爾人要欣賞和演唱中國戲曲。

令人震驚的是，這種努力是為了把維吾爾人變成一位官員口中所說的「正常人」。[5] 一個以中國為基地的政權再一次試圖從穆斯林臣民中清除穆斯林文化和行為，卻並非是簡單地要求他們有對中國文化的普遍欣賞，而是要求穆斯林採納漢人的禮儀、品味和行為，使他們與想像中的理想公民相似。也就是說，有很多漢族人可以不喝酒，可以留鬍子，或鄙視「小蘋果」之流的歌曲，但維吾爾人卻不擁有這些自由。

在其他方面，勞教所（再教育營）又與一個多世紀前的儒家學校形成尖銳的對比。湘軍希望保持家庭的完整性，並在家庭生活中播種儒家價值觀，而今天的勞教所則是將家庭成員分開。在清朝，以教養教的方式改造似乎是在消耗一個已經現金短缺的省份的資源，而在今天的新疆，監獄建設和監獄勞動則是利潤的來源。數位時代的懲戒工具有助於實現這些現代夢想，其方式可能是湘軍所無法想像的。現代新疆與清末時期的狀況完全相反，國家收集數百萬少數民族公民的生物識別和地理空間數據。從某種角度來看，這種訊息收集裝置更像是歐美殖民者推行強制文件時所期待的那種結果，也許它顯示在新疆的現代政府的複雜體制是如何在很大程度上要歸功於出現在「自由的」西方的監視和紀律制度。[6]

我強調這些差異，是為了抵制一種將中國在東突厥斯坦的控制性質及其歷史先例簡單扼要化的傾向。讀者在閱讀本書時可能會誤以為晚清時期對穆斯林的再教育，是今天再教育計畫的直接祖先。儘管有人聲稱中國在某種程度上不受歷史規律的影響，但很明顯，中國的政權在新疆推行的統治模式已經隨著時間的推移而改變，並將繼續發生變化。關注這些變化對於解決暴力的現實問題非常重要。我們要關注的不是刻板印象，而在於生活經驗。

我從未想過要寫一本「關聯」的書。新疆不論是作為一個地區的歷史，或是作為「偉大英雄」故事的歷史，以及作為一個族群間關係的模式轉型的歷史，在過去和現在都是黨國和維吾爾民族主義者之間爭論的主要場域。我覺得徹底轉變我在研究方法上的優先事項，將有助於避免將我的研究變得政治化，或至少是可以開闢出一條新的調查途徑。因此，我總是反其道而行之，我開始寫一部歷史，從沒有人認為相關的資料開始：關於性病的口述；關於通事的諷刺詩；關於死刑的電報；關於乳牛的日常爭鬥。我認為所有這些資料，比起棘手的歷史衝突的論述，更能說明聯繫和談判的要點。它們涉及普通人的世界觀和經驗，至少在他們留下的敘述中，他們沒有公開參與民族解放的問題。而在黨國和維吾爾民族主義者之間的敘事鬥爭中，似乎有一個第三方：「人民」，每個陣營都聲稱要代表他們說話。我的目的是讓這些消息來源為自己說話，因此拒絕預先確定的理論框架，也不讓理論框架的關切來指導研究。然而，這樣做的結果就是會得出有關殖民規訓（colonial discipline）的故事，得出人們對彼此做出的可怕行為及其後果的故事，以及它們如何傾向於遵循某些循環模式的故事。我希望這本書能夠給過去的人和他們的故事予以尊重。我也希望這本書給我的同事們以尊重，他們現在已經被抹除聲音，他們曾鼓勵我從底層來追尋這段歷史，希望將圍繞著他們家園的學術話語去政治化。然而，我們似乎無法逃避政治化的可怕機器。

# 謝辭

那些下落不明、被關押或是被禁聲的同事們，我希望能把你們的名字放在這裡以紀念你們取得的學術成就。我希望有朝一日，你們能夠讀到這本書，而且希望當你們把它捧在手中閱讀的時候，它會是一本讓你們感到喜悅的書。是你們滋養了我——當我固執又任性的時候，你們耐心的對待我；當我性急又自以為是的時候，你們對我呵護備至、循循善誘。是你們教給我勤勉、投入，以及堅守歷史與科學上的真理。謝謝你們歡迎我加入到你們的行列。

我要對楚葛琳（Gwendolyn Collaço）致以由衷的感謝，若是沒有她的話，這一切的努力都是不值得的。無論是作為一個學者，還是作為一個人，你都鼓舞我，讓我做得更好，並且去尋找歡樂的時刻。謝謝你洞徹的眼光和迅捷的思緒，也謝謝你總是堅持要我休息放鬆。

這本書是由大家多年來的善意匯聚而成的。最初的論文委員會成員接納我時不時就會揉成一團的草稿，並容忍我雜亂無章地把它丟到他們那裡。謝謝歐立德（Mark Elliott）收我作學生，鼓勵我去思考學術工作所應有的定位與影響，並且堅持語言學的嚴謹標準，在這個過程中最艱難的一些時刻，你在我的身邊，我永遠不會忘記。謝謝宋怡明（Michael Szonyi），他向我展示如何建立一個可能禁得起他激烈質疑的論點，回答關於如何解讀地方檔案的無盡詢問，並以身垂範了幽默又人性化的專業態度。當這本書還只是一個概念的時候，伊利科．貝勒漢（Ildikó Bellér-Hann）就參與到這項工作中。她富有洞察力的方法論和經驗批評極大地豐富這本書的論點，確保這本書能夠在明智地使用理論的同時，仍然立足於民族學和文本的學術研究。安守廉（William Alford）教授是一個懷有悲天憫人之心的人，他看到這項工作所具有的價值基礎，並鼓勵我以符合學術規範的方式進行比較研究。在進入哈佛之前，在印第安納州的潮濕日子裡，我必須要感謝鮑文德（Gardner Bovingdon）教授，他傳授我新疆歷史和政治的知識；同樣重要的是，他讓我在社會學理論的大沙盒裡遨遊。這本書的大部分內容都是我為鮑文德提出的問題所做出的工作成果。戴文・迪維瑟（Devin DeWeese）教授不僅教給我察合台文和關於納格什班德道團（Naqshbandis）的各種細節，而且在我第一次走進他的教室的十四年後，他還好心地閱讀本書第六章的草稿。我也很高興能與艾鶩德（Christopher Atwood）重新聯繫上，他明白這是一本什麼樣的書。許多其他知名學者為支持我的瘋狂行動付出時間和精力，其中包括柯塞北（Pär Cassel）、傑馬爾・卡法達（Cemal Kafadar）、阿布萊德・喀瑪羅甫（Ablet Kamalov）、米華健（James Millward）、那葭（Carla Nappi）、艾哈邁德・拉加布（Ahmed Ragab）、戴維・羅克斯堡（David J. Roxburgh）、波吉特・施利特（Birgit Schlyter）、菅原純（Jun Sugawara）、蘇堂棟（Donald Sutton）、小沼孝博（Onuma Takahiro）和邱源媛。然而，必須特別感謝惠勒・薩克斯頓（Wheeler Thackston），在他的沙發上，我不僅學會解讀察合台的文字，還學會理解其中內涵。我真誠地希望能將他們的慷慨付出付諸實施。

沒有社群就沒有創造力，而我很幸運地成為一個慷慨社群的一分子。我所傾注這麼長時間的智力發酵也是在其他學者的陪伴下進行的，他們是這一門學問的真正信徒，他們中包括 Gregory Afinogenov、Katherine Alexander、Elise Anderson、Sarah Bramao-Ramos、David Brophy、Darren Byler、Belle Cheves、Sakura Christmas、Brian Cwiek、Maura Dykstra、Devin Fitzgerald、Joshua Freeman、Billy French、Kelly Hammond、Justin Jacobs、Macabe Keliher、Nicholas Kontovas、Ben Levey、Eve McGlynn、Aysima Mirsultan、Anne-Sophie Pratte、David Porter、Max Oidtmann、Guldana Salimjan、Rune Steenberg、David Stroup、Hannah Theaker、Rian Thum、蔡偉傑、海野典子（Noriko Unno）、Nicholas

Walmsley 以及文欣。我還要特別感謝 Mira Xenia Schwerda，她利用交稿前的週末時間，自願地閱讀這本書。我們中的許多人都是在一個故意講得很模糊的口號——「新方向」，以及提供零食的承諾下而聚在一起的。如果不是這樣，那便是因為我們都是內亞歷史和文化的研究者，我們都做出研究這一學問的重要決定。我們似乎一再證明社群、慷慨和同事關係的力量，這些力量使我們所有人都能得到提升，並幫助我們實現「不可能的任務」——而這正是一些人最初對這本書的概念的描述。感謝你們閱讀我在這麼多年來不時拿出的草稿章節，但也感謝你們在時代變得更加黑暗的時候，為你們知道的正確的事情站出來。這就是我想成為的學術界的一部分。

蒙大拿大學歷史系和政治系的朋友和同事以及其他部門為這個計畫傾注時間和耐心。我還要感謝 Claire Arcenas、Abhishek Chatterjee、Brad Clough、John Eglin、Robert Greene、Tobin Miller-Shearer 以及 Jody Pavilack 的理解。感謝蒙大拿州東亞研討會或是 MEAW 的核心成員：Brian Dowdle、Maggie Greene 和 Rob Tuck。我很高興我們能夠彼此重視，無論是作為一名學者，還是僅僅作為一個人。與你們共度的時光，無論是 Rob 讓人慨嘆不公平的好廚藝，或是在 Brian 家後院的晚餐，還是逃逸到山區時與 Maggie 在半路上相遇，這些美好時光對我而言的意義巨大，它們就像是我的全世界。這本書背後的許多想法是我在和蒙大拿州的學生們的對話中產生的，因為我們追溯中國歷史上廣泛的變化模式，討論新儒家哲學，或者是批評民族主義理論。如果你們中有人讀到這本書，請你明白，能夠認識你們，並且與你們共度時光是我的一項殊榮。請別忘記花點時間沿著克拉克福克河（Clark Fork River）向東看，望向山脈間的空白，思考這個神祕的遠方。

這本書的最後一稿是在高級研究學院（Institute for Advanced Study）下的梅隆獎學金（Mellon Fellowship）的研究休假期間中完成的。我在那裡與狄宇宙（Nicola di Cosmo）、葛凱（Karl Gerth）和劉禾（Lydia Liu）的對話對本書的構成產生特別的影響。我的這一研究和寫作得到以各種形式實現的許多資助和研究經費：安德魯・梅隆基金會的助理教授研究經費；美國學術團體委員會和亨利・盧斯基金會的研究和研討會資助；社會科學研究委員會的國際論文研究的研究經費；蒙大拿大學歷史系的教師發展資助；蒙大拿大學曼斯菲爾德中心的山口基金資助。在湖南大學嶽麓書院為期一個月的生活；哈佛大學、韋瑟黑德國際事務中心（Weatherhead Center for International Affairs）、費正清中國研究中心和亞洲中心；以及國家人文科學基金會提供的專門用於翻譯《伊米德史》的資金。在完成這本書的寫作過程的最後幾個星期裡，我是以曼徹斯特中國研究所的駐校學者身分度過的。

我還要感謝哥倫比亞大學出版社的 Caelyn Cobb 和 Monique Briones，他們以最快的速度和專精的職業精神將這本書推向出版問世。兩位匿名讀者對本書提供兩種截然不同的觀點，從而豐富本書的內容。我對任何遺留的錯誤承擔全部責任，並請其他人把它們作為進一步研究的提示。

最後，感謝我的父親 Richard Schluessel、母親 Cynthia Conti 和我的兄弟 Edmund Schluessel，他們教會我如何去關心他人、如何努力工作和堅持原則。這是一個如此漫長的旅程，我很高興你們能在這裡分享這本書。當然，最後如果不指出我們家裡的混亂之源——Ş.和 P.兩位的獨特貢獻，我會感到有所遺漏。

本書依據文獻的保存狀況相當不佳——有被老鼠咬過的粗糙紙片上的鋸齒狀劃痕，聞起來有羊和死亡的氣息。這些迎接吐魯番歷史學者的史料，不會是整齊分類好的案卷。那些文件可能是被故意或是出於人為錯誤而撕成兩半，並且會按照某種晦澀的邏輯被塞進另一份文件的折頁中。故事會在寫作的中途開始，或結束，或是又重新開始。如果歷史學者能找到一份完整、已經靜待案頭的敘述，那麼他就算是特別幸運。即使如此，在讀到故事的一半後也可能發現這是一場騙局。這就是生活：半途而廢的字母拼貼，每一種顏色的紙上的線條都以奇特的角度相交，但這也是生活讓人著迷的原因。感謝大家與我分享這件破爛的斗篷。也許會有其他人也拉動這些線，直到一切再次獲得解答。

# 註釋

## 導論

1 H. S. Brunnert and V. V. Hagelstrom, *PresentDayPoliticalOrganizationofChina*, trans. A. Beltchenko and E. E. Moran (Shanghai: Kelly and Walsh, 1912). 共同血統的神話是成為一個民族（ethnicity）的教科書式特徵。John Hutchinson and Anthony D. Smith, eds., *Ethnicity* (Oxford: Oxford University Press, 1996), 7.「想像的共同體」同樣已成為民族和民族主義研究中的老生常談。但值得注意的是，在班納迪克・安德森（Benedict Anderson）的表述中，它並不單指或嚴格指涉現代民族國家。他引導讀者以各種不同的方式去想像一種比面對面社群更加廣泛的共同體，而每一種方式都取決於特定時間和地點的文化生產條件。Benedict Anderson, *Imagined Communities: Reflections on the Origin and Spread of Nationalism* (London: Verso, 2006). 本書在某種程度上也和「想像的共同體」有關，但是並未聚焦於現代民族國家的起源。

2 關於此簡史概述的主要參考書：David Brophy, *Uyghur Nation: Reform and Revolution on the Russia-China Frontier* (Cambridge, MA: Harvard University Press, 2016), 26–39, 44–52; Nicola Di Cosmo, "The Qing and Inner Asia: 1636–1800," in *The Cambridge History of Inner Asia*, ed. Nicola Di Cosmo, Allen J. Frank, and Peter B. Golden (Cambridge: Cambridge University Press, 2009), 333–62; Hodong Kim, *Holy War in China: The Muslim Rebellion and State in Chinese Central Asia, 1864–1878* (Stanford: Stanford University Press, 2004), 1–36; James Millward, *Eurasian Crossroads: A History of Xinjiang* (New York: Columbia University Press, 2007), 1–77; James Millward, "Eastern Central Asia (Xinjiang), 1300–1800," in *The Cambridge History of Inner Asia*, ed. Nicola Di Cosmo, Allen J. Frank, and Peter B. Golden (Cambridge: Cambridge University Press, 2009), 260–76. 由於空間有限，我不得不省略某些事件和歷史現象，但我鼓勵讀者查閱上述作品以獲得更詳細的介紹。

3 清朝的統治建立於一六三六年，但是直到一六四四年才入關並攻占北京。因此在中國歷史中，一六四四年才是傳統記載中的清朝建立之始。

4 湘軍一般被認為是由曾國藩創建的軍隊。在一八六四年曾國藩離開湘軍後，留在左宗棠手下的軍隊被稱為楚軍。然而，在整個西北戰役和其他戰役中，左宗棠的楚軍是一支更大規模軍隊的核心戰力，其成員也習慣性地稱其為「湘軍」，後來的著作也認為左宗棠時期的戰爭同屬於湘軍歷史的一部分。

5 Sukanya Banerjee, *Becoming Imperial Citizens: Indians in the Late-Victorian Empire* (Durham, NC: Duke University Press, 2010), 1–3; Partha Chatterjee, *The Nation and Its Fragments: Colonial and Postcolonial Histories* (Princeton: Princeton University Press, 1993), 5–6, 173; Prasenjit Duara, *Rescuing History from the Nation: Questioning Narratives of Modern China* (Chicago: University of Chicago Press, 2005), 10.

6 Gardner Bovingdon, *The Uyghurs: Strangers in Their Own Land* (New York: Columbia University Press, 2010), 42–79.

7 Brophy, Uyghur Nation; Laura Newby, "'Us and Them' in Eighteenth and Nineteenth Century Xinjiang," in *Situating the Uyghurs Between China and Central Asia*, ed. Ildikó Bellér-Hann, Cristina Cesaro, Rachel Harris, and Joanne Smith Finley (Aldershot, UK: Ashgate, 2007), 15–30; Rian Thum, *The Sacred Routes of Uyghur History* (Cambridge, MA: Harvard University Press, 2014).

8 比方說可以參考"Insān wa ʿirfān" in *Sharqī Turkistān ḥayāti* 9 (October 16, 1933)。浪漫化的民族主義，融合了中國共產黨的發展主義，曾經是東突厥斯坦維吾爾菁英歷史書寫的主流模式，直到最近仍在海外流亡的維吾爾人中持續存在。

9 關於官方歷史書寫的批評和更多文獻的參考書目，請參考Gardner Bovingdon, "The History of the History of Xinjiang," *Twentieth-Century China* 26, no. 2 (April 2001): 95–139; Alessandro Rippa, "Re-Writing Mythology in Xinjiang: The Case of the Queen Mother of the West, King Mu and the Kunlun," *China Journal* 71 (January 2014): 43–64.

10 Brophy, *Uyghur Nation*, 72–74; Justin Jacobs, *Xinjiang and the Modern Chinese State* (Seattle: University of Washington Press, 2016), 13; Millward, *Eurasian Crossroads*, 124–25. Cf. Thum, Sacred Routes, 158–60.

11 一個例外是Nailene Josephine Chou的論文（"Frontier Studies and Changing Frontier Administration in Late Ch'ing China: The Case of Sinkiang, 1759–1911" [PhD diss., University of Washington, 1976]）這篇論文雖然經典，但是也需要更新。片岡一忠關於清代新疆的著作當然是本書的一個長期參考來源，為了方便讀者，我在這裡重複片岡所說的大部分內容（片岡一忠，《清朝新疆統治研究》〔東京：雄山閣，1990〕）。然而，他的工作受到資料來源的限制，這些資料完全是漢文的，而且，恕我不失敬意地直言，他對這些資料的處理有時候比較流於表面。

12 Jacobs, *Xinjiang and the Modern Chinese State; Judd Kinzley, Natural Resources and the New Frontier: Constructing Modern China's Borderlands* (Chicago: University of Chicago Press, 2018).

13 Rogers Brubaker, *Ethnicity Without Groups* (Cambridge, MA: Harvard University Press, 2004), 41–44.

14 我追隨安・斯托勒（Ann Stoler）的做法，將檔案視為權力關係的銘文，也是複雜劇目的舞台。Ann Stoler, *Along the Archival Grain: Epistemic Anxieties and Colonial Common Sense* (Princeton: Princeton University Press, 2009).

15 一些學者提出清朝是「殖民者」的觀點，理由是它使用間接統治的方法來管理一個多民族的帝國。我想說的是，異族自治和法律多元化本身並不是決定是否是帝國主義或殖民主義的充分條件。Michael Adas, "Imperialism and Colonialism in Comparative Perspective," *International History Review* 20, no. 2 (June 1998): 371–88; Nicola Di Cosmo, "Qing Colonial Administration in Inner Asia," *International History Review* 20, no. 2 (June 1998): 287–309; Ruth W. Dunnell and James A. Millward. "Introduction," in *New Qing Imperial History: The Making of Inner Asian Empire at Qing Chengde*, ed. James A. Millward et al. (London: RoutledgeCurzon, 2004), 1–12, 3; Peter C. Perdue, "Comparing Empires: Manchu Colonialism," *International History Review* 20, no. 2 (June 1998): 255–62.

16 我對帝國主義和殖民主義的啟發式類型學（heuristic typology）是受到Lauren Benton對帝國背景下的法律多元性的討論的影響（*Law and Colonial C Legal Regimes in World History, 1400–1900* [Cambridge: Cambridge University Press, 2002], 11–12, 29），Jürgen Osterhammel對殖民主義的區分中包括主要是文化上的而非經濟上的主導模式（*Colonialism: A Theoretical Overview* [Princeton: Markus Wiener, 2005], 4）；Charles Maier所強調的確保先前已經存在的地方菁英人士的合作是帝國主義的中心技術（*Among Empires: American Ascendancy and Its Predecessors* [Cambridge, MA: Harvard University Press, 2006], 7）。

17 Alice Conklin, *A Mission to Civilize: The Republican Idea of Empire in France West Africa,1895–1930* (Stanford: Stanford University Press, 1997), 1; Jürgen Osterhammel, *The Transformation of the World: A Global History of the Nineteenth Century* (Princeton: Princeton University Press, 2014), 327, 827.

18 Emma Jinhua Teng, *Taiwan's Imagined Geography: Chinese Colonial Travel Writing a Pictures, 1683–1895* (Cambridge, MA: Harvard University Asia Center, 2004), 8–12, 256–58.

19 Brubaker, *Ethnicity Without Groups, 28– 63; Brubaker, Grounds for Difference* (Cambridge, MA: Harvard University Press, 2015), 87–89; Frederick Cooper, *Colonialism in Question: Theory, Knowledge, History* (Berkeley: University of California Press, 2005), 59– 65; Ann Stoler, *Race and the Education of Desire: Foucault's History of Sexuality and the Colonial Order of Things* (Durham, NC: Duke University Press, 1995), 7–13; Stoler, "Rethinking Colonial Categories: European Communities and the Boundaries of Rule," *Comparative Studies in History and Society* 31, no. 1 (January 1989): 143–50.

20 關於清代中國省級制度下的邊疆地區社會文化變遷，類似的案例研究往往是在南方地區，例如Mark Allee, *Law and Local Society in Late Imperial China: Northern Taiwan in the Nineteenth Century* (Stanford: Stanford University Press, 1994); David G. Atwill, *The Chinese Sultanate: Islam, Ethnicity, and the Panthay Rebellionin South west China,1856–1873* (Stanford: Stanford University Press, 2005); Jodi Weinstein, *Empire and Identity in Guizhou: Local Resistance to Qing Expansion* (Seattle: University of Washington Press, 2013).

21 關於該領域的早期概述，見Joanna Waley-Cohen, "The New Qing History," *Radical History Review* 88 (Winter 2004): 193–206. 關於清帝國和民族認同的里程碑式作品，見Mark C. Elliott, *The Manchu Way: The Eight Banners and Ethnic Identity in Late Imperial China* (Stanford: Stanford University Press, 2001). Johan Elverskog (*Our Great Qing: The Mongols, Buddhism and the Statein Late Imperial China* [Honolulu: University of Hawai'i Press, 2006]）一書對滿洲與蒙古的關係進行細緻的分析，而Max Oidtmann, *Forging the Golden Urn: The Qing Empire and the Politics of Reincarnation in Tibet*（New York: Columbia University Press, 2018）中對西藏的狀況也進行類似的分析。

關於清朝主權的多重性，見Pamela K. Crossley, *A Translucent Mirror: History and Identity in Qing Imperial Ideology* (Berkeley: University of California Press, 1999), 11–12.

關於伊斯蘭和清朝主權：Joseph Fletcher, "The Heyday of the Ch'ing Order in Mongolia, Sinkiang, and Tibet," in *The Cambridge History of China*, vol. 10, *Late Ch'ing, 1800–1911*, pt. 1, edited by John K. Fairbank (Cambridge: Cambridge University Press, 1978), 351–408, 407; Evelyn S. Rawski, *The Last Emperors: A Social History of Qing Imperial Institutions* (Berkeley: University of California Press, 1998), 199; Rian Thum, "China in Islam: Turki Views from the Nineteenth and Twentieth Centuries," *Cross-Currents: East Asian History and Culture Review* 3, no. 2 (November 2014): 134.

22 《清代新疆檔案選輯》（桂林：廣西師範大學出版社，2012），卷九十一。此後簡稱為QXDX。為了節省篇幅空間，我將用「卷」和「頁」來指名文件。這些文件保存在新疆自治區檔案館，仍然按照文件在吐魯番當地的衙門中的原始狀態，以及所屬的「科」來存放，每科反映明清六部中的一部。吏科，處理官員和涉及他們的任何糾紛；戶科，記錄稅收和土地糾紛；禮科，包括與家庭、婚姻、禮儀和教育有關的問題；兵科，用於動員和核算國家暴力工具；刑科，是最大的部分，我們可以認為它包括大多數暴力和非暴力糾紛以及刑事調查工作；以及工科，用於建築項目。在每一科中，檔案大致按日期存放，因此沒有明確按主題分類的案件檔案。有時，一個案件會被記錄在多個部門中，因為例如關於繼承權的糾紛可能會涉及到戶科和禮科的人員。這批文件估計有五萬份或更多。雖然這些文件肯定在某種程度上被審查過，但沒有明確的證據表明它們被篡改過，而且這些文件也包括被認為是「敏感」或對黨國不利的內容。許多文件被編纂者貼錯標籤，有些則沒有被注意到，特別是大約有百分之十的文件是用察合台語書寫的。這些文件通常被簡單地標為「維吾爾語文件」。此外，這些材料的順序並不是嚴格按照時間順序排列的，而且圖像的品質也參差不齊，這表明是一個匆忙的複製過程，文件只是按照它們被發現的順序被送入掃描器。

我傾向於相信，根據收集到的內容和狀況，任何審查都是微不足道和不經意的。關於民國時期的檔案，見「中國檔案」，網址為archives.gov.cn，二〇一四年四月十四日訪問。這個網路上收集的文件不那麼廣泛，只呈現八千多份數位化文件，儘管許多文件被整理成案例。類似的審查模式似乎也制約它們的數位化工作。

23 有一些人會對我使用喀什噶爾和葉爾羌的一些手稿資料提出合理的疑問，因為這些地方離吐魯番有大約一一五〇公里之遙，即便是離吐魯番更近的庫車也是一個獨立的綠洲。人們還可以質疑吐魯番對新疆具有多麼大的廣泛代表性。畢竟，它只是眾多綠洲中的一個。我首先要提醒研究中國歷史的學者，根據在一個縣發現的文件來寫「中國」的社會歷史的傳統是由來已久的，比如台灣的淡新檔案或四川的巴蜀檔案，它們也都記錄帝國邊界上的生活。

然而，把吐魯番和新疆放在一起來討論也是有積極的理由的。首先，吐魯番在晚清時是一個直隸廳。這意味著，雖然吐魯番在技術上屬於北疆鎮迪道的管理範圍，那裡的人口主要是漢族、哈薩克族和蒙古族，但實際上它是根據南方穆斯林占多數的喀什噶爾和阿克蘇地區的政策來統治的。這一區別符合吐魯番的人口統計數字：截至一九一一年，即使是已經經過三十四年的中國移民填充，吐魯番仍約有百分之七十的人口是穆斯林，而且大多數是突厥穆斯林。王樹枏等，《新疆圖志》（台北：文海出版社，一九六五），民政四—五，頁五b—六b。

此外，在晚清時期，由於來自中國本土的移民來到新疆尋求生計，吐魯番變成中國人定居的地方。商人們不只是經過吐魯番進入新疆，他們還將吐魯番作為他們貿易網絡中的一個重要轉口。吐魯番成為整個新疆的統治和變革過程的一個縮影。正如Rian Thum所言，吐魯番和環塔里木盆地的綠洲，即突厥穆斯林家園的地理核心，是被共同的宗教習俗所連接起來的，維持著一個具有共同歷史想像力的宗教共同體。見Rian Thum, "Modular History: Identity Maintenance Before Uyghur Nationalism," *Journal of Asian Studies* 71, no. 3 (August 2012): 627–53. 有學者曾經寫道，「綠洲認同」是對共同身分認同的離心因素，而我們現在明白，屬於某個綠洲有助於在新疆境內找到自己。在本書中，我們將看到喀什噶爾的歷史和身分認同話語是如何反映出同時代吐魯番的話語討論。

24 Benedict J. Kerkvliet, *Everyday Politics in the Philippines: Class and Status Relations in a Central Luzon Village* (Berkeley: University of California Press, 1990), 9–11; Michael Szonyi, *The Art of Being Governed: Everyday Politics in Late Imperial China* (Princeton: Princeton University Press, 2017), 7–8.

25 Muslim uprisings（穆斯林起義）一詞是對「回民起義」的英文翻譯。它指代的不僅僅是一八六四至一八八七七年穆斯林控制新疆的時期，還與一八六二至一八七二年間陝西和甘肅發生的事件有關。正如我們將會看到的，在一定的地理範圍內，有許多的方式可以指代這段時期發生的事件，但為了方便起見，後文中統稱為「穆斯林起義」。關於起義的確切歷史，請參考Kim, *Holy War in China*。如果讀者對於一八六四年以前移民新疆者的生活感興趣的話，我推薦賈建飛，《清乾嘉道時期新疆的內地移民社會》（北京：社會科學文獻出版社，二〇一二）。

26 Kim, *Holy War in China*, 37–72.

27 QXDX 7:155–56. "*'Ālam buzulup kätkändin keyin*. . . ." 動詞buzulmaq的詞根意思是「被打破」，引申出「反叛」或者「失序」的第二層意思。因為在這份文件中，名叫Sawut的講話者是在說整個「世界」（'ālam）在叛亂，而且速度飛快（kätkän），我傾向於照字面意思來翻譯這個詞。

28 Kim, *Holy War in China*, 66–71.

29 TA/Pantusov 103–11; TH/Beijing, 128–35; Kim, *Holy War in China*, 42–44. 賽拉米記載說有十三萬不信道者在吐魯番被殺，在戰鬥中只有四百多名包括回民和突厥穆斯林在內的穆斯林犧牲。這個數字是明顯誇大的，正如賽拉米本人所指出的，吐魯番的全部人口也不及此數字的一半。

30 TH/Beijing, 236–37; TA/Pelliot, 145r; TH/Jarring, 96v.

31 有關於相似的觀察，請參考Thum, "China in Islam."

32 Brubaker, *Grounds for Difference*, 87–89.

33 TA/Pantusov, 193–205; TH/Beijing, 213–21, 尤其是214–15; TH/Jarring, 86v–90r. 賽拉米表示駐紮在托克遜的二千名回民軍人中的一千八百人被殺，另有吐魯番城門的六千人被殺，但是正如賽拉米明確指出的，這些數字肯定是被誇大的。

34 H. F. Hofman, *Turkish Literature: A Bio-Bibliographical Survey*, section 3, *Moslim Central Asian Turkish Literature* (Utrecht: Library of the University of Utrecht, 1969), pt. 1, vol. 3, 110–13; IVR RAN C 759, ʻAshūr Ākhūnd b. Ismāʼil b. Muḥammad Ghāribī, *Amīr-i ʻālī*, 44r, 51v–54r, 74v–75v.霍夫曼和研究所的目錄都將該作品的日期定為伊斯蘭曆一二八〇年（西元一八六三／一八六四）。然而，這是很不可能的，因為許多描述的事件直到一八七〇年後才發生。ʻAshūr Ākhūnd的贊助人Niyāz Ḥākim Beg也是在一八六七年一月至二月征服和田後才被任命為和田總督的，而這部作品就是在和田創作的。研究所的手稿上有一個名為ʻAshūr Beg（作者？）的所有者的印章，上面刻有伊斯蘭曆一二八八年（西元一八七一／一八七二年）的日期。我們可以斷定，這部作品大約是在同一時期創作的，其時間就在吐魯番被征服之後。IVR RAN D 124, Ḥājjī Yūsuf, *Jamīʻ al-tawārīkh*, 347r, 和*Tārīkh-i Khotan* (Hamada, "L'Histoire," pt. 1, 35 [=37v-38v]) 也提到一個ʻAshūr Beg是阿古柏的親密伙伴，據說此人後來背叛他，也許他們就是同一個人。英屬印度辦公室的報告可能也提到同一個人，他曾是尼雅茲．貝手下的一名官員，在葉爾羌是一個努力卻又不被信任的小官員，在一八七九年時約三十五歲。IOR L/PS/7/23，一八七九年九月十二日的報告。當時尼雅茲已經自殺身亡。

35 Kim, *Holy War in China*, xiv.

36 Muhammad Gherib Shahyari, "Ishtiyaqnamä," ed. *Yasin Imin, Bulaq* 17 (1985): 230–36.

37 金浩東（Hodong Kim, *Holy War in China*, 166–69）詳述湘軍的首次攻勢和阿古柏之死的不同記載。關於吐魯番局勢逆轉的原始資料，見IVR RAN B 779, Mullah Abū ʼl-Maḥdī, *Ushbu ötkän dhamānida*, 5r 王定安，《湘軍記》（江南書局，光緒十五年〔1889〕），第十九卷，頁一七a—一八a。

38 TH/Beijing, 243; TH/Jarring, 99v.

39 IVR RAN D 124, Ḥājjī Yūsuf, *Jamīʻ al-tawārīkh*, 318r.

40 Hamada Masami, "L'Histoire de Hotan de Muḥammad Aʻlam (III), texte turque oriental édité, avec une introduction," Zinbun 18 (1982): 83–84; Kim, *Holy War in China*, 168; Lund University Library, Jarring Prov. 117, Ṭālib Ākhūnd, *History of Yaʻqūb Beg*, 91v–94r.

41 TH/Beijing, 322.

42 Karl Menges and N. Th. Katanov, eds., *Volkskundliche Texte aus Ost-Türkistan*, 2 vols. (1933, 1946; Leipzig: Zentralantiquariat der Deutschen Demokratischen Republik, 1976), 50.

43 Thum, *Sacred Routes*, 6.

44 TA/Pantusov, 318; TA/Pelliot, 204v; TH/Beijing, 340.

45 Ellsworth Huntington, "The Depression of Turfan," *Geographical Journal* 30 (July–December 1907): 254–73.

46 TH/Beijing 127; TH/Jarring 72r.

47 《新疆建置志》（台北：學生書局，一九六三），卷一，頁七b—十一b；王樹枏，《新疆圖志》，民政四—五，頁五b；Millward, *Eurasian Crossroads*, 127; Lanny Fields, *Tso Tsung-t'ang and the Muslims: Statecraft in Northwest China, 1868–1880* (Kingston: Limestone, 1978), 83；魏光燾《勘定新疆記》（哈爾濱：黑龍江教育出版社，二〇一四），卷七，頁二a—二b；奕訢等編，〈欽定平定陝甘新疆回匪方〉，收錄於《七省方略（光緒朝）》，卷三〇五，頁四。

48 《伊米德史》記載了糧食價格規定所帶來的積極效果，編年史作者Ṭālib Akhund也記載了此事。Jarring Prov. 117, Ṭālib Ākhūnd, *History of Ya 'qūb Beg*, 128r–128v; TH/Jarring, 120v–122v.

49 國立故宮博物院文獻編輯委員會編，《宮中檔光緒朝奏摺》（台北：國立故宮博物院，一九七三—一九七五），第七卷，頁一八—一九。

50 Cooper, *Colonialism in Question*, 29, 146–47.

51 本書撰寫過程中的遺憾是，我無法對晚清新疆的經濟變化進行徹底的分析，以表明關於異化的經濟維度。此前在這個問題上缺乏學術研究，基本問題的困難，比方說對當地計量單位的理解，以及明顯相關但是又雜亂無章的手稿來源的數量，都表明這樣一件事需要足夠的努力來構成一個獨立的研究計畫，而且這個計畫可能要持續多年。這項研究的一些初步結果可參考Eric T. Schluessel, "Water, Justice, and Local Government in Turn-of-the-Century Xinjiang," *Journal of the Social and Economic History of the Orient* 62, no. 4 (December 2019): 595–621; 和Schluessel, "Hiding and Revealing Pious Endowments in Late-Qing Xinjiang," *Muslim World* 108, no. 4 (December 2018): 613–29.

52 關於湘軍，可以參考Philip A. Kuhn, "The Taiping Rebellion," in The *Cambridge History of China*, vol. 10, *Late Ch'ing 1800–1911*, pt. 1, ed. John K. Fairbank (Cambridge: Cambridge University Press, 1978), 285–90; Stephen Platt, *Provincial Patriots: The Hunanese and Modern China* (Cambridge, MA: Harvard University Press, 2007), 23–25. This period and its cultural changes are illuminated in Tobie Meyer Fong, *What Remains: Coming to Terms with Civil War in Nineteenth-Century China* (Stanford: Stanford University Press, 2013); and Katherine Laura Bos Alexander, "Virtues of the Vernacular: Moral Reconstruction in Late Qing Jiangnan and the Revitalization of Baojuan" (PhD diss., University of Chicago, 2016). 關於美國內戰後重建的類似研究，可參考Drew Gilpin Faust, *This Republic of Suffering: Death and the American Civil War* (New York: Knopf, 2008). 在重新修訂這份手稿的過程中，我接觸到何娜（Hannah Theaker）這篇精彩的論文"Moving Muslims: The Great Northwestern Rebellion and the Transformation of Chinese Islam, 1860–1896" (PhD diss., University of Oxford, 2018)，其中討論中國西北相似和有關聯的善後計畫，這些計畫是在本書所述時期和之前的時候由同一群人所執行的。

53 我對與「橫向」和「縱向」差異的使用是受到Ernest Gellner著作的啟發（Gellner, *Nations and Nationalism* [Ithaca, NY: Cornell University Press, 1983], 12），他在著作中提到階級差異的橫線和共同體衝突中的縱線。

54 Platt, *Provincial Patriots.*

55 Duara, *Rescuing History from the Nation.*

56 這讓一部分現代歷史學家懷疑奈伊姆可能是在為英國人煽動一場叛亂，但是他在其中的參與顯示，這和他在英屬印度的工作是完全不相干的。白振聲等主編，《新疆現代政治社會史略》（北京：中國社會科學出版社，一九九二），頁71–72；IOR L/P&S/10/825 File 2273/1919, No. 144, 30 June 1918, June diary；台來提・烏布力、艾力江・艾沙，〈一件關於民國七年庫車叛亂的新文書——《瑪赫穆德訴阿吉和卓叛亂狀》譯釋〉，《西域研究》，三（烏魯木齊，二〇一四），頁三七—四九；楊纘信，《清末陝甘概況》（西安：三秦出版社，一九九七），頁九七；楊增新，《補過齋文牘》（台北：成文出版社，一九八二），頁四〇六—四二二。

57 這就像是滿洲（Manchuria）這個同樣令人感到很棘手的「地理區域」，以及它經過不同的空間化的技術的形成過程一樣。見Mark C. Elliott, "The Limits of Tartary: Manchuria in Imperial and National Geographies," *Journal of Asian Studies* 59, no. 3 (August 2000): 603–46.

## 第一章

1 IOR, L/PS/7/23 "Affairs in Yarkand," 1,220–32.

2 Benjamin A. Elman, *From Philosophy to Philology: Intellectual and Social Aspects of Change in Late Imperial China* (Los Angeles: UCLA Asian Pacific Monograph Series, 2001), 53–54; Joshua A. Fogel, *Politics and Sinology: The Case of Naitō Konan, 1866–1934* (Cambridge, MA: Harvard University Press, 1984), 60; Chang Hao, "On the Chingshih Ideal in Neo-Confucianism," *Ch'ing-shih wen-t'i* 3, no. 1 (November 1974): 42–43; William T. Rowe, *Saving the World: Chen Hongmou and Elite Consciousness in Eighteenth-Century China* (Stanford: Stanford University Press, 2001), 2–4, 448–55.

3 Gideon Chen, *Tso Tsung T'ang, Pioneer Promoter of the Modern Dockyard and the Woollen Mill in China* (Peiping: Yenching University, 1938), 50–57.

4 James Millward, *Eurasian Crossroads: A History of Xinjiang* (New York: Columbia University Press, 2007), 133; Rian Thum, The Sacred Routes of Uyghur History (Cambridge, MA: Harvard University Press, 2014), 178. 關於左宗棠眼中農業的更廣泛意義，見Peter Lavelle, "Cultivating Empire: Zuo Zongtang's Agriculture, Environment, and Reconstruction in the Late Qing," in *China on the Margins*, ed. Sherman Cochran and Paul G. Pickowicz, 43–64 (Ithaca, NY: Cornell University East Asia Series, 2010).

5 Nikolai Katanov, "Man'chzhursko-Kitaiskii 'li' na narechii Tiurkov Kitaiskogo Turkestana," *Zapiski vostochnogo otdeleniia imperatorskogo Russkogo arkheologicheskogo obshchestva* 14 (1901): 33; Albert von le Coq, *Sprichwörter und Lieder aus der Gegend vonTurfan mit einer dort aufgenommen Wörterliste* (Leipzig: Druck und Verlag von B. G. Teubner, 1911), 1; Albert von le Coq, ed., "Das Lî-Kitâbî," *Kőrösi Csoma Archivum* 1, no. 6 (1925): 439; Gustaf Raquette, *Eastern Turki Grammar: Practical and Theoreticalwith Vocabulary*, vol. 1 (Berlin: Reichsdruckerei, 1912), 27–28; School of Oriental and African Studies Archives, PP MS 8, Papers of Professor Sir Edward Denison Ross and Lady Dora Ross, #57. Nikolai Katanov指出這個詞在漢語中也可以譯為雙音節詞「禮儀」，但顯然沒有意識到這個譯法通常是指「禮儀和儀式」。另請參考David Brophy, "He Causes a Ruckus Wherever He Goes: Sa'id Muḥammad al-'Asali as a Missionary of Modernism in North-West China," *Modern Asian Studies* 2009:13–18.

6 Confucius, Analects, trans. Edward Slingerland (Indianapolis: Hackett, 2003), 8. The relevant passage is *weizheng* 3.

7 Wejen Chang, *In Search of the Way: Legal Philosophy of the Classic Chinese Thinkers* (Edinburgh: Edinburgh University Press, 2016), 52–53, 58–60.

8 Angela Zito, *Of Body and Brush: Grand Sacrifice as Text/Performance in 18th-Century China* (Chicago: University of Chicago Press, 1997), 59.

9 Fernanda Pirie, *The Anthropology of Law* (Oxford: Oxford University Press, 2013), 103–5, 156.

10 馬大正、吳豐培編，《清代新疆稀見奏牘匯編：同治、光緒、宣統朝卷，上冊》（烏魯木齊：新疆人民出版社，一九九七），六六，頁五八—五九；劉錦棠，《劉襄勤公奏稿》（台北：成文出版社，一九六八），卷二，頁三二a—三四b。關於甘肅的公告，見趙維璽，《湘軍集團與西北回民大起義之善後研究：以甘寧青地區為中心》（上海：上海古籍出版社，二〇一四），頁八八。

11 Chang, *In Search of the Way*, 53–54.

12 我是從heteronormativity（認可異性戀為正規行為的社會規範）一詞中引申出「規範」（Sino-normativity）一詞的，它既表示人們默認的或理想中的異性戀行為的認定，也表示這種在認定的涵蓋之下，圍繞著這個詞的意義究竟是什麼的持續不確定性和協商過程。

13 夏炘，《聖諭十六條附錄譯解》，重刊於楊一凡，《中國律學文獻第四輯》（北京：社會科學文獻出版社，二〇〇七）。來自察合台文的語音證據，以及它的快速出版，表明它是在哈密被翻譯並被雕刻在木雕板上的。在一八八四年之前，有一個尼雅茲的人是以宋體漢字和篆書的熟練雕刻者而著稱的。（蕭雄，西疆雜述詩〔蘇州：振新書社，一八九五—一八九七〕，卷三，頁一b—二a）。這個人或是像他一樣的人一定參與《二十四孝》的翻譯工作和雕版活字的製作。

14 余治，《得一錄》（保善堂，1885年），頁五r。關於救贖的後太平天國時期道德文學，見Katherine Laura Bos Alexander, "Virtues of the Vernacular: Moral Reconstruction in Late Qing Jiangnan and the Revitalization of Baojuan" (PhD diss., University of Chicago, 2016).

15 Nikolai Katanov, "Man'chzhursko-Kitaiskii 'Li,'" 33.

16 對中文名稱「理藩院」的最佳譯法存在爭議，許多英文譯本使用Court of Colonial Affairs，有其理論上或政治上的含義，而這些含義在中文名稱中並不明確。無論如何，它最初是一個滿洲機構，在滿語中被稱為Tulergi golo be dasara jurgan，其職能隨著王朝發展而持續變化。我們可以將其譯為「Ministry for the Management of the Non-Chinese Population」（非漢人人口管理部）或「Ministry for Outer Regions」（外部地區部），這取決於我們考量清朝管理的是不同民族或不同地區。Dittmar Schorkowitz and Ning Chia, eds., *Managing Frontiers in China: The Lifanyuan and Libu Revisited* (Leiden: Brill, 2017), 6; Timothy Brook, Michael van Walt van Praaf, and Miek Boltjes, eds., *Sacred Mandates: Asian International Relations Since Chinggis Khan* (Chicago: University of Chicago Press, 2018), 136.

17 TH/Beijing, 311.

18 TH/Beijing, 317–18.

19 TH/Beijing, 74, 86; TH/Jarring, 31v, 36v, 65r. 值得注意的是，在察合台語的記錄中，我沒有發現禮的解釋或翻譯，然而它是在湘軍為其學校編寫的官方教科書中被翻譯為「禮貌」，*adablik*。陳宗振，〈《漢回合璧》研究〉，《民族語文》，第五期（北京，1989），頁四九—七二。

20 TH/Beijing, 26–29; TH/Jarring, 9v–10v. See also Nathan Light, "Muslim Histories of China: Historiography Across Boundaries in Central Eurasia," in *Frontiers and Boundaries: Encounters on China's Margins*, ed. Zsombor Rajkai and Ildikó Bellér-Hann (Wiesbaden: Harrassowitz, 2012), 151–76, 163. Sayrāmī, 引自Khālidī, 來自一本他稱為《可汗歷史》（*Khanlar tārikhi*）或*Gāngjāng*的書裡的內容。他指的是《綱鑑易知錄》，這是一本用在儒家學校和其他場所的《資治通鑑》精簡本。吳楚材，《綱鑑易知錄》（台北：成文出版社，一九六四）。

21 賽拉米可能是透過主要是回民信奉的某些蘇菲主義流派的神學來建立這種聯繫的，在這些流派中，Shariah有時被譯為「禮」。

22 Jarring Prov. 207, I.48; G. N. Potanin, *Ocherki severo-zapadnoi Mongolii* (St. Petersburg: Tipografiia V. Kirshbauma, 1881), 14–15.

23 關於伊斯蘭法和相關的知識，請參考Wael B. Hallaq, *Sharí'a: Theory, Practice, Transformations* (Cambridge: Cambridge University Press, 2009), 1–13.

24 Guy Burak, "The Second Formation of Islamic Law: The Post-Mongol Context of the Ottoman Adoption of a School of Law," *Comparative Studies in Society and History* 55, no. 3 (July 2013): 580.

25 Jürgen Osterhammel, *The Transformation of the World: A Global History of the Nineteenth Century* (Princeton: Princeton University Press, 2014), 827.

26 Peter Bol, *Neo-Confucianism in History* (Cambridge, MA: Harvard University Asia Center, 2008), 238.

27 Philip A. Kuhn, *Rebellion and Its Enemies in Late Imperial China: Militarization and Social Structure*, 1796–1864 (Cambridge, MA: Harvard University Press, 1970), 124–26, 148–49.

28 Lynn A. Struve, "Huang Zongxi in Context: A Reappraisal of His Major Writings," *Journal of Asian Studies* 47, no. 3 (1988): 475–85; Lynn A. Struve, "The Early Ch'ing Legacy of Huang Tsung-hsi: A Reexamination," *Asia Major* 1, no. 1 (1988): 83–122.

29 因為反中央集權立場和參與反對君主制的鬥爭，一些人將黃宗羲比作「中國的盧梭」。一位主編黃宗羲《明夷待訪錄》的台灣編輯主張認為黃宗羲思想指向中國早期現代選舉民主的根源；但一位大陸編輯則斷言黃宗羲是土地改革和人民民主的倡導者，他的作品充滿共產黨意識形態中頌揚的「戰鬥性」。（黃宗羲，《新譯明夷待訪錄》，李廣博、李振興編〔台北：三民書局，二〇一四〕，頁一－五、一〇－一七、一八、三五－四二，黃宗羲，《明夷待訪錄》〔北京：中華書局，一九八一〕，頁一－一二）。

30 Stephen Platt, Provincial Patriots: *The Hunanese and Modern China* (Cambridge, MA: Harvard University Press, 2007), 16.

31 黃宗羲，《新譯明夷待訪錄》，頁一八－二四；Eric T. Schluessel, "The Law and the 'Law': Two Kinds of Legal Space in Late- Qing China," *Extrême-Orient Extrême-Occident* 40 (November 2016): 40–42. Translations from Huang Zongxi, *Waiting for the Dawn, trans. Wm. Theodore de Bary* (New York: Columbia University Press, 1993), 4–5, 97–99.

32 狄培理（Theodore de Bary）對這句話的翻譯更為開放，意譯為「人的精神超越法律的條文。」

33 Nikolai Katanov, "Man'chzhursko-Kitaiskii 'Li,' " 31–34.

34 Young-Oak Kim, "The Philosophy of Wang Fu-chih (1619–1692)" (PhD diss., Harvard University, 1982), 33–55.

35 Kim, "The Philosophy of Wang Fu-chih," 366–67.

36 恕我直言，有幾位學者依賴理論術語之間的一系列誤譯和語意滑移，只為了證明王夫之的「民族主義」。這種關注個別術語而不考慮上下文語境的現象，反映在杜贊奇（Prasenjit Duara）的《從民族國家拯救歷史》（*Rescuing History from the Nation: Questioning Narratives of Modern China* [Chicago: University of Chicago Press, 2005], 75），這是延續馮客（Frank Dikötter）的*Discourse of Race in Modern China* ([Stanford: Stanford University Press, 1992], 29）的同一問題，而後者又引用Ernstjoachim Vierheller（*Nation und Eliteim Denken von WangFu-chih, 1619–1692*[Hamburg: Gesellschaft fur Natur und Völkerkunde Ostasiens, 1968], 11–12, 26–27, 30）關於王夫之的早期工作，其中也包括此原始缺陷。Vierheller則根據白樂日（Étienne Balázs）的探索性評論（*Political Theory and Administrative Reality in Traditional China* [London: School of Oriental and African Studies, 1965], 40-49）而開展其研究。

濮德培（Peter Perdue）的*Nature and Nurture on Imperial China's Frontiers*（*Modern Asian Studies* 43, no. 1 [2009]: 254-55）則引用另一位學者將「氣」誤譯為「氣候」的錯誤，暗示王夫之的身分類似現代歐洲的生物決定主義者。因此，似乎有幾本重要的專著和文章，其對王夫之的描述與任何原始資料都相距甚遠。其他學者對這種將王夫之描述為民族主義者或種族主義者的做法則提出反對意見，並認為這種做法可以追溯到世紀之交的「國粹」思想家（Fa-ti Fan, "Nature and Nation in Chinese Political Thought: The National Essence Circle in EarlyTwentieth-Century China," in *The Moral Authority of Nature*, ed. Lorraine Daston and Fernando Vidal [Chicago: University of Chicago Press, 2004]), 409–37. 而在居蜜（Mi-chu Wiens）的論文"Anti-Manchu Thought During the Qing" (*Papers on China* 22A [1969])中可以找到更微妙的分析，但居蜜的研究很大程度上是根據卜德（Derk Bodde）的著作而進行的（Derk Bodde, "Harmony and Conflict in Chinese Philosophy" (in *Studies in Chinese Thought*, ed. Arthur F. Wright [Chicago: University of Chicago Press, 1953], 19–80）。而卜德的作品又是來自嵇文甫的《船山哲學》（上海：開明書店，一九三六），嵇文甫偏重於王夫之作品的形而上學層面。至於王夫之對自身的評論，也引發許多討論，見《黃書》的相關文章，重刊於《船山全書（全十六冊）》（長沙：嶽麓書舍，一九八八），第十二冊，頁五三二—五三七。

37 Bol, *Neo-Confucianism in History*, 241–43.

38 王夫之，《船山全書》，第四冊，頁六五七、一四三七—一四三八；第十二冊，頁四六七—四六八、五三四。

39 Bol, *Neo-Confucianism in History*, 238–42.

40 On-cho Ng, "A Tension in Ch'ing Thought: 'Historicism' in Seventeenth- and Eighteenth- Century Chinese Thought," *Journal of the History of Ideas* 54, no. 4 (October 1993): 561–83, 572；王夫之，《船山全書》，第四冊：頁一、四三七—四三八。

41 Wiens, "Anti-Manchu Thought," 11, 14；王夫之，〈春秋家說〉，摘自《船山遺書（全八冊）》，（北京：北京出版社，一九九九），卷二十九，第三冊，頁一六b、一七；王夫之，《船山全書》，第十二冊，頁五〇一—五〇二。

42 「把農民變成法國人」，表明將一個龐大而多變的人口轉變為一個假定的民族的艱難過程，此觀念詳述於Eugen Weber, *Peasants Into Frenchmen: The Modernization of Rural France, 1870–1914* (Stanford: Stanford University Press, 1976).

43 Mary Clabaugh Wright, *The Last Stand of Chinese Conservatism: The T'ung- chih Restoration,1862–1874* (Stanford: Stanford University Press, 1962), 1–3.

44 Tobie Meyer-Fong, *What Remains: Coming to Terms with Civil War in Nineteenth-Century China* (Stanford: Stanford University Press, 2013), 23; William T. Rowe, *China's Last Empire: The Great Qing* (Cambridge, MA: Belknap Press of Harvard University Press, 2009), 162–63. 編註：*What Remains*已有中譯，見梅爾清，《躁動的亡魂》（台北：衛城，二〇二〇）。

45 Daniel McMahon, "The Yuelu Academy and Hunan's Nineteenth- Century Turn Toward Statecraft," *Late Imperial China* 26, no. 1 (2005): 72–95; Platt, *Provincial Patriots*, 13–15, 20–24; William T. Rowe, "Ancestral Rites and Political Authority in Late Imperial China: Chen Hongmou in Jiangxi," *Modern China* 24, no. 4 (October 1998): 378–82, 397; Rowe, Saving the World, 148–51, 424–25.

46 Lanny Fields, "The Importance of Friendships and Quasi-Kinship Relations in Tso Tsung-t'ang's Career," *Journal of Asian History* 10, no. 2 (1976): 172–86; Kuhn, *Rebellion and Its Enemies*, 183–85; Platt, *Provincial Patriots*, 13–24；王繼平，〈論湘軍集團〉，《湘潭大學學報》（哲學社會科學版），六（湘潭，一九九六），頁五九—六三；王繼平，《湘軍集團與晚清湖南》（北京：中國社會科學出版社，二〇〇二），頁三—四；趙維璽，《湘軍集團》，頁一八—一九。

47 Kim, "The Philosophy of Wang Fu-chih," 358.

48 狄宇宙（Nicola Di Cosmo）在他的研究中劃定北方和西部，以及南方和東部的差異，請參考Nicola Di Cosmo, "Qing Colonial Administration in Inner Asia," *International History Review* 20, no. 2 (June 1998): 287–309, 293–94.

49 Nailene Josephine Chou, "Frontier Studies and Changing Frontier Administration in Late Ch'ing China: The Case of Sinkiang, 1759–1911" (PhD diss., University of Washington, 1976), 84–143; James Millward, *Beyond the Pass: Economy, Ethnicity, and Empire in Qing Central Asia, 1759–1864* (Stanford: Stanford University Press, 1998), 92–96, 106–9, 241–45; L. J. Newby, *The Empire and the Khanate: A Political History of Qing Relations with Khoqand c.1760–1860* (Boston: Brill, 2005), 111–17. 馬世嘉（Matthew Mosca）說明這種知識生產的轉變是如何發生在清朝蒙古的案例中的。Mosca, "The Literati Rewriting of China in the Qianlong-Jiaqing Transition," *Late Imperial China* 32, no. 2 (December 2011): 89–132. 關於左宗棠的思想傳承的內容是在120–211頁。

50 Millward, *Beyond the Pass*, 244.

51 關於一首創作於一八三三年抒發出左宗棠的立場的詩歌，見癸巳燕台雜感八首，《左文襄公詩集》（上海：上海古籍出版社，一九九五），頁二a。

52 Platt, *Provincial Patriots*, 16.

53 Kuhn, *Rebellion and Its Enemies*, 49–62.

54 Meyer-Fong, *What Remains*, 27–29.

55 Alexander, "Virtues of the Vernacular," 18–20; Meyer-Fong, *What Remains*, 23.

56 余治，《得一錄》（寶善堂，一八八五），序。

57 Prasenjit Duara, *Culture, Power, and the State: Rural North China, 1900–1942* (Stanford: Stanford University Press, 1988).

58 Stephen Platt, *A Taiping Civil War* (New York: Knopf, 2012), 24, 357；王繼平，《論湘軍集團》；趙維璽，《湘軍集團》，頁一八—一九。

59 王盾，《湘軍史》（長沙：岳麓書社，二〇一四），頁二四八—二四九。

60 王盾，《湘軍史》，頁二三五—二七一。

61 Chou, "Frontier Studies," 125, 135; Hannah Theaker, "Moving Muslims: The Great Northwestern Rebellion and the Transformation of Chinese Islam, 1860–1896" (PhD diss., University of Oxford, 2018), 94. 趙維璽提供一個重要的例子，說明左宗棠在處置甘肅的穆斯林時對朝廷的蔑視或兩面派做法（《湘軍集團》，頁112）。

62 趙維璽，《湘軍集團》，頁八三—八九、二〇三。

63 紀錄於安維峻纂修《甘肅新通志》（一九〇九），卷三十五，〈書院〉。

64 陸耀，〈論回民啟〉，收錄於賀長齡，《經世文編》（北京：中華書局，一九九二），卷六十九，頁一〇b—一一a。

65 Eric T. Schluessel, "Language and the State in Late Qing Xinjiang," in *Historiography and Nation-Building Among Turkic Populations*, ed. Birgit Schlyter and Mirja Juntunen (Istanbul: Swedish Research Institute in Istanbul, 2014), 145–168, 153.

66 何榮，〈試論楊增新時期新疆鄉約的特點〉，《新疆大學學報：哲學人文社會科學版》，卷三十六，三（烏魯木齊，二〇〇八），頁六七—七〇：Rowe, *Saving the World*, 390–92; 趙維璽，《湘軍集團》，頁三四一—三四五。

67 Lanny Fields, *Tso Tsung-t'ang and the Muslims: Statecraft in Northwest China, 1868-1880* (Kingston: Limestone, 1978), 81–82. 趙維璽（《湘軍集團》，頁三三）提出的數字為「200,000」，這肯定是錯的。

68 TZ 9.7.18 收撫回民安插耕墾片，收錄於左宗棠，左文襄公全集（台北，文海出版社，一九七九），卷三十六，頁三八a—三九b。Wen-djang Chu, *The Moslem Rebellion in Northwest China, 1862–1878* (The Hague: Mouton, 1966), 149–61; Fields, *Tso Tsung-t'ang and the Muslims*, 85; Hannah Theaker, "Moving Muslims," 93–95, 98, 107; 趙維璽，《湘軍集團》，頁一一〇—一一四、三六六。

69 Fields, *Tso Tsung-t'ang and the Muslims*, 85.

70 《左文襄公全集》，第三十八卷，頁六三a—六六a。關於清朝的「老教」和「新教」，請參考，Jonathan N. Lipman, *Familiar Strangers: A History of Muslims in Northwest China* (Seattle: University of Washington Press, 1991), 91. Hannah Theaker ("Moving Muslims," 90–93, 104–8) 也詳盡地討論善後的背後邏輯。

71 Stevan Harrell, "Introduction: Civilizing Projects and the Reaction to Them," in *Cultural Encounters on China's Ethnic Frontiers*, ed. Stevan Harrell (Seattle: University of Washington Press, 1995), 3–36, 3–8, 27. Stevan Harrell本人指出他所說的儒家教化工程（Confucian civilizing project）的概念需要予以進一步的探討。

72 Edward Said, *Culture and Imperialism* (New York: Knopf, 1994), 9.

73 Osterhammel, *The Transformation of the World*, 828.

74 Homi Bhabha, "Of Mimicry and Man: The Ambivalence of Colonial Discourse," October 102 (Spring 1984): 125–33.

75 Millward, *Eurasian Crossroads*, 125–127.

## 第二章

1 中國第一歷史檔案館編《光緒朝硃批奏摺》（北京：中華書局，一九九五—一九九六），第一〇六輯，頁二六〇。

2 James Millward, *Beyond the Pass: Economy, Ethnicity, and Empire in Qing Central Asia 1759–1864* (Stanford: Stanford University Press, 1998), 1–2. 關於清朝時流放新疆的情形，見Joanna Waley-Cohen, *Exile in Mid-Qing China: Banishment to Xinjiang, 1759–1860* (New Haven, CT: Yale University Press, 1991).

3 《楚軍營制》，重刊於《國家圖書館藏清代兵事典籍檔冊彙覽》（北京：學院出版社，二〇〇五），第六四冊，頁一一一〇。

4 直到一八七五年春天，左宗棠在甘肅的主要實際任務是後勤和供應。由滿洲將軍領導的幾支大軍在一八七三年就已經「出關」奪回清朝政權的近前哨，並確保供應線。他們的領導人包括漢旗軍的伊爾根覺羅景順（1830–1886）、寧夏將軍那哈塔穆圖善（1823–1887）、廣東提督張曜（1832–1891）和湖南總兵宋慶（1820–1902）。後面的漢人將軍指揮的部隊規模要小得多。一八七四年，烏魯木齊顏扎景廉（1823–1885）被任命為新疆軍事總監，而景順則成為他的副手，即助理駐地，維持滿蒙在新疆的軍事統治原則。只有在左宗棠被提升為軍事總監後，湘軍才開始大舉進入新疆。據金浩東的估計，左宗棠的軍隊之所以成功，主要是因為阿古柏的部隊已經崩潰了。Hodong Kim, *Holy War in China: The Muslim Rebellion and State in Chinese Central Asia, 1864–1878* (Stanford: Stanford University Press, 2004), 173；李恩涵，《左宗棠收復新疆》（新加坡：新加坡國立大學中文系，一九八四），頁二—三。

5 Bodleian Library, Aurel Stein papers, MS 216, entry for July 15, 1914, and MS 97, entry for August 3, 1918. 我必須要特別感謝Justin Jacobs，他指出一些關於湖南官員的西方語言資料，從而大大豐富這一章的內容。

6 關於「小湖南」之終結的評論，請參考謝彬，《新疆遊記》（蘭州：蘭州古籍書店，一九九〇），頁九九。

7 Giorgio Agamben, *State of Exception* (Chicago: University of Chicago Press, 2005), 2–5; Bonnie Honig, *Emergency Politics: Paradox, Law, Democracy* (Princeton: Princeton University Press, 2009); Achille Mbembe, "Necropolitics," Public Culture 15, no. 1 (2003): 11–40; Carl Schmitt, *Political Theology: Four Chapters on the Concept of Sovereignty* (Chicago: University of Chicago Press, 2005), 97–98.

8 FHA 04-01-16-0210-035.

9 Nailene Josephine Chou, "Frontier Studies and Changing Frontier Administration in Late Ch'ing China: The Case of Sinkiang, 1759–1911" (PhD diss., University of Washington, 1976), 258.

10 趙維璽，《湘軍集團與西北回民大起義之善後研究：以甘寧青地區為中心》（上海：上海古籍出版社，二〇一三），頁二九。

11 Chou, "Frontier Studies," 229–44, 267; James Millward, *Eurasian Crossroads: A History of Xinjiang* (New York: Columbia University Press, 2007), 131–58.

12 Eric T. Schluessel, "Language and the State in Late Qing Xinjiang," in *Historiography and Nation-Building Among Turkic Populations*, ed. Birgit Schlyter and Mirja Juntunen (Istanbul: Swedish Research Institute in Istanbul, 2014), 145–68, 153.

13 趙維璽，《湘軍集團》，頁三三二。

14 FHA 04-01-16-0209-012; QXDX 1: 31–32, 49, 88.

15 GX 7.10.1 劉錦棠，〈籲懇收還成命另簡賢能接替折〉，收錄於《劉襄勤公奏稿》（台北：成文出版社，一九六八），卷三，頁一a—三b。

16 GX 8.4.5 劉錦棠，〈請給病假一月在營調理片〉，收錄於《劉襄勤公奏稿》卷三，頁三四a—三四b；GX 8.7.3 劉錦棠，〈新疆各道廳州縣請歸甘肅為一省折〉，《劉襄勤公奏稿》卷三，頁五〇a—五三b。

17 FHA 04-01-16-0210-035.

18 後來加入新疆的一些地區也隨後建立這種制度，尤其是在伊犁河谷，俄羅斯對這個地區的占領於一八八一年《中俄改訂條約》（伊犁條約／聖彼得堡條約）後結束。

19 馬大正、吳豐培編，《清代新疆稀見奏牘匯編：同治、光緒、宣統朝上卷》（烏魯木齊：新疆人民出版社，一九九七）在伊犁，由於州縣系統建立的時間很晚，這一點有其困難。

20 馬大正、吳豐培編，《清代新疆稀見奏牘匯編：同治、光緒、宣統朝上卷》，頁三〇八—三〇九。

21 本節主要基於北京第一歷史檔案館（FHA）和台北故宮博物院（NPM）考察的三三六份有關朝廷官員的文件。這些文件描述六一〇名官員的職業生涯，其中三八一人可以透過原籍地來確定。這些文件包括各級政府的官員，但不超過後面描述的範圍。在此列舉所有這些官員將是非常麻煩的。這些文件涵蓋一八七二至一九一二年，包括奏摺錄副和硃批奏摺。大多數奏摺要求朝廷批准晉升、調職和授予榮譽，而其他許多奏摺則要求因官員的違法行為而將其開除。有些是按職位列出的文官名單。我將許多官員的傳記與旅行者的記述、吐魯番的地方文件以及其他官方資料，包括其原籍地的地名詞典（志）做了印證。所有這些訊息都被輸入一個傳記資料庫，其中一些官員可能在幾十個來源中被提及，而另一些則只被提及一次。片岡一忠關於晚清新疆官場的研究在很大程度上證實我的發現（片岡一忠，〈清末新疆省官員考〉，《大阪教育大學紀要》（十一），三十一期（一九八三年二月），頁一一九—一三八。）然而，片岡的工作完全是基於定期的縉紳錄，但我透過與文獻的比較發現，這些縉紳錄並不完整，有些地方也不準確。事實上，我的數據顯示，湖南人在新疆政府中的地位甚至比片岡所得到的結論中的還要高。遺憾的是，在吐魯番以外的地區，只留有那些至少擔任過縣或縣級祕書、通信祕書、學校訓導、典史或書記官的官員的數據。只有那些擁有縣級級別的官員，包括通判、巡檢和縣丞的數據才是始終可靠的。這些官員的級別雖然低於知縣、同知、知州或知府，但他們仍能有效地管理規定地域的事務和居住在該地區的人，而很少受到上級的干預。我們不應忽視其他擁有類似級別的官員，他們在迪化的工作是臨時性的或長期性的，只聽從省級官員的安排。然而，有關他們活動的數據卻極難找到。

22 許臨君（Eric T. Schluessel），〈從城隍到戍卒：定湘王在新疆〉，《歷史人類學刊》，卷十五，二（香港，二〇一七），頁一六九—一八六；余治，《得一錄》。

23 余治，《得一錄》。若非篇幅有限，周漢的故事本應得到更細緻的討論。見Stephen Platt, *Provincial Patriots: The Hunanese and Modern China* (Cambridge, MA: Harvard University Press, 2007), 64–66.

24 FHA 04-01-12-0652-048. Lanny Fields, Tso *Tsung-t'ang and the Muslims: Statecraft in Northwest China, 1868-1880* (Kingston: Limestone, 1978), 81-82；趙維璽，《湘軍集團》, 13-19, 24-25。

25 Fields, *Tso Tsung-t'ang and the Muslims*, 81–82.

26 周崇福 (1840–1893). FHA 04-01-13-0435-003; FHA 04-01-13-0431-040; FHA 04- 01-12-0526-001; FHA 03-5188-017; FHA 03-5281-057; FHA 03-5285-054; FHA 03-5302-118; NPM 408002777.

27 FHA 04- 01-12- 0520- 068; FHA 04- 01-12- 0548-106; FHA 04- 01-13- 0368- 040.

28 NPM 408002907; NPM 408002829; 趙維璽，《湘軍集團》，頁三八七。

29 順便提一下，晚清新疆可以讓我們可以反思清代捐納制度的重要性。Lawrence Zhang認為，雖然歷史學家普遍傾向認為購買官職的人，不如透過考試的官員更具資格或能力，但事實上，這對官員的表現沒有明顯的影響（Zhang, "Power for a Price: Office Purchase, Elite Families, and Status Maintenance in Qing China" [PhD diss., Harvard University, 2010], 17071, 268, 275–76）。相反的，他認為，捐納制度既維持一個能夠購買地位的事實上的貴族階層，又有助於一個表面上任人唯賢，但實際上加強贊助網絡制度的合理化。在新疆，捐納制度具有多種功能：它是一種入場費，如果不購買官位，新的湖南人就無法被招募。後來捐納制度可能轉變為試圖迴避既有體制的嘗試，或者既有體制中獲得晉升，卻不需要依靠贊助網絡的可能機會。最後，捐納制度也代表一種明顯的地位象徵，是一個官員在僵化體制中展現相對成功的手段。

30 在FHA 04-01-01-0955-001中幾乎可以找到「甘肅變通章程」的全文。我沒能找到該計畫被提出的最初出處來源。

31 FHA 03-5220-052.

32 FHA 04-01-12-0587-144.

33 FHA 04-01-12-0625-065; FHA 04-01-13-0409-051/FHA 03-5962-048.

34 Mbembe, "Necropolitics." 在同一時期，就在帕米爾山脈對面的旁遮普地區存在類似的情況，請參考Robert Nichols, *The Frontier Crimes Regulation: A History in Documents* (Oxford: Oxford University Press, 2013), ix–xxv.

35 Eugene John Gregory III, "Desertion and the Militarization of Qing Legal Culture" (PhD diss., Georgetown University, 2015)，探討了軍事紀律在法律體系中的擴展，而這樣的做法導致在十八世紀中期採用特殊的懲罰手段。Weiting Guo, "The Speed of Justice: Summary Execution and Legal Culture in Qing Dynasty China, 1644-1912" (PhD diss., University of British Columbia, 2016)，研究這種技術的轉變及其廣泛使用對十九世紀清朝法律轉型的影響。關於一項開創性的研究，見張世明，〈乾嘉時期恭請王命旗牌先行正法之制的寬嚴張弛〉，《內蒙古師範大學學報（哲學社會科學版）》，卷三十八，四（呼和浩特，二〇〇九），頁四四—五八。

36 Chou, "Frontier Studies," 125–27; Lanny Fields, "The Importance of Friendships and Quasi-Kinship Relations in Tso Tsung-t'ang's Career," *Journal of Asian History* 10, no. 2 (1976): 172–86, 179, 181–84; Gregory, "Desertion," 423–24.

37 林則徐和劉錦棠等人的奏摺，收錄於葛士濬編《皇朝經世文續編》（圖書集成局，一八八八）；邱遠猷，〈太平天國與晚清就地正法之制〉，《近代史研究》，二（北京，一九九八），頁三一—五〇。

38 Gregory, "Desertion," 424–27; Guo, "The Speed of Justice," 238–46; Eric T. Schluessel, "The Law and the 'Law': Two Kinds of Legal Space in Late-Qing China," *Extrême-Orient Extrême-Occident* 40 (November 2016): 42–47.

39 Guo, "The Speed of Justice," 247–86.

40 Schluessel, "The Law and the 'Law,'" 13–14.

41 Schluessel, "The Law and the 'Law,'" 47–51. 本節的大部分內容是基於對一八七七至一九一一年晚清新疆四一七起死刑案件的調查。這些文件是從「就地正法」和遵循常規報告和批准程序的死刑案件的死刑案件中收集的。由於篇幅原因，這裡不可能介紹所有相關文件。所有案件都是在本項目研究的早期，從北京第一歷史檔案館和台北故宮博物院直接或透過出版的匯編收集而成的。雖然這些數據在總體上是有用的，但由於產生這些數據的編輯過程中存在的種種因素，它們是存在問題的，這一點將在本書的後面進行探討。這些相關檔案是：FHA 04-01-08-0132-002; 03-7346-064; 03-7247-018; 03-703-7250-007; 04-01-26-0076-006; 03-7250-072; 03-7250-056; 03-7250-056; 03-7309-045; 03-7309-045; 04-01-26-0076-021; 04-01-26-0076-081; 03-7254-041; 04-01-26-0076-036; 04-01-26-0076-039; 04-01-26-0076-043; 04-01-26-0076-060; 04-01-26-0076-058; 04-01-26-0076-059; 04-01-26-0076-057; 04-01-28-0023-073; 04-01-28-0023-072; 037256-063; 04-01-26-0077-033; 04-01-26-0077-032; 04-01-26-0077-029; 04-01-26-0077093; 04-01-26-0077-094; 04-01-26-0077-090; 04-01-26-0077-091; 04-01-26-0077-055; 04-01-26-0077-064; 03-7256-033; 04-01-26-0077-063; 04-01-26-0077-061; 04-0126-0077-062; 04-01-26-0077-048; 04-01-26-

0077-047; 04-01-26-0077-041; 04-01-260077-042; 04-01-26-0077-076; 04-01-26-0077-085; 04-01-26-0077-084; 04-01-26-0077-082; 04-01-26-0077-083; 04-01-26-0077-080; 04-01-26-0077-081; 03-7312-016; 03-7357032; 03-7369-069; 03-7383-077; 03-7333-012; 03-7584-111; 04-01-26-0096-006; 04-01-26-0096-004; 03-7584-104; 03-7268-024; 03-7321-021; 03-7376-054; 03-7378-103；《光緒朝硃批奏摺》，第一〇六輯，頁二六〇、二七二、三〇六、三〇九、三一〇、三一一、三一二、三二六、三四三；國立故宮博物院故宮文獻編輯委員會編《宮中檔光緒朝奏摺》（台北：國立故宮博物院，一九七三—七五），第四卷，頁四五五—四五六、四八四—四八五、四九九—五〇〇、五〇〇—五〇一、五〇二—五〇四、五七四—五七五、五八三—五八四、六〇二—六〇三、六〇三—六〇四、六二一—六二二、六二五—六二六、六八七—六八八、八九八—九〇〇、八九三—八九四；第五卷，頁七二—七四、二〇九—二一〇、二〇八—二〇九、二四三—二四四、二七四—二七五、二七五—二七六、四八三—四八四、六六四—六六五、六八七—六八八、七一一—七一二、七三三—七三四、七五九、七六〇、九〇〇—九〇一、九〇二—九〇三、九〇三—九〇四；第六卷，頁一五〇、八一八—八一九；第七卷，頁三四—三五、五八—五九、五六—五七、五七—五八、六五—六六、六七、三〇一—三〇二、二六一、三〇七—三〇八、三一四—三一五、三八二—三八三、四〇三—四〇四、四〇一—四〇三、四一五—四一六、四一四—四一五、四一六—四一七、四三五—四三六、四三一—四三二、四七六—四七七、五九三—五九四、二三九—二四一、二三四—二三六、二三二—二三三、二一九、六一三—六一四、六四八—六五〇、六九四—六九五、六九九—七〇〇、七二二—七二三、七四七—七四九、七四九—七五〇、七七四—七七五、八八〇—八八一、八八二—八八三、八九一—八九二；第八卷，頁八一—八二、八二—八三、二六二、二八七—二八八、四二三、四二九—四三〇、四六六—四六七、六五一、九三四—九三五、九四〇—九四一；第十一卷，頁四〇二—四〇三、六五九—六六一；NPM 121979; 131093; 131935; 132093; 131459; 408006240; 138093; 139248; 143637; 147755; 157132; 159936; 408010765; 165182; 181983; 125450; 125716.

42 關於爭議解決辦法的概括，見Ildikó Bellér-Hann, *Community Matters in Xinjiang, 1880–1949: Towards a Historical Anthropology of the Uyghur* (Leiden: Brill, 2008), 179–88.

43 John K. Fairbank and Ssü-yu Têng, *Ch'ing Administration: Three Studies* (Cambridge, MA: Harvard University Press, 1960), 30.

44 這些數字來自於北京第一歷史檔案館和台北故宮博物院檢查的宮廷奏摺，其中記錄了犯罪的日期、匯報的時間、奏摺的日期，以及收到硃批的時間。

45 描述該案件的系列文件可參考QXDX 65:155, 159, 160, 179, 191 212–13, 219–20。關於更為詳盡的分析，請參考Schluessel, "The Law and 'the Law,'" 17–19。

46 這些例子來自於FHA 03-7247- 018, 03-7346- 064, 03-7312- 016, 03-7256- 063, 03-7254- 041, and 03-7250- 072.

47 FHA 03-7584-111.

48 Brian McKnight, *The Quality of Mercy: Amnesties and Traditional Chinese Justice* (Honolulu: University of Hawaii Press, 1981), 1–2.

49 Eric T. Schluessel, *The World as Seen from Yarkand: Ghulām Muḥammad Khān's 1920s Chronicle* Mā Tīṭayniŋ wāqi'asi (Tokyo: NIHU Program Islamic Area Studies, 2014), 72.

50 Donald S. Sutton, "Violence and Ethnicity on a Qing Colonial Frontier: Customary and Statutory Law in the Eighteenth- Century Miao Pale," *Modern Asian Studies* 37, no. 1 (February 2003): 41–80.《經世文編》的八十六至八十八卷的內容是關於防範「蠻」和「苗」。

51 付鼐，〈治苗〉，收錄於何長齡編《皇朝經世文編》卷八十八，頁七a—八a。

52 Alice Conklin, *A Mission to Civilize: The Republican Idea of Empire in France and West Africa, 1895–1930* (Stanford: Stanford University Press, 1997), 7.

53 王樹枏編《新疆圖志》（台北：文海出版社，一九六五），卷二十九；張江裁，《天津楊柳青小志》，重印於《天津風土叢書》（一九三八；台北：進學書局，一九六九），頁一九七一二一四、一九七一二一四、二〇二一二〇四、二一三一二一四。

54 《宮中檔光緒朝奏摺》，第六卷，頁二二八一二二九。當地文件提供更豐富的事件描述，但是我在這裡只是引用幾個關鍵的文件：QXDX 59:21; QXDX 58:50; QXDX 59:18; QXDX 59:21; QXDX 59:59; QXDX 59:68。《鄯善縣鄉土志》用了相似的方式記錄這個事件，見馬大正編，《新疆鄉土志稿》（一九〇四一一九〇八；北京：全國圖書館文獻縮微複製中心，二〇一一），頁一三八一一三九。《新疆鄉土志稿》在此後將縮略為XTZG。

55 比方說，在克里雅（Keriyä）的一群突厥穆斯林曾密謀擺脫一個漢人商人的長期債務，這個商人用高價賣給了他們棉花（《宮中檔光緒朝奏摺》，第五卷，頁二〇九一二一〇）。

56 《宮中檔光緒朝奏摺》，第七卷，頁三五一三六；QXDX 29:438–39; QXDX 29:444。

57 Emma Jinhua Teng, "Taiwan as a Living Museum: Tropes of Anachronism in Late Imperial Chinese Travel Writing," *Harvard Journal of Asiatic Studies* 59, no. 2 (1999): 445–84.

58 Chou, "Frontier Studies," 258–59, 282–85.

59 C. P. Skrine and Pamela Nightingale, *Macartney at Kashgar* (London: Methuen, 1973), 70；陶模，《陶勤肅公奏議遺稿》，重印於《中國少數民族古籍集成》（漢文版），卷七十一（成都：四川民族出版社，二〇〇二），卷一，頁一九a一二〇b。

60 劉錦棠，《劉襄勤公奏稿》，卷三，頁一五a一一五b。

61 這種轉變在幾部經典作品中都有記載，如William T. Rowe, *Hankow: Commerce and Society in a Chinese City* (Stanford: Stanford University Press, 1984)，其中指出晚清時期政府能力的減弱是公共責任向私人利益下放的原因。對於強調這種關係的談判性質的相反分析，見"Complicated Matters: Commercial Dispute Resolution in Qing Chongqing from 1750 to 1911" (PhD diss., University of California, Los Angeles, 2014), 228–66. 雖然在晚清的新疆，該省對商人的依賴確實是由於從省會管理經濟的困難而引起的，但似乎低級官員或那些在陶模的影響力之外的人自己與商人簽訂複雜的種種關係。

62 Chou, "Frontier Studies," 260–62.

63 Eric T. Schluessel, "Water, Justice, and Local Government in Turn-of-the Century Xinjiang," *Journal of the Social and Economic History of the* Orient 62, no. 4 (December 2019): 595–621.

64 陶模，〈新疆巡撫陶覆陳自強大計摺〉，《皇朝經世文新編續集》，卷一，頁一a一一b。

65 袁大化，《新疆伊犁亂世本末》（台北：文海出版社，一九七九），其中記載伊犁的漢人商人很快就籌到錢來打擊哥老會。

66 NPM 408002824.

67 Chou, "Frontier Studies," 292–95; Judd Kinzley, *Natural Resources and the New Frontier: Constructing Modern China's Borderlands* (Chicago: University of Chicago Press, 2018), 46–54.

68 FHA 04-01-16-0284-062.

69 QXDX 36:245–47.

70 《宮中檔光緒朝奏摺》，第十三卷，頁三九八—四〇〇。

71 Sutton, "Violence and Ethnicity on a Qing Colonial Frontier," 47– 48, 63;《清代新疆稀見奏牘滙編》，頁一〇五—一〇六；曾問吾、沈雲龍，《中國經營西域史》，重刊於《中國西部開發文獻》（一九三六；北京：全國圖書館文獻縮微複製中心，二〇〇四），頁三六四。

72 NPM 177921；《清實錄》（北京：中華書局，一九八五—一九八七），條目GX 31.8.18.。

73 Arash Bormanshinov, "Prince Palta," in *Proceedings of the International Conference on China Border Area Studies* ed. Lin En-shean et al. (Taipei: Guoli zhengzhi daxue, 1985), 1,015–40, 1,024; NPM 159014.

74 符合這一描述的幾個人的檔案如下。為了節約篇幅，我只是列出他們在北京第一歷史檔案館中的檔案編號：FHA 04-01-16-0280-040；FHA 04-01-12-0644-027；FHA 04-01-12-0627-008；FHA 04-01-14-0098-083；FHA 035393-023；FHA 03-5394-056。

75 Yale University, MS 1, Ellsworth Huntington Papers; Gustaf Mannerheim, *Dagbok förd under min resa i Centralasian och Kina 1906-07-08* (Helsingfors: Svenska Litter-atursällskapet i Finland, 2010), 308.

76 王樹枏，《陶廬老人隨年錄》（北京：中華書局，二〇〇七），頁七一。

77 王樹枏，《陶廬老人隨年錄》，頁九六—一〇二；王樹枏，《希臘學案》（日期不詳）；Chŏn Pyŏng-hun, *Jingshen zhexue tong bian* (Shanghai, 1920); 王樹枏，《陶廬文集》（台北：文海出版社，一九一五），頁三五七—三六一；Mannerheim, *Dagbok*, 309; NPM 186991.

78 Sally Borthwick, *Education and Social Change in China: The Beginnings of the Modern Era* (Stanford: Stanford University Press, 1983), 73–74; 張江裁，《天津楊柳青小志》，頁二〇二—二〇四、二一三—二一四。

79 王樹枏的立場與《新疆圖志》（卷三十八，七b）中記載的一個「對話」的參與者立場一致。關於王樹枏及其觀點的詳細解釋，請參考硃批XT 1.4.24，聯魁，重刊於《學部官報》（一九〇九年七月八日），卷九十二。

80 Kinzley, *Natural Resources and the New Frontier*; Skrine and Nightingale, *Macartney at Kashgar*, 153; 鍾廣生、孫衾甫，《新疆志稿》（一九二八；台北：學生書局，一九六七），卷二，頁五一a—五二b；中國國家圖書館藏，《新疆稅務局總辦會議皮毛公司改為官行詳》；曾問吾、沈雲龍，《中國經營西域史》，頁三九六。

81 Jürgen Osterhammel, *The Transformation of the World: A Global History of the Nineteenth Century* (Princeton: Princeton University Press, 2014), 323.

82 聯魁，硃批XT 1.r2.12，重刊於《學部官報》卷八十三，（一九〇九年四月十一日）。

83 NPM 186991.

84 關於辛亥革命在新疆的概述，請參考Millward, *Eurasian Crossroads*, 164–67. 湖南人的參與可參考魏長洪，《辛亥革命在新疆》（烏魯木齊：新疆人民出版社，一九八一）另外，也有可證實的原始文件，包括湖南省圖書館藏，《追悼新疆首義烈士紀念品》，頁二一b—二二a。

85 中國國家圖書館藏，《新疆高等巡警學堂文牘》，「章程」。

86 曾問吾、沈雲龍，《中國經營西域史》，頁三六四。

87 Justin Jacobs, "Empire Besieged: The Preservation of Chinese Rule in Xinjiang, 1884–1971" (PhD diss., University of California, San Diego, 2011), 136; Justin Jacobs, Xinjiang and the Modern Chinese State (Seattle: University of Washington Press, 2016), 53–55. 關於楊纘緒和新疆社會，可參考Millward, *Eurasian Crossroads*, 165–69. 楊增新所寫的有關當時新疆的著作可見《新疆芻議》，重刊於《新疆史志》第二部，第五卷（北京：全國圖書館文獻縮微複製中心，二〇〇三），頁三九九—四九二。英國在喀什噶爾德領事館常常報告有關「賭徒」的行為，由此可以推想當時的社會狀況（IOR L/P&S/10/330）。

88 Jacobs, *Xinjiang and the Modern Chinese State*, 49–50; Kinzley, *Natural Resources and the NewFrontier*, 61–68.

## 第三章

1 XUAR Archive, M16.004.YJ.2153, M16.004.YJ.2162.

2 *Tongchi*這個詞至少可以回溯至女真人的金朝（1115–1234），而且這個詞後來也在蒙古人中使用，蒙語化的詞彙tüngshi表示的是中國官員或商人之間的中間人。Christopher Atwood, "Chinese Merchants and Mongolian Independence," in *XX zuuny Mongol: tuux, soyol, geopolitik, gadaadxariltsaany tulgamdsan asuudluud*, ed. S. Chuluun and S. Battulga (Ulaanbaatar: Admon print, 2017), 62–75, 64; Martha Cheung Pui Yiu and Lin Wusun, eds., *An Anthology of Chinese Discourse on Translation*, vol. 1, *From Earliest Times to the Buddhist Project* (Manchester: St. Jerome, 2006), 198–99.

3 David Brophy, "The Junghar Mongol Legacy and the Language of Loyalty in Qing Xinjiang," *Harvard Journal of Asiatic Studies* 73, no. 2 (2013): 246–47.

4 本書最初受到兩本討論清代地方政府和政府中間人的著作的啟發：Bradley Reed, *Talons and Teeth: County Clerks a Runners in the Qing Dynasty* (Stanford: Stanford University Press, 2000); and Melissa Macauley, *Social Power and Legal Culture: Litigation Masters in Late Imperial China* (Stanford: Stanford University Press, 1998). 關於訟師，見Macauley, as well as Fuma Susumu, "Litigation Masters and the Litigation System of Ming and Qing China," *International Journal of Asian Studies* 4, no. 1 (January 2007): 79–111.

5 Bruno Latour, *We Have Never Been Modern* (Cambridge, MA: Harvard University Press, 1993), 81.

6 Naoki Sakai, *Translation and Subjectivity: On "Japan" and Cultural Nationalism* (Minneapolis: University of Minnesota Press, 1997), 1–12.

7 Prasenjit Duara, *Culture, Power, and the State: Rural North China, 1900–1942* (Stanford: Stanford University Press, 1988).

8 Karasawa Yasuhiko, "Hanasukoto to kakukoto no hazama de-shindai saiban bunsho ni okeru kyōjutsusho no tekusutosei," Chūgoku: Shakai to bunka 10 (1995): 212–50.

9 M. T. Taussig, *Mimesis and Alterity: A Particular History of the Senses* (London: Routledge, 1993), xviii.

10 李不祺，〈回疆法文化與大清法文化的衝突與整合〉，《西藏大學學報》，卷十六，二（拉薩：二〇〇一年六月），頁三八—四二；馬曉娟，〈清朝法制在吐魯番地區的重建〉，《新疆大學學報（哲學社會科學版）》，卷四十，一（烏魯木齊，二〇一二年一月），頁六一—六六。

11 *Ākhūnd*這個詞的字面意思是「老師」，但是到十九世紀時，它已經有一般性的「先生」的意涵，但是這個稱呼僅限於指稱社會中擁有讀寫能力的男性。

12 Nailene Josephine Chou,"Frontier Studies and Changing Frontier Administration in Late Ch'ing China: The Case of Sinkiang, 1759–1911"(PhD diss., University of Washington, 1976), 135；祁韻士，《西

陲竹枝詞》（上海：上海古籍出版社，二〇一〇），頁三一七。

13 蕭雄，《西疆雜述詩》，頁三三三一三三四。

14 QXDX 51:336, 356, 357a, 357b, 358–59.

15 QXDX 51:399–400.

16 Maram Epstein, "Making a Case: Characterizing the Filial Son," in *Writing and Law in Late Imperial China: Crime, Conflict, and Judgment*, ed. Robert Hegel and Katherine Carlitz (Seattle: University of Washington Press, 2007), 27–43.

17 我在另一篇文章中做了相似的論斷，見"Muslims at the Yamen Gate: Translating Justice in Late-Qing Xinjiang," in *Kashgar Revisited: Uyghur Studies in Memoryof Gunnar Jarring*, ed. Ildikó Bellér-Hann, Birgit Schlyter, and Jun Sugawara (Leiden: Brill, 2016), 116–38.

18 Staatsbibliothek zu Berlin, Hartmann 44.

19 例如QXDX 28:300, 333, 336–37.

20 QXDX 1:118, 139.

21 吐魯番檔案中有上百篇文件是關於禮科的官員任命，例如僅在第一卷中，就有QXDX 1：16，18–19，20，25，41，47，48，93，98，99，100，103，116，119。Ildikó Bellér-Hann, *Community Matters in Xinjiang 1880–1949: Towards a Historical Anthropology of the Uyghur* (Leiden: Brill, 2008), 121–22.

22 這個頭銜複雜和漫長的歷史可以追溯至蒙古征服時期。過去的稱呼是dārūgha（元朝之達魯花），dorgha的寫法是反映這個詞在東突厥斯坦的發音。它的意思在不同的時期和不同的地點都有所不同，最明顯的一個意思是「總督」，或者是蒙古在該地區的行政體系裡的「居民」。James Millward, *Eurasian Crossroads: A History of Xinjiang* (New York: Columbia University Press, 2007), 62. 在吐魯番的語境中，「監督員」的意思看起來是更合適的。Gerhard Doerfer, *Türkische und mongolische Elemente im Neupersischen* (Wiesbaden: F. Steiner, 1963), 1:319–23.

23 David Brophy, *Uyghur Nation: Reform and Revolution on the Russia-China Frontier* (Cambridge, MA: Harvard University Press, 2016), 9–10.

24 關於水資源的管理，請參考L. Wawryzn Golab, "A Study of Irrigation in East Turkestan," Anthropos 46 (1951): 187–99; and Eric T. Schluessel, "Water, Justice, and Local Government in Turn-of-the-Century Xinjiang," *Journal of the Social and Economic History of the Orient* 62, no. 4 (December 2019): 595–621.

25 蘇北海、黃建華，《哈密、吐魯番維吾爾王歷史》（烏魯木齊：新疆大學出版社，一九九三），頁二二四一二二八。

26 QXDX 51:336.

27 QXDX 50:385–86, 415–16.

28 QXDX 34:119, 141.

29 QXDX 58:353, 354, 355, 357.

30 QXDX 2:33–35.

31 QXDX 88:33–34.

32 我發現的最早的和吐魯番法庭有關的文件是一八八〇年的（QXDX 51:364）。不同的其他文件也不時有所提及。王建新進行更詳細的討論（Wang Jianxin, *Uyghur Education and Social Order: The Role of Islamic Leadership in the Turpan Basin* [Tokyo: Institute for the Study of the Languages and Cultures of Asia and Africa, 2004], 40–41）。收藏在歐洲和中國的部分記錄和手冊證明喀什噶爾法庭的存在，包括大量的離婚案件檔案（柏林國家圖書館，Hartmann 44）和法學手冊（例如，喀什博物館0105，Majmūʿat al-Masāʾil和萊頓大學圖書館，Or. 26.684 Majmūʿat al-Masāʾil）。和田附近城鎮的法庭在目前存放於新疆伊斯蘭教研究中心（Research on Islam in Xinjiang）的文件中得到證實。

33 王樹枏編，《新疆圖志》（台北：文海出版社，一九六五），卷三十八，頁七b。

34 David Brophy, "The Junghar Mongol Legacy and the Language of Loyalty in Qing Xinjiang," *Harvard Journal of Asiatic Studies* 73, no. 2 (2013): 231–58.

35 關於清朝語言意識形態和滿語中心性的研究，見David Porter, "Bannermen as Translators: Manchu Language Education in the Hanjun Banners," *Late Imperial China* 40, no. 2 (December 2019).

36 Erich Haenisch, "Turco-Manjurica aus Turfan," *Oriens* 4, no. 2 (December 1951), 256–72.

37 根據傅山所做的滿語和察合台語的翻譯後記，他是鑲藍旗的滿族封臣，是伊犁索倫營曼丹葛章京的兒子。在喀什噶爾道台，他只是約八十名職能人員之一，但只有兩名譯員。他的級別是六等中書，是國子監學部的書記士。這樣的祕書經常被雇用在邊境站從事翻譯工作。傅山在英國和俄羅斯領事館都很有名，因為他在Vernyi（後來的阿拉木圖）學習過，也能說流利的俄語。Gustaf Mannerheim, *Dagbok förd under min resa i Centralasian och Kina 1906-07-08* (Helsingfors: Svenska Litteratursällskapet i Finland, 2010), 242–43.

傅山後來也把他的兒子送到那裡學習俄語。最終，傅山回到伊犁的Ghulja，一九〇七年時，卡爾．曼納海姆（Carl Gustaf Emil Mannerheim）曾在他家短暫停留。曼納海姆稱傅山為「錫伯．索倫」，突厥語的《御製勸善要言》稱他為「滿人」，《御製勸善要言》後記指出他與索倫部落「一起生活」。這已經足以證明他是一個「說滿語的人」。

38 《宮中檔光緒朝奏摺》，第七卷，頁三二六—三二七。

39 關於印刷本，見Rian Thum, *The Sacred Routes of Uyghur History* (Cambridge, MA: Harvard University Press, 2014), 178–81。

40 Johannes Avetaranian, *A anAutobiography* (London: AuthorsOnline, 2002), 80–82. 這位外交人員作者自己在書中說他在傅山的工作中扮演重要角色，但是這一點並沒有得到其他來源的佐證。

41 Staatsbibliothek zu Berlin, Zu 8390.

42 關於這些小冊子的綜合研究，見J. E. Da yeli, "*Gott liebt das Handwerk*": *Moral, Identität und religiöse Legitimierung in der mittelasiatischen Handwerks-risāla* (Wiesbaden: Reichert, 2011).

43 Staatsbibliothek zu Berlin, Zu 8390, 59–60; Thum, *Sacred Routes*, 178–79.

44 National Library of China, *Kechäk terädurghanning bayāni* 這份文本最初是英文的，隨後經過漢文翻譯成察合台文。我十分感謝Peter Lavelle向我分享這一文本。

45 Vatican Library, R. G. Oriente IV 395 6-1-3, Han Hui hebi, preface; 陳宗振，〈漢回合璧研究〉，《民族語文》，五（北京，一九八九），頁四九—七二。陳宗振指出明代詞彙書《高昌夷語》是一個可能的參照。這本書在二十世紀的第一個十年裡在新疆的學校裡使用。

46 關於跨語言的行為，見Lydia He Liu, *The Clash of Empires: The Invention of China in Modern World Making*(Cambridge, MA: Harvard University Press, 2004), 11–13.

47 《羅布縣鄉土志》，XTZG, 403–7。

48 Eric T. Schluessel, "Language and the State in Late Qing Xinjiang," in *Historiography and Nation-Building Among Turkic Populations*, ed. Birgit Schlyter and Mirja Juntunen (Istanbul: Swedish Research Institute in Istanbul, 2014), 145–68, 153.

49 Jürgen Osterhammel, *The Transformation of the World: A Global History of the Nineteenth Century* (Princeton: Princeton University Press, 2014), 828.

50 Stevan Harrell, "Introduction: Civilizing Project and the Reaction to Them," in *Cultural Encounters on China's Ethnic Frontiers*, ed. Stevan Harrell (Seattle: University of Washington Press, 1995), 3–36, 18–20, 27.

51 Thomas Babington Macauley, "The Minute on Education," in *Sources of Indian Tradition*, vol. 2, ed. Stephen Hay (New York: Columbia University Press, 1988), 69–72. Homi Bhabha曾對麥考利及像他一樣運用自由主義語言為殖民主義服務的人展開極富啟發性的討論。Homi Bhabha, "Of Mimicry and Man: The Ambivalence of Colonial Discourse," *October* 102 (Spring 1984): 127–28.

52 India Office Records, L/P&S/7/202; Mannerheim, *Dagbok*, 85.

53 這一論述最先出現在一九三四年的報紙*ChinTurkistānawāzi*上，後來出現在他的回憶錄上。重刊於Hamada Masami, "Jihâd, hijra et 'devoir du sel' dans l'histoire du Turkestan Oriental," *Turcica* 33 (2001): 31; 片岡一忠，《清朝新疆統治研究》（東京：雄山閣，1991），頁三三三James A. Millward and Nabijan Tursun, "Political History and Strategies of Control, 1884–1976," in *Xinjiang: China's Muslim Borderland*, ed. S. Frederick Starr (Armonk, NY: M. E. Sharpe, 2004), 63–98, 66; 和Millward, *Eurasian Crossroads*, 142–143. 這件事在某種程度上已經成為關於晚清新疆的生動比喻，並在缺乏其他來源的情況下成為文化暴力的象徵。

54 IOR L/P&S/7/202; Mannerheim, *Dagbok*, 85.

55 Chou, "Frontier Studies," 296；趙雲田，〈清末新政期間新疆文化教育的發展〉，《西域研究》，二（烏魯木齊，二〇〇二），頁四七—五五。

56 李艷，王曉輝，〈清末新疆善後局芻議〉，《西北民族大學學報（哲學社會科學版）》，三（蘭州，二〇〇五），頁一〇、一三；左宗棠，《左文襄公全集》（台北：文海出版社，一九七九），頁二、二五四—二五七。

57 QXDX 29:387–91; 30:11–13.

58 王樹枏編，《新疆圖志》，「學校」。

59 QXDX 32:192–95.

60 QXDX 29:142.

61 QXDX 28:138–39, 142, 159, 196.

62 QXDX 28:404.

63 QXDX 29:203, 210–11.

64 QXDX 36:245–47.

65 QXDX 28:373–74.

66 QXDX 28:446, 449. 魚學詩的年齡是根據他的一些同學的已知年齡來估計得出的。

67 Millward, *Eurasian Crossroads*, 143. (Millward cites XUAR 15-11-309, dated GX 12.9.25. 我無法在已公布的吐魯番檔案中找到這份文件，因此我懷疑它來自目前無法進入的省級檔案的文件。QXDX 29:391–95, 406–11.

68 QXDX 29:217–18; 36:245–47.

69 和寧，《三州輯略》（台北：成文出版社，一九六八），頁二一三—二一九。

70 Michael Szonyi, *The Art of Being Governed: Everyday Politics in Late Imperial China* (Princeton: Princeton University Press, 2017), 22.

71 蕭雄，《西疆雜述詩》，「序」，卷三，頁一b–二a。蕭雄（一八九二年卒）可能是在一八八八年到訪新疆時所做的觀察。

72 IVR RAN B 779, *Abū 'l-Ma-ḥdī, Ushbu ötkän dhamānada*,, 5r–8r.

73 QXDX 30:403–4.

74 FHA 04-01-38-0167-025; QXDX 29:56–57.

75 School of Oriental and African Studies Archives, PP MS 8, Papers of Professor Sir Edward Denison Ross and Lady Dora Ross, #57.

76 TH/Jarring, 126v.

77 QXDX 36:365–68.

78 QXDX 28:404–5, 406–7, 408–9.

79 QXDX 30:419. 很遺憾，因為Sājid在當時的吐魯番是一個非常普遍的名字，因此很遺憾的是，我很難確定在檔案中出現的同名者是否是同一個人。

80 QXDX 30:282, 282–83, 366.

81 QXDX 36:7.

82 QXDX 28:226.

83 《宮中檔光緒朝奏摺》，第四卷，頁五〇二—五〇四。

84 QXDX 2:33–35, 127.

85 QXDX 32:156–58; 36:245–47.

86 QXDX 31:81–82, 127–29, 395–96; 32:156–58.

87 QXDX 32:192–95.

88 QXDX 32:156–58, 196, 207–8.

89 QXDX 33:412–17.

90 John Törnquist, *Kaschgar: några bilder från innersta Asiens land, folk och mission* (Stockholm: Svenska missionsförbundets förlag, 1926), 231.

91 楊增新編，《補過齋文牘》，辛集一，頁二五一八—二五一九。

92 楊增新編，《補過齋文牘》，丁集下，頁一〇七二—一〇七三；辛集一，頁二、四八四—四八六；XUAR Archive M16.004.YJ.2214; M16.015.YJ.0274; M16.019.YJ.3826; M16.018.YJ.3396; M16.010.YJ.7691.

93 XUAR Archive M16.004.YJ.2153; M16.004.YJ.2162; M16.004.YJ.2632; M16.005.YJ.3078; M16.005.YJ.3707; M16.006.YJ.4124.

94 例如，張世才，《維吾爾族契約文書譯註》（烏魯木齊：新疆大學出版社，二〇一五），頁七七二—七七四。

95 XUAR Archive M16.004.YJ.2807; M16.004.YJ.2806; M16.004.YJ.2807; M16.005.YJ.3407; M16.005.YJ.3665.

96 Daniele Conversi, "Reassessing Current Theories of Nationalism: Nationalism as Boundary Maintenance and Creation," *Nationalism and Ethnic Politics* 1, no. 1 (1995): 73–85.

97 Sidiq Musayup, " '*Chala tongchi adä m öltürür' degä n sözning kelip chiqish jä ryani*," *Shinjang tarikh materiyalliri* 38:352–55. 我要感謝Aynur Kadir告訴我這句諺語。

98 〈一件關於民國期間庫車叛亂的新文書〉，《西域研究》，三（烏魯木齊，二〇一四），頁二七—四九。

99 我在另一篇文章中詳細討論了此事，請參考Eric T. Schluessel, "Muslims at the Yamen Gate: Translating Justice in Late-Qing Xinjiang," in *Kashgar Revisited: Uyghur Studiesin Memory of Gunnar Jarring*, ed. Ildikó Bellér-Hann, Birgit Schlyter, and Jun Sugawara (Leiden: Brill, 2016), 116–38.

100 M. M. Bakhtin, *The Dialogic Imagination* (Austin: University of Texas Press, 1981), 299; Miyako Inoue, "Stenography and Ventriloquism in Late Nineteenth Century Japan," *Language and Communication* 31 (2011): 181–90.

101 Janet Theiss, "Explaining the Shrew: Narratives of Spousal Violence and the Critique of Masculinity in Eighteenth-Century Criminal Cases," in *Writing and Law in Late Imperial China: Crime, Conflict, and Judgment*, ed. Robert Hegel and Katherine Carlitz (Seattle: University of Washington Press, 2007), 44–63, 44.

102 Karasawa, "Hanasukoto to kakukoto no hazama de."

103 Thomas Buoye, "Suddenly Murderous Intent Arose: Bureaucratization and Benevolence in Eighteenth-Century Homicide Reports," *Late Imperial China* 16, no. 2 (1995): 62–97; Jennifer Neighbors, "Criminal Intent and Homicide Law in Qing and Republican China" (PhD diss., University of California, Los Angeles, 2004), 6.

104 QXDX 58:104–6, 264–66.

105 Karasawa, "Hanasukoto to kakukoto no hazama de."

106 Schluessel, "Muslims at the Yamen Gate," 131.

107 Sally Engle Merry, "Law and Colonialism," *Law and Society Review* 25, no. 4 (1991): 892–93.

108 Karl Menges and N. Th. Katanov, *Volkskundliche Texte aus Ost-Türkistan*, 2 vols. (1933, 1946; Leipzig: Zentralantiquariat der Deutschen Demokratischen Republik, 1976), 1:48–50; 2:38–42.

109 QXDX 29:91–92.

110 Jarring Prov. 207, "Butlarning bayāni." … *wä bā-kassalbolmaydur, shahargä ot almaydur, dep bāṭil khiyāllarni qiladur.*

111 QXDX 28:299; XUAR Archive M16.002.YJ.0081.

112 QXDX 29:71.

## 第四章

1 QXDX 58:208, 217.

2 Rogers Brubaker, *Grounds for Difference* (Cambridge, MA: Harvard University Press, 2015), 87–89.

3 關於女性生活和性行為的民族志研究，見Linda Benson, "A MuchMarried Woman: Marriage and Divorce in Xinjiang 1850–1950," Muslim World 83, nos. 3–4 (July– October 1993): 227–47; Linda Benson, "The Question of Women: Discovering Uyghur Women's History in Northwestern China," *Oriental Archive* 79 (2011): 47–70; Ildikó Bellér-Hann, *Community Matters in Xinjiang, 1880–1949: Towards a Historical Anthropology of the Uyghur* (Leiden: Brill, 2008), 188–201, 235–302, 特別是在頁266-78討論了臨時婚姻、娼妓和通姦的問題。

4 Adrienne Davis,"Don't Let Nobody Bother Yo'Principle' The Sexual Economy of American Slavery,"in *Sister Circle: Black Women and Work*, ed. Sharon Harley and the Black Women and Work Collective (New Brunswick, NJ: Rutgers University Press, 2002), 103–27, 118–19.

5 Shahla Haeri, *Law of Desire: Temporary Marriage in Shi'I Iran* (Syracuse: Syracuse University Press, 2014); Matthew Sommer, *Polyandry and Wife Selling in Qing Dynasty China: Survival Strategies and Judicial Interventions* (Oakland: University of California Press, 2015), 2；關於作為交換對象的女性身體在創建男性共同體方面的案例研究，見Amy Stanley, *Selling Women: Prostitution, Markets, and the Household in Early Modern Japan* (Berkeley: University of California Press, 2012).

6 Ann Stoler, "Sexual Affronts and Racial Frontiers: European Identities and the Cultural Politics of Exclusion in Colonial Southeast Asia," *Comparative Studies in Society and History* 34, no. 3 (1992): 514–51.

7 在本章中，我對婚姻的概念和處理都參考了蘇成捷（Matthew Sommer）關於帝制中國的性和婚姻的著作：Matthew Sommer, *Sex, Law and Society in Late Imperial China* (Stanford: Stanford University Press, 2000); Matthew Sommer, *Polyandry and Wife Selling*.

8 關於中國話語和表述中的苗族女性化和色情化的擴展研究，見Louisa Schein, *Minority Rules: The Miao and the Feminine in China's Cultural Politics* (Durham, NC: Duke University Press,

2000).

9 Bellér-Hann, *Community Matters*, 266.

10 Bellér-Hann, Community Matters, 256-266.; British Library, India Office Records L/P&S/10/976；中國少數民族社會歷史調查資料叢刊修訂編輯委員會，《南疆農村社會》（北京：民族出版社，二〇〇九），頁一〇；Benson, "A Much-Married Woman."

11 IVR RAN B 779, *Ushbu ötkān dhamānada*.

12 關於女性的經濟生活，見Bellér-Hann, *Community Matters*, 196–202.

13 相似的情形也記錄在Jay Dautcher, *Down a Narrow Road: Identity and Masculinity in a Uyghur Community in Xinjiang China* (Cambridge, MA: Harvard University Asia Center, 2009).

14 QXDX 27:102–9. 吐魯番的清朝官員對納稅戶進行評估，納稅戶代表住在同一所房子裡的一群人。這個數字接近於一般家庭的規模。

15 平均家庭規模是根據一八七七年、一九〇六年、一九一一年和一九三六年收集的總人口數據計算的。一九〇六年和一九一一年的數據將突厥穆斯林與漢人區分開來，並提供個別男子和婦女的人數以及家庭人數。在突厥穆斯林占多數的地區，家庭規模一直在五至六人左右。魏光燾，《勘定新疆記》（哈爾濱：黑龍江教育出版社，二〇一四），卷七，頁二r—二v；佚名撰，〈新疆設行省議〉，收錄於《小方壺齋輿地叢鈔》，第二帙，頁一一七a—一一八b；《新疆建置志》，卷一，頁七b—一一b；王樹枏，《新疆圖志》，「民政」，頁四a—一四b；吳軼群，〈清代新疆建省前後伊犁人口變遷考〉，《新疆地方志》，三（烏魯木齊，二〇〇九年三月），頁五二—五六；張大軍，《新疆風暴七十年》（台北：蘭溪出版社，一九八〇），頁二九〇二—二九〇六；吐魯番的稅務登記冊證實當地的情形也是這樣（QXDX 27:102–9 and 147–48）。

16 Bellér-Hann, *Community Matters*, 266–75. 一份一九五八年伊寧（Ghulja）的報告似乎描述一個臨時婚姻的案例（《維吾爾族社會歷史調查》〔北京：民族出版社，二〇〇九〕，頁九〇），來自一九五六年的喀什噶爾德報告簡短評論這種「祕密」婚姻（《南疆農村社會》，頁一〇）。一個喀什噶爾德村子裡的女子曾結過三十三次婚，她的案例一定是透過臨時婚姻得來的。英屬印度辦公室的記錄也評論了和英國臣民產生關聯的這些事情（India Office Records, L/P&S/10/976）。

17 Haeri, *Law of Desire*, 49–51, 60, 66.

18 我研究現有的手稿，但是在這裡沒有篇幅能夠加以討論。請參考Leiden University Library Or. 26.684 *Majmūʿat al-Masāʾil*; Kashgar Museum 0105 *Majmūʿat alMasāʾil*; Leiden University Library Or. 26.667 *Zubdatu'l-masāʾil wa 'l ʿaqāʾid*.

19 Bellér-Hann, *Community Matters*, 275–78.

20 Bellér-Hann, *Community Matters*, 274.

21 蕭雄，《西疆雜述詩》，頁一a—一b、八b。

22 Stevan Harrell認為，各種文明推進者都認為邊緣民族在行為上既色情又淫亂，因為他們處於較低的文化水準，還沒有學會性壓抑和（或）虛偽的適當文明道德。Stevan Harrell, "Introduction: Civilizing Project and the Reaction to Them," in *Cultural Encounters on China's Ethnic Frontiers*, ed. Stevan Harrell (Seattle: University of Washington Press, 1995), 3–36, 10.

23 當然，任何旅行經驗豐富的中國文人都會認識到，在中國本土，關於婚姻和性行為的做法有著相當廣泛的多樣性。蘇成捷的*Polyandry and Wife-Selling*一書討論了很多相關內容。談論這些差異的主題，反映了一項長期的傳統，即以偏離精英儒家家庭規範為標準，將「他者」本質化。

24 陳高華，《明代哈密吐魯番資料彙編》（烏魯木齊：新疆人民出版社，一九八四），頁四五九—四六五、四六〇—四六二。

25 Bellér-Hann, *Community Matters*, 258–66.

26 《拜城縣鄉土志》，頁二六八；《焉耆府鄉土志》，頁二八二；《若羌縣鄉土志》，頁三〇九；《庫車直隸州鄉土志》，頁三二〇；以及《新平縣鄉土志》，頁二八九、二九三，全部收錄於XTZG。關於維吾爾人姓氏的歷史，見Äsäd Sulayman, "Hybrid Name Culture in Xinjiang: Problems Surrounding Uyghur Name/Surname Practices and Their Reform," in *Situating the Uyghurs Between China and Central Asia*, ed. Ildikó Bellér-Hann, Cristina Cesaro, Rachel Harris, and Joanne Smith Finley (Aldershot, UK: Ashgate, 2007), 109–127, 109, 112.

27 《溫宿縣鄉土志》，頁二六二；《沙雅縣鄉土志》，頁三二八；《和田直隸州鄉土志》，頁三八六、三九七、三九九；《疏勒府鄉土志》，頁三四二；《皮山縣鄉土志》，頁三七七，等XTZG中的大量資料。

28 一個關於穆斯林贊助墳墓維護的故事是杜同論證的一部分，即穆斯林擁有一種體現在他們對祖先的崇敬上的慷慨精神。王樹枏編，《新疆圖志》，卷三十八，頁七b。

29 QXDX 1:229.

30 William C. Jones, trans., *The Great Qing Code* (New York: Oxford University Press, 1994), 133–35; 《大清律例》（1899 edition），http://lsc.chineselegalculture.org/，statute 125，「出妻」。

31 Sommer, *Sex, Law, and Society*, 11, 141.

32 NPM 119940. 1883年透過奏疏制定的湖南省政策，特別強調了對於退役士兵犯罪行為的加重懲罰。劉彥波，〈晚清兩湖地區州縣就地正法述論〉，《暨南學報（哲學社會科學版）》，三（廣州，二〇一二），頁一三八—一四二。

33 James Millward, *Eurasian Crossroads: A History of Xinjiang* (New York: Columbia University Press, 2007), 138.

34 Brian Steele, "Thomas Jefferson's Gender Frontier," *Journal of American History* 95, no. 1 (June 2008): 19–23.

35 魏光燾，《勘定新疆記》，卷七，頁二r—二v。

36 QXDX 28:110. 這條命令並沒有記錄在城市文件中，但是可以在吐魯番文獻中找到。

37 QXDX 28:109.

38 Bellér-Hann, Community Matters, 271; F. Grenard, *Mission scientifique dans la Haute Asie, 1890 – 1895*, pt. 2, *Le Turkestan et leTibet, étude ethnographique et sociologique* (Paris: Ernest Leroux, 1898), 122–23.

39 QXDX 28:150–51, 153.

40 GX 7.8.7 劉錦棠，《劉襄勤公奏稿》，卷二，頁七二a—七五a。

41 QXDX 28:105.

42 QXDX 28:134.

43 QXDX 29:89–91. 編目人員似乎將這份文件的日期錯定為GX 13.r4.28，並將魏的姓氏誤讀為趙。

44 散見的故事表明，湘軍內的精英成員也參與交易，但也許他們更善於隱藏自己的活動，或以看似合法的方式進行交易。G. G. Warren, "D'Ollone's Investigation on Chinese Moslems," *New China Review* 2 (1920): 276.

45 Jarring Prov. 117, Ṭālib Ākhūnd, *History of Ya 'qūb Beg*, 115r.

46 QXDX 28:218.

47 比方說，可以參考一個一八七七年的案例：QXDX 28:104.

48 QXDX 28:105a, 105b, 106, 106–7.

49 QXDX 27:102–9.

50 《宮中檔光緒朝奏摺》，第七卷，頁五八—五九。

51 Bellér-Hann, *Community Matters*, 246–56.

52 察合台文件日期為民國十六年十月十日，私人收藏，烏魯木齊。

53 例如，在Khazīmah的案例中，她的年輕丈夫沒有能力為她提供承諾的衣服*toyluq*，這是他們婚姻中發生摩擦的一個來源。關於銀飾*toyluq*的案例，請參考QXDX 29:415。

54 Sommer, *Polyandry and Wife-Selling*.

55 QXDX 28:326–27, 327; IOR L/P&S/10/825, L/P&S/10/976, L/P&S/7/203, and L/P&S/7/202.

56 Eric T. Schluessel, "The Law and the 'Law': Two Kinds of Legal Space in Late-Qing China," *Extrême-Orient Extrême-Occident* 40 (November 2016): 12.

57 《大清律例》，「律」，二八六。

58 QXDX 29:178.

59 QXDX 28:414, 415, 421, 441, 444. Piyaza這個名字是源自用身邊的日常物品來給小孩起名字的傳統習俗，這個名字的意思是「洋蔥」，加有一個-a的詞尾來表示陰性。

60 QXDX 30:13, 14, 49.

61 QXDX 29:251, 258–59, 261–62, 284, 345, 371–72, 378; 58:227.

62 Dautcher, *Down a Narrow Road*, 75–77.

63 Karl Menges and N. Th. Katanov, *Volkskundliche Texte aus OstTürkistan*, 2 vols. (1933, 1946; Leipzig: Zentralantiquariat der Deutschen Demokratischen Republik, 1976), 2:38–42.

64 Janet Theiss, *Disgraceful Matters: The Politics of Chastity in EighteenthCentury China* (Berkeley: University of California Press, 2005), 17–23. 這裡的案例很類似Janet Theiss在書中所描述的一七九

二年苗疆案例。

65 QXDX 56:143, 153, 155, 159, 165, 168, 177, 197, 250, 281.

66 Charles Adolphus Murray, Earl of Dunmore, *The Pamirs: Being a Narrative of a Year's Expedition on Horseback and on Foot Through Kashmir, Western Tibet, Chinese Tartary, and Russian Central Asia*, 2 vols. (London: J. Murray, 1893), 1:328–29.

67 QXDX 27:102–9. 雖然這本戶口簿的日期不清楚，但從間接證據來看，它是在本案發生時或之後幾年內寫的。

68 QXDX 56:281.

69 Vivien W. Ng, "Ideology and Sexuality: Rape Laws in Qing China," *Journal of Asian Studies* 46, no. 1 (1987): 57–70; Theiss, *Disgraceful Matters*, 192–209.

70 Menges and Katanov, *Volkskundliche Texte*, 2:38–42.

71 QXDX 28:321. 「白黑糖」可能是Bakhta Khan這個名字的音譯，然而，與許多音譯不同的是，代表這些聲音的特定漢字在不同的文件中是相同的。這表明，這位婦女是以這個特定的名字及其漢字的含義而被人稱呼和認識的。

72 QXDX 28:189.

73 Menges and Katanov, *Volkskundliche Texte*, 2:38–42.

74 QXDX 64:300, 325–26, 327; 65:21, 23, 37, 50–51.

75 比方說，可以參考Jeff Snyder-Reinke, "Afterlives of the Dead: Uncovering Graves and Mishandling Corpses in Nineteenth- Century China," *Frontiers of History in China* 11, no. 1 (2016): 1–20; Melissa Macauley, *Social Power and Legal Culture: Litigation Masters in Late Imperial China* (Stanford: Stanford University Press, 1998), 197–99.

76 《宮中檔光緒朝奏摺》，第八卷，頁八一—八二。

77 QXDX 28:268.

78 Menges and Katanov, *Volkskundliche Texte*, 2:38–42.

79 QXDX 28:321.

80 QXDX 28:379.

81 QXDX 31:90–91.

82 QXDX 28:362.

83 QXDX 28:326–27, 327.

84 蕭雄，《西疆雜述詩》，卷三，頁九a—九b。

85 在David Ambaras的著作中，可找到一種類似踰越的流動性，以及「踰越的親密關係」（transgressive intimacies）概念，參見David Ambaras, *Japan's Imperial Underworlds: Intimate*

*Encounters a the Borders of Empire* (Cambridge: Cambridge University Press, 2018).

86 Michel Foucault, *The History of Sexuality*, vol. 1, An Introduction (New York: Vintage, 1990), 103.

87 Ann Stoler, "Rethinking Colonial Categories: European Communities and the Boundaries of Rule," *Comparative Studies in History and Society* 31, no. 1 (January 1989): 143–50; Stoler, *Race and the Education of Desire: Foucault's History of Sexuality and the Colonial Order of Things* (Durham, NC: Duke University Press, 1995), 7–13.

88 QXDX 32:187, 188.

89 QXDX 51:34; 29: 397.

90 QXDX 28:148–49; 51:82, 83.

91 《大清律例》，「律」，八十七，收留迷失子女。

## 第五章

1 QXDX 51:31–32; QXDX 51:86.

2 Rahilä Dawut, Uyghur mazarliri (Ürümchi: Shinjang khälq näshriyati, 2001), 20 Qurbān ʿAlī Khālidī, Tārīkhi jarīdaye jadīda (Kazan': Qazān universitetining ṭab ʿkhānasi, 1889), 34–40. 賽拉米詳細討論該陵墓，並在其後來的歷史版本中，從伊斯蘭改革派的角度對其真實性進行批判（TH/Beijing，340–81）。

3 TH/Beijing, 127. *Thāniyan, Khiṭāylar kelgünchä, yul özrä söngäkläri qurup yattilar.*

4 TH/Beijing, 258.

5 Dominick LaCapra, *Writing History, Writing Trauma* (Baltimore: Johns Hopkins University Press, 2014), xiv–xv.

6 LaCapra, 46, 53–58.

7 馮焌光，《西行日記》（上海，一八八一），頁三b、一二a—一四a、三一a—六七b—七〇a。

8 馮焌光，《西行日記》，頁四a、七三a。

9 馮焌光，《西行日記》，頁一a—二b、六七b—七〇a、七四a—七四b。

10 馮焌光，《西行日記》，頁八a—八b、二一a、三〇a、五三b—五四a、五五a、五九a。

11 汪振聲，《西征日記》（一九〇〇），頁一a。

12 汪振聲，《西征日記》，頁二六a—二七b。

13 祁韻士，《西陲竹枝詞》。

14 「蕃」這個詞有廣泛的含義，大致與「外族」相近。

15 Tobie Meyer-Fong, *What Remains: Coming to Terms with Civil War in Nineteenth-Century China* (Stanford: Stanford University Press, 2013), 4.

16 Zhang Daye, *The World of a Tiny Insect: A Memoir of the Taiping Rebellion and Its Aftermath*, trans. Xiaofei Tian (Seattle: University of Washington Press, 2013), 16–21.

17 《繪圖湘軍平逆傳》（上海：上海書局，一八九九）；《繪圖左公平西傳》（上海：上海書局，一八九九）。其他的一些書局也重印過這些作品。哈佛大學、哥倫比亞大學和普林斯頓大學的圖書館都收藏有印刷品和縮微膠捲副本。

18 小說很明顯是更為流行的文體，在重印時的名稱通常是《左文襄公征西演藝》。有證據表明，這些小說本身是根據最近的一對同名戲劇改編的，這些戲劇也是在上海出版的。

19 Nigel C. Hunt, *War, Memory, and Trauma* (Cambridge: Cambridge University Press, 2010), 102–5.

20 TA/Pelliot, 3r; TH/Beijing, 5–7; TH/Jarring, 2r.

21 奕訢等撰，〈欽定平定陝甘新疆回匪方略〉，出自《七省方略》（頁八三三一一一五四），卷三〇五，頁三。

22 《富平縣志》（一八九一）卷八，頁六一九。

23 Matthew Sommer, *Polyandry and Wife-Selling in Qing Dynasty China: Survival Strategies and Judicial Interventions* (Oakland: University of California Press, 2015), 3, 該作品表明，像寡婦再婚這樣的非正統做法比官方歷史記錄導致我們相信的要普遍得多。

24 《富平縣志》，卷九。

25 《前後二十四孝圖說》（一八四一），四，頁一七。

26 Meyer-Fong, *What Remains*, 108–9.

27 Hunt, War,Memory, and Trauma, 163.

28 比方說，可參考陶模在建立儒家學校和保甲制度的時候所提出觀點，見NPM 408002835; QXDX 28:370.

29 《新疆鄉土志稿》中有大量的相關記載，其中包括迪化縣、奇台、昌吉、呼圖壁、吐魯番等。

30 魏光燾，《勘定新疆記》，頁二a—三a。

31 奕訢等撰，《欽定平定陝甘新疆回匪方略》，卷三〇五，頁二一四；卷四〇六，頁四一五。

32 《孚遠縣鄉土志》，頁二四，XTZG。

33 《奇台縣鄉土志》，頁三一，XTZG。

34 Ananya Jahanara Kabir, "Analogy in Translation: Imperial Rome, Medieval England, and British India," in *Postcolonial Approaches to the European Middle Ages: Translating Cultures*, ed. Ananya Jahanara Kabir and Deanne Williams (Cambridge: Cambridge University Press, 2005), 183–204.

35 吳藹宸，《歷代西域詩抄》（烏魯木齊：新疆人民出版社，二〇〇一），頁二一九。

36 Nailene Josephine Chou, "Frontier Studies and Changing Frontier Administration in Late Ch'ing China: The Case of Sinkiang, 1759–1911" (PhD diss., University of Washington, 1976), 243–50.

37 蕭雄，《西疆雜述詩》，卷二，頁三九b—四〇a，一四a。王樹枏提供一個令人驚訝的對比。他強調了漢唐遺址對於中國人的獨特性，但是將突厥穆斯林排除在遺產的所有者之外。（王樹枏，新疆圖志〔台北：文海出版社，一九六五〕，「學校一」，頁一三八七：「『他種』的來源和我們的來源不同。和他們說起我們的漢唐遺產來，就好像是我們聽到古代印度的歷史一樣：感到實在遙遠而陌生。」）然而王樹枏是一個多產的古物學者，曾製作一整本關於在該地區發現的古代銘文的書。

38 《孚遠縣鄉土志》，頁二六，XTZG

39 《孚遠縣鄉土志》，頁三〇〇，XTZG

40 《孚遠縣鄉土志》，頁八〇，XTZG

41 L. J. Newby, "The Chinese Literary Conquest of Xinjiang," Modern China 25, no. 4 (October 1999): 451–74; James Millward, " 'Coming Onto the Map': 'Western Regions' Geography and Cartographic Nomenclature in the Making of Chinese Empire in Xinjiang," Late Imperial China 20, no. 2 (1999): 61–98.

42 請參見：裴景福，《河海崑崙錄》（上海：文明書局，一九〇六），頁一八二、二六二、三六〇。

43 Piper Gaubatz, *Beyond the Great Wall: Urban Form and Transformation on the Chinese Frontiers* (Stanford: Stanford University Press, 1996), 72–74；和寧，《三州輯略》，卷二。

44 裴景福，《河海崑崙錄》，頁二五六；戴良佐，《西域碑銘錄》（烏魯木齊：新疆人民出版社，二〇一三），頁四五一—四五三。

45 Prasenjit Duara, "Superscribing Symbols: The Myth of Guandi, Chinese God of War," *Journal of Asian Studies* 47, no. 4 (1988): 778.

46 許臨君（Eric T. Schluessel），〈從城隍到戍卒：定湘王在新疆〉，頁一六九—一八六。

47 《迪化縣鄉土志》，頁一二，XTZG；Gaubatz, BeyondtheGreatWall.

48 Khālidī, *Tārīkhi Jarīdaye Jadīda*, 4; IVR RAN C 578, Khālidī, *Tārīkhi Jarīda-ye Jadīda*, 3a–5a.

49 Seyyed Hossein Nasr et al., eds., *The Study Quran: A New Translation and Commentary* (New York: HarperOne, 2015), 25:53.

50 這段引文來自該書的印刷版本。手稿上寫著：「其他人也需要一個住處！如果你不去陵墓，就不會有危險。因此，不會給你其他土地的。」

51 Rian Thum, *The Sacred Routes of Uyghur History* (Cambridge, MA: Harvard University Press, 2014), 159.

52 這個話題有著豐富的學術傳統。關於歷史、儀式、共同體和神聖的相互聯繫，有一個發人深省的理論，請參考Paul Steven Sangren, *History and Magical Power in a Chinese Community* (Stanford: Stanford University Press, 1987).

53 Meyer-Fong, *What Remains*, 62–63, 99–102, 127. 關於屍骨的政治，請參考 Vincent Brown, *The Reaper's Garden: Death and Power in the World of Atlantic Slavery* (Cambridge, MA: Harvard University Press, 2008).

54 QXDX 50:163, 165, 166, 167a, 170a.

55 QXDX 50:164, 167b, 170b.

56 Lee J. Alston, Edwyna Harris, and Bernardo Mueller, "The Development of Property Rights on Frontiers: Endowments, Norms, and Politics," *Journal of Economic History* 72, no. 3:741–70.

57 劉錦棠，《劉襄勤公奏稿》，頁七二a—七五a。

58 《大清律例》（1899 edition），http://lsc.chineselegalculture.org/， statute 276.

59 QXDX 34:58, 60, 65–68, 96, 108–9, 380.

60 QXDX 28:325–26.

61 《新疆建置志》，頁七b—一一b；王樹枏編，《新疆圖志》，「民政四、五」，頁五b—六b。

62 這部分的內容是歸納自我的文章：Eric T. Schluessel, "Exiled Gods: Territory, History, Empire, and a Hunanese Deity in Xinjiang," *Late Imperial China* （待出版）。

63 易白沙，《帝王春秋》（上海：上海書店，一九九一），頁八九。

64 余治，《得一錄》，頁二b—四a。

65 片岡一忠，《清朝新疆統治研究》（東京：雄山閣，一九九一），頁二九〇—二九一。詳情請參考XTZG, 27, 209, 170, 259, 318, 394, 372；《莎車府志》，出自《中國西北希見方志續集》（一九〇九〔宣統元年〕；北京：中華全國圖書館文獻縮微複製中心，一九九七），卷十，頁六二一—六七五、六六一。

66 茅盾，《新疆風土雜憶》，出自《茅盾全集》（北京：人民文學出版社，一九五八—一九六一），卷九，頁四〇八—四三〇、四一六—四一七。

67 茅盾，頁四一七；王鵬輝，〈重建風華：晚清民國前期烏魯木齊的廟宇與社會融合〉，《西域發展研究（二〇一四）》（成都：四川大學出版社，二〇一五），頁酒吧。

68 E. J. Hobsbawm, *Nations and Nationalism Since 1780: Programme, Myth, Reality* (Cambridge: Cambridge University Press, 2002), 80–82.

69 Rogers Brubaker, *Grounds for Difference* (Cambridge, MA: Harvard University Press, 2015), 87–89.

70 Devin DeWeese, *Islamization and Native Religion in the Golden Horde: Baba Tükles a Conversion to Islam in Historical and Epic Tradition* (University Park: University of Pennsylvania Press, 1994), 50.

## 第六章

1 TA/Pelliot, 57v; TH/Beijing, 105–6, 293–94; TH/Jarring, 44v, 116r, 118v–118r.

2 TA/Pelliot, 3r; TH/Beijing, 5–7; TH/Jarring, 2r.

3 Mulla Musa Sayrami, *Tarikhi Hämidi*, trans. Änwär Baytur (Beyjing: Millätlär Näshriyati, 2008), 1–16; Änwär Baytur, "Mulla Musa Sayrami she'irliridin tallanma," *Bulaq* 15 (1985): 194–227.

4 《伊米德史》（*Tārīkh-i Ḥamīdī*）的標題很難翻譯。毛拉．穆薩的歷史最初被稱為*Tārīkh-i Amniyya*，這個名字是指他於一九〇一年創作的一份手稿的贊助人。根據一種解釋，它反映他寫作時的安寧時期——*amniyya*，因此我們可以稱之為「安寧史」。到了一九〇八年時，根據同樣的說法，賽拉米對清朝的幻想破滅了，轉而在鄂圖曼帝國蘇丹阿布杜勒哈米德二世身上找到希望。因此，他將其作品的新版本命名為《伊米德史》，極大的擴展了該版本的內容，並以鄂圖曼蘇丹名字來命名。*Tārīkh-i Amniyya*也可能是以阿克蘇一位名叫Amīn Beg的穆斯林官員命名的，他曾資助過賽拉米。當然，這個標題可能同時包含上述的二種含義（K. Usmanov，"Molla Musa Sayrami: Ta'rikh-i amniya"，載於*Materialypoistoriikazakhskikh khanstv XV-XVIII vekov* [Alma Ata: Nauka, 1969], 1–15.）。此外，Amīn Beg只在已知的最早版本中作為贊助人被提及。無論如何，後來的《伊米德史》幾乎包含早期*Tārīkh-i Amniyya*的所有文本，而且還對其進行大幅擴展。Musa Sayramiy, *Tarikhi Hämidiy: Yengi tärjimänuskha*, trans. Abduräop Polat Täklimakani（Istanbul: Täklimakan Uyghur näshriyati，2019）, 14–15.因此，我認為將兩者都稱為《伊米德史》是有益的做法。

5 金浩東（Hodong Kim）十分讚揚賽拉米的準確性和「清晰的歷史判斷」。Hodong Kim, *Holy War in China: The Muslim Rebellion and State in Chinese Central Asia, 1864–1878* (Stanford: Stanford University Press, 2004), xvi.

6 比方說，Shajarahi Turk〡書詳細地講述了這個故事。Abū 'l-Ghāzī Bahadur Khan, *Histoire des Mongols et des Tatares par AboulGhâzi Béhâdour Khân, souverain deKharezm et historien Djaghataï, 16031664 a.d., texte Turc Oriental, publié d'après le manuscritdu Musée Asiatique de St Pétersbourg, collationné sur les manuscrits de Göttingue et de Berlin et sur l'édition de Kazan, 1825, avec une traduction française, des notes critiques des variants etun index*, ed. and trans. Petr I. Desmaisons (Amsterdam: Philo, 1970), 61–63.

7 TH/Beijing, 21–22.

8 Abū 'l-Fażl b. Mubārak, *The History of Akbar*, vol. 1, ed. and trans. Wheeler M. Thackston (Cambridge, MA: Harvard University Press, 2015), 219.

9 Devin DeWeese, *Islamization and Native Religion in the Golden Horde: Baba Tükles a Conversion to Islam in Historical and Epic Tradition* (University Park: University of Pennsylvania Press, 1994), 516–21.

10 *Mirza Haydar Dughlat's Tarikhi Rashidi: A History of the Khans of Moghulistan*, trans. Wheeler M. Thackston (Cambridge, MA: Harvard University, Department of Near Eastern Languages and Civilizations, 1996), 8–11.

11 TH/Beijing, 15–17; TH/Jarring, 5v–6v.這個故事主要是取自*Shajarahi Turk*。

12 Hodong Kim, *Holy War in China*, 130; TH/Beijing, 48. 雖然關於圖格魯克．鐵木爾的文字是改編自《拉希德史》，但是賽拉米認為，將《拉希德史》沒有提及的第一位推動伊斯蘭化的突厥統治者包括在內是很重要的。

13 TH/Beijing, 67; TH/Jarring, 28r.

14 TH/Beijing, 67–70; TH/Jarring 28r–29v; TA/Pelliot 30r.

15 TH/Beijing, 70; TH/Jarring, 29v.

16 這可能是賽拉米或是他的消息來源所做的關於交換人數的誇張。另一方面，四十這個數字在維吾爾文化中具有重要的數字意涵，通常是表示「許多」之意。

17 TH/Beijing文件中只是寫了*Musulmān boladur*, 然而TA/Pelliot和TH/Jarring中則是出現*mahfiMusulmān boladur*。

18 Sayrāmī引入第二個關於中國王朝更迭的敘述，這似乎與這種不間斷的血統論斷相矛盾。穆斯林皇帝的故事存在於《安寧史》的早期手稿中，而這個新的敘述是透過庫爾班．阿里．哈里迪（Qurbān 'Alī Khālidī）的作品從中國來源獲得的，只是在一九〇八年的《伊米迪史》中才加入。

19 Anthony Smith, *The Cultural Foundations of Nations: Hierarchy, Covenant and Republic* (Malden, MA: Blackwell, 2008), 77–78.

20 TH/Beijing, 77–78, 80–81; TH/Jarring, 32v–33r, 34r; TA/Pelliot, 37r–37v.

21 Hamada, "Jihad, Hijra, et 'devoir du sel,' " 54–59.

22 Haiyun Ma, "The Mythology of the Prophet's Ambassadors in China: Histories of Sa'd Waqqas and Gess in Chinese Sources," *Journal of Muslim Minority Affairs* 26, no. 3 (2006): 445–52; Zvi Ben-Dor Benite, "From 'Literati' to 'Ulama': The Origins of Chinese Muslim Nationalist Historiography," *Nationalism and Ethnic Politics* 9, no. 4 (2004): 83–85.

23 Svetlana Rimsky-Korsakoff Dyer, "T'ang T'ai-Tsung's Dream: A Soviet Dungan Version of a Legend on the Origin of the Chinese Muslims," *Monumenta Serica* 35 (1981–83): 545–70.

24 J. E. Da yeli, *"Gott liebt das Handwerk": Moral, Identität und religiöse Legitimierung in der mittelasiatischen Handwerks-risāla* (Wiesbaden: Reichert, 2011), 88–89; Rian Thum, *The Sacred Routes of Uyghur History* (Cambridge, MA: Harvard University Press, 2014), 99.

25 Staatsbibliothek zu Berlin, Ms. Or. oct. 1670, *Tārīkhi jarīda-ye jadīda, 206–26.*

26 Thierry Zarcone, "Between Legend and History: About the 'Conversion' to Islam of Two Prominent Lamaists in the Seventeenth-Eighteenth Centuries," in *Islam and Tibet—Interactions Along the Musk Routes*, ed. Anna Akasoy, Charles Burnett, and Ronit Yoeli-Tlalim (New York: Routledge, 2011), 281–95, 285–88.

27 British Library OR 8164, 56b–57a; Jarring Prov. 191; Zayit Akun Pazilbay, *Iskändärnamä*, ed. Qurban Wāli (Beyjing: Millätlär Näshriyati, 1990), 87–102; Staatsbibliothek zu Berlin Ms. Or. quart. 1294, *Volkstümliche Scherzerzählung*; British Library, IO Islamic 4860/Mss Turki 17, *Three Prose Tales*.

28 Mary Louise Pratt, "Arts of the Contact Zone," Profession (1991): 33–40.

29 Sidney Griffith,"Christian Lore and the Arabic Quran: The'Companions of the Cave'in Surat al-Kahf and in Syriac Christian Tradition,"in The *Quran in Its Historical Context*, ed. Gabriel Said Reynolds (London: Routledge, 2008), 109–138, 114–16.

30 比方說，可以參考Abū Isḥāq Aḥmad ibn Muḥammad ibn Ibrāhīm al-Tha'labi, *'Arā'is al-majāli fi qiṣaṣ al-anbiyā' or "Lives of the Prophets,"* trans. William M. Brinner (Leiden: Brill, 2002), 104.

31 Nāṣir al-Dīn b. Burhān al-Dīn al-Rabghūzī, *The Stories of the Prophets: Qiṣaṣ al-Anbiyā,'* an Eastern Turkish Version, ed. H. E. Boeschoten, M. van Damme, and S. Tezcan (Leiden: Brill, 1995). Rabghūzī 摘錄一位名叫Abū Isḥāq al-Nīshābūrī的更早的一位「先知故事」作者的內容，關於這部作品的簡介和研究Rabghūzī的文本中的一些問題，請參考 Robert Dankoff, "Rabghuzi's Stories of the Prophets," *Journal of the American Oriental Society* 117, no. 1 (January–March 1997): 115–26.

32 Karl Jahn, *DieChinageschi des Rašīd ad-Dīn: Übersetzung, Kommentar, Facsimiletafeln* (Vienna: Verlag der Österreichischen Akademie der Wissenschaften, 1971).

33 Karl Jahn, *China in der islamischen Geschichtsschreibung* (Vienna: Hermann Böhlaus Nachf., 1971), 70–71. 這一時期，與中國直接相關的其他官方編年史也進入更廣泛的流通領域，但仍然保持著與傳奇或神聖歷史的一般性的分離，比如說Ghiyāthuddīn Naqqāsh, "Report to Mirza Baysunghur on the Timurid Legation to the Ming Court at Peking," in *Album Prefaces and Other Documents on the History of Painters and Calligraphers*, ed. Wheeler M. Thackston (Leiden: Brill, 2001), 53–68. 這部作品，以各種不同的標題流傳，變得相當流行，被納入進了一些波斯語和後來的突厥語的歷史著作中。(Ildikó Bellér-Hann, *A History of Cathay: A Translation and Linguistic Analysis of a Fifteenth-Century Turkic Manuscript* [Bloomington, IN: Research

Institute for Inner Asian Studies, 1995], 1–23; David J. Roxburgh, "The 'Journal' of Ghiyath al-Din Naqqash, Timurid Envoy to Khan Baligh, and Chinese Art and Architecture," in *The Power of Things and the Flowof Cultural Transformations*, ed. Lieselotte E. Saurma-Jeltsch and Anja Eisenbeiß [Berlin: Deutscher Kunstverlag, 2010], 90–113, 109n15.）這一文本的一些版本出現於Mīrkhwānd的*Rawżat al-safā*ʿ(Garden of purity, before 1498)，然後出現在作者的兒子Khwāndamīr的著作*Ḥabīb alsiyār*中。然而，它似乎從來沒有影響過其他的東突厥人對於中國的描述，甚至沒有影響過《伊米德史》，儘管賽拉米在他的著作中曾多次引用到了*Rawżat al-safā*ʿ的內容。

34 Schluessel, *The World as Seen from Yarkand: Ghulām Muḥammad Khān's 1920s Chronicle Mā Tīṭayniŋ wāqi ʿasi* (Tokyo: NIHU Program Islamic Area Studies, 2014), 11–12. 一個奇怪的例外出現在大英圖書館的OR 5329號文件中，這是一本翻譯為察合台語的不知名中國小說，是一個伯克送給他兒子的禮物。在書中空白處有一個神祕的塗鴉，署名是Naqqāsh Niyāz，即「畫家Niyāz」，臨摹了一個明顯來自畫稿裡的梅花，可能來自於吳太素的《松齋梅譜》（一三五一）或在他之後的許多明代畫稿。這些努力表明，穆斯林起義前的新疆精英階層與中國文化的接觸比我們想像的要密切。然而，至少在現有資料的範圍內，這部小說和它唯一的頁邊旁註是孤立的案例。

35 Muḥammad Taqī Bahār, ed., *Mujmal altāwārīkh wal-qiṣaṣ* (Tehran: M Khāwar, 1939), 420–23.

36 Rashīduddīn Fażlullah, *Jamīʿu 'l-tawārīkh*, trans. Wheeler M. Thackston (London: I. B. Tauris, 2012), 129, 130, 214.

37 Rashīduddīn Fażlullah, 15–20, 25–27, 56–57.

38 Khwāndamīr, *Ḥabīb alsiyār*, trans. Wheeler M. Thackston (London: I. B. Tauris, 2012), 1–2.

39 出於篇幅的原因，很多關於伊斯蘭世界對中國和東亞的了解的內容都無法進一步討論。關於此議題，特別應參考的著作是Hyunhee Park, *Mapping the Chinese and Islamic Worlds: CrossCultural Exchange in PreModern Asia* (Cambridge: Cambridge University Press, 2012), 68–71.

40 Abū 'l-Fażl ibn Mubarak, *The History of Akbar*, 1:191–97.

41 Abū 'l-Ghāzī Bahadur Khan, *Histoire des Mongols et des Tatares*, 5–18.

42 Thum, *Sacred Routes*, 20–23.

43 由於篇幅所限，無法對這一文本及其變化進行廣泛討論。Dankoff, "Rabghuzi's Stories of the Prophets"; Jarring, "The Qisas ulanbiya," *Acta Regiae Societatis Humanorum Litterarum Lundensis* 74 (1980): 15– 68; Jarring, *Studien Zu Einer Osttürkischen Lautlehre* (Lund: Borelius, 1933), 20–23; 和 M. van Damme, "Rabghūzī," in *Encyclopaedia of Islam*, 2nd ed., ed. P. Bearman, Th. Bianquis, C. E. Bosworth, E. van Donzel, and W. P. Heinrichs (Brill Online, 2014). 參考的手稿和印刷品包括British Library OR 5328; G. W. Hunter, trans., *Mohammedan "NarrativesoftheProphets": Covering the Period from Zacharias to Paul, Turki Textwith English Translation* (Tīfwafu, Sinkiang, 1916); Jarring Prov. 159; Jarring Prov. 242; Jarring Prov. 262; Jarring Prov. 412; Jarring Prov. 431; Jarring Prov. 448; IVR RAN D 45; IVR RAN D 46; *Qiṣaṣu'l-anbiyā*', Tashkent, 1899.

要說明的是，也有其他人認為中國人是雅弗的後代，其中包括波斯地理學家ibn Khurradādhbih（卒於九一一年）(Nathan Light, "Muslim Histories of China: Historiography Across Boundaries in Central Eurasia," in *Frontiers and Boundaries: Encounters on China's Margins*, ed. Zsombor Rajkai and Ildikó Bellér-Hann [Wiesbaden: Harrassowitz, 2012], 151–76, 154–57). Al-Masʿūdī的著作*Murūj al-dhahāb*也提出同樣的傳說，但是他只是一句話帶過而已，而且他的著作中想像的中國國王也反駁這個說法。

44 IVR RAN D 45, Qiṣaṣu 'l-anbiyā', 46v–47v; Allen J. Frank, "The Monghōl-Qalmāq Bayānī: A Qing-Era Islamic Ethnography of the Mongols and Tibetans," *Asiatische Studien* 63 (2009): 323–47.

45 Jarring Prov. 242, 54v.

46 TH/Beijing 10–23; TH/Jarring 3r–8v. 故事中的大部分內容都和《阿克巴之書》中的內容相似，有一些內容甚至和*Stories of the Strange and Wondrous* (*Qiṣaṣ al-gharāyib wa 'l 'ajāyib*) 用突厥語敘述的內容一字不差完全相同，這部作品的編纂者是和田的Muḥammad Niyāz b. Ghafūr Beg，成書時間為1851/52年。

47 TA/Pelliot, 5r; TH/Beijing, 15; TH/Jarring, 5v. TH/Beijing排除了tongchi一詞，但是保留tilmach一詞，意為「翻譯員」。

48 TH/Beijing, 15. 西藏人作為含之子，仍然是雅弗血統與內亞身分對應的一個例外。歌革和瑪革（Jūj和Ma'jūj）也包括在TH/Beijing的名單中。TH/Jarring, 5v中的名單與此相同，只是排除了「大清」。

49 Qurbān 'Alī Khālidī, *Tawārikhi khamsa ye sharqī* (Kazan', n.d.), 749. 在哈里迪的文本中用的字是Dayching，反應漢語的發音。在討論成吉思汗的後代時，賽拉米也對Dayching這個詞的意思進行解釋。

50 Gertraude Roth Li, "State Building Before 1644," in *The Cambridge History of China*, vol. 9, pt. 1, *The Ch'ing Empire to 1800*, ed. Willard J. Peterson (Cambridge: Cambridge University Press, 2002), 9–72, 30–34; Johan Elverskog, *Our Great Qing: The Mongols, Buddhism and the State in Late Imperial China* (Honolulu: University of Hawai'i Press, 2006), 14–27, 85–89.

51 Ruth W. Dunnell and James A. Millward,"Introduction,"in *New Qing Imperial History: The Making of Inner Asian Empire at Qing Chengde*, ed. James A. Millward et al. (London: RoutledgeCurzon, 2004), 1–12, 3; James Millward, *Beyond the Pass: Economy,Ethnicity, and Empire in Qing Central Asia, 1759–1864* (Stanford: Stanford University Press, 1998), 200–201. Pamela K. Crossley將清朝皇室與其主體共同體的關係描述為「同時性」。Crossley, *A Translucent Mirror: History and Identity in Qing Imperial Ideology* (Berkeley: University of California Press, 1999), 11–12.

52 A. Azfar Moin, The Millennial Sovereign: Sacred Kingship and Sainthood in Islam (New York: Columbia University Press, 2012), 1–55; Roy Mottahedeh, *Loyalty and Leadershipin an Early Islamic Society* (London: I. B. Tauris, 1980), 175; John E. Woods, *The Aqquyunlu: Clan, Confederation, Empire: A Study in 15th/9th Century Turko-Iranian Politics* (Chicago: Bibliotheca Islamica, 1976), 4–7. Roy Mottahedeh在他的著作中說：「這種仲裁者的角色，遠離它所仲裁的社會，在已知的情形中主要是為了自己的利益而服務，而不是為社會中的任何特定利益，這就是國王的角色。履行這一角色的國王，看到每一種利益都得到它應得的東西，但沒有超過它應得的東西，就是『公正』。」

53 關於成吉思汗在伊斯蘭社會中的重新想像，請參考Michal Biran, *Chinggis Khan* (Oxford: Oneworld, 2007), 75–108.

54 Michal Biran, "The Islamisation of Hülegü: Imaginary Conversion in the Ilkhanate," *Journal of the Royal Asiatic Society* 26, nos. 1–2 (January 2016): 79–88.

55 Moin, The Millennial Sovereign, 23–26; John Woods, "The Rise of Timurid Historiography," *Journal of Near Eastern Studies* 46, no. 2 (1987): 81–108.

56 TH/Beijing, 310–11; Hamada, "Jihad, Hijra, et 'devoir du sel,'" 52–54.

57 TH/Beijing, 300–301; TH/Jarring, 120v–121r; TA/Pelliot, 187v–188r.

58 Kim, *Holy War in China*, 76–89; TH/Beijing, 152; TH/Jarring, 64v.

59 TH/Beijing, 314–15.

60 TH/Beijing, 23–24; TH/Jarring, 9r.雖然成吉思汗的敵人在文中是被稱作「Altan Khan」，但是賽拉米也明確地說Altan Khan是中國統治者的名字。

61 IVR RAN D 106 *Qiṣaṣu 'l-gharāyib*, 22r. Mu ḥammad Niyāz指出，成吉思汗的征服的殺傷力幾乎和大洪水相當，而且也包括對中國土地的征服。賽拉米大量地引用穆罕默德・尼雅茲的內容，但是卻在這件事情上和他相左。他的讀者們應該是熟悉拉希德丁的《集史》的，在這部著作裡明確地寫有成吉思汗的第四個妻子Gūngjū（也就是漢語發音的「公主」）是契丹（Khiṭāy）統治者Altan Khan的女兒；然而在「Chīn」和「Māchīn」的南方土地上，契丹人注定被成吉思汗擊潰。Mirza Ḥaydar Dughlat, *Mirza Haydar Dughlat's Tarikhi Rashidi: A History of the Khans of Moghulistan*, trans. Wheeler M. Thackston (Cambridge, MA: Harvard University, Department of Near Eastern Languages and Civilizations, 1996), 35, 148, 221.

62 TH/Beijing, 213; TH/Jarring, 86v; TA/Pelliot, 126r.

63 TH/Beijing, 29–33; TH/Jarring, 12r–13r.

64 TH/Beijing 243; TH/Jarring 99v.

65 Khālidī, *Tawārīkhi khamsa-ye sharqī*, 112–33.

66 Khālidī, 119.

67 Ghulām Muḥammad Khan's "The Story of Commander Ma" (*Mā Tīṭayning wāqi 'asi*) 是已知唯一可以追溯至一九三〇年代初的手稿，Lund University Library Jarring Prov. 163，這部手稿是附在一部不完整的《伊米德史》的抄本中的，後者是賽拉米的作品在其身後的唯一已知抄本。正如我在其他地方所提出的，它的語言、主題、創作和情節都是有意的對《伊米德史》的續寫。見Schluessel, *The World as Seen from Yarkand*, 1–23.

68 Schluessel, *The World as Seen from Yarkand*, 8; TH/Jarring, 125r.

69 TH/Jarring, 125r, 130r–131r.

70 Äbdullah Poskami, *Kitabi Äbdullah* (Ürümchi: Shinjang Khälq Näshriyati, 2004), 154–55, facsimile 284.

71 「Yā pīrim!」（喔，師傅啊！）是一種蘇菲的口頭禪，通常是用於手工藝行會中，在這些地方，徒弟們會這樣讚美一位精神導師和先人。

72 「道傳」（ṭarīqat）一詞在這裡有雙重的含義。它既意味著蘇菲道團，也意味著做事的方式。在蘇菲思想的意義上，它也表示一個人在知識的旅程中已經邁出第二步，即ṭarīqat，但卻不知道第一步的知識，即教法shariat的知識。

73 作者在這裡指代的是穆斯林要在性交行為後洗澡（洗大淨）的規定。

74 這句話也可以翻譯成「他們從他們的纏頭性質那裡得來他們的穆斯林性質。」

75 Poskami, *Kitabi Äbdullah*, 150.

76 Poskami, 153, facsimile 282; 160.

77 "Biz Türkmu? Yā Chanto?" in *SharqīTurkistānḤayāti*, no. 11.

78 Menges and Katanov, *Volkskundliche Texte*, 1:48–50, 2:38–42. On Chantou, "local," and "Muslim," see also David Brophy, "Tending to Unite: The Origins of Uyghur Nationalism" (PhD diss., Harvard University, 2011), 30–34, 376–77.

79 David Brophy, *Uyghur Nation: Reform and Revolution on the Russia-China Frontier* (Cambridge, MA: Harvard University Press, 2016), 239, 245; David Brophy, "The Qumul Rebels' Appeal to Outer Mongolia," *Turcica* 42 (2010): 329–41.

80 Sally Engle Merry, "Law and Colonialism," *Law and Society Review* 25, no. 4 (1991): 889–922, 892–93.

81 Khālidī, *Tārīkhi jarīdaijadīda*, 4.

82 IVR RAN C 579, *Risālaye Khāqān ichidä Tüngānlāri qilghan ishi*; Lund University Library, Jarring Prov. 117, Ṭālib Ākhūnd, *History of Ya'qūb Beg*, 128r.

83 National Library of China, *Kechäk terädurghanning bayāni*, 22v.

84 Jarring Prov. 207, I.49, "Ölüm jazālarining qasmlari."

85 Gustaf Raquette, *Eastern Turki Grammar: Practical and Theoretical with Vocabulary*, vol. 1 (Berlin: Reichsdruckerei, 1912), 1:24.

86 Riksarkivet, Stockholm, SE/RA/730284/6/130, file of Rachel O. Wingate.

87 關於Justin Jacobs論點的詳細解釋，見Jacobs, *Xinjiang and the Modern Chinese State* (Seattle: University of Washington Press, 2016).

88 Matthew King, *Ocean of Milk, Ocean of Blood: A Mongolian Monk in the Ruins of the Qing Empire* (New York: Columbia University Press, 2019), 91, 102–3, 123–36, 204.

89 Henrietta Harrison, *The Man Awakened from Dreams: One Man's Life in a North China Village, 1857–1942* (Stanford: Stanford University Press, 2005), 7–9, 95–104.

## 結論

1 Macartney, "Eastern Turkestan: The Chinese as Rulers Over an Alien Race," *Proceedings of the Central Asian Society*, 1909.

2 Dipesh Chakrabarty, "Postcoloniality and the Artifice of History: Who Speaks for 'Indian' Pasts?," *Representations* 37 (1992): 1–26.

3 摘錄於Paul R. Katz, Divine Justice: *Religion and the Development of Chinese Legal Culture* (New York: Routledge, 2009), 3.

4 Jürgen Osterhammel, *Colonialism: A Theoretical Overview* (Princeton: Markus Wiener, 2005), 4; Frederick Cooper, *Colonialism in Question: Theory, Knowledge, History* (Berkeley: University of California Press, 2005), 17, 23–26.

5 Emma Jinhua Teng, *Taiwan's Imagined Geography: Chinese Colonial Travel Writing a Pictures, 1683–1895* (Cambridge, MA: Harvard University Asia Center, 2004), 8–12, 256–58.

6 Albert Memmi, *The Colonizer and the Colonized* (Boston: Beacon, 1965), 10–14. 關於主導晚清貿易的天津商人網絡已經有著多種中文著述，其中最詳盡的是周泓書中的一章。參見周泓，《群團與圈層：楊柳青——紳商與紳神的社會》（上海：上海人民出版社，二〇〇八），頁三二一—四一三。然而，很少有研究是涉及更小的商人家庭和他們在圈子之外的活動的。

7 Robert Crews, *For Prophet and Tsar: Islam and Empire in Russia and Central Asia* (Cambridge, MA: Harvard University Press, 2006), 31–91.

8 Alexander Morrison, *Russian Rule in Samarkand, 1868–1910: A Comparison with British India* (Oxford: Oxford University Press, 2008), 55–73, 247–85.

9 Mark Allee, *Law and Local Society in Late Imperial China: Northern Taiwan in the Nineteenth Century* (Stanford: Stanford University Press, 1994), 256–58; John Shepherd, *Statecraft and Political Economy on the Taiwan Frontier, 1600–1800* (Stanford: Stanford University Press, 1993).

10 Donald S. Sutton, "Violence and Ethnicity on a Qing Colonial Frontier: Customary and Statutory Law in the Eighteenth-Century Miao Pale," *Modern Asian Studies* 37, no. 1 (February 2003): 41–80.

11 Knight Biggerstaff, *The Earliest Modern Government Schools in China* (Ithaca, NY: Cornell University Press, 1961), 7–8.

12 P. Kerim Friedman, "Entering the Mountains to Rule the Aborigines: Taiwanese Aborigine Education and the Colonial Encounter," in *Becoming Taiwan: From Colonialism to Democracy*, ed. Ann Heylen and Scott Summers (Wiesbaden: Harrassowitz, 2010), 19–32, 20; Stevan Harrell, "From Xiedou to Yijun, the Decline of Ethnicity in Northern Taiwan, 1885–1895," *Late Imperial China* 11, no. 1 (1990): 99–127.

13 Ssü-yu Teng, *The Nien Army and Their Guerilla Warfare, 1851–1868* (Paris: Mouton, 1961), 185.

14 關於比我在這裡所能夠提供的更為完整的研究，請參考Tonio Andrade, *How Taiwan Became Chinese: Dutch, Spanish, and Han Colonization in the Seventeenth Century* (New York: Columbia University Press, 2008).

15 Shepherd, *Statecraft and Political Economy*, 257.

16 Lauren Benton, *Law and Colonial Cultures: Legal Regimes in World History*, 140 (Cambridge: Cambridge University Press, 2002), 11.

17 裴士鋒（Stephen Platt）在其著作*Provincial Patriots*中提出這個觀點，但是湖南人的獨特作用已經表現得十分清晰，只要是那些學者學習過經世理論就會是這樣。Platt, *Provincial Patriots: The Hunanese and Modern China* (Cambridge, MA: Harvard University Press, 2007). 還可以參考，例如 Mary Clabaugh Wright, *The Last Stand of Chinese Conservatism: The T'ung-chih Restoration, 1862–1874* (Stanford: Stanford University Press, 1962).

18 Achille Mbembe, "Necropolitics," *Public Culture* 15, no. 1 (2003): 11–40.

19 Weiting Guo, "The Speed of Justice: Summary Execution and Legal Culture in Qing Dynasty China, 1644–1912" (PhD diss., University of British Columbia, 2016), 361.

20 Partha Chatterjee, *The Nation and Its Fragments: Colonial and Postcolonial Histories* (Princeton: Princeton University Press, 1993); Prasenjit Duara, *Rescuing History from the Nation: Questioning Narratives of Modern China* (Chicago: University of Chicago Press, 2005).

21 Rogers Brubaker, *Grounds for Difference* (Cambridge, MA: Harvard University Press, 2015), 87–89.

22 Reinhart Koselleck, *The Pracing Concepts* (Stanford: Stanford University Press, 2002), 227.

23 Chatterjee, *The Nation and Its Fragments*, 76–97.

24 Achille Mbembe, *Critique of Black Reason*, trans. Laurent Dubois (Durham, NC: Duke University Press, 2017), 38–77.

25 David Brophy, *Uyghur Nation: Reform and Revolution on the Russia China Frontier* (Cambridge, MA: Harvard University Press, 2016); L. J. Newby, " 'Us and Them' in Eighteenth and Nineteenth Century Xinjiang," in *Situating the Uyghurs Between China and Central Asia*, ed. Ildikó Bellér-Hann, Cristina Cesaro, Rachel Harris, and Joanne Smith Finley (Aldershot, UK: Ashgate, 2007), 15–30; Rian Thum, *The Sacred Routes of Uyghur History* (Cambridge, MA: Harvard University Press, 2014).

## 後記

1 截至我在寫作這本書時，關於這一情況的媒體報導已經成倍增加，這讓西方媒體對東突厥斯坦的新聞報導達到前所未有的水平。基於本書的精神，我要向讀者介紹二〇一七年夏天關於拘留情況真實性的報導（Special Correspondent, "A Summer Vacation in China's Muslim Gulag," *Foreign Policy*, February 28, 2018），以及從中國政府洩露出來的原始文件：Bethany Allen-Ebrahimian, "Exposed: China's Operating Manuals for Mass Internment and Arrest by Algorithm," *International Consortium of Investigative Journalists*, November 24, 2019, www.icij.org/investigations/china-cables/exposed-chinas-operating-manuals-for-mass-internment-and-arrest-by-algorithm/; Austin Ramzy and Chris Buckley, " 'Absolutely No Mercy': Leaked Files Expose How China Organized Mass Detentions of Muslims," New York Times, November 16, 2019, www.nytimes.com/interactive/2019/11/16/world/asia/china-xinjiang-documents.html.

2 Amy Anderson, "A Death Sentence for a Life of Service," *Living Otherwise*, January 22, 2019, https://livingotherwise.com/2019/01/22/death-sentence-life-service/.

3 David Brophy, "Little Apples in Xinjiang," *China Story*, February 16, 2015.

4 尤其請參考Darren Byler, "The Future of Uyghur Cultural—and Halal—Life in the Year of the Pig," Living Otherwise, March 9, 2019, https://livingotherwise.com/2019/03/09/future-uyghur-cultural-halal-life-year-pig/; 以及Darren Byler, "Images in Red: Han Culture, Uyghur Performers, Chinese New Year," Living Otherwise, February 23, 2018, https://livingotherwise.com/2018/02/23/images-red-han-culture-uyghur-performers-chinese-new-year/.

5 Mobashra Tazamal, "Chinese Islamophobia Was Made in the West," *Al Jazeera*, January 21, 2019, www.aljazeera.com/indepth/opinion/chinese-islamophobia-west-190121131831245.html.

6 Sean R. Roberts, "The Biopolitics of China's 'War on Terror' and the Exclusion of the Uyghurs," *Critical Asian Studies* 50, no. 2 (2018): 232–58.

# 參考書目

編註：若作者參考資料來源為原文，書目則以原文顯示；若來源為中文，則會在原文之後加上中文名稱。

## 名詞縮寫

FHA: First Historical Archives of China 中國第一歷史檔案館

IOR: British Library, India Office Records 大英圖書館藏印度事務紀錄

IVR RAN: Institute of Oriental Manuscripts, Russian Academy of Sciences 俄羅斯科學院東方文獻研究所

NPM: National Palace Museum 國立故宮博物院（台北）

QXDX: *Qingdai Xinjiang dang'an xuanji* 清代新疆檔案選輯

XTZG: Ma Dazheng 馬大正 et al., comps., *Xinjiang xiangtuzhi gao* 新疆鄉土志稿

XUAR Archives: Xinjiang Uyghur Autonomous Region Archives 疆維吾爾自治區檔案

## 檔案文獻


British Library, India Office Records

First Historical Archives of China, Beijing

National Palace Museum, Taipei

Xinjiang Uyghur Autonomous Region Archives, accessed through Zhongguo dang'an. http://archives.gov.cn/

## 檔案手稿與珍本圖書

British Library

IO Islamic 4860/Mss Turki 17, *Three Prose Tales*. Catalogued 1896.

OR 5328, *Qiṣaṣu 'l-anbīyā'*, eighteenth-nineteenth century.

OR 5329, translated Chinese novel.

OR 8164, A history of Alexander the Great, XVIII–XIXth century.

Hunan Provincial Library, Rare Books (*guji*): Gong Yuanji. *Zhuidao Xinjiang shouyi lieshi jinian pin*.

Institute of Oriental Manuscripts, Russian Academy of Sciences (IVR RAN)

B 779, Abū 'l-Maḥdī, *Ushbu ötkän dhamānida Mullā Abū 'l-Maḥdī degān bir ādamning beshidin ötkän ishning bayānidurlar*.

C 578, Qurbān ʿAlī Khālidī, *Tārīkh-I jarīda-ye jadīda*.

C 579, *Risāla-ye Khāqān ichidä Tüngānlāri qilghan ishi*, copied 1316/1897–98.

C 759, ʿAshūr Ākhūnd b. Ismāʾīl b. Muḥammad Ghāribī, *Amīr-iʿālī*.

D 45, *Qiṣaṣu 'l-anbīyā'*, copied on Jumada al-awwal15, 1165/April 1, 1752, by Mullā ʿAbdalshukūr at the ʿAbdallaṭīf Khwāja Madrasa.

D 46, *Qiṣaṣu 'l-anbīyā'*.

D 106, Muḥammad Niyāz, *Qiṣaṣu 'l-gharāyib*.

D 124, Ḥājjī Yūsuf, *Jamīʿ al-tawārīkh*.

Kashgar Museum: 0105, *Majmūʿat al-Masā'il*.

Leiden University Library

Or. 26.667 *Zubdatu 'l-masā'ilwa 'l-ʿaqā'id*.

Or. 26.684 *Majmūʿat al-Masā'il*.

Lund University Library

Jarring Prov. 21, Muḥammad Niyāz b. Ghafūr Beg, *Qiṣaṣ al-gharāyib wa 'l-ʿajāyib*, 1851/52.

Jarring Prov. 117, Ṭālib Ākhūnd, *History of Yaʿqūb Beg*, 1317/1899.

Jarring Prov. 159, *Qiṣaṣu 'l-anbīyā'*, 1331/1912–13.

Jarring Prov. 191, Story of Alexander the Great.

Jarring Prov. 207, Muḥammad ʿAlī Dāmullā and Waḥid Ākhūnd, *A Collection of Essays on Life in East Turkestan.*

Jarring Prov. 242, *Qiṣaṣu 'l-anbīyā'*, eighteenth century.

Jarring Prov. 262, *Qiṣaṣu 'l-anbīyā'*, circa 1933.

Jarring Prov. 412, *Qiṣaṣu 'l-anbīyā'*, late nineteenth century.

Jarring Prov. 431, *Qiṣaṣu 'l-anbīyā'*, early nineteenth century.

Jarring Prov. 448. *Qiṣaṣu 'l-anbīyā'*, 1208/1793–94.

National Library of China, Ordinary Rare Books (*putong guji*)

*Kechäk terädurghanning bayāni.*

Shen Tongfang. *Xinjiang teyong dao Yingjishaer zhili Tongzhi Huang jun zhuan.* Manuscript. 1910.

*Xinjiang gaodeng xunjing xuetang wendu, zhangcheng.* Manuscript.

*Xinjiang shuiwu ju zongban huiyi pimao gongsi gaiwei guanxing xiang.* Manuscript. 1907 (GX 33).

Riksarkivet, Stockholm: SE/RA/730284/6/130, file of Rachel O. Wingate.

School of Oriental and African Studies Archives: PP MS 8, Papers of Professor Sir Edward Denison Ross and Lady Dora Ross.

Staatsbibliothek zu Berlin

Hartmann Collection 44, *Protokollbuch eines Kašgarer Gerichts, 1892.*

Ms. Or. oct. 1670, Qurbān ʿAlī Khālidī, *Tārikh-ijarida-ye jadida.*

Ms. Or. quart. 1294, *Volkstümliche Scherzerzählung.*

Zu 8390, *Yuzhi quanshan yaoyan.*

University of Oxford, Bodleian Library: Aurel Stein papers.

Vatican Library: R. G. Oriente IV 395 6-1-3, *Han Hui hebi.*

Yale University: MS 1, Ellsworth Huntington papers.

## 本書所使用之*Tārīkh-i Amniyya* 與 *Tārīkh-i Ḥamīdī* 手稿及印刷版本書目

TA/Jarring: Lund University Library, Jarring Prov. 478, *Tārikh-i Amniyya.* Copied in 1912/13.

TA/Pantusov: Pantusov, N. N., ed. *Taarikh-i emenie, istoriia vladetelei Kashgarii.* Kazan': Tabkhana-ye madrasa-ye ʿulum, 1905.

TA/Pelliot: Bibliothèque Nationale, Paris, Collection Pelliot B 1740. *Tārīkh-i Amniyya*. Copied in 1325/1907–08.

TA/StP: IVR RAN C 335, *Tārīkh-i Amniyya*. Copied 1328/1910 by Mullā Muḥammad Tīmūr Qamūlī b. ʿUmar b. Nūr Mullā Tokhta Niyāz Qamūlī.

TH/Beijing: *Tārīkh-i Ḥamīdī*. Copied 1329/1911. Reproduced in Miao Pusheng, ed., *Xibei shaoshu minzu wenzi wenxian*. Beijing: Xianzhuang shuju, 2006. According to Täklimakani (*Tarikhi Hāmidiy*). This manuscript is held in the library of Minzu University in Beijing. Page numbers cited are as indicated in the published photoreproduction. (The manuscript is foliated, but the folio numbers are not visible in the published version.)

TH/Jarring: Lund University Library, Jarring Prov. 163, *Tārīkh-i Ḥamīdī*. Copied not prior to 1927. http://laurentius.ub.lu.se/jarring/volumes/163.html.

## 出版檔案

Guoli gugong bowuyuan Gugong wenxian bianji weiyuan hui 國立故宮博物院故宮文獻編輯委員會, comp. *Gongzhong dang Guangxu chao zouzhe* 宮中檔康熙朝奏摺. 24 vols. Taipei: Guoli gugong buwuyuan, 1973–75.

Liu Jintang 劉錦棠. *Liu Xiangqin gong zougao* 劉襄勤公奏稿. Taipei: Chengwen Chubanshe, 1968.

Ma Dazheng 馬大正 et al., comps. *Xinjiang xiangtuzhi gao* 新疆鄉土志稿. 1904–08; Beijing: Quanguo tushuguan wenxian suowei fuzhi zhongxin, 2011.

Ma Dazheng 馬大正 and Wu Fengpei 吳豐培, comps. *Qingdai Xinjiang xijian zoudu huibian, Tongzhi, Guangxu, Xuantong chao juan* 清代新疆稀見奏牘匯編：同治、光緒、宣統朝卷. 3 vols. Wulumuqi: Xinjiang renmin chubanshe, 1997.

*Qingdai Xinjiang dang'an xuanji* 清代新疆檔案選輯. 91 vols. Guilin: Guangxi Shifan Daxue Chubanshe, 2012.

Tao Mo 陶模. *Tao Qinsu gong zouyi yigao* 陶勤肅公奏議遺稿. Reproduced in Zhongguo shaoshu minzu guji jicheng (Hanwen ban) 中國少數民族古籍集成（漢文版）, vol. 71. Chengdu: Sichuan Minzu Chubanshe, 2002.

*Xuebu guanbao* 學部官報. Taipei: Guoli gugong bowuyuan, 1980.

Yang Zengxin 楊增新, comp. *Buguozhai wendu* 補過齋文牘. Taipei: Chengwen chubanshe

Zhang Shicai 張世才 et al., eds. *Weiwuerzu qiyue wenshu yi zhu* 維吾爾族契約文書譯註. Wulumuqi: Xinjiang daxue chubanshe, 2015.

Zhongguo diyi lishi dang'anguan 中國第一歷史檔案館. *Guangxu chao zhupi zouzhe* 光緒朝硃批奏摺. Beijing: Zhonghua shuju,1995–96.

———. *Zuo Wenxiang gong quanji* 左文襄公全集. Taipei: Wenhai chubanshe, 1979.

Zuo Zongtang 左宗棠. *Zuo Wenxiang Gong shiji* 左文襄公詩集. Shanghai: Shanghai guji chubanshe, 1995.

## 其他參考資料


Abū Isḥāq Aḥmad ibn Muḥammad ibn Ibrāhīm al-Tha ʿlabī. *ʿArāʾis al-majālis fī qiṣaṣ al-anbiyāʾ or "Lives of the Prophets."* Translated by William M. Brinner. Leiden: Brill, 2002.

Abū ʾl-Fażl b. Mubārak. *The History of Akbar*, vol. 1. Edited and translated by Wheeler M. Thackston. Cambridge, MA: Harvard University Press, 2015.

Abū ʾl-Ghāzī Bahadur Khan. *Histoire des Mongols et des Tatares par Aboul-Ghâzi Béhâdour Khân, souverain de Kharezm et historien Djaghataï, 1603–1664 a.d., texte Turc-Oriental, publié d'après le manuscrit du Musée Asiatique de St-Pétersbourg, collationné sur les manuscrits de Göttingue et de Berlin et sur l'édition de Kazan, 1825, avec une traduction française, des notes critiques des variants et un index.* Edited and translated by Petr I. Desmaisons. Amsterdam: Philo, 1970.

Adas, Michael. "Imperialism and Colonialism in Comparative Perspective." *International History Review* 20, no. 2 (June 1998): 371–88.

Agamben, Giorgio. *State of Exception.* Chicago: University of Chicago Press, 2005.

Ai Weijun 安維峻 et al., comps. *Gansu xin tongzhi* 甘肅新通志. 80 juan. 1909.

Alexander, Katherine Laura Bos. "Virtues of the Vernacular: Moral Reconstruction in Late Qing Jiangnan and the Revitalization of Baojuan." PhD diss., University of Chicago, 2016.

Allee, Mark. *Law and Local Society in Late Imperial China: Northern Taiwan in the Nineteenth Century.* Stanford: Stanford University Press, 1994.

Allen-Ebrahimian, Bethany. "Exposed: China's Operating Manuals For Mass Internment and Arrest by Algorithm." *International Consortium of Investigative Journalists*, November 24, 2019.

Alston, Lee J., Edwyna Harris, and Bernardo Mueller. "The Development of Property Rights on Frontiers: Endowments, Norms, and Politics." *Journal of Economic History* 72, no. 3:741–70.

Ambaras, David. *Japan's Imperial Underworlds: Intimate Encounters at the Borders of Empire.* Cambridge: Cambridge University Press, 2018.

Anderson, Amy. "A Death Sentence for a Life of Service." *Living Otherwise*, January 22, 2019. https://livingotherwise.com/2019/01/22/death-sentence-life-service/.

Anderson, Benedict. *Imagined Communities: Reflections on the Origin and Spread of Nationalism.* London: Verso, 2006.

Andrade, Tonio. *How Taiwan Became Chinese: Dutch, Spanish, and Han Colonization in the Seventeenth Century.* New York: Columbia University Press, 2008.

Anonymous, comp. *Shache fu zhi* 莎車府志. Xuantong 1 (1909). In *Zhongguo xibei xijian fangzhi xu ji* 中國西北希見方志續集, 10:621–75. Beijing: Zhonghua quanguo tushuguan wenxian suowei fuzhi zhongxin, 1997.

Anonymous. "Xinjiang shexing sheng yi." 新疆設行省議 In *Xiaofanghu zhai yudi congchao* 小方壺齋輿地叢鈔, 2 *zhi*, 2, 117a–18b.

Atwill, David G. *The Chinese Sultanate: Islam, Ethnicity, and the Panthay Rebellion in Southwest China, 1856–1873.* Stanford: Stanford University Press, 2005.

Atwood, Christopher. "Chinese Merchants and Mongolian Independence." In *XX zuuny Mongol: tuux, soyol, geopolitik, gadaad xariltsaany tulgamdsan asuudluud*, edited by S. Chuluun and S. Battulga, 62–75. Ulaanbaatar: Admon print, 2017.

Avetaranian, Johannes. *A Muslim Who Became a Christian: The Story of John Avetaranian, an Autobiography.* London: AuthorsOnline, 2002.

Bai Zhensheng 白振聲 et al., eds. *Xinjiang xiandai zhengzhi shehui shilüe* 新疆現代政治社會史略. Beijing: Zhongguo shehui kexue chubanshe, 1992.

Bakhtin, M. M. *The Dialogic Imagination*. Austin: University of Texas Press, 1981.

Balázs, Étienne. *Political Theory and Administrative Reality in Traditional China*. London: School of Oriental and African Studies, 1965.

Banerjee, Sukanya. *Becoming Imperial Citizens: Indians in the Late-Victorian Empire*. Durham, NC: Duke University Press, 2010.

Baytur, Änwär. "Mulla Musa Sayrami she'irliridin tallanma." *Bulaq* 15 (1985): 194–227.

Bellér-Hann, Ildikó. *Community Matters in Xinjiang 1880–1949: Towards a Historical Anthropology of the Uyghur*. Leiden: Brill, 2008.

——. *A History of Cathay: A Translation and Linguistic Analysis of a Fifteenth-Century Turkic Manuscript*. Bloomington, IN: Research Institute for Inner Asian Studies, 1995.

Ben-Dor Benite, Zvi. "From 'Literati' to 'Ulama': The Origins of Chinese Muslim Nationalist Historiography." *Nationalism and Ethnic Politics* 9, no. 4 (2004): 83–109.

Benson, Linda. "A Much-Married Woman: Marriage and Divorce in Xinjiang 1850–1950." *Muslim World* 83, nos. 3–4 (July–October 1993): 227–47.

——. "The Question of Women: Discovering Uyghur Women's History in Northwestern China." *Oriental Archive* 79 (2011): 47–70.

Benton, Lauren. *Law and Colonial Cultures: Legal Regimes in World History, 1400–1900*. Cambridge: Cambridge University Press, 2002.

Bhabha, Homi. "Of Mimicry and Man: The Ambivalence of Colonial Discourse." *October* 102 (Spring 1984): 125–33.

Biggerstaff, Knight. *The Earliest Modern Government Schools in China*. Ithaca, NY: Cornell University Press, 1961.

Biran, Michal. *Chinggis Khan*. Oxford: Oneworld, 2007.

——. "The Islamisation of Hülegü: Imaginary Conversion in the Ilkhanate." *Journal of the Royal Asiatic Society* 26, nos. 1–2 (January 2016): 79–88.

Bodde, Derk. "Harmony and Conflict in Chinese Philosophy." In *Studies in Chinese Thought*, edited by Arthur F. Wright, 19–80. Chicago: University of Chicago Press, 1953.

Bol, Peter. *Neo-Confucianism in History*. Cambridge, MA: Harvard University Asia Center, 2008.

Bormanshinov, Arash. "Prince Palta." In *Proceedings of the International Conference on China Border Area Studies*, edited by Lin En-shean 林恩顯 et al., 1,015–40. Taipei: Guoli zhengzhi daxue, 1985.

Borthwick, Sally. *Education and Social Change in China: The Beginnings of the Modern Era*. Stanford: Stanford University Press, 1983.

Bovingdon, Gardner. "The History of the History of Xinjiang." *Twentieth-Century China* 26, no. 2 (April 2001): 95–139.

——. *The Uyghurs: Strangers in their Own Land*. New York: Columbia University Press, 2010.

Brook, Timothy, Michael van Walt van Praaf, and Miek Boltjes, eds. *Sacred Mandates: Asian International Relations Since Chinggis Khan*. Chicago: University of Chicago Press, 2018.

Brophy, David. "He Causes a Ruckus Wherever He Goes: Sa'id Muḥammad al-'Asali as a Missionary of Modernism in North-West China." *Modern Asian Studies* 2009:1–33.

——. "The Junghar Mongol Legacy and the Language of Loyalty in Qing Xinjiang." *Harvard Journal of Asiatic Studies* 73, no. 2 (2013): 231–58.

——. "Little Apples in Xinjiang." *China Story*, February 16, 2015.

——. "The Qumul Rebels' Appeal to Outer Mongolia." *Turcica* 42 (2010): 329–41.

____."Tending to Unite: The Origins of Uyghur Nationalism." PhD diss., Harvard University,2011.

____.*Uyghur Nation: Reform and Revolution on the Russia-China Frontier*. Cambridge, MA:Harvard University Press, 2016.

Brown, Vincent. *The Reaper's Garden: Death and Power in the World of Atlantic Slavery*. Cambridge,MA: Harvard University Press, 2008.

Brubaker, Rogers. *Ethnicity Without Groups*. Cambridge, MA: Harvard University Press,2004.

____.*Grounds for Difference*. Cambridge, MA: Harvard University Press, 2015.

Brunnert, H. S., and V. V. Hagelstrom. *Present Day Political Organization of China*. Translated by A. Beltchenko and E. E. Moran. Shanghai: Kelly and Walsh, 1912.

Buoye, Thomas. "Suddenly Murderous Intent Arose: Bureaucratization and Benevolence in Eighteenth-Century Homicide Reports." *Late Imperial China* 16, no. 2 (1995): 62–97.

Burak, Guy. "The Second Formation of Islamic Law: The Post-Mongol Context of the Ottoman Adoption of a School of Law." *Comparative Studies in Society and History* 55, no. 3 (July 2013): 579–602.

Byler, Darren. "The Future of Uyghur Cultural—and Halal—Life in the Year of the Pig." *Living Otherwise*, March 9, 2019. https://livingotherwise.com/2019/03/09/future-uyghur-cultural-halal-life-year-pig/.

____."Images in Red: Han Culture, Uyghur Performers, Chinese New Year." *Living Otherwise*, February 23, 2018. https://livingotherwise.com/2018/02/23/images-red-han-culture-uyghur-performers-chinese-new-year/.

Cao Jiguan. *Xinjiang jianzhi zhi* 新疆建置志. Taipei: Xuesheng Shuju, 1963.

Chakrabarty, Dipesh. "Postcoloniality and the Artifice of History: Who Speaks for 'Indian' Pasts?" *Representations* 37 (1992): 1–26.

Chang Hao 張灝. "On the *Ching-shih* Ideal in Neo-Confucianism." *Ch'ing-shih wen-t'I* 清史叢談 3, no. 1(November 1974): 36–61.

Chang, Wejen 張偉仁. *In Search of the Way: Legal Philosophy of the Classic Chinese Thinkers*. Edinburgh: Edinburgh University Press, 2016.

Chatterjee, Partha. *The Nation and Its Fragments: Colonial and Postcolonial Histories*. Princeton: Princeton University Press, 1993.

Chen, Gideon 陳其田. *Tso Tsung T'ang, Pioneer Promoter of the Modern Dockyard and the Woollen Mill in China* 左宗棠：中國現代造船廠和毛紡廠的開拓者. Peiping: Yenching University, 1938.

Chen Zongzhen 陳宗振. "*Han-Hui hebi yanjiu* 〈漢回合璧〉研究." *Minzu yuwen* 1989, no. 5:49–72.

CHGIS, Version: 6. (c) Fairbank Center for Chinese Studies of Harvard University and the Center for Historical Geographical Studies at Fudan University, 2016.

Chŏn Pyŏng-hun 全秉薰. *Jingshen zhexue tong bian* 精神哲學通編. Shanghai, 1920.

Chou, Nailene Josephine. "Frontier Studies and Changing Frontier Administration in Late Ch'ing China: The Case of Sinkiang, 1759-1911." PhD diss., University of Washington, 1976.

*Chu jun ying zhi* 楚軍營制. Reproduced in *Guojia tushuguan cang Qingdai bingshi dianji dangce huilan* 國家圖書館藏清代兵事典籍檔冊彙覽, 64:1–110. Beijing: Xueyuan chubanshe, 2005.

Chu, Wen-djang. *The Moslem Rebellion in Northwest China, 1862–1878*. The Hague: Mouton, 1966.

Confucius. *Analects*. Translated by Edward Slingerland. Indianapolis: Hackett, 2003.

Conklin, Alice. *A Mission to Civilize: The Republican Idea of Empire in France and West Africa, 1895–1930*. Stanford: Stanford University Press, 1997.

Conversi, Daniele. "Reassessing Current Theories of Nationalism: Nationalism as Boundary Maintenance and Creation." *Nationalism and Ethnic Politics* 1, no. 1 (1995): 73–85.

Cooper, Frederick. *Colonialism in Question: Theory, Knowledge, History*. Berkeley: University of California Press, 2005.

Crews, Robert. *For Prophet and Tsar: Islam and Empire in Russia and Central Asia*. Cambridge, MA: Harvard University Press, 2006.

Crossley, Pamela K. *A Translucent Mirror: History and Identity in Qing Imperial Ideology*. Berkeley: University of California Press, 1999.

Da yeli, J. E. *"Gott liebt das Handwerk": Moral, Identität und religiöse Legitimierung in der mittelasiatischen Handwerks-risāla*. Wiesbaden: Reichert, 2011.

Dai Liangzuo 戴良佐. *Xiyu beiming lu* 西域碑銘錄. Wulumuqi: Xinjiang renmin chubanshe, 2013.

Dankoff, Robert. "Rabghuzi's Stories of the Prophets." *Journal of the American Oriental Society* 117, no. 1 (January–March 1997): 115–26.

*Da Qing lü li* 大清律例. 1899 edition. http://lsc.chineselegalculture.org/.

Dautcher, Jay. *Down a Narrow Road: Identity and Masculinity in a Uyghur Community in Xinjiang China*. Cambridge, MA: Harvard University Asia Center, 2009.

Davis, Adrienne. " 'Don't Let Nobody Bother Yo'Principle': The Sexual Economy of American Slavery." In *Sister Circle: Black Women and Work*, edited by Sharon Harley and the Black Women and Work Collective, 103–27. New Brunswick, NJ: Rutgers University Press, 2002.

Dawut, Rahilä. *Uyghur mazarliri*. Ürümchi: Shinjang khälq näshriyati, 2001.

DeWeese, Devin. *Islamization and Native Religion in the Golden Horde: Baba Tükles and Conversion to Islam in Historical and Epic Tradition*. University Park: University of Pennsylvania Press, 1994.

Di Cosmo, Nicola. "The Qing and Inner Asia: 1636–1800." In *The Cambridge History of InnerAsia*, edited by Nicola Di Cosmo, Allen J. Frank, and Peter B. Golden, 333–62. Cambridge: Cambridge University Press, 2009.

——. "Qing Colonial Administration in Inner Asia." *International History Review* 20, no. 2 (June 1998): 287–309.

Dikötter, Frank. *The Discourse of Race in Modern China*. Stanford: Stanford University Press, 1992.

Doerfer, Gerhard. *Türkische und mongolische Elemente im Neupersischen*. Wiesbaden: F. Steiner, 1963.

Duara, Prasenjit. *Culture, Power, and the State: Rural North China, 1900–1942*. Stanford: Stanford University Press, 1988.

——. *Rescuing History from the Nation: Questioning Narratives of Modern China*. Chicago: University of Chicago Press, 2005.

——. "Superscribing Symbols: The Myth of Guandi, Chinese God of War." *Journal of Asian Studies* 47, no. 4 (1988): 778–95.

Dunmore, Charles Adolphus Murray, Earl of. *The Pamirs: Being a Narrative of a Year's Expedition on Horseback and on Foot Through Kashmir, Western Tibet, Chinese Tartary, and Russian Central Asia*. 2 vols. London: J. Murray, 1893.

Dunnell, Ruth W., and James A. Millward. "Introduction." In *New Qing Imperial History: The Making of Inner Asian Empire at Qing Chengde*, edited by James A. Millward et al., 1–12. London: RoutledgeCurzon, 2004.

Dyer, Svetlana Rimsky-Korsakoff. "T'ang T'ai-Tsung's Dream: A Soviet Dungan Version of a Legend on the Origin of the Chinese Muslims." *Monumenta Serica* 35 (1981–83): 545–70.

Dykstra, Maura. "Complicated Matters: Commercial Dispute Resolution in Qing Chongqing from 1750 to 1911." PhD diss., University of California, Los Angeles, 2014.

Elliott, Mark C. "The Limits of Tartary: Manchuria in Imperial and National Geographies." *Journal of Asian Studies* 59, no. 3 (August 2000): 603–46.

____. *The Manchu Way: The Eight Banners and Ethnic Identity in Late Imperial China.* Stanford: Stanford University Press, 2001.

Elman, Benjamin A. *From Philosophy to Philology: Intellectual and Social Aspects of Change in Late Imperial China.* Los Angeles: UCLA Asian Pacific Monograph Series, 2001.

Elverskog, Johan. *Our Great Qing: The Mongols, Buddhism and the State in Late Imperial China.* Honolulu: University of Hawai'i Press, 2006.

Epstein, Maram. "Making a Case: Characterizing the Filial Son." In *Writing and Law in Late Imperial China: Crime, Conflict, and Judgment,* edited by Robert Hegel and Katherine Carlitz, 27–43. Seattle: University of Washington Press, 2007.

Fairbank, John K., and Ssü-yu Têng. *Ch'ing Administration: Three Studies.* Cambridge, MA: Harvard University Press, 1960.

Fan, Fa-ti. "Nature and Nation in Chinese Political Thought: The National Essence Circle in Early-Twentieth-Century China." In *The Moral Authority of Nature,* edited by Lorraine Daston and Fernando Vidal, 409–37. Chicago: University of Chicago Press, 2004.

Faust, Drew Gilpin. *This Republic of Suffering: Death and the American Civil War.* New York: Knopf, 2008.

Feng Junguang 馮焌光. *Xi xing riji* 西行日記. Shanghai, 1881 (Guangxu *xinsi*).

Fields, Lanny. "The Importance of Friendships and Quasi-Kinship Relations in Tso Tsung-t'ang's Career." *Journal of Asian History* 10, no. 2 (1976): 172–86.

____. *Tso Tsung-t'ang and the Muslims: Statecraft in Northwest China, 1868–1880.* Kingston: Limestone, 1978.

Fletcher, Joseph. "The Heyday of the Ch'ing Order in Mongolia, Sinkiang, and Tibet." In *The Cambridge History of China,* vol. 10, *Late Ch'ing, 1800–1911,* pt. 1, edited by John K. Fairbank, 351–408. Cambridge: Cambridge University Press, 1978.

Fogel, Joshua A. *Politics and Sinology: The Case of Naitō Konan, 1866–1934.* Cambridge, MA: Harvard University Press, 1984.

Foucault, Michel. *The History of Sexuality,* vol. 1, *An Introduction.* New York: Vintage, 1990.

Frank, Allen J. "The Monghōl-Qalmāq Bayānī: a Qing-Era Islamic Ethnography of the Mongols and Tibetans." *Asiatische Studien* 63 (2009): 323–47.

Friedman, P. Kerim. "Entering the Mountains to Rule the Aborigines: Taiwanese Aborigine Education and the Colonial Encounter." In *Becoming Taiwan: From Colonialism to Democracy,* edited by Ann Heylen and Scott Summers, 19–32. Wiesbaden: Harrassowitz, 2010.

*Fuping xian zhi* 富平縣志. 1891 (Guangxu *xinmao*).

Gan Han 甘韓, comp. *Huangchao jingshi wen xin bian xu ji* 皇朝經世文新編續集. Shangyi xuezhai shuju, 1897.

Gaubatz, Piper. *Beyond the Great Wall: Urban Form and Transformation on the Chinese Frontiers.* Stanford: Stanford University Press, 1996.

Gellner, Ernest. *Nations and Nationalism*. Ithaca, NY: Cornell University Press, 1983.

Ge Shijun 葛士濬, comp. *Huangchao jingshi wen xu bian* 皇朝經世文續編. 120 juan. Shanghai: Tushu jicheng ju, 1888.

Ghiyāthuddīn Naqqāsh. "Report to Mirza Baysunghur on the Timurid Legation to the Ming Court at Peking." In *Album Prefaces and Other Documents on the History of Painters and Calligraphers*, edited by Wheeler M. Thackston, 53–68. Leiden: Brill, 2001.

Golab, L. Wawryzn. "A Study of Irrigation in East Turkestan." *Anthropos* 46 (1951): 187–99.

Gregory, Eugene John, III. "Desertion and the Militarization of Qing Legal Culture." PhD diss., Georgetown University, 2015.

Grenard, F. *Mission scientifique dans la Haute Asie, 1890–1895*, pt. 2, *Le Turkestan et le Tibet, étude ethnographique et sociologique*. Paris: Ernest Leroux, 1898.

Griffith, Sidney. "Christian Lore and the Arabic Quran: The 'Companions of the Cave' in Surat al-Kahf and in Syriac Christian Tradition." In *The Quran in Its Historical Context*, edited by Gabriel Said Reynolds, 109–38. London: Routledge, 2008.

Gui E. "Jin Hami shiyi shu." In *Mingdai Hami Tulufan ziliao huibian* 明代哈密吐魯番資料彙編, edited by Chen Gaohua 陳高華, 459–65. Wulumuqi: Xinjiang renmin chubanshe, 1984.

Guo, Weiting. "The Speed of Justice: Summary Execution and Legal Culture in Qing Dynasty China, 1644–1912." PhD diss., University of British Columbia, 2016.

Haenisch, Erich. "Turco-Manjuricaaus Turfan." *Oriens* 4, no. 2 (December 1951): 256–72.

Haeri, Shahla. *Law of Desire: Temporary Marriage in Shi'i Iran*. Syracuse: Syracuse University Press, 2014.

Hallaq, Wael B. *Sharīʿa: Theory, Practice, Transformations*. Cambridge: Cambridge University Press, 2009.

Hamada Masami. "L'*Histoire de Hotan* de Muḥammad Aʿlam (I), commentaires avec deux appendices." *Zinbun* 15 (1979): 1–45.

——. "L'*Histoire de Hotan* de Muḥammad Aʿlam (III), texte turque oriental édité, avec une introduction." *Zinbun* 18 (1982): 65–93.

——. "Jihâd, hijra et 'devoir du sel' dans l'histoire du Turkestan Oriental." *Turcica* 33(2001): 35–61.

Harrell, Stevan. "From Xiedou to Yijun, the Decline of Ethnicity in Northern Taiwan, 1885–1895." *Late Imperial China* 11, no. 1 (1990): 99–127.

——."Introduction: Civilizing Project and the Reaction to Them." In *Cultural Encounters on China's Ethnic Frontiers*, edited by Stevan Harrell, 3–36. Seattle: University of Washington Press, 1995.

Harrison, Henrietta. *The Man Awakened from Dreams: One Man's Life in a North China Village, 1857–1942*. Stanford: Stanford University Press, 2005.

He Changling 賀長齡, comp. *Jingshi wenbian* 經世文編. Beijing: Zhonghua shuju, 1992.

Hening 和寧. *San zhou ji lüe* 三州輯略. Taipei: Chengwen chubanshe, 1968.

He Rong 何榮. "Shi lun Yang Zengxin shiqi Xinjiang xiangyue de tedian 論楊增新時期新疆鄉約的特點." *Xinjiang daxue xuebao (zhexue renwen shehui kexue ban)* 36, no. 3 (May 2008): 67–70.

Hobsbawm, E. J. *Nations and Nationalism Since 1780: Programme, Myth, Reality*. Cambridge: Cambridge University Press, 2002.

Hofman, H. F. *Turkish Literature: A Bio-Bibliographical Survey*. Section 3, *Moslim Central Asian Turkish Literature*. Utrecht: Library of the University of Utrecht, 1969.

Honig, Bonnie. *Emergency Politics: Paradox, Law, Democracy*. Princeton: Princeton University Press, 2009.

Hou Chengxiu and Huang Heqing, comps. *Fenghuang ting xu zhi* 鳳凰廳續志. Reproduced in *Zhongguo difangzhi jicheng* 中國地方志集成. 1892; Shanghai: Shanghai shuju, 2002.

Huang Zongxi 黃宗羲. *Mingyi daifang lu* 明夷待訪錄. Beijing: Zhonghua shuju, 1981.

_____. *Waiting for the Dawn*. Translated by Wm. Theodore de Bary. New York: Columbia University Press, 1993.

_____. *Xinyi mingyi daifang lu* 新譯明夷待訪錄. Edited by Li Guangbo 李廣柏 and Li Zhenxing 李振興. Taibei: Sanmin shuju, 2014.

*Huitu Xiangjun ping ni zhuan* 繪圖湘軍平逆傳. Shanghai: Shanghai shuju, 1899 (Guangxu *jihai*). *Huitu Zuo gong ping xi zhuan* 繪圖左公平西傳. Shanghai: Shanghai shuju, 1899 (Guangxu *jihai*).

Hunt, Nigel C. *War, Memory, and Trauma*. Cambridge: Cambridge University Press, 2010.

Hunter, G. W., trans. *Mohammedan "Narratives of the Prophets," Covering the Period from Zacharias to Paul, Turki Text with English Translation*. Tifwafu, Sinkiang, 1916.

Huntington, Ellsworth. "The Depression of Turfan." *Geographical Journal* 30 (July–December 1907): 254–73.

Hutchinson, John, and Anthony D. Smith, eds. *Ethnicity*. Oxford: Oxford University Press, 1996.

Inoue, Miyako. "Stenography and Ventriloquism in Late Nineteenth Century Japan." *Language and Communication* 31 (2011): 181–90.

Jacobs, Justin. "Empire Besieged: The Preservation of Chinese Rule in Xinjiang, 1884–1971." PhD diss., University of California, San Diego, 2011.

_____. *Xinjiang and the Modern Chinese State*. Seattle: University of Washington Press, 2016.

Jahn, Karl. *Die Chinageschichte des Rašīd ad-Dīn: Übersetzung, Kommentar, Facsimiletafeln*.

Vienna: Verlag der Österreichischen Akademie der Wissenschaften, 1971.

_____. *China in der islamischen Geschichtsschreibung*. Vienna: Hermann Böhlaus Nachf., 1971.

Jarring, Gunnar. "The Qisas ul-anbiya." *Acta Regiae Societatis Humanorum Litterarum Lundensis* 74 (1980): 15–68.

_____. *Studien Zu Einer Osttürkischen Lautlehre*. Lund: Borelius, 1933. Jia Jianfei. *Qing Qian-Jia-Dao shiqi Xinjiang de neidi yimin shehui*. Beijing: Shehui kexue wenxian chubanshe, 2012.

Ji Wenfu 嵇文甫. *Chuanshan zhexue* 船山遺書. Shanghai, 1936.

Jones, William C., trans. *The Great Qing Code*. New York: Oxford University Press, 1994.

Kabir, Ananya Jahanara. "Analogy in Translation: Imperial Rome, Medieval England, and British India." In *Postcolonial Approaches to the European Middle Ages: Translating Cultures*, edited by Ananya Jahanara Kabir and Deanne Williams, 183–204. Cambridge: Cambridge University Press, 2005.

Karasawa Yasuhiko. 唐澤靖彥 "Hanasukoto to kakukoto no hazama de—shindaisaiban bunshoni okeru kyōjutsusho no tekusutosei." *Chūgoku: Shakai to bunka* 10 (1995): 212–50.

Katanov, Nikolai. "Man'chzhursko-Kitaiskii'li' na narechii Tiurkov Kitaiskogo Turkestana." *Zapiski vostochnogo otdeleniia imperatorskogo Russkogo arkheologicheskogo obshchestva* 14 (1901): 31–75.

Kataoka Kazutada. 片岡一忠 *Shinchō Shinkyō tōji kenkyū.* 清朝新疆統治研究 Tōkyō: Yūzankaku, 1990.

——. "Shin-matsushinkyōshō kan'in kō." 清末新疆省官員考 *Ōsaka kyōiku daigaku kiyō* 11, n o. 31 (February1983): 119–38.

Katz, Paul R. *Divine Justice: Religion and the Development of Chinese Legal Culture.* New York: Routledge, 2009.

Kerkvliet, Benedict J. *Everyday Politics in the Philippines: Class and Status Relations in a Central Luzon Village.* Berkeley: University of California Press, 1990.

Khālidī, Qurbān 'Alī. *Tārīkh-ijarīda-yejadīda.* Kazan': Qazān universitetining ṭab'khānasi, 1889.

——. *Tawārīkh-i Khamsa-yeSharqī. Kazan', n.d. Khwāndamīr. Ḥabīb al-siyār.* Translated by Wheeler M. Thackston. London: I. B. Tauris, 2012.

Kim, Hodong. *Holy War in China: The Muslim Rebellion and State in Chinese Central Asia, 1864–1878.* Stanford: Stanford University Press, 2004.

Kim, Young-Oak. "The Philosophy of Wang Fu-chih (1619–1692)." PhD diss., Harvard University, 1982.

King, Matthew. *Ocean of Milk, Ocean of Blood: A Mongolian Monk in the Ruins of the Qing Empire.* New York: Columbia University Press, 2019.

Kinzley, Judd. *Natural Resources and the New Frontier: Constructing Modern China's Borderlands.* Chicago: University of Chicago Press, 2018.

Koselleck, Reinhart. *The Practice of Conceptual History: Timing History, Spacing Concepts.* Stanford: Stanford University Press, 2002.

Kuhn, Philip A. *Rebellion and Its Enemies in Late Imperial China: Militarization and Social Structure, 1796–1864.* Cambridge, MA: Harvard University Press, 1970.

——. "The Taiping Rebellion." In *The Cambridge History of China,* vol. 10, *Late Ch'ing 1800–1911,* pt. 1, edited by John K. Fairbank, 264–317. Cambridge: Cambridge University Press, 1978.

LaCapra, Dominick. *Writing History, Writing Trauma.* Baltimore: Johns Hopkins University Press, 2014.

Latour, Bruno. *We Have Never Been Modern.* Cambridge, MA: Harvard University Press, 1993.

Lavelle, Peter. "Cultivating Empire: Zuo Zongtang's Agriculture, Environment, and Reconstruction in the Late Qing." In *China on the Margins,* edited by Sherman Cochran and Paul G. Pickowicz, 43–64. Ithaca: Cornell University East Asia Series, 2010.

Li Bianqi 李丕祺. "Huijiang fa wenhua yu Da Qing fa wenhua de chongtu yu zhenghe." 回疆法文化與大清法文化的衝突與整合 *Xizang daxue xuebao* 16, no. 2 (June 2001): 38–42.

Li Enhan 李恩涵. *Zuo Zongtang shoufu Xinjiang* 左宗棠收復新疆. Singapore: Xinjiapo Guo li da xue Zhong wen xi, 1984.

Light, Nathan. "Muslim Histories of China: Historiography Across Boundaries in Central Eurasia." In *Frontiers and Boundaries: Encounters on China's Margins,* edited by Zsombor Rajkai and Ildikó Bellér-Hann, 151–76. Wiesbaden: Harrassowitz, 2012.

Lipman, Jonathan N. *Familiar Strangers: A History of Muslims in Northwest China.* Seattle: University of Washington Press, 1991.

Liu, Lydia He. *The Clash of Empires: The Invention of China in Modern World Making.* Cambridge, MA: Harvard University Press, 2004.

Liu Yanbo 劉彥波. "Wan Qing liang Hu diqu zhouxian 'jiudi zhengfa' shulun." 晚清兩湖地區州縣就地正法述論 *Jinan xuebao (zhexue shehui kexue ban)* 2012, no. 3:138–42.

Li Yan 李艷 and Wang Xiaohui 王曉輝. "Qingmo Xinjiang shanhou ju chuyi." 清末新疆善後局芻議 *Xibei Minzu Daxue xuebao (zhexue shehui kexue ban)* 2005, no. 3:9–14.

Macartney, George. "Eastern Turkestan: the Chinese as Rulers Over an Alien Race." *Proceedings of the Central Asian Society*, 1909.

Macauley, Melissa. *Social Power and Legal Culture: Litigation Masters in Late Imperial China*. Stanford: Stanford University Press, 1998.

Macauley, Thomas Babington. "The Minute on Education." In *Sources of Indian Tradition*, vol. 2, edited by Stephen Hay, 69–72. New York: Columbia University Press, 1988.

Ma, Haiyun. "The Mythology of the Prophet's Ambassadors in China: Histories of Sa'd Waqqas and Gess in Chinese Sources." *Journal of Muslim Minority Affairs* 26, no. 3 (2006): 445–52.

Maier, Charles. *Among Empires: American Ascendancy and Its Predecessors*. Cambridge, MA: Harvard University Press, 2006.

Mannerheim, Gustaf. *Dagbok förd under min resa i Centralasian och Kina 1906-07-08*. Helsingfors: Svenska Litteratursällskapet i Finland, 2010.

Mao Dun 茅盾. *Mao dun wenji* 茅盾全集. 9 vols. Beijing: Renmin wenxue chubanshe, 1958–61. Ma Xiaojuan 馬曉娟. "Qingchao fazhi zai Tulufan diqu de chongjian." 清朝法制在吐魯番地區的重建 *Xinjiang daxue xuebao (zhexue shehui kexue ban)* 40, no. 1 (January 2012): 61–66.

Mbembe, Achille. *Critique of Black Reason*. Translated by Laurent Dubois. Durham, NC: Duke University Press, 2017.

_____. "Necropolitics." *Public Culture* 15, no. 1 (2003): 11–40.

McKnight, Brian. *The Quality of Mercy: Amnesties and Traditional Chinese Justice*. Honolulu: University of Hawaii Press, 1981.

McMahon, Daniel. "The Yuelu Academy and Hunan's Nineteenth-Century Turn Toward Statecraft." *Late Imperial China* 26, no. 1 (2005): 72–109.

Memmi, Albert. *The Colonizer and the Colonized*. Boston: Beacon, 1965.

Menges, Karl, and N. Th. Katanov. *Volkskundliche Texte aus Ost-Türkistan*. 2 vols. 1933, 1946; Leipzig: Zentralantiquariat der Deutschen Demokratischen Republik, 1976.

Merry, Sally Engle. "Law and Colonialism." *Law and Society Review* 25, no. 4 (1991): 889–922.

Meyer-Fong, Tobie. *What Remains: Coming to Terms with Civil War in Nineteenth-Century China*. Stanford: Stanford University Press, 2013.

Millward, James. *Beyond the Pass: Economy, Ethnicity, and Empire in Qing Central Asia, 1759–1864*. Stanford: Stanford University Press, 1998.

_____. "'Coming Onto the Map': 'Western Regions' Geography and Cartographic Nomenclature in the Making of Chinese Empire in Xinjiang." *Late Imperial China* 20, no. 2 (1999): 61–98.

_____. "Eastern Central Asia (Xinjiang), 1300–1800." In *The Cambridge History of Inner Asia*, edited by Nicola Di Cosmo, Allen J. Frank, and Peter B. Golden, 260–76. Cambridge: Cambridge University Press, 2009.

_____. *Eurasian Crossroads: A History of Xinjiang*. New York: Columbia University Press, 2007.

Millward, James A., and Nabijan Tursun. "Political History and Strategies of Control, 1884–1976." In *Xinjiang: China's Muslim Borderland*, edited by S. Frederick Starr, 63–98. Armonk, NY: M. E. Sharpe, 2004.

Mirza Ḥaydar Dughlat. *Mirza Haydar Dughlat's Tarikh-i Rashidi: A History of the Khans of Moghulistan*. Translated by Wheeler M. Thackston. Cambridge, MA: Harvard University, Department of Near Eastern Languages and Civilizations, 1996.

Moin, A. Azfar. *The Millennial Sovereign: Sacred Kingship and Sainthood in Islam*. New York: Columbia University Press, 2012.

Morrison, Alexander. *Russian Rule in Samarkand, 1868–1910: A Comparison with British India.* Oxford: Oxford University Press, 2008.

Mosca, Matthew. "The Literati Rewriting of China in the Qianlong-Jiaqing Transition." *Late Imperial China* 32, no. 2 (December 2011): 89–132.

Mottahedeh, Roy. *Loyalty and Leadership in an Early Islamic Society*. London: I. B. Tauris, 1980. Muhammad Gherib Shahyari, "Ishtiyaqnamä," edited by Yasin Imin. *Bulaq* 17 (1985): 217–312.

Muḥammad Taqī Bahār, ed. *Mujmal al-tāwārīkhw-al-qiṣaṣ*. Tehran: Mu'assasah-i Khāwar, 1939.

Mulla Musa Sayrami. *Tarikhi hämidi.* Translated by Änwär Baytur. Beyjing: Millätlär Näshriyati, 2008.

Musa Sayramiy. *Tarikhi Hämidiy: Yengi tärjimä nuskha.* Translated by Abdurä'op Polat Täklimakani. Istanbul: Täklimakan Uyghur näshriyati, 2019.

Musayup, Sidiq. " 'Chala tongchi adäm öltürür' degän sözning kelip chiqish järyani." *Shinjang tarikh materiyalliri* 38:352–55.

*Nanjiang nongcun shehui* 南疆農村社會. Beijing: Minzu chubanshe, 2009.

Nāṣir al-Dīn b. Burhān al-Dīn al-Rabghūzī. *The Stories of the Prophets: Qiṣaṣ al-Anbiyā', an Eastern Turkish Version.* Edited by H. E. Boeschoten, M. van Damme, and S. Tezcan. Leiden: Brill, 1995.

Nasr, Seyyed Hossein, et al., eds. *The Study Quran: A New Translation and Commentary*. New York: HarperOne, 2015.

Neighbors, Jennifer. "Criminal Intent and Homicide Law in Qing and Republican China." PhD diss., University of California, Los Angeles, 2004.

Newby, L. J. "The Chinese Literary Conquest of Xinjiang." *Modern China* 25, no. 4 (October 1999): 451–74.

——. *The Empire and the Khanate: A Political History of Qing Relations with Khoqand c. 1760–1860.* Boston: Brill, 2005.

——. " 'Us and Them' in Eighteenth and Nineteenth Century Xinjiang." In *Situating the Uyghurs Between China and Central Asia*, edited by Ildikó Bellér-Hann, Cristina Cesaro, Rachel Harris, and Joanne Smith Finley, 15–30. Aldershot, UK: Ashgate, 2007.

Ng, On-cho 伍安祖. "A Tension in Ch'ing Thought: 'Historicism' in Seventeenth-and Eighteenth-Century Chinese Thought." *Journal of the History of Ideas* 54, No. 4 (October 1993): 561–83.

Ng, Vivien W. "Ideology and Sexuality: Rape Laws in Qing China." *Journal of Asian Studies* 46, no. 1 (1987): 57–70.

Nichols, Robert. *The Frontier Crimes Regulation: A History in Documents.* Oxford: Oxford University Press, 2013.

Oidtmann, Max. *Forging the Golden Urn: The Qing Empire and the Politics of Reincarnation in Tibet.* New York: Columbia University Press, 2018.

Osterhammel, Jürgen. *Colonialism: A Theoretical Overview.* Princeton: Markus Wiener, 2005.

——. *The Transformation of the World: A Global History of the Nineteenth Century*. Princeton: Princeton University Press, 2014.

Park, Hyunhee. *Mapping the Chinese and Islamic Worlds: Cross-Cultural Exchange in Pre-Modern Asia.* Cambridge: Cambridge University Press, 2012.

Pazilbay, Zayit Akhun. *Iskändärnamä.* Edited by Qurban Wäli. Beyjing: Millätlär Näshriyati, 1990.

Pei Jingfu 裴景福. *He hai Kunlun lu* 河海崑崙錄. Shanghai: Wenming shuju, 1906 (Guangxu 32).

Perdue, Peter C. "Comparing Empires: Manchu Colonialism." *International History Review* 20, no. 2 (June 1998): 255–62.

____. "Nature and Nurture on Imperial China's Frontiers." *Modern Asian Studies* 43, no. 1 (2009): 245–67.

Pirie, Fernanda. *The Anthropology of Law*. Oxford: Oxford University Press, 2013. Platt, Stephen. *Autumn in the Heavenly Kingdom: China, the West, and the Epic Story of the Taiping Civil War*. New York: Knopf, 2012.

____. *Provincial Patriots: The Hunanese and Modern China*. Cambridge, MA: Harvard University Press, 2007.

Porter, David. "Bannermen as Translators: Manchu Language Education in the Hanjun Banners." *Late Imperial China* 40, no. 2 (December 2019).

Poskami, Äbdullah. *Kitabi Äbdullah*. Ürümchi: Shinjang Khälq Näshriyati, 2004.

Potanin, G. N. *Ocherki severo-zapadnoi Mongolii*. St. Petersburg: Tipografiia V. Kirshbauma, 1881.

Pratt, Mary Louise. "Arts of the Contact Zone." *Profession* (1991): 33–40.

*Qing shilu* 清實錄. Beijing: Zhonghua shuju, 1985–87. *Qiṣaṣu 'l-anbiyā'*. Tashkent, 1899.

Qiu Yuanyou. "Taiping tianguo yu wan Qing 'jiudi zhengfa zhi zhi.'" *Jindai shi yanjiu* 1998, no. 2:31–50.

Qi Yunshi 祁韻士. *Xi chui zhu zhici* 西陲竹枝詞. Shanghai: Shanghai Guji Chubanshe, 2010.

Ramzy, Austin and Chris Buckley. " 'Absolutely No Mercy': Leaked Files Expose How China Organized Mass Detentions of Muslims." *New York Times*, November 16, 2019. www.nytimes.com/interactive/2019/11/16/world/asia/china-xinjiang-documents.html.

Raquette, Gustaf. *Eastern Turki Grammar: Practical and Theoretical with Vocabulary*, vol. 1. Berlin: Reichsdruckerei, 1912.

Rashīduddīn Fażlullah. *Jamī'u 'l-tawārīkh*. Translated by Wheeler M. Thackston. London: I. B. Tauris, 2012.

Rawski, Evelyn S. *The Last Emperors: A Social History of Qing Imperial Institutions*. Berkeley: University of California Press, 1998.

Reed, Bradley. *Talons and Teeth: County Clerks and Runners in the Qing Dynasty*. Stanford: Stanford University Press, 2000.

Rippa, Alessandro. "Re-Writing Mythology in Xinjiang: The Case of the Queen Mother of the West, King Mu and the Kunlun." *China Journal* 71 (January 2014): 43–64.

Roberts, Sean R. "The Biopolitics of China's 'War on Terror' and the Exclusion of the Uyghurs." *Critical Asian Studies* 50, no. 2 (2018): 232–58.

Roth Li, Gertraude. "State Building Before 1644." In *The Cambridge History of China*, vol. 9, pt. 1, *The Ch'ing Empire to 1800*, edited by Willard J. Peterson, 9–72. Cambridge: Cambridge University Press, 2002.

Rowe, William T. "Ancestral Rites and Political Authority in Late Imperial China: Chen Hongmou in Jiangxi." *Modern China* 24, no. 4 (October 1998): 378–407.

____. *China's Last Empire: The Great Qing*. Cambridge, MA: Belknap Press of Harvard UniversityPress, 2009.

____. *Hankow: Commerce and Society in a Chinese City*. Stanford: Stanford University Press, 1984.

____. *Saving the World: Chen Hongmou and Elite Consciousness in Eighteenth-Century China*. Stanford: Stanford University Press, 2001.

Roxburgh, David J. "The 'Journal' of Ghiyath al-Din Naqqash, Timurid Envoy to Khan Baligh, and Chinese Art and Architecture." In *The Power of Things and the Flow of Cultural Transformations*, edited by

Lieselotte E. Saurma-Jeltsch and Anja Eisenbeiß, 90–113. Berlin: Deutscher Kunstverlag, 2010.

Said, Edward. *Culture and Imperialism*. New York: Knopf, 1994.

Sakai, Naoki. *Translation and Subjectivity: On "Japan" and Cultural Nationalism*. Minneapolis: University of Minnesota Press, 1997.

Sangren, Paul Steven. *History and Magical Power in a Chinese Community*. Stanford: Stanford University Press, 1987.

Schein, Louisa. *Minority Rules: The Miao and the Feminine in China's Cultural Politics*. Durham, NC: Duke University Press, 2000.

Schluessel, Eric T. "Cong chenghuang dao shuzu: Dingxiang Wang zai Xinjiang." *Lishi renleixue xuekan* 15, no. 2 (October 2017): 169–86.

——. "Exiled Gods: Territory, History, Empire, and a Hunanese Deity in Xinjiang." *LateImperial China*. Forthcoming.

——."Hiding and Revealing Pious Endowments in Late-Qing Xinjiang." *Muslim World* 108, no. 4 (December 2018): 613–29.

——. "Language and the State in Late Qing Xinjiang." In *Historiography and Nation-Building Among Turkic Populations*, edited by Birgit Schlyter and Mirja Juntunen, 145–68. Istanbul: Swedish Research Institute in Istanbul, 2014.

——."The Law and the 'Law': Two Kinds of Legal Space in Late-Qing China." *Extrême-Orient Extrême-Occident* 40 (November 2016): 39–58.

——. "Muslims at the Yamen Gate: Translating Justice in Late-Qing Xinjiang." In *Kashgar Revisited: Uyghur Studies in Memory of Gunnar Jarring*, edited by Ildikó Bellér-Hann, Birgit Schlyter, and Jun Sugawara, 116–38. Leiden: Brill, 2016.

——."Water, Justice, and Local Government in Turn-of-the-Century Xinjiang." *Journal of the Social and Economic History of the Orient* 62, no. 4 (December 2019): 595–621.

——. *The World as Seen from Yarkand: Ghulām Muḥammad Khān's 1920s Chronicle* Mā Tïṭayniŋ wāqiʿasi. Tokyo: NIHU Program Islamic Area Studies, 2014.

Schmitt, Carl. *Political Theology: Four Chapters on the Concept of Sovereignty*. Chicago: University of Chicago Press, 2005.

Schorkowitz, Dittmar, and Ning Chia, eds. *Managing Frontiers in China: The Lifanyuan and Libu Revisited*. Leiden: Brill, 2017.

*Sharqī Turkistān Ḥayāti*. Kashgar, 1933–34.

Shepherd, John. *Statecraft and Political Economy on the Taiwan Frontier, 1600–1800*. Stanford: Stanford University Press, 1993.

Skrine, C. P., and Pamela Nightingale. *Macartney at Kashgar*. London: Methuen, 1973.

Smith, Anthony. *The Cultural Foundations of Nations: Hierarchy, Covenant and Republic*. Malden, MA: Blackwell, 2008.

Snyder-Reinke, Jeff. "Afterlives of the Dead: Uncovering Graves and Mishandling Corpses in Nineteenth-Century China." *Frontiers of History in China* 11, no. 1 (2016): 1–20.

Sommer, Matthew. *Polyandry and Wife-Selling in Qing Dynasty China: Survival Strategies and Judicial Interventions*. Oakland: University of California Press, 2015.

——. *Sex, Law and Society in Late Imperial China*. Stanford: Stanford University Press, 2000.

Special Correspondent. "A Summer Vacation in China's Muslim Gulag." *Foreign Policy*, February 28, 2018.

Stanley, Amy. *Selling Women: Prostitution, Markets, and the Household in Early Modern Japan*. Berkeley: University of California Press, 2012.

Steele, Brian. "Thomas Jefferson's Gender Frontier." *Journal of American History* 95, no. 1 (June 2008): 17–42.

Stoler, Ann. *Along the Archival Grain: Epistemic Anxieties and Colonial Common Sense*. Princeton: Princeton University Press, 2009.

_____. *Race and the Education of Desire: Foucault's History of Sexuality and the Colonial Order of Things*. Durham, NC: Duke University Press, 1995.

_____. "Rethinking Colonial Categories: European Communities and the Boundaries of Rule." *Comparative Studies in History and Society* 31, no. 1 (January 1989): 134–61.

_____. "Sexual Affronts and Racial Frontiers: European Identities and the Cultural Politics of Exclusion in Colonial Southeast Asia." *Comparative Studies in Society and History* 34, no. 3 (1992): 514–51.

Struve, Lynn A. "The Early Ch'ing Legacy of Huang Tsung-hsi: A Reexamination." *Asia Major* 1, no. 1 (1988): 83–122.

_____. "Huang Zongxi in Context: A Reappraisal of His Major Writings." *Journal of Asian Studies* 47, no. 3 (1988): 474–502.

Su Beihai 蘇北海 and Jiang Jianhua 黃建華. *Hami, Tulufan Weiwuer wang lishi* 哈密、吐魯番維吾爾王歷史. Wulumuqi: Xinjiang daxue chubanshe, 1993.

Sulayman, Äsäd. "Hybrid Name Culture in Xinjiang: Problems Surrounding Uyghur Name/Surname Practices and Their Reform." In *Situating the Uyghurs Between China and Central Asia*, edited by Ildikó Bellér-Hann, Cristina Cesaro, Rachel Harris, and Joanne Smith Finley, 109–127. Aldershot, UK: Ashgate, 2007.

Sun Yingke, comp. *Qianhou ershisi xiao tushuo* 前後二十四孝圖說. Yangzhou: Banwu tang, 1841 (Daoguang *xinchou*).

Susumu, Fuma. "Litigation Masters and the Litigation System of Ming and Qing China." *International Journal of Asian Studies* 4, no. 1 (January 2007): 79–111.

Sutton, Donald S. "Violence and Ethnicity on a Qing Colonial Frontier: Customary and Statutory Law in the Eighteenth-Century Miao Pale." *Modern Asian Studies* 37, no. 1 (February 2003): 41–80.

Szonyi, Michael. *The Art of Being Governed: Everyday Politics in Late Imperial China*. Princeton: Princeton University Press, 2017.

Taussig, M. T. *Mimesis and Alterity: A Particular History of the Senses*. London: Routledge, 1993.

Tazamal, Mobashra. "Chinese Islamophobia Was Made in the West." *Al Jazeera*, January 21, 2019.

Teng, Emma Jinhua. "Taiwan as a Living Museum: Tropes of Anachronism in Late-Imperial Chinese Travel Writing." *Harvard Journal of Asiatic Studies* 59, no. 2 (1999): 445–84.

_____. *Taiwan's Imagined Geography: Chinese Colonial Travel Writing and Pictures, 1683–1895*. Cambridge, MA: Harvard University Asia Center, 2004.

Teng, Ssü-yu. *The Nien Army and Their Guerilla Warfare, 1851–1868*. Paris: Mouton, 1961.

Theaker, Hannah. "Moving Muslims: The Great Northwestern Rebellion and the Transformation of Chinese Islam, 1860–1896." PhD diss., University of Oxford, 2018.

Theiss, Janet. *Disgraceful Matters: The Politics of Chastity in Eighteenth-Century China*. Berkeley: University of California Press, 2005.

_____. "Explaining the Shrew: Narratives of Spousal Violence and the Critique of Masculinity in Eighteenth-Century Criminal Cases." In *Writing and Law in Late Imperial China: Crime, Conflict, and Judgment*, edited by Robert Hegel and Katherine Carlitz, 44–63. Seattle: University of Washington Press, 2007.

Thum, Rian. "China in Islam: Turki Views from the Nineteenth and Twentieth Centuries." *Cross-Currents: East Asian History and Culture Review* 3, no. 2 (November 2014): 573–600.

——. "Modular History: Identity Maintenance Before Uyghur Nationalism." *Journal of Asian Studies* 71, no. 3 (August 2012): 627–53.

——. *The Sacred Routes of Uyghur History*. Cambridge, MA: Harvard University Press, 2014.

Törnquist, John. *Kaschgar: några bilder från innersta Asiens land, folk och mission*. Stockholm: Svenska missionsförbundets förlag, 1926.

Usmanov, K. "Molla Musa Sayrami: Ta'rikh-i amniya." In *Materialy po istorii kazakhskikh khanstv XV–XVIII vekov*, 1–15. Alma Ata: Nauka, 1969. van Damme, M. "Rabghūzī." In *Encyclopaedia of Islam*, 2nd ed., edited by P. Bearman, Th. Bianquis, C. E. Bosworth, E. van Donzel, and W. P. Heinrichs. Brill Online, 2014.

Vierheller, Ernstjoachim. *Nation und Elite im Denken von Wang Fu-chih, 1619–1692*. Hamburg: Gesellschaft für Natur-und Völkerkunde Ostasiens, 1968. von le Coq, Albert, ed. "Das Lî-Kitâbî." *Kőrösi Csoma Archivum* 1, no. 6 (1925): 439–80.

——. *Sprichwörter und Lieder aus der Gegend von Turfan mit einer dort aufgenommen Wörterliste*. Leipzig: Druck und Verlag von B. G. Teubner, 1911.

Waley-Cohen, Joanna. *Exile in Mid-Qing China: Banishment to Xinjiang, 1759–1860*. New Haven, CT: Yale University Press, 1991.

——. "The New Qing History." *Radical History Review* 88 (Winter 2004): 193–206.

Wang Dingan 王闓運. *Xiangjun ji* 湘軍志. Jiangnan shuju, Guangxu 15 (1889).

Wang Dun 王盾. *Xiangjun shi* 湘軍史. Changsha: Yuelu shushe, 2014.

Wang Fuzhi 王夫之. *Chuanshan quanshu* 船山全書. 16 vols. Changsha: Yuelu shushe, 1988.

——. *Chuanshan yishu* 船山遺書. 8 vols. Beijing: Beijing chubanshe, 1999.

Wang Jianxin. *Uyghur Education and Social Order: The Role of Islamic Leadership in the Turpan Basin*. Tokyo: Institute for the Study of the Languages and Cultures of Asia and Africa, 2004.

Wang Jiping 王繼平. "Lun Xiangjun jituan 論湘軍集團." *Xiangtan daxue xuebao (zhexue shehui kexue ban)* 1996, no. 6:59–63.

——. *Xiangjun jituan yu wan Qing Hunan* 湘軍集團與晚清湖南. Beijing: Zhongguo shehui kexue chubanshe, 2002.

Wang Penghui 王鵬輝. "Chongjian fenghua: wan Qing Minguo qianqi Wulumuqi de miaoyu yu shehui ronghe." 重建風華：晚清民國前期烏魯木齊的廟宇與社會融合 *Xiyu fazhan yanjiu* 2014:85–101.

Wang Shu'nan 王樹枏. *Taolu laoren sui nian lu* 陶廬老人隨年錄. Beijing: Zhonghua Shuju, 2007.

——. *Taolu wenji* 陶廬文集. Taipei: Wenhai Chubanshe, 1915.

——. *Xila xue an* 希臘學案. n.d. Wang Shu'nan et al., comps. *Xinjiang tuzhi*. Taipei: Wenhai chubanshe, 1965.

Wang Zhensheng 汪振聲. *Xi zheng rij* 西征日記. 1900 (Guangxu 26).

Warren, G. G. "D'Ollone's Investigation on Chinese Moslems." *New China Review* 2 (1920): 267–86 and 398–414.

Weber, Eugen. *Peasants Into Frenchmen: The Modernization of Rural France, 1870–1914*. Stanford: Stanford University Press, 1976.

Wei Changhong 魏長洪, ed. *Xinhai Geming zai Xinjiang* 辛亥革命在新疆. Wulumuqi: Xinjiang renmin chubanshe, 1981.

Wei Guangtao 魏光燾, *Kanding Xinjiang ji* 勘定新疆記. Harbin: Heilongjiang jiaoyu chubanshe, 2014.

Weinstein, Jodi. *Empire and Identity in Guizhou: Local Resistance to Qing Expansion*. Seattle: University of Washington Press, 2013.

*Weiwuerzu shehui lishi diaocha* 維吾爾族社會歷史調查. Beijing: Minzu chubanshe, 2009.

Wiens, Mi-Chu. "Anti-Manchu Thought During the Qing." *Papers on China* 22A (1969).

Woods, John E. *The Aqquyunlu: Clan, Confederation, Empire: A Study in 15th/9th Century Turko-Iranian Politics*. Chicago: Bibliotheca Islamica, 1976.

———. "The Rise of Timurid Historiography." *Journal of Near Eastern Studies* 46, no. 2 (1987): 81–108.

Wright, Mary Clabaugh. *The Last Stand of Chinese Conservatism: The T'ung-chih Restoration, 1862–1874*. Stanford: Stanford University Press, 1962.

Wu Aichen 吳藹宸. *Lidai Xiyu shi chao* 歷代西域詩抄. Wulumuqi: Xinjiang renmin chubanshe, 2001.

Wubuli, Tailaiti 台來提・烏布力, and Ailijiang Aisa 艾力江・艾沙, "Yijian guanyu Minguo qinian Kuche panluan de xin wenshu—'Mahemude su Ali Hezhuo panluan zhuang' yishi." 一件關於民國七年庫車叛亂的新文書——《瑪赫穆德訴阿吉和卓叛亂狀》譯釋 *Xiyu yanjiu* 2014, no. 3, 27–49.

Wu Chucai 吳楚材, comp. *Gangjian yi zhi lu* 綱鑑易知錄. Taipei: Chengwen, 1964.

Wu Tiequn 吳軼群. "Qingdai Xinjiang jiansheng qianhou Yili renkou bianqian kao."清代新疆建省前後伊犁人口變遷考 *Xinjiang difang zhi* 3 (March 2009): 52–56.

Xiao Xiong 蕭雄. *Xijiang za shu shi* 西疆雜述詩. Suzhou: Zhenxin shushe, 1895–97.

Xie Bin 謝彬. *Xinjiang youji* 新疆遊記. Lanzhou: Lanzhou guji shudian, 1990.

Xin Xia 夏炘. *Shengyu shiliutiao fu lü yijie* 聖諭十六條附錄譯解. Reproduced in *Zhongguo lüxue wenxian* 中國律學文獻第四輯, *di si ji*, edited by Yang Yifan 楊一凡. Beijing: Shehui kexue wenxian chubanshe, 2007.

Yang Shengxin 楊繩信. *Qingmo Shaan-Gan gaikuang* 清末陝甘概況. Xi'an: San Qin chubanshe, 1997.

Yang Zuanxu 楊纘緒. *Xinjiang chuyi* 新疆芻議. Reproduced in *Xinjiang shizhi*, di 2 bu, 5:399–492. Beijing: Quanguo tushuguan wenxian suowei fuzhi zhongxin, 2003.

Yi Baisha 易白沙. *Diwang chunqiu* 帝王春秋. Shanghai: Shanghai shudian, 1991.

Yiu, Martha Cheung Pui, and Lin Wusun, eds. *An Anthology of Chinese Discourse on Translation*, vol. 1, *From Earliest Times to the Buddhist Project*. Manchester: St. Jerome, 2006.

Yixin 奕訢 et al., comps. *Qinding pingding Shaan Gan Xinjiang Hui fei fanglüe* 欽定平定陝甘新疆回匪方略. In *Qi sheng fanglüe* 七省方略, vols. 833–1,154. Guangxu reign.

Yuan Dahua 袁大化. *Xinjiang Yili luanshi benmo* 新疆伊犁亂事本末. Taipei: Wenhai chubanshe, 1979.

Yu Zhi 余治. *Deyi lu* 得一錄. Baoshan tang, 1885.

Zarcone, Thierry. "Between Legend and History: About the 'Conversion' to Islam of Two Prominent Lamaists in the Seventeenth-Eighteenth Centuries." In *Islam and Tibet—Interactions Along the Musk Routes*, edited by Anna Akasoy, Charles Burnett, and Ronit Yoeli-Tlalim, 281–95. New York: Routledge, 2011.

Zeng Wenwu 曾問吾 and Shen Yunlong 沈雲龍. *Zhongguo jingying Xiyu shi* 中國經營西域史. Reproduced in Xu Zhisheng et al., comps., *Zhongguo xibu kaifa wenxian* 中國西部開發文獻. 1936; Beijing: Quanguo Tushuguan Wenxian Suowei Fuzhi Zhongxin, 2004.

Zhang Dajun 張大軍. *Xinjiang fengbao qishi nian* 新疆風暴七十年. 12 vols. Taibei: Lanxi chubanshe, 1980.

Zhang Daye. *The World of a Tiny Insect: A Memoir of the Taiping Rebellion and Its Aftermath*. Translated by Xiaofei Tian. Seattle: University of Washington Press, 2013.

Zhang Jiangcai 張江裁. *Tianjin Yangliuqing xiao zhi* 天津楊柳青小志. Reprinted in *Tianjin fengtu congshu* 天津風土叢書, 197–214. 1938; Taipei: Jinxue shuju, 1969.

Zhang, Lawrence. "Power for a Price: Office Purchase, Elite Families, and Status Maintenance in Qing China." PhD diss., Harvard University, 2010.

Zhang Shiming 張世明. "Qian-Jia shiqi gong qing wang ming qi pai xian xing chengfa zhi zhi de kuan yan zhang chi 乾嘉時期恭請王命旗牌先行正法之制的寬嚴張弛." *Nei Menggu shifan daxue xuebao (zhexue shehui kexue ban)* 39, no. 4 (July 2009): 44–58.

Zhao Weixi 趙維璽. *Xiangjun jituan yu Xibei Huimin da qiyi zhi shanhou yanjiu: yi Gan-Ning-Qing diqu wei zhongxin* 湘軍集團與西北回民大起義之善後研究：以甘寧青地區為中心. Shanghai: Shanghai guji chubanshe, 2013.

Zhao Yuntian 趙雲田. "Qingmo xinzheng qijian Xinjiang wenhua jiaoyu de fazhan." 清末新政期間新疆文化教育的發展 *Xiyu yanjiu* 2002, no. 2:47–55.

Zhong Guangsheng 鍾廣生 and Sun Anfu 孫龕甫. *Xinjiang zhi gao* 新疆志稿. 1928; Taipei: Xuesheng Shuju, 1967.

Zhou Hong 周泓. *Quntuan yu quanceng—Yangliuqing: shenshang yu shenshen de shehui* 群團與圈層：楊柳青——紳商與紳神的社會. Shanghai: Shanghai renmin chubanshe, 2008.

Zhou Mingyi 周銘旂, comp. *Qianzhou zhi gao* 乾州志稿. Qianying shuyuan, 1884 (Guangxu *jiashen*).

Zito, Angela. *Of Body and Brush: Grand Sacrifice as Text/Performance in 18th-Century China*. Chicago: University of Chicago Press, 1997.

國家圖書館出版品預行編目資料

異鄉人之地：清帝國在新疆的教化工程/許臨君（Eric Schluessel）著；苑默文譯. -- 初版. -- 新北市：黑體文化，遠足文化事業股份有限公司發行，2023.12
328 面；16.8×21.5 公分
ISBN 978-626-7263-62-4（平裝）
1.CST：歷史 2.CST：維吾爾族 3.CST：清代 4.CST：新疆維吾爾自治區
676.12

112020094

**特別聲明：**
有關本書中的言論內容，不代表本公司／出版集團的立場及意見，由作者自行承擔文責。

黑體文化 讀者回函

黑盒子 19

**異鄉人之地：清帝國在新疆的教化工程**

**Land of Strangers: The Civilizing Project in Qing Central Asia**

**作者**．許臨君（Eric Schluessel）｜**譯者**．苑默文｜**責任編輯**．涂育誠｜**封面設計**．兒日工作室｜**出版**．黑體文化／遠足文化事業股份有限公司｜**總編輯**．龍傑娣｜**發行**．遠足文化事業股份有限公司（讀書共和國出版集團）｜**地址**．23141 新北市新店區民權路 108 之 2 號 9 樓｜**電話**．02-2218-1417｜**傳真**．02-2218-8057｜**客服專線**．0800-221-029｜**客服信箱**．service@bookrep.com.tw｜**官方網站**．http://www.bookrep.com.tw｜**法律顧問**．華洋法律事務所．蘇文生律師｜**印刷**．中原造像股份有限公司｜**排版**．菩薩蠻數位文化有限公司｜**初版**．2023 年 12 月｜**定價**．550 元｜**ISBN**．9786267263624｜**書號**．2WBB0019｜**版權所有．翻印必究**｜本書如有缺頁、破損、裝訂錯誤，請寄回更換